汽车行业职业资格考试辅导丛书

中级汽车维修工
（国家职业资格四级）
考评教程
第2版

主　编　吴东盛　何海明
副主编　胡宗梅　王景智　冯南山
参　编　彭林兵　许　楠　薛春泉　余嘉旎

机械工业出版社

本书根据最新颁布的"新版汽车维修工国家职业技能标准（2019）"的考核要求，结合国家题库（2018年更新）的考核重点与鉴定的实际情况编写。

全书根据鉴定考核的需要分为两部分：第一部分为理论知识鉴定，主要内容包括职业道德、相关法律法规、相关理论知识、汽车维修专业基础、汽车维护和汽车修理；第二部分为实操技能考核指导，主要内容包括汽车维护技能鉴定、汽车修理技能鉴定和汽车故障诊断与排除技能鉴定。第二部分针对国家题库的鉴定要求进行简明扼要的讲解，务求做到易懂易记，使考生在复习备考时能做到心中有数、有的放矢。

本书第1版出版以来，已成为中级汽车维修工（四级）鉴定考核备考的主要参考书。本书对广大参加汽车维修工（国家职业资格四级）鉴定的考生有着重要的参考价值，是一本必备的复习参考书。此外，本书也可供大中专院校汽车类专业师生参考使用。

图书在版编目（CIP）数据

中级汽车维修工（国家职业资格四级）考评教程／吴东盛，何海明主编．—2版．—北京：机械工业出版社，2019.7（2024.1重印）

（汽车行业职业资格考试辅导丛书）

ISBN 978-7-111-62723-4

Ⅰ．①中… Ⅱ．①吴…②何… Ⅲ．①汽车—车辆修理—职业技能—鉴定—教材 Ⅳ．①U472.4

中国版本图书馆CIP数据核字（2019）第090038号

机械工业出版社（北京市百万庄大街22号 邮政编码100037）
策划编辑：赵海青 责任编辑：赵海青
责任校对：陈 越 封面设计：鞠 杨
责任印制：单爱军
北京虎彩文化传播有限公司印刷
2024年1月第2版第5次印刷
184mm×260mm·25.75印张·635千字
标准书号：ISBN 978-7-111-62723-4
定价：79.00元

电话服务	网络服务
客服电话：010-88361066	机 工 官 网：www.cmpbook.com
010-88379833	机 工 官 博：weibo.com/cmp1952
010-68326294	金 书 网：www.golden-book.com
封底无防伪标均为盗版	机工教育服务网：www.cmpedu.com

CONTENTS

　　职业资格证书是岗位能力的证明,也是升职、加薪和落户的重要参考依据。国务院自2014年起,取消了一批职业资格认证许可和认定事项,至目前为止,国务院分五批共取消了272项职业资格认证,汽车专业领域包括汽车营销师、汽车轮胎工和汽车维修电工等多种职业资格证书认证相继取消,汽车维修工是本专业领域唯一保留的职业资格证书,其认证考核难度逐年增大,鉴定题库也不断更新。

　　国家职业资格(汽车维修工)共分为五个等级,分别是:一级、二级、三级、四级与五级。其中,四级汽车维修工对应于中级汽车维修工这一岗位。该岗位要求具备良好的专业形象,扎实的专业基础,娴熟的专业技能。

　　汽车维修工的技能鉴定实行国家题库制度,从国家题库中抽取试题,进行鉴定考核。根据这一要求,结合人力资源和社会保障部最新颁布的《新版汽车维修工国家职业技能标准(2019)》(以下简称"〔标准〕")及国家题库(2019更新)的命题趋势编写本书的具体内容。在理论内容适度的前提下,突出教育培训的功能,力争贴近考核鉴定,使学员通过学习本书掌握考核鉴定的要点,具有针对性和可操作性。

　　本书按照职业技能鉴定的要求进行编写,分为理论知识鉴定及实操技能考核指导两大部分。"理论知识鉴定"部分将理论知识整合,结合题库的题目类型及机考特点,对考题理论知识进行梳理,并对典型考题进行简明扼要的分析,配套一定量的习题,以巩固理论知识;"实操技能考核指导"部分的编写是根据技能题库的评分标准进行的,务求简单明了,易学易记,便于备考。

　　作为职业资格考试教材,本书的编写贯彻"以企业需求为导向、以职业能力为核心"的原则,依照国家职业标准并结合企业的实际,反映岗位的需求,注重培养职业能力。

　　本书自2014年第1版发行以来,多次重印,发行量超过16000册,被广大参加汽车维修工(四级)认定的人员作为备考的必备参考书,同时也被各大中专院校学生作为技能训练考核的参考教材。基于以下原因,对第1版进行了较大幅度的修改和补充:

　　(1) 四年多来,新能源汽车技术已经有了较大的发展,新能源汽车的市场占有率不断提高,新能源汽车的维修也成为汽车维修工日常工作内容之一,因此,新能源汽车技术的相关内容已经增加到"汽车维修工鉴定细目表(四级)"中。

　　(2) 四年多来,国家题库不断地更新调整。

　　(3) 经过四年多的使用,有必要根据广大读者的意见对第1版的内容做一些增补和调整,以便更好地满足相关人员的需求。

　　第2版的修订内容如下:

　　(1) 根据2019版〔标准〕中"3.2 四级/中级工"的考核内容对第1版内容进行调整。

　　(2) 增加了2019年国家题库的新增内容。

　　(3) 增加或补充了新能源汽车技术的部分内容,以满足鉴定考核的要求。

　　本次编写分工如下:第一章至第三章由胡宗梅编写,第四章第一节至第四节、第六章、第七章、第八章由吴东盛编写,第五章由何海明编写,附录A由余嘉旖编写,第九章由王景智编写,第四章第五节至第七节由冯南山、彭林兵编写,附录B由许楠、薛春泉编写。最后由吴东盛、胡宗梅统稿。

前言

第一部分　理论知识鉴定

理论知识鉴定复习提要 ………………………………………………………… 2

第一章　职业道德 …………………………………………………………… 4
第一节　职业道德的内涵与功能 ……………………………………………… 5
第二节　职业道德的作用 ……………………………………………………… 7
第三节　职业道德的要求 ……………………………………………………… 8

第二章　相关法律法规 …………………………………………………… 14
第一节　法律普及知识 ………………………………………………………… 15
第二节　环境保护法规 ………………………………………………………… 20
第三节　质量管理知识 ………………………………………………………… 25
第四节　安全生产知识 ………………………………………………………… 28

第三章　相关理论知识 …………………………………………………… 36
第一节　钳工基本知识 ………………………………………………………… 38
第二节　金属材料基本知识 …………………………………………………… 45
第三节　机械制图知识 ………………………………………………………… 50
第四节　电工电子基本知识 …………………………………………………… 56
第五节　液压传动基本知识 …………………………………………………… 66

第四章　汽车维修专业基础 ……………………………………………… 92
第一节　汽车运行材料 ………………………………………………………… 93
第二节　汽车维修机具的性能与使用 ………………………………………… 103
第三节　汽车发动机构造 ……………………………………………………… 115
第四节　汽车底盘构造 ………………………………………………………… 130

第五节　汽车电器设备 143
第六节　新能源汽车技术 153
第七节　汽车电子控制装置 163

第五章　汽车维护　　214

第一节　汽车定期维护 214
第二节　汽车非定期维护 218

第六章　汽车修理　　222

第一节　汽车零件检测的分类 223
第二节　汽车总成部件的检修 230
第三节　汽车总成大修 252
第四节　汽车总成竣工验收 261
第五节　汽车总成异响的诊断与排除 271

第二部分　实操技能考核指导

实操技能考核复习提要 310

第七章　汽车维护技能鉴定　　311

第一节　汽车诊断参数的检测 312
第二节　汽车维护的操作 319

第八章　汽车修理技能鉴定　　325

第一节　检修凸轮轴 326
第二节　拆装与检查正时带 326
第三节　检测曲轴主轴颈与连杆轴颈 328
第四节　检测汽油机喷油器 329
第五节　检测怠速控制装置 331
第六节　检测空气流量传感器 334
第七节　检测进气温度传感器 335
第八节　检测节气门位置传感器 336
第九节　检测调整气门间隙（垫片调整式） 337
第十节　检测自动变速器油压 339
第十一节　检修万向传动装置 340

第十二节	检修前轴	343
第十三节	检修鼓式车轮制动器	345
第十四节	手动变速器档位动力传递路线	347
第十五节	自动变速器超速行星轮机构装配	352
第十六节	搭接风机调速电路	355
第十七节	搭接前照灯电路	355
第十八节	汽车空调制冷系统压力检查	356

第九章 汽车故障诊断与排除技能鉴定   358

第一节	诊断与排除发动机怠速不稳的故障	359
第二节	诊断与排除发动机加速时回火的故障	360
第三节	诊断与排除汽油发动机无法起动的故障	361
第四节	诊断与排除发动机缺火的故障	364
第五节	诊断与排除发动机动力不足的故障	365
第六节	诊断与排除汽车转向沉重的故障	367
第七节	诊断与排除液压操纵式离合器分离不彻底的故障	368
第八节	诊断与排除起动机转动无力的故障	369
第九节	诊断与排除高压无火的故障	369

附录   371

| 附录 A | 技能操作考核评分记录表（部分） | 371 |
| 附录 B | 各章模拟试题参考答案 | 398 |

第一部分　理论知识鉴定

理论知识鉴定复习提要

一、中级汽车维修工(四级)理论鉴定考核标准

根据国家职业技能鉴定标准,中级汽车维修工(四级)鉴定考核分为理论知识和操作技能两部分,其中,理论知识部分的考核采取百分制,成绩达到60分以上为及格。

理论知识部分考核的知识包括汽车维修基础知识和汽车维修专业知识两部分,汽车维修基础知识部分包括钳工基本知识、汽车常用材料、机械识图、电工和电子学基本知识、液压传动、汽车维修机具的性能和使用、汽车构造、汽车电器与电子控制装置、安全生产知识、质量管理知识、环境保护知识和法律法规知识等方面的内容,是汽车维修五个级别从业人员的必备知识;汽车维修专业知识包括汽车修理、汽车总成部件的检修、汽车总成大修、汽车总成竣工验收和汽车总成异响的诊断与排除等方面的内容。

二、中级汽车维修工(四级)理论鉴定考核的方式

中级汽车维修工(四级)理论鉴定考核采取无纸化考试,即采用计算机考核的方式。

三、中级汽车维修工(四级)理论知识试卷的结构

中级汽车维修工(四级)理论知识考试采用标准化试卷,其具体的题型、题量及配分见表1。

表1 中级汽车维修工(四级)理论知识试卷的结构

题型	职业技能鉴定等级	分数
	汽车维修工中级	汽车维修工中级
选择题	160题(0.5分/题)	80分
判断题	40题(0.5分/题)	20分

中级汽车维修工(四级)理论知识考试试题采取从国家试题库中随机抽取的方式,中级汽车维修工试题库有很多套,每套试题的题型、题量和所涉及的范围是相对稳定的,考试的内容不会超出中级汽车维修工理论知识鉴定考核标准的范围。

四、中级汽车维修工(四级)理论知识的复习方法

1. 复习总依据

复习备考要针对试题的特点,以《中级汽车维修工(四级)职业技能鉴定标准及鉴定要素细目表》为范围,以本教材的相关知识点为基础进行。

2. 复习总要求

全面复习、掌握重点、联系实际、学会应用,或者说,找考试点、懂考试点、记考试点、练考试点、会考试点。这就要在复习过程中正确处理几个方面的关系,一是要分清考试点和非考试点;二是要在考试点中分清重点和非重点,着重要抓重点;三是要解决懂(理解)和记忆考试点的关系,在懂的基础上记忆;四是要解决记和会的关系,在记的基础上练习,达到会的目的,在练习过程中加深理解和记忆;五是学会处理好理论知识复习和实操技能训练之间的关系,将理论知识复习放在更加突出的地位。

在复习中,应学会对重要知识点进行归纳复习。如中级汽车维修工理论知识复习题库中的一题:

若火灾起于可燃金属存在的地方,属于(D)级火灾。
A. A   B. B   C. C   D. D

在遇到类似的试题时,应将相关的知识点进行归纳复习掌握,本题涉及的相关知识点主要包括以下内容:

依据物质燃烧特性,火灾可划分为A、B、C、D、E五类(级)。

A类火灾:指固体物质火灾。这种物质具有有机物质性质,一般在燃烧时产生灼热的余烬,如木材、煤、棉、毛、麻和纸张等火灾。

B类火灾:指液体火灾和可熔化的固体物质火灾,如汽油、煤油、柴油、原油、甲醇、乙醇、沥青和石蜡等火灾。

C类火灾:指气体火灾,如煤气、天然气、甲烷、乙烷、丙烷和氢气等火灾。

D类火灾:指金属火灾,如钾、钠、镁和铝镁合金等火灾。

E类火灾:指带电物体与精密仪器等物质的火灾。

在复习中,还应对中级汽车维修工理论知识复习题库中的相似知识点进行区分,例如

当液压行车制动系统在达到规定的制动效能时,制动踏板行程不得超过全行程的(C)。
A. 1/4   B. 2/4   C. 3/4   D. 7/8

当液压行车制动系统在达到规定的制动效能时,对于制动器装有自动调整间隙装置车辆的制动踏板行程不得超过全行程的(D)。
A. 1/4   B. 2/4   C. 3/4   D. 4/5

提示 中级汽车维修工理论鉴定考核涉猎的知识面很广,在短时间内理解和掌握所有的知识点几乎不可能,也不可能完全通过死记硬背把所有试题的答案都背下来。因此,在理论知识复习过程中,除了通过上述以具体的试题对相关考核的知识点进行总结归纳并对相似知识点进行区分外,应特别注重对部分知识点在理解的基础上进行记忆,只有这样,才能达到事半功倍的效果。

第一章 职业道德

理论鉴定要素细目表

考核内容		考核要点	重要程度
职业道德	职业道德的内涵与功能	职业道德的基本内涵	★★
		市场经济条件下职业道德的功能	★★★
		企业文化的功能	★★★
	职业道德的作用	职业道德对增强企业凝聚力、竞争力的作用	★★
		职业道德是人生事业成功保证	★★★
	职业道德的要求	文明礼貌的具体要求	★★★
		爱岗敬业的具体要求	★★★
		对诚实守信基本内涵的理解	★★★
		办事公道的具体要求	★★★
		勤劳节俭的现代意义	★★★
		企业员工遵纪守法的要求	★★★
		团结互助的基本要求	★★★
		开拓创新的基本要求	★★

注：1. "理论鉴定要素细目表"中，每个鉴定点都有其重要程度指标，即鉴定点后标注的"★★★""★★""★"，其中"★★★"表示"核心要素"，是考核中最重要、出现频率也最高的内容；"★★"表示"一般要素"，是考核中出现频率一般的内容；"★"表示"辅助要素"，在考核中出现频率较低。

2. "理论鉴定要素细目表"反映了当前本职业对从业人员知识和技能要求的主要内容，是国家题库命题和抽题组卷依据，同时也是理论鉴定考核重点。

3. 以下各章均如本章所标，不另做说明。

第一章　职业道德

鉴定要求分析

本章内容主要向大家介绍职业道德,在考试中约占理论考试5%的分值。职业道德包含了职业道德的内涵与功能、职业道德的作用和职业道德的要求三部分内容,其中职业道德的作用为考核的重点。本章在本工种鉴定中主要以理论鉴定考核的形式出现,涉及的题型常常是单项选择题及判断题。本章内容以识记为主。

知识点阐述

第一节　职业道德的内涵与功能

一、职业道德的基本内涵

1. 道德、职业与职业道德

道德是依靠人们的内心信念、传统习惯和社会舆论来调整个人与个人、个人与社会之间关系的行为准则和规范的总和。在现实生活中,人们习惯于把一个社会成员在社会中所从事的并作为主要生活来源的工作称为职业。

职业道德是指从事一定职业劳动的人们,在特定的工作和劳动中,以其信念和特殊社会技能来维系的,以善恶进行评价的心理意识、行为原则和行为规范的总和,它是人们在从事职业的过程中形成的一种内在的、非强制性的约束机制。职业的产生是根源于社会分工。随着生产力的发展,不断地产生新的职业,而每个职业必然有与之相对应的职业道德。

2. 职业道德的特点

1)职业道德具有适用范围的有限性。每种职业都担负着一种特定的职业责任和职业义务。由于各种职业的职业责任和义务不同,从而形成各自特定职业道德的具体规范。

2)职业道德具有发展的历史继承性。由于职业具有不断发展和世代延续的特征,不仅其技术世代延续,其管理员工的方法、与服务对象打交道的方法,也有一定历史继承性,如"有教无类""学而不厌,诲人不倦"始终是教师的职业道德。

3)职业道德表达形式多种多样。由于各种职业道德的要求都较为具体、细致,因此其表达形式多种多样。

4)职业道德兼有强烈的纪律性。纪律也是一种行为规范,但它是介于法律和道德之间的一种特殊规范。它既要求人们能自觉遵守,又带有一定的强制性。就前者而言,它具有道德色彩;就后者而言,又带有一定的法律色彩。就是说,一方面,遵守纪律是一种美德,另一方面,遵守纪律又带有强制性,具有法令的要求。

3. 职业道德的特点

1)职业性。职业道德的内容与职业实践活动紧密相连,反映着特定职业活动对从业人员行为的道德要求。每一种职业道德都只能规范本行业从业人员的职业行为,在特定的职业范围内发挥作用。

2）实践性。职业行为过程，就是职业实践过程，只有在实践过程中，才能体现出职业道德的水准。职业道德的作用是调整职业关系，对从业人员职业活动的具体行为进行规范，解决现实生活中的具体道德冲突。

3）继承性。在长期实践过程中形成的，会被作为经验和传统继承下来。即使在不同的社会经济发展阶段，同样一种职业因服务对象、服务手段、职业利益、职业责任和义务相对稳定，职业行为道德要求的核心内容将被继承和发扬，从而形成了被不同社会发展阶段普遍认同的职业道德规范。

4）多样性。不同的行业和不同的职业，有不同的职业道德标准。

二、市场经济条件下职业道德的功能

1. 市场经济

市场经济（又称为自由市场经济或自由企业经济）是一种经济体系，在这种体系下，产品和服务的生产及销售完全由自由市场的自由价格机制所引导。在市场经济里并没有一个中央协调的体制来指引其运作，但是在理论上，市场将会通过产品和服务的供给和需求产生复杂的相互作用，进而达成自我组织的效果。

2. 社会主义市场经济

社会主义市场经济是市场经济发展的一种新的历史形式，也可以说是市场经济发展的新阶段。它包含着两个方面的规定性，一是市场经济的一般共性，二是社会主义制度本身的特性。社会主义市场经济是在积极有效的国家宏观调控下，市场对资源配置起基础性作用，能够实现效率与公平的经济体制。

3. 市场经济对职业道德的正面影响

1）市场经济是一种自主经济，它激励人们最大限度地发挥自主性，从而增强人们的自主性道德观念。

2）市场经济是一种竞争经济，它激励人们积极进取，从而增强人们的竞争道德观念。

3）市场经济本质上是一种经济利益导向的经济，它要求人们利义并重，从而增强人们利义并重的道德观念，促使人们行为规范化。

4）社会主义市场经济是极为重视科技的经济，它要求人们不断更新知识，学习科学技术，这就增强了人们学习创新的道德观念。

三、企业文化的功能

企业文化是一种观念形态的价值观，是企业长期形成的稳定的文化观念和历史传统，以及特有的经营精神和风格，包括一个企业独特的指导思想、发展战略、经营哲学、价值观念、道德规范和风俗习惯等。

由于企业文化贯穿于企业生产经营过程的始终，对于社会的进步，企业的发展和企业职工的积极性、主动性和创造性的发挥都具有重要的功能和价值。企业文化的功能包括自律功能、导向功能、整合功能和激励功能。

1）企业文化的自律功能也称为约束功能，主要是通过完善管理制度和道德规范来实现。企业制度是企业文化的内容之一，是企业内部的法规，企业的领导者和企业职工必须遵守和执行，从而形成约束力；道德规范是从伦理关系的角度来约束企业领导者和职工的行为，如果人们违背了道德规范的要求，就会受到舆论的谴责，心理上会感到内疚。

2）企业文化的导向功能是指通过企业文化对企业的领导者和职工起引导作用。企业文化的导向功能主要体现在经营价值观念的指导和企业的目标指导两方面。

经营价值观念决定了企业经营的思维方式和处理问题的法则，这些方式和法则指导经营者进行正确的决策，指导员工采用科学的方法从事生产经营活动；企业目标代表着企业发展的方向，完美的企业文化会从实际出发，以科学的态度制定企业的发展目标，企业员工就是在这一目标的指导下从事生产经营活动。

3）企业文化的整合功能是指企业文化以人为本，尊重人的感情，从而在企业中形成一种团结友爱、相互信任的和睦气氛，强化团体意识，使企业职工之间形成强大的凝聚力和向心力。共同的价值观念形成共同的目标和理想，职工把企业看成是一个命运共同体，把本职工作看成是实现共同目标的重要组成部分，整个企业步调一致，形成统一的整体。

4）企业文化的激励功能。共同的价值观念使每个职工都感到自己存在和行为的价值，自我价值的实现是人最高精神需求的一种满足，这种满足必将形成强大的激励。在以人为本的企业文化氛围中，领导与职工、职工与职工之间互相关心、互相支持。特别是领导对职工的关心，职工会感到受人尊重，自然会振奋精神，努力工作。另外，企业精神和企业形象对企业职工有着极大的鼓舞作用，特别是企业文化建设取得成功，在社会上产生影响时，企业职工会产生强烈的荣誉感和自豪感，他们会加倍努力，用自己的实际行动去维护企业的荣誉和形象。

第二节 职业道德的作用

1. 职业道德的特征

归纳起来，职业道德有三个主要特征：一是范围上的局限性，任何职业道德的适用范围都不是普遍的，而是特定的、有限的，一方面，它主要适用于走上社会岗位的成年人，另一方面尽管职业道德也有一些共同性的要求，但某一特定行业的职业道德，也只适用于专门从事本职业的人；二是内容上的稳定性和连续性，由于职业分工有其相对的稳定性，与其相适应的职业道德也就有较强的稳定性和连续性；三是形式上的多样性和具体化，职业道德的形式因行业而异，一般来说，有多少种不同的行业，就有多少种不同的职业道德，为了便于理解执行，各行各业一般都根据本行业的特点和要求，具体的职业环境和职业条件，采取简明扼要的职业守则和道德规范等形式，制定一些明确的条款和规章，把职业道德具体化、规范化和通俗化。

2. 职业道德的作用

1）职业道德对增强企业凝聚力、竞争力的作用。职业道德是增强企业凝聚力的手段，是协调职工同事关系的法宝，有利于协调职工与领导之间的关系，有利于协调职工与企业之间的关系。

2）职业道德是事业成功的保证。职业道德可以提高企业的竞争力，是事业成功的重要保证，没有职业道德的人是干不好任何工作的；职业道德也是人们获得事业成功的重要条件。事业成功的人往往都有较高的职业道德。

第三节　职业道德的要求

1. 文明礼貌

文明礼貌是职业道德的重要规范，是职业人的基本素质，也是企业形象的重要内容。所谓文明指的是人类社会的进步状态。它包括物质文明和精神文明两个方面。所谓礼貌，是指人们在一切交往中语言举止谦虚、恭敬、彬彬有礼。

2. 爱岗敬业

爱岗敬业是对每个职业人工作态度的普遍要求。爱岗就是热爱自己的工作岗位，热爱本职工作。热爱岗位（本职工作）是一种职业情感。热爱岗位，就是职业工作者以正确的态度对待职业劳动，努力培养热爱自己所从事职业的幸福感、荣誉感。敬业就是要用一种恭敬严肃的态度对待自己的工作，提倡"干一行、爱一行、专一行"。

3. 诚实守信

"诚""信"都是古老的伦理道德规范。诚，就是真实不欺，尤其是不自欺，它主要指个人内在品德；信，就是真心实意地遵守、履行诺言，特别是不欺人，它主要是处理人际交往关系的准则和行为。作为一种职业道德规范，诚实守信就是指真实无欺、遵守承诺和契约的品德及行为。

4. 办事公道

办事公道就是指在办事情、处理问题和售卖商品时，秉公办事，平等相待，一视同仁。不因个人的偏见、好恶和私心等，去对待事情和处理问题，绝不因人而异，亲疏有别，更不能趋附权势。

5. 勤劳节俭

所谓勤劳，就是辛勤劳动，努力创造物质财富和精神财富。所谓节俭，就是节制、爱惜公共财物和社会财富以及企业设施和个人生活用品。

6. 遵纪守法

遵纪守法指的是每个从业者要遵守职业纪律和与职业活动相关的法律和法规。职业纪律是在特定的职业活动范围内，从事某种职业的人们必须共同遵守的行为准则，它包括劳动纪律、财经纪律、组织纪律、保密纪律、宣传纪律、群众纪律和外事纪律等基本纪律要求以及各行各业的特殊纪律要求。为了开展正常的职业活动，理顺职业活动中的各种关系，国家依据宪法制定了一系列与职业活动相关的法律和法规，如《中华人民共和国经济合同法》《中华人民共和国产品质量法》《中华人民共和国消费者权益保护法》《中华人民共和国反不正当竞争法》《中华人民共和国环境保护法》《汽车交易市场管理暂行规定》等。

7. 团结互助

团结互助是作为处理从业者之间和职业集体之间的重要道德规范。它要求从业人员顾全大局，互相配合；以诚相待，互相尊重；谦虚谨慎，互相学习；加强协作，互相帮助。处理好同事之间、部门之间的团结协作，以实现共同发展。

8. 开拓创新

开拓创新是指从业者在工作中，要具有强烈的开拓创新意识和热情，千方百计提高工作效率，敢于攻克前人没有解决的难题，不断提出新问题，研究新方法，走出新路子。这种开拓创新是讲究科学性的创新,一方面做到实事求是,从实际出发,打破传统模式和方法的束缚,提出新办法和措施;另一方面又有不断克服前进中各种困难的决心,有不空谈、重实干的精神,义无反顾地去追求并力争达到既定目标。

真题分析

一、单项选择题

1. 职业道德是一种( )的约束机制。
   A. 强制性　　　　B. 非强制性　　　　C. 自愿的　　　　D. 随意的

【分析】 本题考核的知识点是"职业道德的内涵"。职业道德是指从事一定职业劳动的人们,在特定的工作和劳动中,以其信念和特殊社会技能来维系的,以善恶进行评价的心理意识、行为原则和行为规范的总和,它是人们在从事职业的过程中形成的一种内在的、非强制性的约束机制。显然,与职业道德的内涵表述相一致的,是 B 选项。【答案】B。

2. 职业道德与人事业的关系是( )。
   A. 职业道德是人成功的充分条件
   B. 没有职业道德的人不会获得成功
   C. 事业成功的人往往具有较高的职业道德
   D. 缺乏职业道德的人往往也有可能获得成功

【分析】 本题考核的知识点是"职业道德的作用"。因为职业道德是人事业成功的重要条件,每一个成功的人都有较高的职业道德。只要 C 的表述与职业道德的作用相吻合。

选项 A 的表述等价于"有职业道德的人必然成功",显然,与常理相悖;选项 B 过于绝对化,;选项 D 的表述具有明显的倾向性,"往往"其含义为大多数,也与常理相悖。【答案】C。

模拟试题

一、判断题(下列判断正确的在括号里打"√",错误的打"×")

1. (　)事业成功的人往往具有较高的职业道德。
2. (　)勤劳是现代市场经济所需要的,而节俭不宜提倡。
3. (　)办事公道是指从业人员在进行职业活动时要做到助人为乐,有求必应。
4. (　)在日常接待工作中,根据性别给予服务符合平等尊重要求。
5. (　)创新既不能墨守成规,也不能标新立异。
6. (　)职业纪律中包括群众纪律。
7. (　)职业道德活动中做到表情冷漠、严肃待客是符合职业道德规范要求的。
8. (　)在日常接待工作中,对待不同的服务对象,采取一视同仁的服务态度。
9. (　)在职业活动中一贯地诚实守信会损害企业的利益。
10. (　)在日常接待工作中,对待不同服务对象一视同仁、真诚热情是符合平等尊重的要求。

11. （　　）员工在职业交往活动中尽力在服饰上突出个性是符合仪表端庄的具体要求。
12. （　　）职业道德是指从事一定职业的人们，在长期职业活动中形成的一种行为规范。
13. （　　）职业道德在形式上具有具体、简明扼要和通俗易懂的特点。
14. （　　）各行各业的职业道德具有相同的内容。
15. （　　）企业文化的功能包括娱乐功能。
16. （　　）企业文化对企业具有整合的功能。
17. （　　）职业道德对企业起到增强竞争力的作用。
18. （　　）职业道德活动中做到严肃待客、不卑不亢是符合职业道德规范要求的。
19. （　　）市场经济条件下，应该树立多转行、多学知识和多长本领的择业观念。
20. （　　）市场经济条件下，根据服务对象来决定是否遵守承诺并不违反职业道德规范中关于诚实守信的要求。
21. （　　）在公私关系上，符合办事公道具体要求的是公私分开。
22. （　　）勤劳节俭虽然有利于节省资源，但不能促进企业的发展。
23. （　　）企业活动中，师徒之间要平等和互相尊重。

二、选择题（下列各题的4个选项中，只有1个是正确的，请将其代号填在括号内）

1. 正确阐述职业道德与人事业的关系的选项是（　　）。
   A. 没有职业道德的人不会获得成功
   B. 要取得事业的成功，前提条件是要有职业道德
   C. 事业成功的人往往并不需要较高的职业道德
   D. 职业道德是人获得成功的重要条件

2. 职业道德对企业起到（　　）的作用。
   A. 增强员工独立意识　　　　　　　B. 缓和企业上级与员工关系
   C. 使员工按规矩做事情　　　　　　D. 增强企业凝聚力

3. 职业道德对企业起到（　　）的作用。
   A. 决定经济效益　　　　　　　　　B. 促进决策科学化
   C. 增强竞争力　　　　　　　　　　D. 树立员工守业意识

4. 各种职业道德采取简洁明快的形式，对本职业人员提出具体的道德要求，以保证职业活动的顺利开展，这体现了职业道德的（　　）。
   A. 稳定性　　　　B. 专业性　　　　C. 具体性　　　　D. 适用性

5. 职业道德通过（　　），起着增强企业凝聚力的作用。
   A. 协调员工之间的关系　　　　　　B. 增加职工福利
   C. 为员工创造发展空间　　　　　　D. 调节企业与社会的关系

6. 职业道德活动中，对客人做到（　　）是符合语言规范的具体要求。
   A. 言语细致，反复介绍　　　　　　B. 语速要快，不浪费客人时间
   C. 用尊称，不用忌语　　　　　　　D. 语气严肃，维护自尊

7. 下列事项中属于办事公道的是（　　）。
   A. 顾全大局，一切听从上级　　　　B. 大公无私，拒绝亲戚求助

C. 知人善任，努力培养知已 　　　　D. 原则至上，不计个人得失

8. (　　)是企业诚实守信的内在要求。
   A. 维护企业信誉 　　　　　　　　B. 增加职工福利
   C. 注重经济效益 　　　　　　　　D. 开展员工培训

9. 职工对企业诚实守信应该做到的是(　　)。
   A. 忠诚所属企业，无论何种情况都始终把企业利益放在第一位
   B. 维护企业信誉，树立质量意识和服务意识
   C. 保守企业任何秘密，不对外谈论企业之事
   D. 完成本职工作即可，谋划企业发展由有见识的人来做

10. 关于创新的正确论述是(　　)。
    A. 不墨守成规，但也不可标新立异
    B. 企业经不起折腾，大胆地闯早晚儿会出问题
    C. 创新是企业发展的动力
    D. 创新需要灵感，但不需要情感

11. 企业员工在生产经营活动中，不符合平等尊重要求的是(　　)。
    A. 真诚相待，一视同仁 　　　　　B. 互相借鉴，取长补短
    C. 长幼有序，尊卑有别 　　　　　D. 男女平等，友爱亲善

12. 职业纪律是企业的行为规范，职业纪律具有(　　)的特点。
    A. 明确的规定性 　　　　　　　　B. 高度的强制性
    C. 通用性 　　　　　　　　　　　D. 自愿性

13. 办事公道是指从业人员在进行职业活动时要做到(　　)。
    A. 追求真理，坚持原则 　　　　　B. 奉献社会，助人为乐
    C. 亲疏有别，因人而异 　　　　　D. 有求必应，服务热情

14. 下列关于勤劳节俭的论述中，不正确的选项是(　　)。
    A. 勤劳节俭能够促进经济和社会发展
    B. 勤劳是现代市场经济需要的，而节俭不宜提倡
    C. 勤劳和节俭符合可持续发展的要求
    D. 要想维持人类生存，必须节俭

15. 下列关于诚实守信的认识和判断中，正确的选项是(　　)。
    A. 一贯的诚实守信是不明智的行为 　　B. 诚实守信是维持市场经济秩序的基本法则
    C. 是否诚实守信要视具体对象而定 　　D. 追求利益最大化原则高于诚实守信

16. 对待职业和岗位，(　　)并不是爱岗敬业所要求的。
    A. 树立职业理想 　　　　　　　　B. 干一行爱一行专一行
    C. 遵守企业的规章制度 　　　　　D. 一职定终身，不改行

17. 企业生产经营活动中，促进员工之间平等尊重的措施是(　　)。
    A. 互利互惠，平均分配 　　　　　B. 加强交流，平等对话
    C. 只要合作，不要竞争 　　　　　D. 人心叵测，谨慎行事

18. 在商业活动中，不符合待人热情要求的是(　　)。
    A. 严肃待客，表情冷漠 　　　　　B. 主动服务，细致周到

C. 微笑大方，不厌其烦　　　　　　　　D. 亲切友好，宾至如归

19. 爱岗敬业作为职业道德的重要内容，是指员工（　　）。
A. 热爱自己喜欢的岗位　　　　　　　　B. 热爱有钱的岗位
C. 强化职业责任　　　　　　　　　　　D. 不应多转行

20. 下列关于勤劳节俭的论述中，正确的选项是（　　）。
A. 勤劳一定能使人致富　　　　　　　　B. 勤劳节俭有利于企业持续发展
C. 新时代需要巧干，不需要勤劳　　　　D. 新时代需要创造，不需要节俭

21. 企业生产经营活动中，要求员工遵纪守法是（　　）。
A. 约束人的体现　　　　　　　　　　　B. 保证经济活动正常进行所决定的
C. 领导者人为的规定　　　　　　　　　D. 追求利益的体现

22. 下列关于勤劳节俭的论述中，正确的选项是（　　）。
A. 勤劳是人生致富的充分条件　　　　　B. 节俭是企业持续发展的必要条件
C. 勤劳不如巧干　　　　　　　　　　　D. 节俭不如创造

23. 下列选项属于职业道德范畴的是（　　）。
A. 人们的内心信念　　　　　　　　　　B. 人们的文化
C. 人们的思维习惯　　　　　　　　　　D. 员工的技术水平

24. 坚持办事公道，要努力做到（　　）。
A. 公私分开　　　B. 有求必应　　　C. 公正公平　　　D. 公开办事

25. 道德是（　　）。
A. 人和市场都具有的行为规范
B. 规定人们的权利和义务的行为规范
C. 是一定社会阶级向人们提出的处理人与人、人与社会、人与自然之间关系的行为规范
D. 一种具有强制性的约束机制

26. 职业道德是一种（　　）的约束机制。
A. 强制性　　　B. 非强制性　　　C. 自愿的　　　D. 随意的

27. 职业道德的特征是（　　）。
A. 多样性和具体性　　　　　　　　　　B. 专业性和实用性
C. 稳定性和连续性　　　　　　　　　　D. 以上答案都正确

28. 职业道德的稳定性和连续性是（　　）。
A. 绝对的　　　　　　　　　　　　　　B. 相对的
C. 不受当时社会经济关系的制约　　　　D. 不受其他道德原则的影响

29. 下列选项对职业道德具体性理解正确的是（　　）。
A. 反映了较强的专业特点
B. 不能用以规范约束其他行业人员的职业行为
C. 对其他行业人员有较强的约束性
D. 反映了职业道德观念代代相传的特点

30. 为了促进企业的规范化发展，需要发挥企业文化的（　　）功能。
A. 娱乐　　　B. 主导　　　C. 决策　　　D. 自律

31. 下列选项中属于企业文化功能的是（   ）。
    A. 整合功能 B. 技术培训功能
    C. 科学研究功能 D. 社交功能
32. 爱岗敬业的具体要求是（   ）。
    A. 看效益决定是否爱岗 B. 转变择业观念
    C. 提高职业技能 D. 增强把握择业的机遇意识
33. 企业文化的功能不包括（   ）。
    A. 激励功能 B. 导向功能 C. 整合功能 D. 娱乐功能
34. 在职业交往活动中，符合仪表端庄具体要求的是（   ）。
    A. 着装华贵 B. 鞋袜等搭配合理
    C. 饰品俏丽 D. 发型要突出个性
35. 市场经济条件下，（   ），不违反职业道德规范中关于诚实守信的要求。
    A. 通过诚实合法劳动，实现利益最大化 B. 打进对手内部，增强竞争优势
    C. 根据服务对象来决定是否遵守承诺 D. 凡有利于增大企业利益的行为就做
36. 在公私关系上，符合办事公道的具体要求是（   ）。
    A. 公私分开 B. 假公济私 C. 公平公正 D. 先公后私
37. 职业纪律是从事这一职业的员工应该共同遵守的行为准则，它包括的内容有（   ）。
    A. 交往规则 B. 操作程序 C. 群众观念 D. 外事纪律
38. 在企业的活动中，（   ）不符合平等尊重的要求。
    A. 根据员工技术专长进行分工 B. 根据服务对象的年龄采取不同的服务措施
    C. 师徒之间要平等和互相尊重 D. "同工同酬"，取消员工之间的一切差异

第二章

相关法律法规

理论鉴定要素细目表

考核内容		考核要点	重要程度
相关法律法规	法律普及知识	公民的权利与义务	★★★
		劳动法知识	★★★
		社会保险知识	★★★
		消费者权益保护法知识	★★★
	环境保护法规	汽车排放污染的危害	★★★
		汽车排放法规与标准	★★★
		汽车排放污染控制	★★★
	质量管理知识	汽车维修质量与质量管理的基本概念	★★★
		全面质量管理的特点与要求	★★★
		汽车维修企业全面质量管理常用方法	★★★
		汽车维修质量的评价与监控	★★★
	安全生产知识	电工作业安全操作规则	★★★
		钳工作业安全操作规则	★★★
		汽车维修工作业安全操作规则	★★★

鉴定要求分析

本章内容主要介绍汽车维修工工作过程中所涉及的相关法律法规，这主要涉及法律普及知识、环保法规、质量管理知识和安全生产知识。在考试中以理论考试的形式出现。本章的重点是环境保护法规和质量管理知识，计算机组卷时会涉及两道选择和两道判断题。本章的知识点以识记为主。

第二章　相关法律法规

知识点阐述

第一节　法律普及知识

一、公民的权利与义务

1. 我国公民享有的基本权利

（1）平等权　公民在法律面前一律平等。

（2）政治权利和自由

1）选举权利。即选举权与被选举权的合称。

2）言论自由。此处指广义的言论自由，即表达自由，包括言论、出版、集会、结社、游行和示威自由。

3）担任国家公职的权利。担任国家机关职务的权利，担任国有公司、企业、事业单位和人民团体领导的权利。

（3）监督权　批评权、建议权、申诉权、控告权、检举权，以及取得赔偿权。

（4）宗教信仰自由　任何国家机关、社会团体和个人不得强制公民信仰宗教或不信仰宗教，不得歧视信仰宗教的公民和不信仰宗教的公民。

（5）人身自由权利　包括人身自由不受侵犯，人格尊严不受侵犯，公民的住宅不受侵犯，公民的通信自由和通信秘密受法律保护。

（6）社会经济、文化方面的权利

1）财产权。"国家保护公民合法的收入、储蓄、房屋和其他合法财产的所有权。国家依照法律规定保护公民私有财产的继承权。"

2）受教育的权利。

3）劳动的权利。劳动的权利即劳动权，主要体现为平等就业权和选择职业权。

4）物质帮助权。"中华人民共和国公民在年老、疾病或者丧失劳动能力的情况下，有从国家和社会获得物质帮助的权利。"

2. 我国公民享有的基本义务

1）维护国家统一和民族团结。

2）遵守宪法和法律。

3）维护祖国安全、荣誉和利益。

4）依法服兵役和参加民兵组织。我国实行义务兵役制为主体的义务兵与志愿兵相结合、民兵与预备役相结合的兵役制度。我国公民不分民族、种族、职业、家庭出身、宗教信仰和教育程度，凡年满18周岁的，都有义务依法服兵役。依法被剥夺政治权利的人没有服兵役的资格。

5）依法纳税。宪法规定，公民有纳税的义务。

除了以上专门规定的五项义务外，我国公民的基本义务还包括在基本权利条文中规定的四项义务：劳动的义务、夫妻双方有实行计划生育的义务、父母有抚养教育未成年子女的义务和成年子女有赡养扶助父母的义务。因此，我国公民的基本义务总的说有如上九项。

二、劳动法知识

制定劳动法的目的在于通过法律调整劳动关系及与劳动关系密切联系的其他社会关系，以保护劳动者的合法权益，确立、维护和发展用人单位与劳动者之间稳定、和谐的劳动关系，促进经济发展和社会进步。

1. 劳动法的概念

广义的劳动法包括《中华人民共和国劳动法》以及《中华人民共和国劳动合同法》《中华人民共和国工会法》《中华人民共和国妇女权益保障法》《中华人民共和国未成年人保护法》等相关法规中的劳动法律规范，此外，还包括国务院颁布的劳动行政法规、地方性规章及劳动规章等。

我国劳动法是调整劳动关系以及与劳动关系密切联系的其他社会关系法律规范的总称。《中华人民共和国劳动法》于1994年7月5日由第八届全国人民代表大会常务委员会第八次会议审议通过并颁布，这是我国有关劳动问题的基本法，我国的一切劳动法规都应与《中华人民共和国劳动法》所确定的规范相一致。

劳动法的适用范围，也称为劳动法的效力范围。《中华人民共和国劳动法》第2条规定："中华人民共和国境内的企业、个体经济组织和与之形成劳动关系的劳动者，适用本法。国家机关、事业组织、社会团体和与之建立劳动合同关系的劳动者，依照本法执行。"

我国劳动法适用于中华人民共和国领域内的企业、个体经济组织和与之形成劳动关系的劳动者。

2. 劳动合同

劳动合同是劳动者与用人单位确定劳动关系，明确双方权利和义务的协议。

《中华人民共和国劳动合同法》第10条明确规定："建立劳动关系，应当订立书面劳动合同。"

（1）劳动合同的订立　《中华人民共和国劳动合同法》第14条第2款规定：有下列情形之一，劳动者提出或者同意续订、订立劳动合同的，除劳动者提出订立固定期限劳动合同外，应当订立无固定期限劳动合同：

1）劳动者在该用人单位连续工作满10年的。

2）用人单位初次实行劳动合同制度，或者国有企业改制重新订立劳动合同，劳动者在该用人单位连续工作满10年，且距法定退休年龄不足10年的。

3）连续订立二次固定期限劳动合同，且劳动者没有本法第39条和第40条第一项、第二项规定的情形，续订劳动合同的。

《中华人民共和国劳动合同法》第3条明确规定："订立劳动合同，应当遵循合法、公平、平等自愿、协商一致和诚实信用的原则。依法订立劳动合同具有约束力，用人单位与劳动者应当履行劳动合同约定的义务。"

（2）订立劳动合同的程序　订立劳动合同要经过要约和承诺两个阶段。

一般情况下，当事人双方就劳动合同内容协商一致，劳动合同即告成立。劳动合同依法成立，即具有法律约束力。

实践中订立劳动合同的程序通常做法：用人单位公布招工简章或就业规则，确定被要

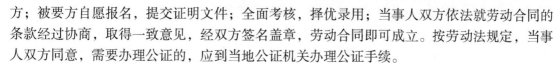

方；被要方自愿报名，提交证明文件；全面考核，择优录用；当事人双方依法就劳动合同的条款经过协商，取得一致意见，经双方签名盖章，劳动合同即可成立。按劳动法规定，当事人双方同意，需要办理公证的，应到当地公证机关办理公证手续。

（3）无效合同　根据《中华人民共和国劳动合同法》第 26 条规定，无效劳动合同的种类如下：

1）违反法律、行政法规强制性规定的劳动合同。

2）以欺诈、胁迫的手段或乘人之危，使对方在违背真实意思的情况下订立或者变更的劳动合同。

（4）劳动合同的内容　劳动合同的内容是指劳动者与用人单位双方通过平等协商所达成的关于劳动权利和劳动义务的具体条款，包括必备条款和协商约定条款。

必备条款又称为法定条款，是《中华人民共和国劳动合同法》所规定，双方当事人签订的劳动合同中必须具备的条款。

协商约定条款是指劳动者和用人单位之间在必备条款之外，根据双方的具体情况，经过协商认为需要约定的条款。

2008 年 1 月 1 日起施行的《中华人民共和国劳动合同法》规定：劳动合同期限 3 个月以上不满 1 年的，试用期不得超过 1 个月；劳动合同期限 1 年以上不满 3 年的，试用期不得超过 2 个月；3 年以上固定期限和无固定期限的劳动合同，试用期不得超过 6 个月。

（5）劳动合同的解除　劳动合同的解除是指劳动合同期限届满以前，由于出现某种情况，导致当事人双方提前终止劳动合同的法律效力，解除双方的权利和义务关系。劳动合同既可以由双方协商解除，也可以由单方依法解除。

3. 劳动保护制度

1）劳动安全卫生制度。劳动安全卫生保护的内容十分广泛，且因不同行业有着不同的重点和差别，各有关单行法规对此做了具体规定，《中华人民共和国劳动法》在第六章规定了劳动安全卫生制度的基本内容如下：

① 用人单位必须建立、健全劳动安全卫生制度，严格执行国家劳动安全卫生规程和标准，对劳动者进行劳动安全卫生教育，防止劳动过程中出现事故，减少职业危害。

② 实行新建、改建和扩建工程的劳动安全卫生设施与主体工程同时设计、同时施工、同时投入生产和使用的"三同时"制度。

③ 用人单位必须按照国家规定的标准建设劳动安全卫生设施，必须为劳动者提供符合国家规定的劳动安全卫生条件和必要的劳动防护用品，对从事有职业危害作业的劳动者定期进行健康检查。

④ 对从事特种作业的劳动者实行特种作业资格制度。

⑤ 劳动者在劳动过程中必须严格遵守安全操作规程。劳动者有权拒绝执行用人单位违章指挥、冒险作业的命令，有权对危害生命安全和身体健康的行为提出批评、检举和控告。

⑥ 建立伤亡事故和职业病统计报告和处理制度。要求县级以上各级人民政府劳动行政部门、有关部门和用人单位，要依法对劳动者在劳动过程中发生的伤亡事故和劳动者职业病状况，进行统计、报告和处理。

2）女职工和未成年劳动者的特殊劳动保护。对女职工的特殊保护是指根据妇女的生理特点以及教育子女的需要而采取的有关保护女职工在劳动中安全与健康措施的总称。根据

《中华人民共和国劳动法》的有关规定，对女职工特殊的劳动保护主要包括劳动就业方面的保护、禁止女职工从事有害健康的工作、对女职工的"五期"保护等。具体为不得安排妇女从事矿山井下、国家规定的第四级体力劳动强度和其他禁忌从事的劳动；不得安排女职工在经期从事高处、低温、冷水作业和国家规定的第三级体力劳动强度的劳动；不得安排女职工在怀孕期间从事国家规定的第三级体力劳动强度的劳动和孕期禁忌从事的劳动，对怀孕7个月以上的职工，不得安排其延长工作时间和夜班劳动；女职工生育享受不少于90天的产假；不得安排女职工在哺乳未满1周岁的婴儿期间从事国家规定的第三级体力劳动强度的劳动和哺乳期禁忌从事的其他劳动，不得安排其延长工作时间和夜班劳动。未成年劳动者是指年龄未满18周岁的劳动者。他们的身体发育尚未完全定型，正在向成熟期过渡，因而必须对他们给予特殊的保护。《中华人民共和国劳动法》规定的对未成年劳动者的特殊劳动保护的主要内容为：不得招用16岁以下的童工；对经批准需录用未成年劳动者的特殊行业，应当经过体检证明合格，录用后应当定期进行健康检查，并为其提供适合身体状况的劳动条件，保证和照顾他们的文化、技术学习和休息；禁止安排未成年劳动者从事矿山井下、有毒有害和国家规定的第四级体力劳动强度和其他禁忌从事的工作；禁止安排他们加班加点。

3) 国家劳动安全卫生监察制度。国家劳动安全卫生监察是指国家劳动部门对企业劳动安全卫生状态实施强制执法的一种手段，包括一般监察、专业监察和事故监察三种形式。一般监察是对企业进行的常规监察，其重点是发生事故和职业病的企业。专业监察是对危险性或危害性较大的特种设备、作业环境、特种作业人员和生产建设工程项目等进行的专项技术监察。事故监察是对各类特别重大事故、职工伤亡事故组织和参与调查、分析、处理和审批结案工作。

三、社会保险知识

1. 社会保险的概念

社会保险是一种为丧失劳动能力、暂时失去劳动岗位或因健康原因造成损失的人口提供收入或补偿的一种社会和经济制度。社会保险的主要项目包括养老保险、医疗保险、失业保险、工伤保险和生育保险。

社会保险计划由政府举办，强制某一群体将其收入的一部分作为社会保险税（费）形成社会保险基金，在满足一定条件的情况下，被保险人可从基金获得固定的收入或损失的补偿，它是一种再分配制度，它的目标是保证物质及劳动力的再生产和社会的稳定。

在我国，社会保险(Social Insurance)是社会保障体系的重要组成部分，其在整个社会保障体系中居于核心地位。另外，社会保险是一种缴费性的社会保障，资金主要是用人单位和劳动者本人缴纳，政府财政给予补贴并承担最终的责任。劳动者只有履行了法定的缴费义务，并在符合法定条件的情况下，才能享受相应的社会保险待遇。

2. 社会保险的特征

1) 社会保险的客观基础是劳动领域中存在的风险，保险的标的是劳动者的人身。
2) 社会保险的主体是特定的，包括劳动者（含其亲属）与用人单位。
3) 社会保险属于强制性保险。
4) 社会保险的目的是维持劳动力的再生产。

5）保险基金来源于用人单位和劳动者的缴费及财政的支持。保险对象范围限于职工，不包括其他社会成员。保险内容范围限于劳动风险中的各种风险，不包括此外的财产和经济等风险。

3. 社会保险的功能

社会保险具有稳定社会生活、再分配以及促进社会经济发展的功能，其中促进社会经济发展的功能体现在以下方面：

1）社会保险制度作为需求管理的一个重要工具来发挥作用，从而对经济起正面的作用。

2）社会保险是社会保险基金的有效利用，可以促进经济的持续繁荣。

3）社会保险成为企业招揽人才的基本条件。

4. 社会保险与商业保险的主要区别

1）实施目的不同。社会保险是为社会成员提供必要时的基本保障，不以赢利为目的；商业保险则是保险公司的商业化运作，以利润为目的。

2）实施方式不同。社会保险是根据国家立法强制实施，商业保险是遵循"契约自由"的原则，由企业和个人自愿投保。

3）实施主体和对象不同。社会保险由国家成立的专门性机构进行基金的筹集、管理及发放，其对象是法定范围内的社会成员；商业保险是保险公司来经营管理的，被保险人可以是符合承保条件的任何人。

4）保障水平不同。社会保险为被保险人提供的保障是最基本的，其水平高于社会贫困线，低于社会平均工资的50%，保障程度较低；商业保险提供的保障水平完全取决于保险双方当事人的约定和投保人所缴保费的多少，只要符合投保条件并有一定的缴费能力，被保险人可以获得高水平的保障。

四、消费者权益保护法知识

《中华人民共和国消费者权益保护法》是维护全体公民消费权益法律规范的总称，是为了保护消费者的合法权益，维护社会经济秩序稳定，促进社会主义市场经济健康发展而制定的一部法律。

1993年10月31日第八届全国人民代表大会常务委员会第4次会议通过，自1994年1月1日起施行。2009年8月27日第十一届全国人民代表大会常务委员会第10次会议《全国人民代表大会常务委员会关于修改部分法律的规定》进行第一次修正。2013年10月25日十二届全国人民代表大会常务委员会第5次会议《全国人民代表大会常务委员会关于修改的决定》第2次修正。

《中华人民共和国消费者权益保护法》是维权的有力武器，《中华人民共和国消费者权益保护法》的颁布实施，催生和强化了消费者的权利意识和自我保护意识，标志着我国以消费者为主体的市场经济向法制化和民主化迈出了一大步。《中华人民共和国消费者权益保护法》规定了消费者享有安全权、知情权、选择权、公平交易权、获赔权、结社权、获知权、尊重权和监督权等九项权利。随着《中华人民共和国消费者权益保护法》的贯彻实施，越来越多的消费者开始知晓并注重维护自己应有的合法权益，《中华人民共和国消费者权益保护法》也因此成为知名度最高的法律之一。

《中华人民共和国消费者权益保护法》的基本原则是指贯穿了该法的内容及整个调整过程总的指导思想或总的指导方针，是国家处理有关消费者问题，对相关社会关系进行法律调整的基本准则，是贯穿于消费者权益保护立法、司法以及消费活动的每一个环节，反映市场经济条件下国家保护消费者权益的根本宗旨。

第二节　环境保护法规

一、汽车排放污染的危害

汽车排放的污染物主要是燃料不完全燃烧的产物和有害的氧化物，包括一氧化碳（CO）、碳氢化合物（HC）、氮氧化物（NO_x）、二氧化硫（SO_2）、微粒（PM）和醛类等。

汽车排放的污染物种类主要与发动机的燃烧机理和燃油的蒸发等因素有关。汽油机排放污染物主要是CO、HC和NO_x，柴油机发动机排放污染物主要是PM和NO_x。

CO是空气供给不足时燃料没有完全燃烧而形成的产物，是无色、无味的有毒气体。CO吸入人体后，很容易与血液中的血红蛋白相结合，从而降低了血液的输氧能力，造成人体内缺氧，引起恶心、头晕、头痛和心跳加速等症状，轻者损坏中枢神经系统，形成慢性中毒，严重时会使人窒息死亡。

HC是不燃烧和不完全燃烧的燃油和机油以及燃油和机油裂解形成的产物。有一部分HC来自曲轴箱窜气和燃油系统的蒸发，在汽车排放到大气中的HC总量中，有25%是由于曲轴箱窜气所致的，有20%属于燃油系统的蒸发。排放的HC会对人的眼睛和鼻子的黏膜、呼吸道和皮肤等产生强烈的刺激，当碳氢气体达到高浓度时，人会产生恶心、呕吐、咳嗽和头晕等症状。

NO_x是在燃烧过程中形成的。NO_x通常主要是指一氧化氮（NO）和二氧化氮（NO_2）。内燃机在燃烧的过程中绝大部分是生成NO，其次有少量的NO_2。NO呈高浓度时会使人的中枢神经出现障碍。NO_2是褐色的气体，带有特殊的刺激性臭味，是内燃机排放的恶臭气味的污染物之一，吸入人体后，与血液中的血红蛋白结合后，使血液的输氧能力降低，会对人造成心、肝、肾等的损伤。NO_x也会对植物的生长造成不良的影响。NO_x还是生成光化学烟雾的重要物质。

SO_2在内燃机排放中的含量主要取决于燃料中的含硫量。一般，柴油机比汽油机排放的SO_2多些。SO_2在催化剂的表面逐渐堆积，会造成催化净化装置的劣化，影响其使用寿命。

PM也称为颗粒，主要是指污染物中的铅化物、碳烟和油雾。铅化物是在汽油中添加的作为抗爆振剂的四乙铅经过燃烧后所生成的化合物。人吸入铅化物并且积累到一定程度时，就会引起慢性中毒，对人体造成损害。铅会阻碍血液中红细胞的生长，损害神经系统，引起贫血，当含铅量过高时就会造成铅中毒。碳烟是燃料没有完全燃烧生成的碳粒。由于燃烧机理不同，柴油机产生的碳烟比汽油机多，所以碳烟主要是柴油机排放的。碳烟本身就会对人的呼吸系统产生危害，碳烟黏附较强的致癌物质苯并芘，会给人体带来更大的危害。

二、汽车排放法规与标准

1. 国外汽车排放法规与标准

为保护环境，各国相继制定了排放法规，用以控制汽车污染物排放。美国和日本最早于 20 世纪 60 年代就开始汽车排放控制，起步水平大致相当。1994 年起美国执行极其严格的低排放汽车(Low Exhaust Vehicle, LEV)法规后，美国和日本之间的距离略为拉开。欧洲控制排放起步比美国和日本晚，而且标准要求较松，但是到 1992 年实施欧洲第 1 阶段(欧Ⅰ)排放法规后，进步明显，现已超过日本，接近美国 LEV 计划。美国、日本和欧洲的汽车排放法规形成当今世界三大汽车排放法规体系。不论哪个法规，对汽油机均要求控制废气中的 CO、HC 和 NO_x 的含量；而对柴油机，主要控制 PM 及 NO_x。现主要介绍欧洲排放法规。

1970 年和 1982 年，ECE(欧洲体系标准，即联合国欧洲经济委员会，Economic Commission of Europe)对满载在 3.5t 以下(ECE15)和超过 3.5t(ECE49)的汽车制定了相应的法规，当时法规只规定了对 CO 和 HC 排放量的限制，这是最早的汽车排放法规。1989 年，ECE 发布 ECE83 法规取代 ECE15，后经三次修订形成了更严格的排放限值法规 ECE93——欧Ⅰ，并于 1993 年生效，具体极限值见表 2-1。

表 2-1 欧Ⅰ排放极限值

汽车类型		排放量/(g/km)					
		CO		HC+NO_x		PM	
		型式认证	产品一致性	型式认证	产品一致性	型式认证	产品一致性
第一类轻型车		2.72	3.16	0.97	1.13	0.14	0.18
第二类轻型车	$R_m \leq 1250$kg	2.72	3.16	0.97	1.13	0.14	0.18
	$R_m \leq 1700$kg	5.17	6.00	1.40	1.60	0.19	0.22
	$R_m > 1700$kg	6.90	8.00	1.70	2.00	0.25	0.29
汽油车劣化系数		1.2		1.2		—	
柴油车劣化系数		1.1		1.0		1.2	

欧Ⅰ排放标准强化了有害排放物的限值，将 M1(1)类和 N1(2)类汽车的限值加以区别，规定了气体燃料汽车排放物的测量方法、新的生产一致性检查方法，并且第一次将液体燃料汽车分成三组，即 A 组(使用含铅汽油)、B 组(使用无铅汽油)和 C 组(使用柴油)。在这一规定中，还对未装三元催化转化器使用含铅汽油的汽车和使用无铅汽油的汽车以及柴油车有害排放物的种类和限值做出具体规定，同时还确认 N1 类汽车的(HC+NO_x)质量分数排放量比 M1 类汽车多 1.25 倍。

在 ECE93(欧Ⅰ)之后，ECE 于 1996 年对其再次进行修订，制定了 ECE96(欧Ⅱ)法规。该法规对使用无铅汽油和柴油汽车的排放限值做出了更为严格的要求，对生产一致性采用了新的检查方法，明确了火花点火发动机和使用液化石油气的汽车排放的测定方式，在该标准中还增加了试验速度段，规定了强制耐久性试验(8 万 km)及汽车在转鼓试验后在密闭室中放置 24h 测定燃油蒸气泄漏量(限值为每欧洲运转循环 2g)，保留了急速时对 CO 排放量的限制，见表2-2。

表2-2 欧Ⅱ排放限值

汽车类型		排放量（g/km）		
		CO	HC+NO$_x$	PM
		型式认证=产品一致性		
第一类轻型车	汽油车	2.2	0.5	—
	柴油车	1.0	0.7	0.08
	直喷式柴油车	1.0	0.9	0.10

欧Ⅲ的主要变化是取消了汽车发动机尾气取样开始前45s的加热阶段，在三元催化转化器还处于冷的阶段就测定CO和HC的排放量。欧Ⅲ和欧Ⅳ都规定了燃油蒸气的测量方法和限值，同时规定在汽车上要安装排气净化系统的随车故障诊断装置，并对在用车净化系统的可靠性检测及燃油品质提出了更高的要求，见表2-3。

表2-3 无铅汽油车ECE2000（欧Ⅲ）及ECE2005（欧Ⅳ）法规排放限值 （单位：g/km）

法规	CO	HC	NO$_X$
欧Ⅲ	2.3	0.2	0.15
欧Ⅳ	1.0	0.1	0.08

2. 我国汽车排放法规与标准

我国汽车排放标准的建立与实施起步较晚。汽车排放污染物控制工作始于1979年《中华人民共和国环境保护法（试行）》颁布以后，机械工业部和交通部于1983年提出机动车排放控制标准。1984年4月1日起实施GB 3842~3844—1983等排放标准。1989年制定了参照ECE15.03和ECE15.04法规的GB 11641~11642.89《轻型汽车污染物排放标准》。1994年5月起实施GB 14761.1~14761.7—1993共7项汽车排放标准，完善了我国汽车排放控制标准体系，对汽油车急速污染物、柴油车自由加速烟度和全负荷烟度排放限值有所加严。

由于世界三大排放标准体系中，欧洲法规在标准的严格程度和道路交通情况等方面比较适合我国的实际情况，在充分吸收欧美的经验后，我国全面等效采用了欧盟技术内容和部分前欧共体（EEC）法规的基础上形成了我国排放法规体系，于2001年4月16日在全国实施了相当于欧Ⅰ限值的GB 18352.1—2001《轻型汽车污染物排放限值及测量方法（Ⅰ）》，它适用于装配点燃式四冲程发动机及压燃式发动机，最大设计车速≥50km/h的在用汽车，其主要有以下内容：

（1）装配点燃式发动机的车辆排气污染物限值　装配点燃式发动机的车辆，其排气污染物是指CO、HC和NO$_x$。其中，HC以正己烷当量表示，而NO$_x$以NO表示。汽车进行急速、双急速和加速模拟工况检测，见表2-4。

（2）装配压燃式发动机的车辆排气污染物限值　装配压燃式发动机的车辆，其排气污染物是指排气管排出的可见污染物，见表2-5。其自由加速试验排气可见污染物限值见表2-6和表2-7。

表 2-4 装配点燃式发动机的车辆怠速试验排气污染物限值

车辆类型	轻型车		重型车	
	CO(%)	HC[①](×10⁻⁶)	CO(%)	HC[①](×10⁻⁶)
1995 年 7 月 1 日前生产的在用汽车	4.5	1200	5.0	2000
1995 年 7 月 1 日起生产的在用汽车	4.5	900	4.5	1200

① HC 体积浓度值按正己烷当量计算。

表 2-5 装配压燃式发动机的车辆双怠速试验排气污染物限值

车辆类型	怠速		高怠速	
	CO(%)	HC[①](×10⁻⁶)	CO(%)	HC[①](×10⁻⁶)
2001 年 1 月 1 日后上牌照的 M1 类车辆[②]	0.8	150	0.3	100
2001 年 1 月 1 日后上牌照的 N1 类车辆[③]	1.0	200	0.5	150

① HC 体积浓度值按正己烷当量计算。
② M1 指车辆的设计乘员数(含驾驶人)不超过 6 人,且车辆的最大设计总质量不超过 2500kg。
③ N1 指设计乘员数(含驾驶人)超过 6 人,或车辆的最大总质量超过 2500kg,但不超过 3500kg 的第一类轻型车。

表 2-6 装配压燃式发动机的车辆自由加速试验排气可见污染物限值

车辆类型	光吸收系数/m⁻¹
2001 年 1 月 1 日后上牌照的在用车	2.5
2001 年 1 月 1 日后上牌照的装配废气涡轮增压的在用车	3.0

表 2-7 装配压燃式发动机的车辆自由加速试验烟度排放限值

车辆类型	烟度 S_F
1995 年 7 月 1 日前生产的在用车	4.7
1995 年 7 月 1 日起生产的在用车	4.0

而 GB 18352.2—2001《轻型汽车污染物排放限值及测量方法(Ⅱ)》等效于欧Ⅱ排放法规,于 2004 年 7 月 1 日起在全国实施。2005 年 4 月 27 日,国家环保总局会同国家质监总局颁布了《轻型汽车污染物排放限值及测量方法(中国Ⅲ、Ⅳ阶段)》等五项机动车污染物排放新标准。其中,轻型汽车国Ⅲ排放标准,自 2007 年 7 月 1 日起实施,国Ⅳ排放标准自 2010 年 7 月 1 日起实施。北京于 2008 年在我国率先对新车实行"国Ⅳ"排放标准,2010 年我国新车销售全面实施"国Ⅳ"标准。我国轻型汽车排放标准的发展历程见表 2-8。

表 2-8 我国轻型汽车排放标准的发展历程

发展历程	排放标准	我国实施日期	欧洲实施时间	相差年份
国Ⅰ(欧Ⅰ)	GB 18352.1—2001	2001.4.16	1992	9
国Ⅱ(欧Ⅱ)	GB 18352.2—2001	2004.7.1	1996	8
国Ⅲ(欧Ⅲ)	GB 18352.3—2005	2007.7.1	2000	7
国Ⅳ(欧Ⅳ)	GB 18352.3—2005	2010.7.1	2005	5
国Ⅴ(欧Ⅴ)	GB 18352.5—2013	2017.1.1	2008	9
国Ⅵ(欧Ⅵ)	GB 18352.6—2016	2020.7.1	2013	7

三、汽车排放污染控制

1. 国外排放污染的控制

国外机动车污染物排放控制起源于美国加利福尼亚州的洛杉矶地区，20 世纪 40 年代由于工业的发展，车辆剧增，加上当地自然环境条件的制约，曾出现"洛杉矶光化学烟雾事件"，20 世纪 60 年代初，该市机动车保有量已超过 400 万辆。因此，1959 年加利福尼亚州最早提出立法控制机动车污染物的排放，1961 年颁布限制机动车排放的强制性法规。随后美联邦政府也颁布了相关法规。日本于 1966 年、欧洲经济共同体于 1970 年相继以不同的方式制定了自己的机动车排放控制法规。结合相应的法规要求，汽车技术也做了较大的改进。

（1）美国汽车排放污染控制技术　美国对机动车节能减排的控制在世界上是比较早的，它采取减排控制技术和不断强化减排控制法规相结合的原则，取得了较好的效果。表 2-9 列出了美国机动车减排控制的宏观进程和各种汽车减排控制技术。

表 2-9　美国机动车减排控制的宏观进程和各种汽车减排控制技术

年份	排放控制技术
1960—1963	加装了曲轴箱强制通风控制系统（PCV）
1963—1968	安装了控制燃烧系统（CCS），降低空燃比；安装空气喷射反应器系统（AIR）促进废气中的 HC 和 CO 燃烧
1968—1973	安装变速器控制火花系统，以延迟点火时间
1973—1978	安装废气再循环系统（EGR），降低燃烧室温度，控制 NO_x 排放；安装活性炭罐控制燃油蒸发系统
1978—1979	采用高能点火系统，使用无铅汽油，安装三元催化转化器，安装燃油蒸发控制系统
1979—1983	采用电控汽油喷射技术及安装三元催化转化器
1983—1994	完善发动机技术，改变燃料成分和开发清洁燃料
1996—现在	采用缸内直喷技术，进行高性能催化剂和清洁燃料的开发使用，实施低排放和零排放汽车计划

（2）日本汽车排放污染控制技术　日本政府通过不断出台和完善节能法律法规，并配合各项政策措施，形成了健全的节能法规体系，使各项节能工作始终体现了法制化和规范化的特点。

日本是仅次于美国的汽车生产大国，国土狭小，排放污染更为突出。1966 年日本就对新车采用四工况法进行监测，规定 CO 排放小于 3%，1969 年修订 CO 排放小于 2.5%；1970 年要求安装 PCV 通风装置，同时规定小型车 CO 小于 1.5%、轻型车 CO 小于 3%；1972 年要求新车加装燃油蒸发回收装置；1973 年采用十工况法，对污染物的控制扩大至 HC 和 NO_x；1975 年建成无铅化汽油供给体系。日本对汽车污染物的控制比美国起步晚，但 20 世纪 70 年代以来，它对 NO_x 的控制进程却比美国快。

日本的机动车排放法规是在全国范围内强制执行的，也以型式认证方式进行控制。其型式认证分为型式认定和型式认可两种，在出售时每一辆车都附有汽车厂出具的认定证书，车辆注册时仍要进行监测，对申请型式认定的汽车厂需对其进行质量保证体系和试验设备能力的认定。新型车的认证试验由运输省"交通安全公害研究所"进行，在用车的定期检验在各地陆运署的 287 条监测线上进行，法规限值分为平均值和最高值，单辆汽车排放不超过最高限值，而一个季度平均数不能超过法规平均值。

实施办法中也有耐久性要求，按车辆型式进行分类生产厂质量保证体系认定、退回制度、产品车抽验和在用车定期检验等。

（3）欧洲汽车排放污染控制技术　欧洲标准是由 ECE 的排放法规和欧盟（EU）的排放指令共同加以实现的。排放法规由 ECE 参与国自愿认可，排放指令是 EU 参与国强制实施的。欧共体实行的也是型式认证，按车型对汽车进行分类，认证要求对汽车厂质量保证体系进行认定。新车的认证和产品的一致性试验由认证权力部门授权的技术机构进行。1986 年开始实施汽油无铅化，1993 年无铅汽油的占有率达到 55%。1992 年 8 月起欧共体开始实施 FM 计划。排放法规方面，欧洲分别于 1992 年、1996 年、2000 年和 2005 年实施了欧 I、欧 II、欧 III 和欧 IV 排放标准。2006 年 12 月 13 日，欧洲议会通过了有关新的汽车排放标准：欧 V 和欧 VI 标准。欧 V 标准主要针对柴油和汽油轿车及轻型商用卡车，而欧 VI 标准单独针对柴油轿车。欧 V 和欧 VI 排放标准大幅度提高了对轿车和客车在碳烟颗粒和 NO_x 排放量方面的要求。按照欧 V 排放标准，柴油轿车的 PM 排放量将减少 80%；而实行欧 VI 标准后，柴油轿车的 NO_x 排放量将比目前减少 68%。欧 V 标准要求从 2009 年 9 月起，所有在欧洲销售的柴油车必须加装 PM 滤清器。

2. 我国排放污染的控制

在制定和实施国家排放标准的同时，按照《中华人民共和国大气污染防治法》《中华人民共和国环境保护法》和《中华人民共和国环境影响评价法》等法律的规定，国家环保总局在控制机动车排放污染方面采取了很多有效措施，目前已建立了包括新车环保型式核准生产和一致性检查等环境监管体制。同时国家采取了一系列经济政策支持清洁汽车的发展，国家环保总局会同国家财政部等部门于 2001 年对提前达到国家第二阶段排放标准的低污染汽车减征 30% 的消费税。到 2004 年前后国家已分车型和分类别全面实施国家第二阶段汽车排放标准，污染控制效果较为明显。根据国家环保总局掌握的情况，轻型车各类污染物的排放已经比未控制前削减 90% 以上。

第三节　质量管理知识

一、汽车维修质量与质量管理的基本概念

产品质量是指产品好坏的优劣程度，而汽车维修是带有工业产品（汽车维修作业）与服务（车主）两种行业综合色彩的企业，企业服务功能贯穿于维修作业流程的始终，因而汽车维修企业的质量既包含产品质量又包含服务质量，两者相辅相成。

全面质量管理（Total Quality Management，TQM）的含义是企业全体职工及有关部门齐心协力，把专业技术、经营管理、数字统计和思想教育结合起来，建立起产品的研究、设计、生产（作业）和服务等到全过程的质量体系，从而有效地利用人力、物力、财力和信息等资源，提供出符合规定要求和用户期望的产品或服务。全面质量管理的基本核心是提高人的素质，调动人的积极性，人人做好本职工作，通过抓好工作质量来保证和提高产品质量或服务质量。

二、全面质量管理的特点与要求

全面质量管理的主要特点就是突出一个"全"字,包括全员管理、全过程管理和全企业管理。就是要把过去的以事后检验和把关为主转变为以预防和改进为主;把过去的以就事论事、分散管理转变为以系统的观点进行全面的综合治理;从管结果转变为管因素,把影响质量的诸因素查出来,抓住主要方面,发动全员和全企业各部门参加全过程的质量管理,依靠科学的管理理论、程序和方法,使生产(作业)的全过程都处于受控制状态,以达到保证和提高产品质量或服务质量的目的。

全面质量管理要达到以下要求:

1) 全面质量管理是要求全员参加的质量管理,要求全体职工树立质量第一的思想,各部门各个层次的人员都要有明确的质量责任、任务和经验,做到各司其职,各负其责,形成一个群众性的质量管理活动,尤其是要开展质量管理小组活动,充分发挥广大职工的聪明才智和当家做主的主人翁精神,把质量管理提高到一个新水平。

2) 全面质量管理的范围是产品或服务质量的产生、形成和实现的全过程,包括从产品的研究、设计、生产(作业)和服务等全部有关过程的质量管理。

3) 全面质量管理要求的是全企业的质量管理。可从两个方面来理解,首先从组织管理角度来看,全企业的含意就是要求企业各个管理层次都有明确的质量管理活动内容。上层质量管理侧重于质量决策,制订企业的质量方针、目标、政策和计划,并统一组织和协调各部门各环节的质量管理活动;中层的质量管理则要实施领导层(上层)的质量决策,运用一定的方法,找出本部门的关键或必须解决的事项,再确定本部门的目标和对策,更好地执行各自的质量职能,对基层工作进行具体的业务管理;基层管理则要求每个职工都要严格地按标准及有关规章制度进行生产和工作。这样一个企业就组成了一个完整的质量管理体系。再从质量和职能上来看,产品或服务质量职能是分散在全企业有关部门的。要保证和改善产品或服务质量,就必须将分散在企业各部门的质量职能充分发挥出来,都对产品或服务质量负责,都参加质量管理,各部门之间互相协调,齐心协力地把质量工作做好,形成全企业的质量管理。

4) 全面质量管理要采取多种多样的管理方法,广泛运用科学技术的新成果。要尊重客观事实,尽量用数据说话,坚持实事求是,科学分析,树立科学的工作作风,把质量管理建立在科学的基础之上。

以上所说四个方面的要求,可归纳为"三全一多样",都是围绕着"有效地利用人力、物力、财力和信息等资源,生产出符合规定要求和用户期望的产品或优质的服务"这一企业目标。这是推行全面质量管理的出发点和落脚点,也是全面质量管理的基本要求。

三、汽车维修企业全面质量管理常用方法

汽车维修企业全面质量管理指 P—D—C—A 循环。把质量管理全过程划分为 P(计划 Plan)、D(实施 Do)、C(检查 Check)、A(总结处理 Action)四个阶段八个步骤。

第一为 P(计划)阶段,其中又分为以下四个步骤:

1) 分析出症状,找出存在的主要质量问题。

2)分析产生质量问题的各种影响因素。
3)找出影响质量的主要因素。
4)针对影响质量的主要因素制订措施,提出改进计划,定出质量目标。

第二为D(实施)阶段,即按照既定计划目标加以执行。

第三为C(检查)阶段,即检查实际执行的结果,看是否达到计划的预期效果。

第四为A(总结处理)阶段,其中又分为两个步骤,一是根据检查结果加以总结成熟的经验,纳入标准制度和规定,以巩固成绩,防止失误。二是把这一轮P—D—C—A循环尚未解决遗留的问题,纳入下一轮P—D—C—A循环中解决,其特点是:四个阶段的工作完整统一,缺一不可;大环套小环,小环促大环,阶梯式上升,循环前进。

四、汽车维修质量的评价与监控

1. 汽车维修质量的评价

1)总成装配质量的评价。总成的装配质量与总成修理时各工艺过程有关。
2)汽车发动机大修竣工质量评定。汽车发动机大修竣工后质量评定应包括起动运转检查,动力性和经济性测定,发动机"四漏"(漏油、漏水、漏气、漏电)及外表涂漆等(主要包括一般技术条件要求和主要性能要求两个方面)。
3)车身涂层质量的评价。
4)汽车大修竣工出厂技术条件。根据GB/T 3798.2—2005《汽车大修竣工出厂技术条件》的规定,其质量评价指标包括动力性能、经济性能、滑行性能、制动性能和转向性能等。

2. 汽车维修质量的监控

质量管理的第一阶段是获取有关被管理对象的信息。为此,要检查送修品,检查各工序的规范,检查工艺装备的状况和检查试验手段的状况等。质量管理的第二阶段是分析有关工艺规程的执行情况,收集和分析信息。质量管理的第三阶段是制订和修改有关技术措施和管理措施。其主要内容包括加强工艺要求和工艺纪律,提高检验质量,改善对设备状况的预防性检查,改善工艺组织和管理,加强职工培训等。质量管理的第四阶段是贯彻执行修改后的技术措施或管理措施。

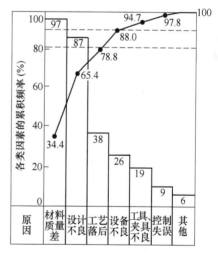

图2-1 影响产品质量的因素

为了控制汽车修理质量,分析影响质量的因素,常采用的统计方法有排列图、分层法和因果分析法。

(1)排列图 排列图又称为主次因素排列图或巴雷特图,如图2-1所示。

(2)分层法 在排列图的基础上,找出主要因素,然后对主要因素的数据再进一步分类。

(3)因果分析法 找到主要因素后,尚需进一步寻找其发生的原因。因果分析图就是帮助分析的有效工具。因其形状像鱼刺,故又称为鱼刺图,它是日本东京大学石川馨教授提出的,故也称为石川图,如图2-2所示。

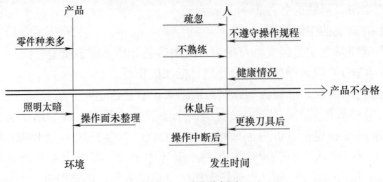

图 2-2 因果分析法

第四节 安全生产知识

一、电工作业安全操作规则

汽车维修电工作业应遵循以下操作规则：

1）安装、检修要使用专用工具，不准用锤子等物敲打电气设备。

2）当检修蓄电池时，应戴防护镜和耐酸手套，防止酸液溅出，检修现场不准存放易燃物品。

3）当工作结束时，要清点工具，防止遗留在发动机内。

4）当用汽油清洗零件时，严禁动用明火。

二、钳工作业安全操作规则

汽车维修钳工作业应遵循以下操作规则：

1）使用锤子时应检查锤头有无裂缝及飞边，锤把有无松动，使用锤子时对面不准站人。

2）锤、铲、铆工作时应戴防护眼镜，注意周围对面人员，以免铁屑伤人。

3）当使用电动工具时，必须检查有无损坏及漏电现象。

4）当安装工件时，不准触摸活动的螺钉，以免挤伤。

5）拆卸设备前必须切断电源，不准带电操作；当使用砂轮、钻床和起重设备时，要严格遵守该设备的安全操作规范。

6）使用流动照明灯不准用高压灯。

三、汽车维修工作业安全操作规则

1）维修工在参加机修工作前，必须先接受专业技术培训，取得专业资格后才能担任修理技术工作。

2）没有车辆驾驶执照的维修工，不得从事汽车修理后的驾驶测试。

3）维修工必须穿工作服上班，袖口必须扣好，长发要压在帽子里，以免发生机械事故。

4）工作前应检查所使用工具是否完好。施工时工具必须摆放整齐，不得随地乱放，工作后应将工具清点检查并擦干净，按要求放入工具车或工具箱内。

5）车辆进入工房，待车熄火停稳后，垫好三角形垫木，支好千斤顶、保险凳。

6）严禁在发动机运转时，进入车下检查底盘或从事拆装作业。

7）在砂轮上研磨刀具时不可去掉防护罩与刀架，以免发生砂轮飞出伤人事故。

8）当拆装、搬移蓄电池时，应防止电液溅到皮肤或衣物上。蓄电池盖的气孔应经常检查有否堵塞，电液平面不可超出规定。充电时盖子要打开，以免蓄电池发生爆炸。当硫酸稀释时，必须注意先注水，然后在搅拌状况下，一点点地注入硫酸，以免强烈发热引发危险。

9）当轮胎充气时，禁止人员靠近轮胎压圈的一边，以免压圈突然跳出伤人。

10）各车间内应配置消防设备，并进行定期检查，保持完好有效，所有工人应会使用消防灭火器材。

11）溢漏出来的油料，必须立即铺撒沙子，并从车间清除出去。

12）每天应检查空气压缩机的自动调节阀，如发现管路有漏气现象，应立即修复，以免污染车间内的空气。

13）当拆装零部件时，必须使用合适工具或专用工具，不得大力蛮干，不得用锤子直接敲击零件。所有零件拆卸后要按顺序摆放整齐，不得随地堆放。

14）废油应倒入指定废油桶收集，不得随地倒流或倒入排水沟内，防止废油污染。

15）修理作业时应注意保护汽车漆面、装饰、座位以及地毯，并保持修理车辆的整洁。车间内不准吸烟；当用千斤顶进行底盘作业时，必须选择平坦、坚实的场地，并用三角形垫木将前后轮塞稳，然后用安全凳按车型规定支承点将车辆支承稳固。严禁单纯用千斤顶顶起车辆在车底作业；修配过程中应认真检查原件或更换件是否符合技术要求，并严格按修理技术规范精心进行作业和检查调试。

16）修竣发动机起动前，应先检查各部件装配是否正确，是否按规定加足机油和冷却液，置变速器于空档，起动电动机试运转。严禁车底有人时发动车辆。

17）当发动机过热时，不得打开散热器盖，谨防沸水烫伤；当在地面指挥车辆行驶和移位时，不得站在车辆正前方与后方，并注意周围障碍物。

18）当清洁零件时，不得使用含铅的汽油。

19）不得使用汽油清洗发动机，如必须使用汽油，必须先将蓄电池线拆下，绝对禁止在发动时清洗。

20）修车使用的工作灯必须是 36V 的安全电压，严禁用高压灯。下班时要切断电源。

21）吊装、拆卸和组装要互相协作，由一人指挥，严防失误，防止滑落、挤压、碰撞、飞溅和燃烧伤人。

22）使用带电设备、机具、电钻、手砂轮、风扳手和喷灯要执行有关操作规程，做到人离断电、火源熄。油桶、油盆和油箱加盖密封；认真检查零件和总成是否符合质量要求，严禁使用伪劣配件，正确使用设备和专用工具，不锤击、不敲打，不违章作业。

23）配件和工件不落地，场地清洁。

24）严格控制灰尘和风沙，做好密封工作。清洗机件后的汽油应及时处理。

真题分析

一、判断题

（   ）全面质量管理就是全员管理。

【分析】 本题考核的知识点是"全面质量管理的特点"。全面质量管理的主要特点就是突出一个"全"字，包括全员管理、全过程管理和全企业管理。因此，全员管理只是全面质量管理的一个组成部分，而不等同于全面质量管理。【答案】×。

二、单项选择题

2000年生产的四冲程轻型车，HC排放不大于（   ）$\times 10^{-6}$。

A. 900　　　　　B. 700　　　　　C. 500　　　　　D. 300

【分析】 本题考核的知识点是"汽车排放法规与标准"。按照"GB 18352.1—2001《轻型汽车污染物排放限值及测量方法（Ⅰ）》"的规定，1995年7月1日起生产的在用汽车HC的排放量不得大于900×10^{-6}。【答案】A。

模拟试题

一、判断题（正确的在括号里打"√"，错误的打"×"）

1.（   ）国家施行劳动者每日工作时间不超过8h，平均每周工作时间不超过44h的工时制度。

2.（   ）合同的形式是合同内容的载体。

3.（   ）劳动合同只要一订立即具有法律约束力，当事人必须履行劳动合同规定。

4.（   ）汽油车废气排放应符合GB 18285—2005《点燃式发动机汽车排气污染物排放限值及测量方法（双怠速法及简易工况法）》的规定。

5.（   ）依据GB 18285—2005规定，1995年7月1日前生产的轻型车怠速CO应小于4.5%，HC应小于1200×10^{-6}。

6.（   ）依据GB 18285—2005规定，1995年7月1日前定型的重型汽车汽油机怠速CO排放量低于4.0%。

7.（   ）全面质量管理简称TQM。

8.（   ）全面质量管理的主要特点是突出"全"字。

9.（   ）订立劳动合同要经过要约和承诺两个阶段。

10.（   ）劳动法中所说的权利和义务是相互统一、互为条件的。

11.（   ）合同转让是合同主体发生了变更，但不至于改变合同的内容。

12.（   ）未成年劳动者是指不满16周岁的劳动者。

13.（   ）劳动安全卫生制度包括安全技术规程、工业技术卫生规程、职工安全卫生行政管理制度和劳动保护监督制度等。

14.（   ）合同是一种刑事法律行为。

15.（   ）合同也称为契约，是指平等主体的自然人、法人、其他组织之间设立、变更、终止民事权利义务关系的协议。

16. (　　)只要违法行为未给消费者造成损失，就不予以惩罚。
17. (　　)合同变更是合同内容的实质发生了变更，而合同的主体不变。
18. (　　)合同主体不能作为合同订约的个体。

二、选择题(下列各题的4个选项中，只有1个是正确的,请将其代号填在括号内)

1. (　　)是指调整劳动关系及与劳动关系密切联系的其他社会关系的法律规范的总称。
   A. 狭义的劳动法　　B. 广义的劳动法　　C. 职业道德　　D. 道德规范
2. 合同是由当事人在(　　)基础上意思表示一致而成立的。
   A. 有领导关系　　B. 有亲属关系　　C. 平等　　D. 对立
3. 《中华人民共和国消费者权益保护法》是(　　)年通过的。
   A. 1990　　B. 1992　　C. 1993　　D. 1999
4. 《中华人民共和国消费者权益保护法》规定经营者的义务不包括(　　)的义务。
   A. 接受监督　　　　　　　　　　B. 接受教育
   C. 提供商品和服务真实信息　　D. 出具购货凭证
5. 合同转让与合同变更的区别是(　　)。
   A. 合同转让是合同的内容发生了变化　　B. 合同转让是合同的主体发生了变更
   C. 合同变更是合同的内容发生了实质变化　　D. 合同变更是合同主体发生了变更
6. 合同内容由(　　)约定。
   A. 代理人　　B. 当事人　　C. 合同建议的提出者　　D. 旁观者
7. 《中华人民共和国劳动法》规定，建立劳动关系应当订立(　　)。
   A. 契约　　B. 劳动合同　　C. 公证书　　D. 约定
8. 中华人民共和国(　　)有休息的权利。
   A. 公民　　B. 人民　　C. 劳动者　　D. 工作阶级
9. 从事技术工种的劳动者上岗前必须经过(　　)。
   A. 培训　　B. 训练　　C. 培养　　D. 教育
10. 凡(　　)的人都是中华人民共和国公民。
    A. 年满十八周岁　　　　　　B. 具有中华人民共和国国籍
    C. 在我国居住　　　　　　　D. 具有中华民族血统
11. 中华人民共和国公民有(　　)纳税的义务。
    A. 依照约定　　B. 遵照指令　　C. 按个人意愿　　D. 依照法律
12. 1995年7月1日后生产的在用轻型汽油车(四冲程)的HC排放应小于(　　)ppm。
    A. 600　　B. 700　　C. 900　　D. 1200
13. (　　)能造成人的结膜、口腔黏膜等的肿胀及充血。
    A. CO　　B. HC　　C. NO_x　　D. 碳烟
14. 依据GB 3847—2005，1995年7月1日前生产的在用柴油车自由加速时，烟度排放不大于(　　)(FSN)。
    A. 3.0　　B. 2.0　　C. 1.0　　D. 5.0
15. (　　)是柴油机排放的主要有害成分之一。
    A. CO　　B. HC　　C. NO_x　　D. 碳烟

16. ( )在阳光下能形成光化学烟雾。
   A. CO+HC   B. HC+NO$_x$ C. NO$_x$+CO   D. 碳烟+HC

17. 2000年生产的四冲程轻型车，HC排放不大于( )×10^{-6}。
   A. 900   B. 700   C. 500   D. 300

18. 在轻型车排放物中，CO含量不大于( )。
   A. 4.5%   B. 6%   C. 7%   D. 8%

19. 污水可采用( )来处理。
   A. 倾倒办法   B. 污水净化装置
   C. 出售给回收部门   D. 以上答案都不对

20. 按照ECE15.04法规规定的汽车型式认证试验，基准质量R_m≤1020kg的CO排放极限值应为( )g。
   A. 70   B. 80   C. 90   D. 60

21. 当( )含量达60%~65%时，会导致人的死亡。
   A. CO   B. HC   C. NO$_x$ D. 碳烟

22. 依据GB 18285—2005规定，1995年7月1日前定型的四冲程重型汽油车HC怠速排放低于( )。
   A. 900×10^{-6} B. 1200×10^{-6} C. 1800×10^{-6} D. 2500×10^{-6}

23. CFC12对大气臭氧层破坏作用最大，臭氧层破坏系数（ODP）值为1，温室效应（GWP）值达( )左右。
   A. 1   B. 2   C. 3   D. 4

24. 全面质量管理这一概念最早在( )由美国质量管理专家提出。
   A. 19世纪50年代   B. 20世纪30年代
   C. 20世纪40年代   D. 20世纪50年代

25. ( )是保证和提高维修质量的先决条件。
   A. 加强教育   B. 抓技术管理
   C. 应用新技术   D. 推行管理新经验

26. 全面质量管理的基本工作方法中( )阶段指的是总结阶段。
   A. A   B. C   C. D   D. P

27. 汽车维修质量可通过( )来评价。
   A. 返修率   B. 合格率   C. 质量指标   D. 质量分析

28. 将报废件定为可用件将影响汽车的修理质量；如果将可用件定为报废件，将影响汽车的修理( )。
   A. 质量   B. 工艺   C. 成本   D. 技术要求

29. 全面质量管理的主要特点是突出"( )"字。
   A. 新   B. 全   C. 质   D. 管

30. 全面企业管理指对( )进行全方位管理。
   A. 员工   B. 企业   C. 部门   D. 设备

31. ( )是对质量形成的全部过程进行管理。
   A. 全员管理   B. 全过程管理   C. 全企业管理   D. 全部管理

32. 产品质量是指产品(　　)。
   A. 性能　　　　　B. 寿命　　　　　C. 可靠性　　　　D. 好坏的优劣程度
33. 全面质量管理中四个环节中的D是指(　　)。
   A. 计划　　　　　B. 实施　　　　　C. 检查　　　　　D. 总结处理
34. 全面质量管理的四个环节是(　　)。
   A. PDCA　　　　 B. DPCA　　　　 C. CDPA　　　　 D. ACDP
35. 根据客车质量检查评定方法得分值为80,应评定为(　　)。
   A. 一等　　　　　B. 合格　　　　　C. 不合格　　　　D. 优良
36. (　　)可作为发放和审核营运证的主要依据之一。
   A. 汽车生产厂家　B. 车辆技术档案　C. 驾驶人驾龄　　D. 市场行情
37. 关于车辆的技术档案,甲说:"技术档案的内容由运输单位自行规定。"乙说:"技术档案一般由车队的车管技术员负责填写和管理。"说法正确的是(　　)。
   A. 甲　　　　　　B. 乙　　　　　　C. 甲和乙　　　　D. 甲和乙都不正确
38. 当车辆送修时,承修单位与送修单位应签订合同,商定送修要求和(　　)等。
   A. 修理车日和质量保证　　　　　　B. 修车时间
   C. 修理材料　　　　　　　　　　　D. 工艺
39. 全面质量管理中四个环节中的P是指(　　)。
   A. 计划　　　　　B. 实施　　　　　C. 检查　　　　　D. 总结处理
40. 对于车辆送修的规定,甲说:"车辆送修时,承修单位与送修单位必须签订合同";乙说:"车辆送修时,没有必要将有关技术档案送承修单位"。(　　)说法是正确的。
   A. 甲和乙　　　　B. 乙　　　　　　C. 甲　　　　　　D. 甲和乙均不正确
41. 全面质量管理中四个环节中的C是指(　　)。
   A. 计划　　　　　B. 实施　　　　　C. 检查　　　　　D. 总结处理
42. 对某种产品不仅包括对其性能、寿命、可靠性和安全性等方面的管理,而且包括对其数量、价格、交货期、售后服务及满足用户要求等各方面的质量管理,称为(　　)。
   A. 全过程管理　　B. 全面质量管理　C. 全员管理　　　D. 全方位管理
43. 汽车维修企业全部工作质量的综合性指标是(　　)。
   A. 返修率　　　　B. 返工率　　　　C. 下线率　　　　D. 一次检验合格率
44. 计划环节在全面质量管理四个环节中为(　　)。
   A. 第一环节　　　B. 第二环节　　　C. 第三环节　　　D. 第四环节
45. 下面关于安全用电的叙述中,正确的是(　　)。
   A. 用铜丝代替熔丝　　　　　　　　B. 电气设备运行时维修
   C. 用水冲洗电气设备　　　　　　　D. 电气装置由专业电工进行安装或修理
46. 进行钻孔操作时(　　)戴手套。
   A. 可以　　　　　B. 一定　　　　　C. 必须　　　　　D. 严禁
47. 发现有人触电,首先应(　　)。
   A. 迅速脱离电源　B. 将触电者拉开　C. 立即叫人　　　D. 报警
48. 订立劳动合同在(　　)后即告成立。
   A. 要约　　　　　B. 承诺　　　　　C. 组织　　　　　D. 提出

49.《中华人民共和国劳动法》中权利和义务的关系是(　　)。
　　A. 相辅相成的　　　　　　　　　　B. 互为条件的
　　C. 相互统一的　　　　　　　　　　D. 相辅相成的、互为条件的、相互统一的都对
50. 订立劳动合同要经过要约和(　　)两个阶段。
　　A. 执行　　　　B. 放弃　　　　C. 讨论　　　　D. 承诺
51. 对《中华人民共和国劳动法》规定理解正确的是(　　)。
　　A. 享有所有权利　　　　　　　　　B. 只享有平等就业的权利
　　C. 享有一定的权利，又要履行一定的义务　　D. 不享有社会保险和福利的权利
52.《中华人民共和国劳动法》劳动者可享有的权利是(　　)。
　　A. 平等就业的权利
　　B. 选择职业的权利
　　C. 提请劳动争议处理的权利
　　D. 平等就业的权利、选择职业的权利和提请劳动争议处理的权利都对
53. 在(　　)情况下签订的劳动合同不予法律支持。
　　A. 平等自愿　　B. 协商一致　　C. 众人胁迫　　D. 依法订立
54. 订立劳动合同的要约是由(　　)提出的。
　　A. 提出合同建议的一方　　B. 承诺的一方　　C. 旁观者　　D. 参与者
55. 未成年劳动者是指(　　)的劳动者。
　　A. 小于16周岁
　　B. 已满16周岁未满18周岁
　　C. 小于18周岁
　　D. 等于18周岁《中华人民共和国合同法》规定
56. 合同当事人应遵守的原则有(　　)。
　　A. 平等　　　　　　　　　　　　　B. 自愿
　　C. 公平　　　　　　　　　　　　　D. 平等、自愿和公平都正确
57. 合同是一种(　　)行为。
　　A. 民事法律　　B. 刑事法律　　C. 个人　　　　D. 社会
58. 劳动保护制度不包括(　　)制度。
　　A. 劳动报酬　　B. 安全卫生　　C. 对女职工保护　　D. 未成年劳动者保护
59. 在民事法律关系中，(　　)是合同主体。
　　A. 自然人　　　　　　　　　　　　B. 法人
　　C. 其他组织　　　　　　　　　　　D. 自然人、法人和其他组织都是
60. (　　)是确定合同双方当事人权利义务关系的根本依据，也是判断合同是否有效的客观依据。
　　A. 合同的形式　　B. 合同的主体　　C. 合同的内容　　D. 合同订立
61. 对被撤销的合同理解正确的是(　　)。
　　A. 刚订立时有法律效力　　　　　　B. 撤销前有法律效力
　　C. 从开始时就无法律效力　　　　　D. 撤销后不再有法律效力
62. 下列选项不属于可撤销合同的是(　　)。

A. 依法订立的合同 B. 显失公平的合同
C. 乘人之危订立的合同 D. 因重大误解订立的合同

63.《中华人民共和国产品质量法》是第( )届人民代表大会常务委员会通过的。
A. 六 B. 七 C. 八 D. 九

64. 合同的订立、变更和终止是合同双方当事人为追求特定( )关系的法定状态而实施法律行为的结果。
A. 平等 B. 合作 C. 对立 D. 债权债务

65. 不属于《中华人民共和国产品质量法》对产品质量管理标准的是( )。
A. 国家及行政标准 B. 作坊自定标准
C. 产品质量认证制度 D. 企业质量体系认证制度

66. ( )负责全国产品监督管理工作。
A. 地方政府 B. 各省产品质量监督管理部门
C. 地方技术监督局 D. 国务院产品质量监督管理部门

67.《中华人民共和国消费者权益保护法》不包括消费者的( )权。
A. 劳动 B. 安全 C. 知情 D. 自主选择

68. ( )是国家对消费者进行保护的前提和基础。
A. 消费者的义务 B. 消费者的权利
C. 消费者的生产资料 D. 消费者的生活资料

69. 对社会保险理解正确的是( )。
A. 等同于社会救济 B. 等同于职工工资
C. 包括养老保险和失业保险 D. 等同于商业投资

第三章 相关理论知识

理论鉴定要素细目表

考核内容		考核要点	重要程度
相关理论知识	钳工基本知识	游标卡尺的规格	★★★
		游标卡尺的使用方法	★★★
		外径千分尺的组成和规格	★★★
		千分尺的使用方法	★★★
		百分表的规格、用途	★★★
		百分表的使用方法	★★★
		扳手的种类与规格	★★★
		台虎钳的规格、用途和使用方法	★★★
		砂轮机的用途和操作注意事项	★★★
		划线工具的用途和操作注意事项	★
		錾子的种类与规格	★★
		錾削的基本操作方法	★★★
		锯条的选用	★★★
		锉刀的规格、用途和选用	★★★
		丝锥的规格、用途和选用	★★★
	金属材料基本知识	金属材料的力学性能	★★★
		金属材料的工艺性能	★★★
		汽车常用金属材料的种类、牌号、性能及应用	★★★
		碳素钢的牌号及应用	★★★
		合金钢的牌号及应用	★★★
		铸铁的牌号及应用	★★★
		铝及铝合金的种类与牌号	★★★
		铜及铜合金的种类与牌号	★★★
		汽车常用非金属材料的种类、牌号、性能与应用	★

(续)

考核内容		考核要点	重要程度
相关理论知识	机械制图知识	图样的概念	★★★
		机械制图国家标准的基本规定	★★★
		三视图及其投影规律	★★★
		零件的表达方法	★★★
		表面粗糙度的代号和标注	★★
		公差与配合的基本概念	★★★
		互换性的概念	★★★
		标准化及技术测量的概念	★★★
		公差与配合的符合及标注方法	★★★
		形状公差和位置公差的概念	★★
		简单零件图识读	★★★
	电工电子基本知识	电流、电压、电阻的基本概念	★★★
		电路的基本概念	★★★
		电功的基本概念	★★
		电功率的基本概念	★★★
		欧姆定律	★★★
		基尔霍夫定律	★★★
		磁场对电流的作用	★★★
		电磁感应基本概念	★★★
		正弦交流电的基本概念(三要素)	★★
		正弦交流电的有效值、相位的概念	★★★
		单相交流电路的概念	★★★
		三相交流电路的概念	★★★
		常用电子元件的名称与代号	★★★
		晶体二极管的分类、用途与伏安特性	★★★
		晶体管的种类、结构与工作状态	★★★
		晶体管的主要参数	★★★
		晶体管的简易判别	★★★
	液压传动基本知识	液压传动的基本原理	★★
		液压传动系统的组成	★★★
		液压传动在汽车上的应用	★★

鉴定要求分析

本章内容涉及相关专业知识。由于现代汽车是集机、电、液一体化的高科技产品，因此，对于汽车维修工而言，掌握相应的理论知识才能较好地完成相关的作业。本章包括钳工基本知识、金属材料基本知识、机械制图知识、电工电子基本知识和液压传动基本知识五个部分。在技能认证考核过程中，本部分内容以理论机考为主，出题频率较高的依次为电工电子基本知识、钳工基本知识、金属材料基本知识、机械制图知识、液压传动基本知识。本部分在历次鉴定考核中失分率较高，应引起备考重视。采取的复习办法是理解及记忆相结合，通过历年题库考核点的归纳，重点强化相关的考点。

知识点阐述

第一节　钳工基本知识

一、钳工常用量具

1. 游标卡尺的规格与使用方法

游标卡尺可以直接测量出工件的外径、内径、长度、宽度、深度和孔距等尺寸。钳工常用的游标卡尺测量范围有 0~125mm、0~200mm 和 0~300mm 等几种。游标卡尺按其测量分度值，可分为 0.10mm、0.050mm 和 0.02mm 三种。

用游标卡尺测量工件尺寸之前，应检查校对零位的准确性。测量时，应将两量爪张开到略大于被测尺寸，将固定爪的测量面贴靠着工件，然后轻轻用力移动游标，使活动量爪的测量面也紧靠工件，并使游标卡尺测量面的连线垂直于被测表面（图3-1 和图 3-2），不可处于歪斜位置，然后把制动螺钉拧紧，读出读数。读数时，应把游标卡尺水平拿着，在光线明亮的地方，视线垂直于刻线表面，避免由斜视角造成的读数误差。

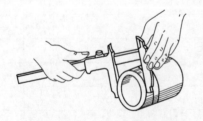
图 3-1　游标卡尺的使用

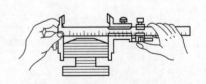
图 3-2　游标卡尺的读数

游标卡尺的读数方法可分为以下三个步骤：

（1）先读整数　游标零线以左最近的尺身刻度线所表示的数值，即为测量的整毫米数。

（2）再读小数　看游标卡尺从零刻度线开始（零刻度线不算）第几条刻线与尺身某一刻线对齐，其游标刻线数与测量分度值的乘积就是不足 1mm 的部分。

（3）计算被测尺寸　将上面整数和小数两部分尺寸加起来，即为被测尺寸。

如图3-3所示，尺寸为

$$22mm+10×0.05mm=22.50mm$$

（注：最后的0不可省略）

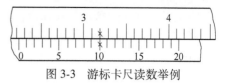

图3-3　游标卡尺读数举例

2. 千分尺的规格与使用方法

千分尺是测量零件尺寸的精密量具，其分度值可达0.01mm，比游标卡尺精度高。千分尺按用途分为内径千分尺和外径千分尺两种。

内径千分尺和外径千分尺的结构基本相同，如图3-4所示，其由固定测砧（砧座）、测微螺杆、制动环、固定套筒、微分筒（活动套筒）、棘轮（测力装置）和弓架等组成。

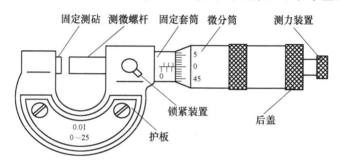

图3-4　千分尺的结构示意图

千分尺测微螺杆的螺距为0.5mm，固定套筒上刻线距离每格为0.5mm，当微分筒转一周时，测微螺杆就移动0.5mm，微分筒的圆周斜面上共刻50格，因此当微分筒转一格时（1/50转），测微螺杆移动0.5/50mm=0.01mm，所以常用千分尺的测量分度值为0.01mm。由于还能再估读一位，可读到mm的千分位，故又称为千分尺。

测量前，必须校正零件。测量时，要控制测力，不允许用冲力转动微分筒。千分尺测微螺杆的轴线应与零件表面贴合垂直。读数时最好不取下千分尺，如需取下，应先锁紧测微螺杆，然后轻轻取下千分尺，防止尺寸变动。

千分尺的使用方法如下：

1）从固定套筒尺身上读出暴露在微分筒外面的毫米数和半毫米数。

2）查看微分筒上哪一格与固定套筒尺身上的基准线对齐，并读出不足半毫米的数。

3）两个读数相加，即为测得的实际尺寸数值。

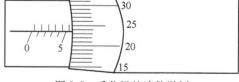

如图3-5所示，读数为

图3-5　千分尺的读数举例

$$5.5mm+0.235mm=5.735mm$$

3. 百分表的规格与使用方法

百分表是利用齿条齿轮或杠杆齿轮传动，将测量杆的直线位移变为指针角位移的计量器具。主要用于测量工件的尺寸和形状、位置误差等。分度值为0.01mm，测量范围为0~3mm、0~5mm和0~10mm。

其原理是：将测尺寸（或误差）引起的测量杆微小直线移动，经过齿轮传动和放大，变为指针在刻度盘上的转动，从而读出被测尺寸（或误差）的大小，如图3-6所示。

百分表的正面共有大小两个表盘，大表盘上共有100个等分格，每格代表0.01mm，小表盘上共有10个等分格，每格代表1mm，当长指针在大表盘上转动一周时会带动短指针在小表盘上转动一个格。测量时，如果测量杆上移1mm，则会使长指针转一周，短指针转1个格。测量杆移动的距离=短指针的读数（整数部分）+长指针的读数（小数部分）。

测量前，检查表盘和指针有无松动现象，检查指针的平稳和稳定性。测量时，测量杆应垂直于零件表面；测圆柱时，测量杆应对准圆柱轴中心。当测头与被测表面接触时，测量杆应对准圆柱轴中心，测量杆应预先有0.3~1mm的压缩量，要保持一定的初始测力，以免负偏差测不出来。

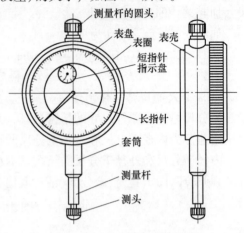

图3-6 百分表的结构示意图

4. 扳手的种类与规格

扳手是用来旋紧六角形、正方形螺钉及各种螺母的常用工具，常用钢、合金钢或可锻铸铁制成，其开口处要求光整和耐磨。扳手分为活扳手、专用扳手和特殊扳手三类。

（1）活扳手　活扳手也叫作通用扳手，如图3-7所示。它由扳手体、固定钳口、活动钳口和螺杆组成。

当使用活扳手时，应让其固定钳口承受主要作用力，否则容易损坏扳手。钳口的开度应适合螺母对边间距尺寸，过宽会损坏螺母。不同规格的螺母（或螺钉），应选用相应规格的活扳手。扳手手柄不可任意接长，以免拧紧力矩过大而损坏扳手或螺母。活扳手操作费时，活动钳口容易歪斜，会损坏螺母或螺钉的头部表面。

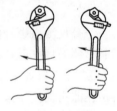

图3-7 活扳手

（2）专用扳手　专用扳手只能扳一个尺寸的螺母或螺钉，根据其用途的不同可分为呆扳手和整体扳手。

1）呆扳手。呆扳手用于装拆六角形或方头的螺母或螺钉，有单头和双头之分，如图3-8所示。它的开口尺寸是与螺母或螺钉对边间距的尺寸相适应的。

2）整体扳手。整体扳手可分为正方形、六角形和十二角形（梅花扳手）等，如图3-9所示。梅花扳手只要转过30°，就可改换方向再扳，适用于工作空间狭小，不能容纳普通扳手的场合，应用较广泛。

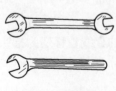

图3-8 呆扳手

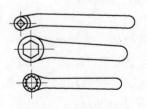

图3-9 整体扳手

（3）特殊扳手　特殊扳手分为成套套筒扳手、锁紧扳手以及内六角扳手。

1）成套套筒扳手。由一套尺寸不等的梅花套筒组成，如图 3-10 所示。使用时，扳手柄方榫插入梅花套筒的方孔内，弓形手柄能连续地转动，使用方便，工作效率较高。

2）锁紧扳手。专门用来锁紧各种结构的圆螺母，其结构多种多样，如图 3-11 所示。

3）内六角扳手。如图 3-12 所示，用于装拆内六角螺钉。成套的内六角扳手，可供装拆 M4~M30 的内六角螺钉。

5. 台虎钳的规格、用途和使用方法

台虎钳是钳工夹持工件进行手工操作的通用夹具，其规格用钳口的宽度来表示。其常用的几种规格有 100mm、125mm 和 150mm 等。图 3-13 所示为轻型活动带砧台虎钳（图 3-13a）、重型活动带砧台虎钳（图 3-13b）和固定带砧台虎钳（图 3-13c）。

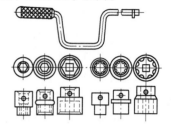

图 3-10　成套套筒扳手

图 3-11　锁紧扳手

图 3-12　内六角扳手

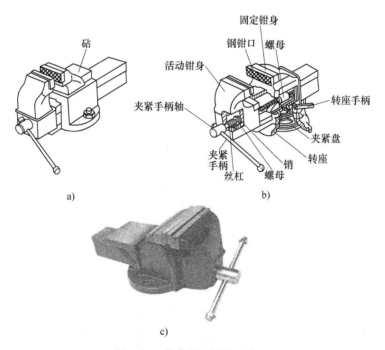

图 3-13　台虎钳的结构和组成

a）轻型活动带砧台虎钳　b）重型活动带砧台虎钳　c）固定带砧台虎钳

当安装台虎钳时,必须使固定钳身的钳口工作面处于钳桌的边缘外。

台虎钳在钳桌上的固定要牢固,工作时应注意左右两个转座手柄必须扳紧,且保证钳身没有松动迹象,以免损坏钳桌、台虎钳及影响工件的加工质量。

当夹紧工件时,只允许用手的力量来扳紧丝杠手柄,不允许用锤子敲击手柄或套上长管子扳手柄,以免丝杠、螺母及钳身因受力过大而损坏。

夹紧工件所需夹紧力的大小,应视工件的精度、表面粗糙度、刚度及操作要求来定。原则是既要夹紧可靠,又不要损伤和破坏完工后工件的质量。

当有强力作用时,应尽量使强力朝向固定钳身,以免损坏丝杠和螺母。

不允许在活动钳身的光滑平面上进行敲击作业,以免降低活动钳身与固定钳身的配合性能。

台虎钳使用完后,应立即清除钳身上的切屑,特别是对丝杠和导向面应擦干净,并加注适量机油,有利于润滑和防锈。

6. 砂轮机的用途和操作注意事项

砂轮机是用来刃磨各种刀具和工具的常用设备,其主要由基座、砂轮、电动机或其他动力源、托架、防护罩和给水器等所组成。砂轮机是用来磨去工件或材料的毛刺和锐边以及刃磨钻头、刮刀等刀具或工具的简易机器。

砂轮机的操作如下:

1)砂轮机起动前,应检查安全托板装置是否固定可靠和完好,并注意观察砂轮表面有无裂缝。

2)砂轮机起动后,应观察砂轮机的旋转是否平稳,旋转方向与指示牌是否相符,以及有无其他故障存在。

3)砂轮外圆表面若不平整,应用砂轮修正器进行修正。

4)待砂轮转速正常后才能进行磨削。

5)当对长度<50mm 的小件进行磨削时,应用钳子或其他工具夹持,千万不能用手握。

6)使用完毕应随即切断电源。

砂轮机使用注意事项(安全常识)如下:

1)砂轮机应有安全罩。

2)操作时,人不能正对砂轮站立,应站在砂轮的侧面或斜侧位置。在磨削时不要用力太猛,以免砂轮碎裂。

二、钳工基本技能

1. 划线

划线是机械加工中的一道重要工序之一,广泛用于单件或小批量生产之中。划线分为平面划线和立体划线两种。对划线的基本要求是线条清晰匀称,定形、定位尺寸准确。划线工具主要有划线平板、钢直尺、直角尺、游标高度尺、划针、划规、划针盘、样冲、V 形铁、方箱和千斤顶等,如图 3-14 所示。划线的具体方法如下:

首先是工件和工具的准备,工件的准备包括其清理、检查和表面涂色;其次是根据工件图样要求,选择合适的工具,并检查和校验工具,看懂图样,确定出划线基准,装夹好工件；再次是进行划线，尽可能在一次支承中把需要划的平行线划全。工件支承要牢固。详细检查划线的精度以及线条有无漏划，最后在线条上打样冲眼。

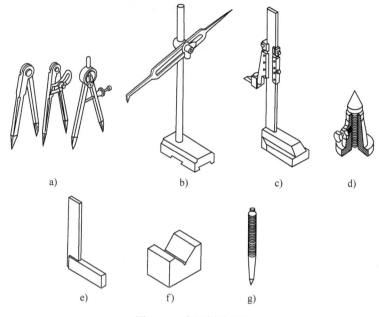

图 3-14　常用划线工具

a）划规　b）划针盘　c）游标高度尺　d）千斤顶
e）直角尺　f）V形铁　g）中心冲

2. 錾削

錾削是用锤子打击錾子对金属进行切削加工的操作方法。其作用就是錾掉或錾断金属，使其达到所需的形状和尺寸。

錾削工具主要是錾子和锤子，如图 3-15 和图 3-16 所示。

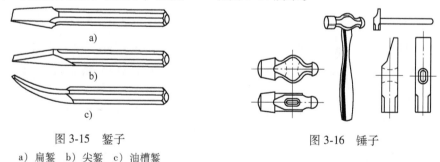

图 3-15　錾子　　　　　　　　图 3-16　锤子

a）扁錾　b）尖錾　c）油槽錾

錾削时，操作者的步位和姿势应便于用力。身体的重心偏于右腿，挥锤要自然，眼睛要正视錾刃，而不是看錾子的头部。

注意事项：先检查錾口是否有裂纹；检查锤子手柄是否有裂纹，锤子与手柄是否有松动；不要正面对人操作；錾头不能有毛刺；操作时不能戴手套，以免打滑；錾削临近终了时要减力锤击，以免用力过猛伤手。

3. 锯削

锯削是用手锯或机械锯把金属材料分割、开缝和切槽的加工方法。

钳工主要用手锯进行锯削,手锯由锯弓和锯条组成。

锯弓是用来装夹锯条的,有固定式和可调式两种,如图3-17所示。

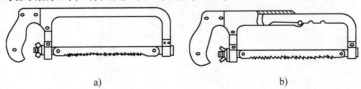

图 3-17　锯弓
a) 固定式　b) 可调式

锯条分为工具钢锯条和合金钢锯条两类,均经过淬火处理。锯条规格用其两端安装孔距表示,常用的是300mm锯条。锯齿的大小是以25.4mm长度内所包含的锯齿数表示,此长度内包含的齿数越多,锯齿越细。细齿锯条适用于锯削硬材料或小而薄的工件。

当安装锯条时,锯齿的齿尖要朝前,装正装直。其拉紧度以工作时锯条不弯曲为宜。过松会使锯条扭曲,锯缝歪斜,锯条容易折断;过紧会使锯条失去弹性,在锯削中也易崩断;起锯时,起锯角要小(约15°),行程要短,压力要小,速度要慢。当锯削时,应尽可能使锯条全长参加工作,锯削速度以30~40次/min为宜。

4. 锉削

锉削是用锉刀切削,修整金属表面尺寸和形状的加工方法。

锉刀可分为普通锉刀、特种锉刀和整形锉刀三类。

1) 普通锉刀是钳工最常用的锉刀,按断面形状不同,又可分为平锉、方锉、三角锉、半圆锉和圆锉等几种,如图3-18所示。

2) 特种锉刀用来锉削特殊工件表面,按断面形状不同,又可分为刀口锉、菱形锉、扁三角锉、椭圆锉和圆肚锉等多种,如图3-19所示。

图 3-18　普通锉刀断面形状

图 3-19　特种锉刀断面形状

3) 整形锉刀又称为什锦锉刀,常用于修整工件的细小部位。整形锉刀每套分别有5把、6把、8把、10把和12把等。

当使用锉刀时,不得用新锉刀锉硬金属,应先用砂轮或旧锉刀打磨掉氧化皮和硬皮后,再用新锉刀锉削。新锉刀应先使用一面,待一面磨钝后,再用另一面;细锉刀不可锉软金属,否则会堵塞锉齿。

5. 丝锥

丝锥由工作部分和柄部组成,其中工作部分由切削部分与校准部分组成。切削部分常磨成圆形,以便使切削负荷分配在几个刀齿上。

校准部分的作用是修光螺纹和引导丝锥。丝锥上有三四条容屑槽(图3-20),便于容屑和排屑。柄部为方头,其作用是与铰杠相配合并传递扭矩。

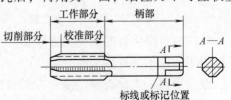
图 3-20　丝锥的原理图

第二节　金属材料基本知识

一、金属材料的力学性能

力学性能是指金属在力的作用下所显示出的与弹性和非弹性反应相关或涉及应力-应变关系的性能，主要有强度、塑性、硬度、韧性和疲劳等。

1. 强度与塑性

强度是抵抗永久变形和断裂的能力。按载荷的作用形式分为拉伸、压缩、弯曲、剪切和扭转等几种，载荷的作用形式不同，金属的强度判据不同。抗拉强度判据应用最普遍，测试方法最简单，通常采用拉伸试验法，在拉伸试验机上进行。

（1）常用强度判据　常用强度判据主要有屈服强度和抗拉强度。

1）屈服强度和规定残余伸长应力。在拉伸过程中力不增加（保持恒定），试样仍能继续伸长时的应力称为屈服强度，以 R_{eL} 表示，单位为 MPa。

$$R_{eL} = \frac{F_s}{A_0}$$

式中　F_s——材料屈服时的拉伸力（N）；

A_0——试样拉伸前 d_0 处横截面面积（mm²）。

屈服强度是具有屈服现象的材料特有的强度指标。除退火或热轧的低碳钢和中碳钢等少数合金有屈服强度外，大多数合金都没有屈服现象，因此提出"规定残余伸长应力"作为相应的强度指标。国家标准规定：当试样卸除拉伸力后，其标距部分的残余伸长达到规定的原始标距百分比时的应力，作为规定残余伸长应力 R_r。表示此应力的符号应附以下角标说明，如 $R_{r0.2}$ 表示规定残余伸长率为 0.2% 时的应力。

$$R_r = \frac{F_r}{A_0}$$

式中　F_r——产生规定伸长时的拉力（N）。

2）抗拉强度。拉伸过程中最大力 F_b 所对应的应力称为抗拉强度，以 R_m 表示。

$$R_m = \frac{F_b}{A_0}$$

抗拉强度的物理意义是表征材料对最大均匀变形的抗力，表征材料在拉伸条件下所能承受最大力的应力值，它是设计和选材的主要依据之一，是工程技术上的主要强度指标。

（2）塑性判据　塑性是金属材料在载荷的作用下产生永久变形而不破坏的能力。

常用的塑性判据是材料断裂时最大相对塑性变形，有拉伸时的断后伸长率和断后收缩率。

1）断后伸长率。试样拉断后，标距的伸长与原始标距的百分比称为断后伸长率，以 A 表示。

$$A = \frac{L_1 - L_0}{L_0} \times 100\%$$

式中　L_1——试样拉断后的标距（mm）；

L_0——试样原始标距（mm）。

2）断面收缩率。试样拉断后，缩颈处横截面面积的最大缩减量与原始横截面面积的百分比称为断面收缩率，以 Z 表示。

$$Z = \frac{A_0 - A_1}{A_0} \times 100\%$$

式中　A_0——试样原始截面面积（mm^2）；

　　　A_1——试样断裂后缩颈处的最小横截面面积（mm^2）。

A 和 Z 越大，表示材料的塑性越好；反之，表示材料的塑性越差，脆性越大。

2. 硬度

硬度是指材料抵抗局部变形，尤其是塑性变形、压痕或划痕的能力。硬度是衡量金属软硬程度的判据。

材料的硬度是通过硬度试验测得的。硬度试验方法较多，生产中常用的是布氏硬度和洛氏硬度试验法。其试验条件和应用范围参见 GB/T 230.1—2004 规定。

3. 韧性及疲劳

韧性是金属材料抵抗冲击载荷而不破坏的能力。

疲劳是指金属材料在多次交变载荷作用下而不破坏的最大应力，也称为疲劳强度或疲劳极限。当施加的交变应力是非对称循环应力时，疲劳强度用 σ_{-1} 表示；当施加的交变应力是对称循环应力时，疲劳强度用 σ_0 表示。

二、金属材料的工艺性能

工艺性能是指金属材料对不同加工工艺方法的适应能力，包含以下四种性能：

（1）铸造性能　铸造性能是指金属（材料）及合金在铸造工艺中获得优良铸件的能力。主要包含流动性、收缩性和偏析倾向三种特性。

（2）锻造性能　锻造性能是指用锻压成形方法获得优良锻件的难易程度。

（3）焊接性能　焊接性能是指金属材料对焊接加工的适应性。

（4）切削加工性能　切削加工性能指切削加工金属材料的难易程度。

三、汽车常用金属材料的种类、牌号、性能及应用

1. 碳素钢

碳的质量分数（含碳量）小于 2.11% 的铁碳合金称为碳素钢。碳素钢的牌号由代表屈服强度的字母、屈服强度的数值、质量等级符号和脱氧符号四个部分组成，如

Q　235A　F

"Q" 代表钢材屈服强度汉语拼音的第一个字母，"235" 代表屈服强度为 235MPa，"A" 代表质量等级为 A，"F" 表示沸腾钢。

优质碳素钢的牌号由两位数字表示，表示碳的平均质量分数，如 "30" 表示此钢含碳量为 0.30%，钢的含碳量及应用见表 3-1。

2. 合金钢

在碳钢的基础上加入有益的其他元素形成的钢，称为合金钢。合金钢的牌号用 "两位数字+元素符号+数字" 表示。前两位数字表示钢中含碳量是万分之几，元素符号表示所含金属元素，后面的数字表示合金元素平均的百分数。

表 3-1　钢的含碳量及应用

分类	碳的质量分数	应用
低碳钢	≤0.25%	铆钉、螺钉、连杆、渗碳零件等
中碳钢	0.25%~0.60%	齿轮、轴、蜗杆、丝杠、连接件等
高碳钢	≥0.60%	弹簧、工具、模具等

3. 铸铁

碳的质量分数大于2.11%、小于6.67%的铁碳合金为铸铁，见表3-2。

表 3-2　铸铁的牌号及应用

分类	牌号	应用
灰铸铁	HT+最低抗拉强度数值(MPa)，如 HT200	用于制造承受较大负荷的零件，如机床的床身、立柱、气缸的缸体、缸盖、轮毂、联轴器等
可锻铸铁	KT+字母(可锻铸铁的类别)+最低抗拉强度数值(MPa)+伸长率数值(%)，如 KTH300-06	管道配件、低压阀门等
	珠光体型	要求强度和耐磨性较高的零件，如曲轴、凸轮轴、齿轮、活塞环和轴套等
球墨铸铁	QT+最低抗拉强度数值(MPa)+伸长率数值(%)，如 QT400-18	汽车轮毂、离合器壳、拨叉等
蠕墨铸铁	RuT+抗拉强度数值(MPa)，如 RuT200	用于耐热、耐蚀和耐磨等场合，如柴油机的气缸盖、缸套和排气管等

4. 铝及铝合金

根据铝合金的成分、组织和工艺特点，可以将其分为铸造铝合金与变形铝合金两大类，见表3-3。变形铝合金是将铝合金铸锭通过压力加工(轧制、挤压、模锻等)制成半成品或模锻件，所以要求有良好的塑性变形能力。铸造铝合金则是将熔融的合金直接浇铸成形状复杂的甚至是薄壁的成形件，所以要求合金具有良好的铸造流动性。

表 3-3　铝及铝合金的分类和性能特点

分类	合金名称	合金系	性能特点	编号举例
铸造铝合金	简单铝硅合金	Al-Si	铸造性能好，不能进行热处理强化，力学性能较低	ZL102
	特殊铝硅合金	Al-Si-Mg	铸造性能良好，能热处理强化，力学性能较高	ZL101
		Al-Si-Cu		ZL107
		Al-Si-Mg-Cu		ZL105、ZL110
		Al-Si-Mg-Cu-Ni		ZL109
	铝铜铸造合金	Al-Cu	耐热性好，铸造性和耐蚀性差	ZL201
	铝镁铸造合金	Al-Mg	力学性能高，耐蚀性能好	ZL301
	铝锌铸造合金	Al-Zn	能自动淬火，用于压铸	ZL401
	铝稀土铸造合金	Al-Fa	导热性能好	

(续)

分类		合金名称	合金系	性能特点	编号举例
变形铝合金	不能热处理强化的铝合金	防锈铝	Al-Mn	耐蚀性、压力加工性与焊接性能好，但强度比较低	3A21
			Al-Mg		5A05
	可以热处理强化的铝合金	硬铝	Al-Mg-Cu	力学性能高	2A11、2A12
		超硬铝	Al-Cu-Mg-Zn	室温强度高	7A04
		锻铝	Al-Mg-Si-Cu	铸造性能好	2A50、2A14
			Al-Cu-Mg-Fe-Ni	导热性能好	2A80、2A70

铝合金的牌号表示方法如下：

变形铝合金采用四位数表示：

2×××~8×××系列，如2A11，表示以铜为主铝合金，A表示原始（B表示改型），11表示纯度，对于合金无特殊意义，编号以区别不同的合金。

铸造铝合金的代号用"ZL"两个字母和三个数字表示，如ZL102、ZL203和ZL302等。

用途举例：

防锈铝——3A21、5A02、5A05等，不可热处理强化，做油箱、油管和铆钉。

硬铝——2A01、2A10、2A11、2A12等，做螺旋桨叶片、支柱。

超硬铝——7A04，做飞机大梁、起落架。

锻铝——2A50、2A14，做锻件、模锻件。

5. 铜及铜合金

(1) 纯铜　我国工业铜牌号参照 GB/T 5231—2012《加工铜及铜合金牌号和化学成分》进行分类，如一号铜(99.95%Cu)、二号铜(99.90%Cu)、三号铜(99.70%Cu)，其代号分别为T1、T2、T3。此外，纯铜除工业纯铜外，还有一类叫作无氧铜，其含氧量极低，不大于0.003%，其代号有TU00、TU0、TU1、TU2、TU3。

纯铜退火状态强度低，塑性好（R_m = 250~270MPa，A = 35%~45%），经冷加工变形后强度升高，而塑性急剧降低（R_m = 400~500MPa，A = 1%~3%）。不能用作受力的结构材料，工业纯铜主要用导电、导热，兼有耐蚀性的器材，如电线、电缆和电器开关等，无氧铜主要用作真空器件。

(2) 铜合金　为了满足制作结构件的要求，在铜中加入合金元素，通过固溶强化、时效强化及过剩相强化等途径提高合金的强度，获得高强度的铜合金。铜合金按其化学成分可分为黄铜、青铜和白铜三大类。

普通黄铜的牌号用汉语拼音中"黄"的第一个字母"H"加数字来表示，数字代表铜的平均质量分数，而含锌量不标出，如H68。

青铜的牌号以字首字母"Q"即"青"字的汉语拼音字首后面加一个主加元素的符号及除铜以外各元素的百分含量来表示，如"QSn4-3"，表示含4%Sn、3%Zn，其余为Cu。

四、汽车常用非金属材料的种类、牌号、性能及应用

非金属材料包括有机塑料、橡胶、陶瓷材料和复合材料。这些非金属材料同样是汽车机械不可缺少的重要组成部分。

1. 有机塑料和橡胶

有机塑料和橡胶的种类、牌号及应用见表3-4

表3-4 有机塑料和橡胶的种类、牌号及应用

类别	种类	牌号	应用
有机塑料	热塑性塑料	聚乙烯、有机玻璃、尼龙等	用于一般结构零件，减摩、耐磨零件，耐蚀件，绝缘件，密封件，透明件等
	热固性塑料	酚醛塑料、氨基塑料等	
橡胶	普通橡胶		用于密封件，减振、防振件，传动带，运输带和软管，绝缘材料，轮胎等
	特种橡胶		

2. 复合材料

复合材料具有重量轻、比强度高、比模量高、抗疲劳性能好、减振性能好、成形工艺简单、可实现复杂零件集成化生产、对环境污染更小等诸多优点，使得许多种类型的复合材料在车身轻量化过程中得到了施展才能的舞台，并在汽车的轻量化进程中大显身手。

复合材料是指由两种和两种以上的、物理和化学性质不同的物质，撷取各组成成分的优点组合起来而得到的一种多相固体材料。它具有了对所组成材料相互取长补短的良好综合性能，比原组成材料具有的性能要更加优越。

在汽车行业应用的复合材料主要根据基体材料和增强材料的种类来分。

按照增强材料来分，有碳纤维增强复合材料和玻璃纤维增强复合材料等，具体如图3-21所示。

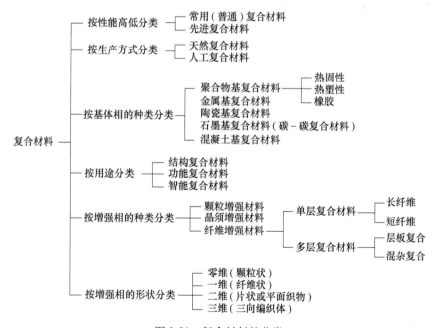

图3-21 复合材料的分类

据统计，由复合材料制成的汽车与使用钢材制造的汽车质量相比要轻1/3~1/2，这对提高整车动力性能，降低油耗，增加负载非常有益，见表3-5。

表 3-5　各种复合材料的性能

材料名称	密度/ (g/cm³)	抗拉强度/ MPa	弹性模量/ MPa	比强度/×10⁴ (N·m/kg)	比模量/×10⁴ (N·m/kg)
钢	7.8	1030	210 000	13	2.7
铝	2.8	470	75 000	17	2.6
钛	4.5	960	114 000	21	2.5
玻璃钢	2.0	1060	40 000	53	2.1
硼纤维/铝	2.65	1000	200 000	38	7.5
硼纤维/环氧	2.1	1380	210 000	66	10
高强碳纤/环氧	1.45	1500	140 000	103	2.1
高模碳纤/环氧	1.6	1070	240 000	67	15
有机纤维 PRD/环氧	1.4	1400	80 000	100	5.7
SiC 纤维/环氧	2.2	1090	102 000	50	4.6

3. 陶瓷材料

传统上的"陶瓷"一词是陶器和瓷器的总称。凡经原料配制、坯料成形和窑炉烧成工艺制成的产品，都称为陶瓷（这也包括了粉末冶金制品）。

陶瓷在汽车中有广泛的用途。经过试验与工业化应用证明：陶瓷材料优越的机械特性及高温化学性能，已远远超过金属材料或其他材料制成的零部件。由于这些部件体积很小，而且材料的密度较小，灵敏度高，对恶劣环境的适应性好。此外，金属体表面喷涂耐磨润滑陶瓷在汽车上也有应用，如活塞环表面耐涂料层（Al_2O_3、Cr_2O_3、WC、Al_2TiO_5 等），转动部件的润滑耐磨涂层、隔热涂层和耐磨涂层等。

第三节　机械制图知识

一、基本概念及其国家制图标准

1. 图样的概念

图样由图形、符号、文字和数字等组成，是表达设计意图和制造要求以及交流经验的技术文件，常被称为工程界的语言。

2. 机械制图国家标准的基本规定

主要介绍国家标准《技术制图》和《机械制图》中对图纸幅面、格式及标题栏，比例，字体，图线以及尺寸标注的基本规定，以便树立标准化概念，自觉贯彻执行国家标准。相关规定内容请参见如下标准：

GB/T 14689—2008《技术制图　图纸幅面和格式》；

GB/T 10609.1—2008《技术制图　标题栏》；

GB/T 14690—1993《技术制图　比例》；

GB/T 14691—1993《技术制图 字体》；

GB/T 4457.4—2002《机械制图 图样画法图线》；

GB/T 4458.4—2003《机械制图 尺寸注法》。

3. 视图的基本原理

（1）三视图的形成

1）建立空间三投影面体系。正投影面，由 X、Z 坐标组成，用 V 来表示；水平投影面，由 X、Y 坐标组成，用 H 来表示；侧投影面，由 Y、Z 坐标组成，用 W 来表示，如图 3-22 所示。

2）三面投影。将物体放入三投影面体系中，分别向三个面进行正投影。物体由前向后在 V 面上的投影叫作正面投影，也叫作主视图；物体由上向下在 H 面上的投影叫作水平投影，也叫作俯视图；物体由左向右在 W 面上的投影叫作侧面投影，也叫作左视图。此三投影称为物体的三视图，如图 3-23 所示。

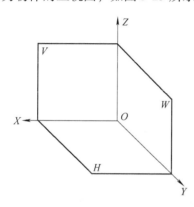

图 3-22 空间三投影坐标系

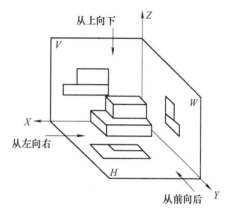

图 3-23 左视图

3）展开。为了画图方便，把互相垂直的三个投影面展开到一个平面上。展开时，正投影面 V 的位置不变，将水平投影面 H 绕 X 轴向下旋转 90°，将侧投影面绕 Z 轴向右旋转 90°，这样 V、H、W 就转到了一个平面上，便于作图，如图 3-24 所示。

（2）三视图的投影规律 主视图与俯视图长对正（等长），主视图与左视图高平齐（等高），俯视图与左视图宽相等（等宽）。简称长对正、高平齐、宽相等，也即"三等"关系。

不仅整个物体的三视图必须符合上述投影规律，而且，物体上每个组成部分的三面投影也都必须符合上述投影规律。看图时也应弄清这些方位关系，以投影规律为依据，找出三个视图中各个对应的部分，逐个分析出各组成部分的方位、相对位置和尺寸，想象出物体的总体形状和各部分长、宽、高的尺寸关系。

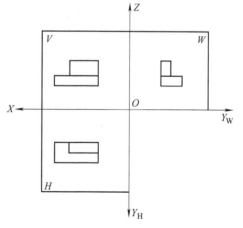

图 3-24 展开图

二、极限、配合与技术测量

1. 基本概念

（1）尺寸　用特定单位表示长度值的数字称为尺寸。由定义可知尺寸由数值和特定单位两部分组成，如 30mm 和 60cm 等。在机械制图中，图样上的尺寸通常以 mm 为单位，如以此为单位时，可省略单位的标注，仅标注数值。当采用其他单位时，则必须在数值后注明单位。

（2）公称尺寸　设计给定的尺寸称为公称尺寸。公称尺寸由设计给定，设计时可根据零件的使用要求，通过计算试验或类比的方法确定公称尺寸。图样上所标注的尺寸，通常都是公称尺寸。

（3）实际尺寸　通过测量获得的尺寸，称为实际尺寸。

（4）极限尺寸　允许尺寸变化的两个界限值，称为极限尺寸。孔或轴允许的最大尺寸称为上极限尺寸。

（5）互换性　互换性是指同规格一批产品（包括零件、部件、构件）在尺寸和功能上能够彼此互相替换的功能。

（6）标准化　标准化是指为在一定的范围内获得最佳秩序，对实际的或潜在的问题制定共同的和重复使用规则的活动。

2. 公差

允许尺寸的变动量称为尺寸公差，简称公差。

（1）形状公差　形状公差是为了保证零件的使用性能要求，满足互换性生产，需要给出零件上某些线或面等单一要素的形状误差，以允许的变动范围。形状公差就是单一实际要素的形状所允许的变动全量。

1）直线度。用以限制被测实际直线对其理想直线变动量的一项指标。被限制的直线有平面内的直线、回转体的素线、平面与平面交线和轴线等。

2）平面度。用以限制实际表面对其理想平面变动量的一项指标。

3）圆度。用以限制实际圆对其理想圆变动量的一项指标。它是对圆柱面（圆锥面）的正截面和球体上通过球心的任一截面上提出的形状精度要求。

注意：标注圆度时指引线箭头应明显地与尺寸线箭头错开；当标注圆锥面的圆度时，指引线箭头应与轴线垂直，而不该指向圆锥轮廓线的垂直方向。

4）圆柱度。限制实际圆柱面对其理想圆柱面变动量的一项指标。它是对圆柱面所有正截面和纵向截面方向提出的综合性形状精度要求，具体各项公差的标注如图 3-25 所示。

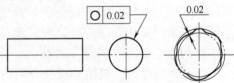

图 3-25　圆柱度的标注

5）线轮廓度。同一正截面上的实际轮廓线对理想轮廓线形状所允许的变动全量。

6）面轮廓度。实际表面的轮廓形状对理想轮廓形面所允许的全跳动量。

（2）位置公差　位置公差是为了限制关联实际被测要素的位置误差，以保证使用性能要求，必须规定位置误差的允许变动量。

1）平行度。线或面上所有点对基准平面或基准轴为等距离的状态。

2）垂直度。线或面对基准平面或基准轴线构成 90°的状态。

3）同轴度。任意组成的两个以上回转面(圆柱面、圆锥面等)的轴线所处于的重合状态。

4）倾斜度。线或面对基准平面或基准轴线构成给定的角度(90°除外)的状态。

5）对称度。被测中心要素(中心平面、中心线或轴线)对基准中心要素(中心平面、中心线或轴线)处于共面的状态。

6）位置度。被测的点、线、面符合其理想位置的程度。

7）圆跳动。被测回转体零件绕基准轴线回转，由位置固定的指示计(如百分表)在被测表面指针的方向上任意测量面上测得的跳动量。

8）全跳动。被测回转体零件绕基准轴连续回转，同时指示计(如百分表)沿被测表面向上进行移动，指示计反映整个表面轮廓的跳动量。常用公差的符号和要求见表 3-6。

表 3-6　常用公差的符号和要求

公差		特征项目	符号	有或无基准要求
形状	形状	直线度	—	无
		平面度	▱	无
		圆度	○	无
		圆柱度	⌭	无
形状或位置	轮廓	线轮廓度	⌒	有
		面轮廓度	⌓	有
位置	定向	平行度	∥	有
		垂直度	⊥	有
		倾斜度	∠	有
	定位	位置度	⊕	有或无
		同轴(同心)度	◎	有
		对称度	═	有
	跳动	圆跳动	↗	有
		全跳动	⌮	有

3. 配合

公称尺寸相同的、相互结合的孔和轴的公差带之间的关系称为配合，包括间隙配合、过渡配合和过盈配合三种形式。

1) 孔的尺寸减去相配合轴的尺寸为正时，是间隙，一般用"X"表示；孔的尺寸减去与其相配合轴的尺寸为负时，是过盈，一般用"Y"表示。间隙数值前应标有"+"号，过盈数值前应标有"-"号。在孔和轴的配合中，间隙的存在是配合后能产生相对运动的基本条件，而过盈的存在是使配合零件位置固定或传递载荷。

2) 具有间隙(包括最小间隙等于零)的配合称为间隙配合。某一规格的一批孔和某一规格的一批轴(孔、轴的公称尺寸相同)，任选其中的一对孔、轴，则孔的尺寸总是大于或等于轴的尺寸，其代数差为正值或零，则这批孔与这批轴的配合为间隙配合。当其代数差为零时，则是间隙配合中的一种形式——零间隙。当间隙配合时，孔的公差带在轴的公差带之上，如图3-26所示。

由于孔、轴的实际尺寸允许在其公差带内变动，因而其配合的间隙是变动的。当孔为上极限尺寸与

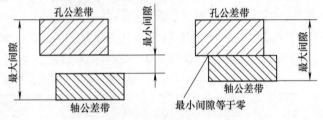

图3-26　间隙配合示意图

其相配的轴为下极限尺寸时，配合处于最松状态，此时的间隙称为最大间隙，用"X_{max}"表示。在间隙配合中，最大间隙等于孔的上极限尺寸与轴的下极限尺寸之差。当孔为下极限尺寸而与其相配的轴为上极限尺寸时，配合处于最紧状态，此时的间隙称为最小间隙，用"X_{min}"表示。在间隙配合中，最小间隙等于孔的下极限尺寸与轴的上极限尺寸之差。

3) 具有过盈(包括最小过盈等于零)的配合称为过盈配合。当孔为下极限尺寸，而与其相配的轴为上极限尺寸时，配合处于最紧状态，此时的过盈称为最大过盈，用"Y_{max}"表示。在过盈配合中，最大过盈等于孔的下极限尺寸与轴的上极限尺寸之差。当孔为上极限尺寸，而与其相配的轴为下极限尺寸时，配合处于最松状态，此时的过盈称为最小过盈，用"Y_{min}"表示。在过盈配合中，最小过盈等于孔的上极限尺寸与轴的下极限尺寸之差。

4) 可能具有间隙或过盈的配合称为过渡配合。某一规格的一批孔和某一规格的一批轴(两者公称尺寸相同)，任取其中一对孔、轴，则孔的尺寸可能大于，也可能小于或等于轴的尺寸，其代数差可能为正值，也可能为负值或零，则这批孔与这批轴的配合为过渡配合。可以说过渡配合是介于间隙配合与过盈配合之间的一种配合。当过渡配合时，孔的公差带与轴的公差带相互交叠，如图3-27所示。

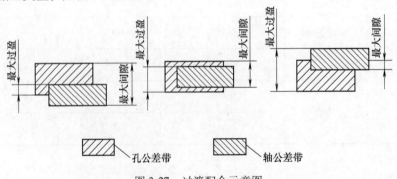

图3-27　过渡配合示意图

4. 表面粗糙度的代号和标注

国家标准规定，表面粗糙度就是指加工表面上具有的较小间距和峰谷所组成的微观几何

形状特性，即表面微观的不平度。

表面粗糙度对零件的使用性能有着重要的影响：表面粗糙度越大，零件的耐磨性、疲劳强度、配合性质和耐蚀性等性能均提高。反之，则各项性能下降。

（1）表面粗糙度符号　表面粗糙度的符号及说明见表3-7。

表 3-7　表面粗糙度的符号及说明

符　号	意义及说明
∨	基本符号，表示该表面可用任何加工方法获得。当不加注粗糙度参数值或有关说明（例如表面处理、局部热处理状况等）时，仅用于简化标注
∀	基本符号加一短划，表示该表面必须用去除材料的方法获得，例如：车、磨、铣、刨、腐蚀、电火花加工和气割等
∅	基本符号加一小圆，表示该表面必须用不去除材料的方法获得，例如：铸、锻、冲压、热轧、冷轧和粉末冶金等或是保持原供应状况的表面（包括保持上道工序的状况）
∨ ∀ ∅	在上述三个符号的长边上均可加一横线，用于标注有关参数和说明
∨ ∀ ∅	在上述三个符号上均可加一小圆，表示所有表面具有相同的表面粗糙度要求

（2）表面粗糙度代号及注法　在表面粗糙度符号的基础上，注出表面粗糙度数值及其有关的规定项目后就形成了表面粗糙度代号。表面粗糙度的代号及意义见表3-8。

表 3-8　表面粗糙度的代号及意义

代号	意　义	代号	意　义
3.2∨	用任何方法获得的表面，Ra 的上限值为 $3.2\mu m$	3.2max∨	用任何方法获得的表面，Ra 的最大值为 $3.2\mu m$
3.2∀	必须用去除材料方法获得的表面，Ra 的上限值为 $3.2\mu m$	3.2max∀	必须用去除材料方法获得的表面，Ra 的最大值为 $3.2\mu m$
3.2∅	必须用不去除材料方法获得的表面，Ra 的上限值为 $3.2\mu m$	3.2max∅	必须用不去除材料方法获得的表面，Ra 的最大值为 $3.2\mu m$
3.2 1.6∀	必须用去除材料方法获得的表面，Ra 的上限值为 $3.2\mu m$，Ra 的下限值为 $1.6\mu m$	3.2max 1.6min∀	必须用去除材料方法获得的表面，Ra 的最大值为 $3.2\mu m$，Ra 的最小值为 $1.6\mu m$

三、简单零件图识读

1. 零件图的要求

（1）完全　将零件的各部分形状、结构和位置表达完全。

（2）正确　投影关系、表达方法正确，符合设计要求和零件的加工工艺要求。

（3）清晰　清楚易懂，便于看图。

2. 零件图的内容

1）一组视图（视图、剖视图、断面图）。表达零件各部分的形状、结构和位置。

2）完整的尺寸。确定零件各部分形状的大小和各结构之间的相对位置。

3）技术要求。说明零件在制造和检验时应达到的技术标准。

4）标题栏。说明零件的名称、材料、数量以及签署等。

3. 零件图的识读方法

1）看标题栏。首先，通过读标题栏了解零件的名称、比例和材料等，以正确选用加工方法，还可以从比例想象出零件的实际大小。

2）分析视图。先找主视图，再找其他视图，然后看各视图采用的表达方法，弄清其投影关系，找到剖视和剖面的剖切位置，局部视图和斜视图投射方向的箭头等。一般主视图是零件图的核心，应以形状特征明显的视图，以及加工位置和工作位置的视图等来作为主视图，其他的每个视图则是配合主视图，各有表达重点。

3）分析形体。用形体分析法分析零件的结构形状，在弄清楚视图关系的基础上，根据图形特点，通常将零件分解成几大部分，然后根据基本形体把各部分的形状想象出来，再对各细小结构进行分析，最后将细小结构和几大部分综合起来想象出零件的整体形状。

4）识读零件尺寸。综合分析视图和形体，找出视图长、宽、高三个方向尺寸的主要基准，然后从基准出发，以结构形状分析为线索，再了解各形体的定型和定位尺寸，弄清各尺寸的作用。视图和尺寸是从形状和大小两个方面来表达零件的，读图时应把视图、尺寸和形状三者结合起来分析。

5）了解技术要求。读图时应弄清表面粗糙度的要求、尺寸公差、热处理、表面修饰、检验等方面的要求。

按以上步骤来读零件图，然后综合起来就可得到零件形状及其加工检验方面的完整概念。

看零件图的步骤可简单概括为一看标题，二析视图，三想形状，四读尺寸，五识要求，最后综合。

第四节　电工电子基本知识

一、直流电路

1. 电路及基本物理量

电路就是电流的通过路径。最基本的电路由电源、负载、连接导线和开关等组成，如图3-28 所示。电路分为外电路和内电路。从电源一端经负载回到另一端的电路称为外电路。电源内部的通路称为内电路。

（1）电流　导体中的自由电子在电场力的作用下，进行有规则的定向运动，就形成了电流。习惯上规定正电荷移动的方向为电流的方向。每秒内通过导体截面的电量多少，称为电流强度，

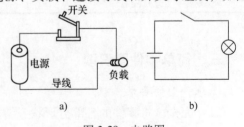

图 3-28　电路图
a) 实物接线图　b) 电路原理图

用 I 表示，即

$$I = \frac{Q}{t}$$

式中　I——电流强度，简称电流（A）；
　　　Q——电量（C）；
　　　t——时间（s）。

(2) 电流密度　电流密度是指通过导线单位截面面积的电流。

(3) 电压、电位　电位在数值上等于单位正电荷沿任意路径从该点移至无限远处的过程中电场力所做的功，其单位为 V。电压就是电场中两点之间的电位差，其表达式为

$$U = \frac{A}{Q}$$

式中　A——电场力所做的功（J）；
　　　Q——电荷量（C）；
　　　U——两点之间的电位差，即电压（V）。

(4) 电动势　在电场中将单位正电荷由低电位移向高电位时外力所做的功称为电动势，其表达式为

$$E = \frac{A}{Q}$$

式中　A——外力所做的功（J）；
　　　Q——电荷量（C）；
　　　E——电动势（V）。

电动势的方向规定为由负极指向正极，由低电位指向高电位，且仅存于电源内部，如图 3-29 所示。

(5) 电阻　电流在导体中流动时所受到的阻力，称为电阻。用 R 或 r 表示，单位为 Ω 或 MΩ。导体电阻的大小与导体的长度 L 成正比，与导体的截面面积成反比，并与其材料的电阻率成正比，即

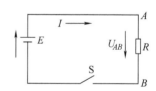

图 3-29　电压及电动势的正方向

$$R = \rho \frac{L}{S}$$

式中　ρ——导体的电阻率（Ω·m）；
　　　L——导体长度（m）；
　　　S——导体截面面积（m²）；
　　　R——导体的电阻（Ω）。

(6) 感抗、容抗、阻抗　当交流电通过电感线圈时，线圈会产生感应电动势阻止电流变化，有阻碍电流流过的作用，称为感抗。它等于电感 L 与频率 f 乘积的 2π 倍，即

$$X_L = WL = 2\pi fL$$

感抗在数值上就是电感线圈上电压和电流的有效数值之比，即

$$X_L = \frac{U_L}{I_L}$$

感抗的单位是Ω。

当交流电通过电容时，与感抗类似，也有阻止交流电通过的作用，称为容抗。它等于电容C乘以频率2π倍的倒数。即

$$X_C = 1/(2\pi f_C) = 1/(WC)$$

容抗在数值上就是电容上电压和电流的有效值之比，即

$$X_C = \frac{U_C}{I_C}$$

容抗的单位是Ω。

当交流电通过具有电阻(R)、电感(L)和电容(C)的电路时，所受到的阻碍称为阻抗(Z)，它的数值为

$$Z^2 = R^2 + (X_L - X_C)^2$$

阻抗在数值上就等于具有R、L、C元件的交流电路中，总电压U与通过该电路总电流I的有效值之比，即

$$Z = \frac{U}{I}$$

2. 欧姆定律

欧姆定律是表示电路中电流、电压和电阻三者关系的定律。

(1) 部分电路欧姆定律 不含电源的一段电路称为部分电路，如图3-30所示。在电阻R两端加上电压U时，电阻中就有电流I流过，三者之间关系为

$$I = \frac{U}{R}$$

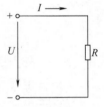

图3-30 部分电路

欧姆定律公式成立的条件是电压和电流的标定方向一致，否则公式中就应出现负号。

(2) 全电路欧姆定律 含有电源的闭合电路称为全电路，如图3-31所示。

图中虚线框内代表一个电源。电源除了具有电动势E外，一般都是有电阻的，这个电阻称为内电阻，用r_0表示。当开关S闭合时，负载R中有电流流过。电动势E、内电阻r_0、负载电阻R和电流I之间的联系用公式表示为

$$I = \frac{E}{R + r_0}$$

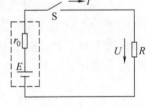

图3-31 全电路

全电路欧姆定律还可以写为

$$E = IR + Ir_0 = U + U_0$$

式中　$U = IR$——电源的端电压；

$U_0 = Ir_0$——电源的内压降。

3. 电功和电功率

电流所做的功叫作电功，用符号W表示。电功的数学式为

$$W = IU_t = I^2 Rt = \frac{U^2}{R}t$$

式中　U——导体两端的电压(V);
　　　I——电路电流(A);
　　　R——导体的电阻(Ω);
　　　t——通电时间(s)。

电功的大小与电路中的电流、电压及通电时间成正比,电功的单位为 J,另一个单位是 kW·h。它们之间的关系是 1kW·h=3.6MJ=3.6×10⁶J。

单位时间内电流所做的功叫作电功率,用符号 P 表示,即

$$P = \frac{W}{t} = UI = I^2R = \frac{U^2}{R}$$

式中　U——导体两端的电压(V);
　　　I——电路电流(A);
　　　R——导体的电阻(Ω);
　　　t——做功的时间(s);
　　　W——电功(J)。

电功率的单位是 W,当功率较大时,电功率的单位是 kW、MW(1MW=10³kW=10⁶W)。

当电流通过电阻时,要消耗能量而产生热量,这种现象称为电流的热效应。根据能量守恒定律,电路中消耗的功率将全部转换成热功率,即

$$P_R = 0.24I^2R (\text{cal/s})$$

式中 0.24 为电、热功率的转换系数(热功当量),即每瓦电功率为 0.24cal/s 的热功率。

常用的电炉、白炽灯、电烙铁和电烤箱等都是利用电流的热效应而制成的电器。

4. 电源外部特性与电路的三种状态

(1) 电源的外部特性　在电动势不变的情况下,电源的端电压与电路中的电流大小及电源的内电阻大小有关。一般情况下,电流越大,电源的端电压就越小。

(2) 电路的三种状态　当电路接通,负载中有电流流过时,电路处于导通状态;若外电路与电阻值近似为零的导体接通时,电路处于短路状态;若电路中有断开处,电路中没有电流流过时,电路处于断路状态。当电路处于断路状态时,电源的端电压与电动势相等。

5. 电阻的串联、并联及混联

(1) 电阻的串联　凡是将电阻首尾依次相连,使电流只有一条通路的接法,叫作电阻的串联,如图 3-32 所示。电阻串联电路具有以下特点:

1) 串联电路中电流处处相等,即 $I = I_1 = I_2 = I_3$。

2) 串联电路中总电阻等于各分电阻的和,即 $R = R_1 + R_2 + R_3$。

3) 串联电路中总电压等于各分电压的和,即 $U = U_1 + U_2 + U_3$。

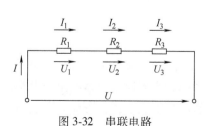

图 3-32　串联电路

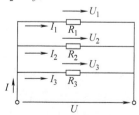

图 3-33　并联电路

4) 各电阻上的电压降之比等于其电阻比,即 $\dfrac{U_1}{U_2}=\dfrac{R_1}{R_2}$。

(2) 电阻的并联 将电阻两端分别连接在一起的方式,叫作电阻的并联,如图3-33所示。电阻并联电路具有以下特点:

1) 并联电路中各电阻两端的电压等于电源电压,即 $U=U_1=U_2=U_3$。

2) 并联电路中总电流等于各分电流的和,即 $I=I_1+I_2+I_3$。

3) 并联电路等效电阻的倒数等于各并联支路电阻的倒数之和,即 $\dfrac{1}{R}=\dfrac{1}{R_1}+\dfrac{1}{R_2}+\dfrac{1}{R_3}$。

4) 各并联电阻中的电流及电阻所消耗的功率均与各电阻的阻值成反比,即 $\dfrac{I_1}{I_2}=\dfrac{R_2}{R_1}$。

(3) 电阻的混联 电路中既有电阻的串联又有电阻的并联,则称为混联电路。

6. 基尔霍夫定律

基尔霍夫定律包括第一定律和第二定律。它们是分析和计算复杂电路不可缺少的基本定律。

(1) 基尔霍夫第一定律(节点电流定律) 对任一节点来说,流入(或流出)该节点电流的代数和等于零,其数学表达式为

$$\sum I=0 \text{ 或 } \sum I_{进}=\sum I_{出}$$

流正负的规定:一般取流入节点的电流为正,流出节点的电流为负。

(2) 基尔霍夫第二定律(回路电压定律) 在电路的任何闭合回路中,沿一定方向绕行一周,各段电压的代数和为零,即

$$\sum U=0 \text{ 或 } \sum E=\sum IR$$

在应用基尔霍夫第二定律时,把电动势写在等式左边,把电压写在等式右边。

对于第二个表达式中各电动势和电压的正负确定方法如下:

1) 首先选定各支路电流的方向。

2) 任意选定沿回路的绕行方向(顺时针或逆时针)。

3) 若流过电阻的电流方向与绕行方向一致,则该电阻上的压降为正,反之取负。

4) 若电动势的方向与绕行方向一致,则该电动势取正,反之取负。

二、磁与电磁的基本知识

1. 电流的磁场

通电导体的周围有磁场存在。导体中通过电流时产生的磁场方向可用安培定则(又称为右手螺旋定则)来判断。当通电导体为直导体时,右手握直导体,拇指的方向为电流方向,弯曲四指的指向即为磁场方向,如图3-34所示。当通电导体为螺旋管时,右手握螺旋管,弯曲四指表示电流方向,拇指所指的方向即为磁场方向,如图3-35所示。

2. 磁场对电流的作用

(1) 磁场对通电直导体的作用 处在磁场中的直导体流过电流时,导体会发生运动,表明通电导体受到一个电磁力的作用。这个电磁力的大小与通电导体电流的大小成正比,与导体在磁场中的有效长度以及导体所处位置的磁感应强度成正比,写成数学表达式,即

$$F=BIL\sin\alpha$$

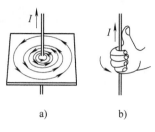
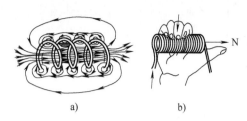

图 3-34　通电直导体的磁场
　　a）磁力线　b）右手螺旋定则

图 3-35　通电线圈的磁场
　　a）磁力线　b）右手螺旋定则

通电导体在磁场中受到的电磁力方向，可用左手定则判定：平伸左手，使大拇指与其余四指垂直，让磁力线垂直穿过手心，四指指向电流方向，大拇指所指的方向就是导线受力后的运动方向，如图 3-36 所示。

（2）通电平行导体之间的相互作用　两根平行且靠近的通电导体，相互之间都要受到对方电磁力的作用。电磁力的方向可用以下方法来判定。先判定通电导线产生的磁场方向，再判定两根导体分别受到的电磁力方向。当两根平行导体的电流方向相同时，相互吸引；当电流方向相反时，相互排斥。

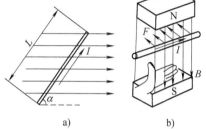

图 3-36　磁场对通电直导体的作用
　　a）导体与 B 方向夹角为 α 时　b）左手定则

3. 电磁感应

由于导体所在磁场的大小或方向发生变化或磁场与导体之间做相对运动而产生的电动势，叫作感应电动势，这种现象叫作电磁感应。

直导体中感应电动势的方向可用右手定则来判定：平伸右手，使大拇指与其余四指垂直，让磁力线垂直穿过手心，大拇指指向导线的运动方向，其余四指所指的方向就是感应电动势的方向。

4. 自感与互感现象

（1）自感现象　由于线圈本身电流的变化而引起线圈内产生电磁感应的现象，叫作自感现象。由自感现象而产生的感应电动势，叫作自感电动势。

（2）互感现象　互感现象是指一个线圈中的电流变化而使另一个线圈产生感应电动势的现象。

三、交流电的基本知识

1. 交流电的基本概念

大小和方向都随时间进行周期性变化的电压和电流，分别叫作交流电压和交流电流，统称为交流电。按正弦规律变化的交流电叫作正弦交流电。

大小和方向不随时间变化的电压和电流分别叫作直流电压和直流电流，统称为直流电，如直流发电机和蓄电池等。

2. 正弦交流电的瞬时值、最大值、有效值和平均值

瞬时值：正弦交流电在某一瞬间的数值称为瞬时值。

最大值：正弦交流电在一个周期中所出现的最大瞬时值称为最大值。

有效值：交流电的有效值是指在热效应上同它相当的直流值。正弦交流电的有效值等于最大值的 $\dfrac{\sqrt{2}}{2}$ 倍。

平均值：正弦交流电在正半周期内所有瞬时值的平均大小称为正弦交流电的平均值。

3. 交流电的周期、频率及角频率

（1）周期和频率

周期：交流电每交变一次所需的时间，通常用 T 表示，单位是 s。

频率：每秒内交流电交变的周期数或次数叫作频率，用 f 表示，单位是 Hz。周期和频率互为倒数，即

$$T = \dfrac{1}{f}$$

我国工业上使用正弦交流电的频率为 50Hz，习惯上称为工频。

（2）角频率 正弦交流电表达式 $u = A\sin(\omega t + \varphi)$ 中的 ωt 项中，通常称为角频率或角速度，它表示交流电每秒钟内变化的角度。

4. 正弦交流电的三种表示方法

正弦交流电常用的表示方法有解析法、图形法和矢量法三种。

1）用一个数字来表示交流电的方法称为解析法。

2）用波形图来表示交流电的方法叫作图形法，也叫作曲线图法。

3）用矢量来表示交流电的方法叫作矢量法。这是一种能比较简便直观表示交流电的方法。

5. 三相交流电源

（1）基本知识 一般来说，三相交流电是三相交流发电机产生，经三相输电线输送到各地的对称电源。三相电源对外输出的为 E_u、E_v、E_w 三个电动势，三者之间的关系为大小相等、频率相同、相位上互差 120°。

三相电动势达到最大值的先后次序叫作相序。正序为 U—V—W—U，反之为逆序。常用黄、绿、红三色分别表示 U、V、W 三相。

（2）三相电源的连接 电力系统的负载分为两大类，一类是单相负载，如照明等。另一类是三相负载，如大多数电动机等动力负载。在三相负载中常用的绕组连接方式有星形联结（Y）和三角形联结（△）。

在星形和三角形联结中，所谓线电压是两相之间的电压（用 $U_{线}$ 来表示），相电压是指每相绕组始末端的电压（用 $U_{相}$ 来表示）。线电流是表示相线流过的电流（用 $I_{线}$ 来表示），相电流则表示每相绕组流过的电流（用 $I_{相}$ 来表示）。

在星形联结中，$U_{线} = \sqrt{3}\, U_{相}$，$I_{线} = I_{相}$。

在三角形联结中，$U_{线} = U_{相}$，$I_{线} = \sqrt{3}\, I_{相}$。

1）三相电源绕组的星形联结：将三相电动势的末端连成一个公共点的连接方式，称为星形联结。该公共点称为电源中点，用 N 表示。由三个电动势始端分别引出三根导线称为相线或端线。从电源中点引出的导线称为中性线或零线。

有中性线的叫作三相四线制，无中性线的叫作三相三线制。三相四线制电源可以提供的

电压为有线电压和相电压两种，二者关系为

$$U_{LY} = \sqrt{3}\, U_{\Phi Y}$$

且线电压超前相电压 30°。

2）三相电源绕组的三角形联结：将三相电动势中每一相的末端和另一相的始端依次相接的连接方式，称为三角形联结。在三角形联结中，$U_{L\triangle} = U_{\Phi\triangle}$。

四、晶体管基础知识

1. PN 结

（1）P 型、N 型半导体 四价元素硅、锗、硒等都是常用的半导体材料，这些纯净的半导体在常温下导电能力很差。若将五价元素如锑、铅等渗入上述纯净半导体中，会大大增强其导电能力。由于原子外层是五个电子，在其与外层只有四个电子的邻近半导体原子形成共价键时，就会多出一个电子不能结合在共价键内，这个多余的电子就容易挣脱出来，成为自由电子，形成了以自由电子导电为主的半导体，称为 N 型半导体。若掺入的是三价元素，如硼等，在形成共价键时，又缺少一个电子，共价键中多出一个空位，这个空位称为"空穴"，形成了以空穴导电为主的半导体，称为 P 型半导体。

自由电子带负电，空穴带正电，它们的存在极大地增强了半导体的导电能力。自由电子和空穴同时参与导电，是半导体导电的基本特征。

（2）PN 结及其单向导电性 任意一种半导体基片，无论是 P 型还是 N 型，只要通过适当的工艺就可以形成 P 型和 N 型两种半导体的结合面。这个结合面上形成的一个特殊结构薄层，称为 PN 结，如图 3-37 所示。

图 3-37 PN 结的结构

PN 结具有单向导电性，可通过在 PN 结两端加正向或反向电压实验证实。

图 3-38a 所示电路表示在 PN 结上加正向电压（或叫作正向偏置），即 P 区接电源正极，N 区接电源负极。此时 PN 结处于正向导通状态，呈现低阻性，电路上有较大电流通过，串联在电路中的小电灯发光。反之，当加入反向电压时，电流则很难通过，小电灯不亮，此时 PN 结处于反向截止状态，如图 3-38b 所示。

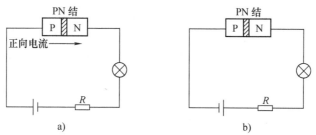

图 3-38 PN 结的单向导电性
a）正向导通 b）反向截止

2. 晶体二极管

（1）晶体二极管的结构和分类

1) 晶体二极管的结构。晶体二极管(简称二极管)是由两个 PN 结加上相应的电极引线和管壳做成的。

2) 晶体二极管的分类。

① 按基片材料分,可分为硅二极管和锗二极管。

② 按结构分,可分为点接触和面接触两类。点接触二极管 PN 结接触面积小,不能通过很大的正向电流和承受较高的反向工作电压,但工作效率高,常用来作为检波器件。而面接触二极管的 PN 结面积大,能允许通过较大的电流,可用作整流器件。

③ 按用途分,可分为检波二极管、整流二极管、稳压二极管和开关二极管等。

(2) 晶体二极管的特性

1) 正向特性。当给晶体二极管加正向电压时,有电流通过晶体二极管。当外加电压很小时,电流很小,近似为零,称为不导通或死区。只有当外加电压增大到大于一定数值后(此电压值对硅管约为 0.5V,锗管约为 0.2V),电流随电压增大而迅速增大,此时晶体二极管导通。只要电流值不超过规定范围,晶体二极管的正向电压几乎维持不变,该电压值称为晶体二极管正向电压。

2) 反向特性。当晶体二极管两端加反向电压时,由于晶体二极管的反向电阻很大,只有极小的电流(小功率硅管小于 $0.1\mu A$,锗管为几十微安)。当反向电压不超过某一限度时,反向电流几乎与反向电压无关,这个电流值称为反向饱和电流。当反向电压超过一定数值时,反向电流突然增大,此后晶体二极管的伏安特性非常陡,晶体二极管失去单向导电性,这种现象称为反向击穿,此时的电压值称为反向击穿电压。

晶体二极管加一定的正向电压时导通,加反向电压时截止,这一导电特性称为晶体二极管的单向导电性。

(3) 硅稳压二极管　硅稳压二极管与普通晶体二极管一样,也是由一个 PN 结构成,不同的是制造时经过特殊工艺制作,工作区域不同。硅稳压二极管的工作区在反向击穿区,在电路中硅稳压二极管的两端应加反向电压。

(4) 汽车用整流二极管　汽车用整流二极管分为正向二极管和反向二极管两种。正向二极管的引出端为正极,外壳为负极;反向二极管的引出端为负极,外壳为正极,通常在正向二极管上涂有红点,反向二极管上涂有黑点。

(5) 晶体二极管的简易判别　当使用晶体二极管时,需要辨别其正、负极性和粗略判断晶体二极管的好坏。当利用万用表测量时,先把万用表拨到"欧姆"档,一般只采用 R×100 或 R×1k 这两档。然后用表棒分别正向和反向测量晶体二极管的两端,如图 3-39 所示。由于指针式万用表欧姆档内接有蓄电池,红表棒内接蓄电池的负极,黑表棒内接蓄电池的正极,所以红表棒带负电,黑表棒带正电。在图 3-40a 所示的情况下,加在晶体二极管上的是正向电压,测量出来的是正向电阻,一般约为几十到几百欧姆。在图 3-40b 所示的情况下,加在晶体二极管上的反向电压,测量出来的是反向电阻,一般小功率晶体二极管反向电阻约为几十千欧姆到几百千欧姆。正、反向电阻相差越大,表明晶体二极管的单向导电性越好。若测得晶体二极管的正、反向电阻值相近,表示晶体二极管已坏;若正、反向电阻值都很小或为零,则表示晶体二极管已被击穿,两极已短路;若正、反向电阻值都很大,则说明晶体二极管内部已断路。

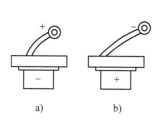
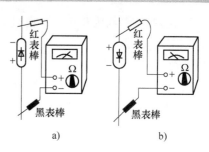

图 3-39　汽车用整流二极管　　　　图 3-40　用万用表检测晶体二极管
a）正向二极管　b）反向二极管　　　a）测出正向电阻小　b）测出反向电阻大

在测量晶体二极管的正、反向阻值时，当测得的阻值较小时，与黑表棒相接的那个电极就是晶体二极管的正极，与红表棒相接的那个电极为晶体二极管的负极。反之，当测得的阻值较大时，与红表棒相接的那个电极为晶体二极管的正极，与黑表棒相接的那个电极就是晶体二极管的负极。

3. 晶体管

晶体管是电子电路中的重要元件，具有电流放大的作用。

（1）晶体管的结构　晶体管是由两个 PN 结构成的一种半导体器件。根据 PN 结的组合方式不同，晶体管可分为 PNP 型和 NPN 型两种类型，其外形、结构和图形符号如图 3-41 所示。可见，晶体管有两个结和三个区，中间为基区，两边分别为发射区和集电区。从这三个区引出相应的电极称为基极、发射极和集电极，简称 b 极、e 极和 c 极。在三个区的交界处形成了两个 PN 结，发射区与基区分界处的 PN 结叫作发射结，集电区与基区分界处的 PN 结叫作集电结。图形符号中的箭头表示 PN 结在正向电压下晶体管的电流方向，对于 PNP 型晶体管发射极箭头向里，NPN 型晶体管的发射极箭头向外。

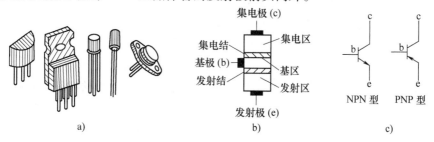

图 3-41　晶体管的外形和电路符号
a）外形　b）结构　c）符号

按制造晶体管的基片材料不同，又可分为硅晶体管和锗晶体管两大类，硅晶体管和锗晶体管又都有 NPN 和 PNP 两种管型。

（2）晶体管的工作状态　晶体管有三种工作状态，即放大、截止和饱和。它们的特点分别如下：

1）放大状态。发射结正向偏置，集电结反向偏置。I_b、I_c、I_e 的关系为 $I_e = I_b + I_c$。当 I_b 有微小变化时，会引起 I_c 进行较大的变化。I_c 的变化基本上与 U_{ce} 无关，I_c 只受 I_b 的控制。

2）截止状态。发射结和集电结均处于反向偏置。此时，由于晶体管内基本上没有电流通过，所以晶体管呈现高阻状态。

3）饱和状态。发射结和集电结均正向偏置。集电极和发射极之间的电压值很小（硅晶体管约为 0.3V，锗晶体管约为 0.7V），集电极电流 I_c 较大，晶体管呈现低阻状态，集电极和发射极之间几乎短路。

(3) 晶体管的简易判别

1) 确定基极和类型。NPN 型和 PNP 型晶体管都包含有两个 PN 结，因此可以根据 PN 结正向电阻小和反向电阻大的特点，用欧姆档（R×100 或 R×1k）来判别。晶体管的简易判别如图 3-42 所示。

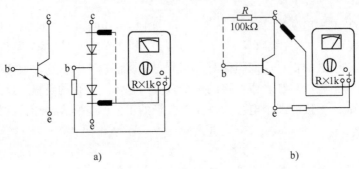

图 3-42 晶体管的简易判别

a) 确定晶体管的基极和类型 b) 判别 NPN 型管的发射极和集电极

任意假设一个极是基极，用万用表任一表棒与假设基极相接，另一表棒分别与其余两个电极依次相接，如图 3-42a 所示。若测得的电阻都很大（或很小），再将两表棒对调测量，若电阻都很小（或很大），则上述假设的基极是正确的。如果测得的电阻是一大一小，则假设的基极不对，可换一个管脚进行基极再测试，直到符合上面的正确结果为止。

基极确定后，用万用表的黑表棒接基极，红表棒分别和另外两电极相接，若测得的电阻都很小，则为 NPN 型管；反之，则为 PNP 型管。

2) 集电极和发射极的判别。基极确定之后，对于 NPN 型管可以用万用表两表棒任意接在其余两管脚上，并在基极与黑表棒（负极）之间接一只 100kΩ 的电阻，如图 3-42b 所示。然后观察电阻值，之后再将两表棒对调，按上法重测一次，最后比较两次测得的电阻值，以电阻值较小的一次为准，此时黑表棒（负极）所接的端子是集电极，红表棒（正极）所接的端子是发射极。

对于 PNP 型管，仍以电阻小的一次为准，此时红表棒（正极）接的是集电极，黑表棒（负极）接的是发射极。

(4) 晶体管好坏的粗略判别 根据晶体管内 PN 结的单向导电特性，可用万用表分别测量 b、e 极间和 b、c 极间 PN 结的正、反向电阻。如果测得的正、反向电阻相差较大，说明晶体管基本上是好的；如果测得的正、反向电阻都很大，说明晶体管内部已经断路；如果测得的正、反向电阻都很小或为零，说明晶体管极间短路或击穿。

第五节 液压传动基本知识

一、液压传动的基本原理及应用

液压传动的工作原理是以油液作为工作介质，依靠密封容积的变化来传递运动，依靠油液内部的压力来传递动力。液压传动装置实质上是一种能量转换装置,它先将机械能转换为液压能,然后又将液压能转换为机械能,以驱动工作机构完成所要求的各种动作。

汽车上应用的液压传动装置按工作原理可分为动力式和容积式两类。常称为液力传动和液压传动。汽车上采用的液力耦合器和液力变矩器属于液力传动,而液压制动系统、动力转向系统和自卸车的举升系统等属于液压传动系统。

二、液压传动系统的组成

一般液压传动系统除油液外,按其功能可分为动力元件、执行元件、控制元件和辅助元件四个组成部分,各部分所包含的主要液压元件见表3-9。

表3-9 各部分所包含的主要液压元件

序号	组	成
1	动力元件	液压泵
2	执行元件	液压缸或液压马达
3	控制元件	液压控制阀
4	辅助元件	油箱、管路或接头
		过滤器、密封件

三、液压元件的作用

1. 液压泵

液压泵是动力元件,它把输入的机械能转变为油液的压力能,是液压系统的能源。液压泵都是容积式的,按其流量是否可以改变可分为定量泵和变量泵;按其结构形式不同可分为齿轮泵、叶片泵和柱塞泵等;按其压力的高低可分为高压泵、中压泵和低压泵。

2. 液压缸

液压缸是液压传动系统中执行元件的一种。它将油液的压力能转换为机械能,带动负载运动。液压缸有活塞式、柱塞式和摆动式三种形式,应用较广泛的是活塞式。

3. 液压控制阀

液压控制阀是液压系统的控制元件,用来控制和调节液流方向、压力和流量,从而控制执行元件的运动方向、输出力和力矩、运动速度、动作顺序,以及限制和调节液压系统的工作压力,防止过载。

液压控制阀一般由阀体、阀芯和控制机构组成。通过改变流通面积或流通方向实现控制功能。液压控制阀在系统中不做功,只对执行元件起控制作用。

根据用途和工作特点的不同,液压控制阀主要可分为方向控制阀、压力控制阀和流量控制阀三种。

(1) 方向控制阀 控制油液流动方向,以改变执行机构运动方向的阀称为方向控制阀。它分为单向阀和换向阀两大类。

1) 单向阀。单向阀的作用是允许油液按一个方向流动,不能反向流动。

2) 换向阀。换向阀是利用阀芯和阀体间相对位置的改变,来控制油液的流动方向,接通或关闭油路,从而改变液压系统的工作状态。

(2) 压力控制阀　在液压系统中，控制工作液体压力的阀称为压力控制阀，常用的压力控制阀有溢流阀、减压阀和顺序阀。

(3) 流量控制阀　流量控制阀是靠改变工作开口的大小来控制通过阀的流量，从而调节执行机构（液压缸）运动速度的液压元件。当油液流经小孔、狭缝或毛细管时，会遇到阻力，阀口流通面积越小，油液通过时的阻力就越大，因而通过的流量就越少。流量控制阀就是利用这个原理制造的。常用的流量控制阀有普通节流阀、调速阀、温度补偿调速阀以及这些阀和单向阀、行程阀等的各种组合阀。

4. 液压辅助元件

液压辅助元件包括密封件、油管、管接头、过滤器、蓄能器、油箱、流量传感器、压力计及其开关等。它们是液压系统的重要组成部分，对系统工作稳定性、效率和使用寿命等有直接的影响。

(1) 密封件　密封件的作用在于防止液压油的泄漏和外部灰尘的侵入，避免影响液压系统的工作性能及污染环境。常用的密封方法有间隙密封常用的密封件有O形密封圈、Y形密封圈和V形密封圈及活塞环、密封垫圈等。

(2) 油管和管接头　油管是用来连接液压元件和输送液压油，管接头则是油管之间、油管与液压元件之间的可拆卸连接件。对油管的要求是尽可能减少输油过程中的能量损失，应有足够的通油截面、最短的路程和光滑的管壁等。对管接头的要求是连接牢固可靠和密封性能好。常用的油管有钢管、铜管、塑料管、尼龙管和橡胶软管等。常用的管接头有焊接式、螺纹式、扩口式和卡套式等。

(3) 过滤器　过滤器的作用是从油液中清除固体污染物。液压系统中多数的故障是由污染的油液引起的，保持油液清洁是液压系统可靠工作的关键，使用过滤器则是保持油液清洁的主要手段。

(4) 蓄能器　蓄能器是储存和释放压力能的装置，以活塞式蓄能器和气囊式蓄能器应用最为广泛。蓄能器的主要用途是储存能量，吸收压力脉动，缓和压力冲击等。

(5) 油箱　油箱起到储油、散热、分离油中的空气和沉淀油中的杂质等作用。

(6) 流量传感器、压力计　流量传感器、压力计的作用分别是观测系统的流量和系统各部位的压力。

真题分析

一、判断题

(　　)晶体管具有单向导电性。

【分析】　本题考核的知识点是"晶体二极管的特性"。晶体二极管加一定的正向电压时导通，加反向电压时截止，这一导电特性，称为晶体二极管的单向导电性。题目中把"晶体二极管"换成了"晶体管"，显然是错误的。【答案】×。

二、单向选择题

符号⌖代表(　　)。

A. 平行度　　　　B. 垂直度　　　　C. 倾斜度　　　　D. 位置度

【分析】 本题考核的知识点是"几何公差的概念"。位置公差是为了限制关联实际被测要素的位置误差,以保证使用性能要求,必须规定位置误差的允许变动量,见表3-6,符号⊕代表位置度。不少考生在考试时选择了"B。垂直度",显然是对表3-6所列的符号不熟悉。【答案】D。

模拟试题

注:由于本章理论知识点比较分散,为了便于复习,模拟试题按知识点的二级目录,即"钳工基本知识、金属材料基本知识、机械制图知识、电工电子基本知识和液压传动基本知识"项目进行编排。

(一)钳工基本知识模拟试题

一、判断题(下列判断正确的在括号里打"√",错误的打"×")

1. (   )砂轮机主要由砂轮、电动机和机体等组成。
2. (   )砂轮机只能用来磨削工件不能用来磨削刀具。
3. (   )一般内曲面刮削常选用三角刮刀。
4. (   )工业纤维内窥镜用于观察气缸内有无异物及气缸壁、活塞顶部表面技术状况。
5. (   )可调节铰杠使用方便,但小丝锥不宜用大铰杠,否则丝锥易折断。
6. (   )锉削时,锉刀不可沾水、沾油。
7. (   )T8014型移动式镗缸机的镗孔直径是$\phi70 \sim \phi142mm$。
8. (   )板牙是手工切削内螺纹的常用工具。
9. (   )当錾削软金属时,可将肥皂或油涂于錾子刃口上,这样容易錾削,且表面光滑。
10. (   )国产T716立式镗床适用于$\phi76 \sim \phi165mm$范围内壳体零件的孔加工。
11. (   )当锯削金属材料安装锯条时,锯齿的齿尖要朝后。
12. (   )T8014型移动式镗缸机的最大镗孔长度为370mm。
13. (   )常用研具有研磨平板、研磨环和研磨棒等。
14. (   )当用游标卡尺测量工件外径时,将活动量爪向内移动,使两量爪间距小于工件外径,然后再慢慢移动游标使两量爪与工件接触。
15. (   )新锉刀应两面同时交替使用。
16. (   )游标卡尺按其测量功能不同可分为0.10mm、0.02mm和0.05mm三种。
17. (   )百分表不仅能用作比较测量,也能用作绝对测量。
18. (   )工件尺寸是游标卡尺尺身读出的整毫米数+游标刻度。
19. (   )对于软金属可以用细锉刀锉削。
20. (   )梅花扳手的适用范围在5~25mm之间。

二、选择题(下列各题的4个选项中,只有1个是正确的,请将其代号填在括号内)

1. 用深度游标卡尺测量,衬片铆钉头距摩擦衬片表面应不小于0.80mm,衬片厚度应不小于(   )mm。
   A. 3   B. 5   C. 7   D. 9

2. 气门弹簧自由长度用（ ）测量。
   A. 外径千分尺　　　B. 内径千分尺　　　C. 钢直尺　　　D. 刀口形直尺
3. 汽车维护中常用扭力扳手的规格为（ ）。
   A. 0~300N·m　　　B. 0~500N·m　　　C. 0~1000N·M　　　D. 0~2000N·m
4. 游标卡尺是（ ）测量器具。
   A. 标准　　　B. 专用　　　C. 通用　　　D. 长度专用
5. 有关錾削叙述正确的是（ ）。
   A. 不需戴任何眼镜　　　　　　　　B. 不得錾削淬火的工件
   C. 錾子头部需要淬火　　　　　　　D. 一般情况使用高速钢材做錾子
6. 錾子一般用（ ）制成。
   A. 优质碳素结构钢　　　　　　　　B. 优质碳素工具钢
   C. 优质合金结构钢　　　　　　　　D. 优质合金工具钢
7. 在用台虎钳进行强力作业时，应尽力使受力的方向朝向（ ）。
   A. 夹紧盘　　　B. 转盘座　　　C. 活动钳身　　　D. 固定钳身
8. 发动机曲轴各轴颈的圆度和圆柱度误差一般用（ ）来进行测量。
   A. 游标卡尺　　　B. 百分表　　　C. 外径千分尺　　　D. 内径千分尺
9. （ ）扳手能显示扭矩的大小。
   A. 呆　　　B. 梅花　　　C. 扭力　　　D. 活
10. 锉削时，推送锉刀要平稳，向前推时下压，左手压力（ ），右手压力由大变小，向后拉时不加压。
    A. 由小变大　　　B. 由大变小　　　C. 为零　　　D. 不变
11. （ ）在台虎钳活动钳身的光滑面上，进行敲击作业。
    A. 允许　　　B. 可以　　　C. 不能　　　D. 必须
12. 锯削时，一般应在工件的（ ）面上起锯。
    A. 最宽　　　B. 最窄　　　C. 任意　　　D. 水平
13. 当拆卸螺栓时，最好选用（ ）。
    A. 钳子　　　B. 活扳手　　　C. 梅花扳手　　　D. 管子扳手
14. 当铰削 EQ6100-1 气门座时，应选用（ ）铰刀铰削 15°上斜面。
    A. 45°　　　B. 75°　　　C. 15°　　　D. 25°
15. 攻螺纹时应使用（ ），以减小摩擦。
    A. 冷却液　　　B. 水　　　C. 酒精　　　D. 机油
16. 热处理的三个工艺参数是（ ）、保温时间和冷却速度。
    A. 加热时间　　　B. 加热温度　　　C. 保温温度　　　D. 冷却温度
17. 用（ ）检测发动机凸轮轴凸轮的轮廓变化，来判断凸轮的磨损情况。
    A. 游标卡尺　　　B. 百分表　　　C. 外径千分尺　　　D. 标准样板
18. （ ）钢大多数不做退火处理，而采用正火处理。
    A. 合金　　　B. 高碳　　　C. 工具　　　D. 低碳
19. （ ）的分度值有 0.10mm、0.05mm 和 0.02mm 三种。
    A. 游标卡尺　　　B. 千分尺　　　C. 塞尺　　　D. 百分表

20. 锉刀按齿纹的粗细不同又可分为粗锉、中锉、细锉和（　　）等。
   A. 普通锉　　　　B. 特种锉　　　　C. 整形锉　　　　D. 油光锉

21. 发动机缸套镗削后，还必须进行（　　）。
   A. 光磨　　　　　B. 珩磨　　　　　C. 研磨　　　　　D. 铰磨

22. 发动机曲轴轴颈磨损量检查可用（　　）进行。
   A. 千分尺　　　　B. 游标卡尺　　　C. 百分表　　　　D. 塞尺

23. 铝合金缸体和缸盖比铸铁的更难焊接，最好的焊接方法是（　　）。
   A. 氩弧焊　　　　B. CO_2 保护焊　　C. 乙炔焊　　　　D. 钎焊

24. 用固定式镗缸机镗削发动机缸套，应选用气缸体的（　　）作为定位基准。
   A. 下平面　　　　　　　　　　　　B. 上平面
   C. 曲轴主轴轴承孔中心线　　　　　D. 凸轮轴孔中心线

25. 发动机铸铁缸套镗削时第一刀吃刀量为（　　）mm。
   A. 0.03～0.05　　B. 0.10～0.20　　C. 0.05～0.10　　D. 0.05～0.075

26. 凸轮轴轴颈磨损应用（　　）进行测量。
   A. 千分尺　　　　B. 百分表　　　　C. 卡尺　　　　　D. 钢直尺

27. 解放 CA1092 型汽车变速器壳体（　　）误差可用百分表测得。
   A. 轴向圆跳动量　B. 直线度　　　　C. 平面度　　　　D. 位置度

28. 游标卡尺的（　　）有 0.10mm、0.05mm 和 0.02mm 三种。
   A. 分度值　　　　B. 尺寸　　　　　C. 长度　　　　　D. 厚度

29. 工件尺寸是游标卡尺尺身读出的（　　）+（与尺身对齐的前总游标刻度数×分度值）得出的小数值。
   A. 整毫米数　　　B. 毫米数　　　　C. 厘米数　　　　D. 分米数

30. （　　）扳手用于拧转管子、圆棒等难以用扳手夹持、拧转光滑或不规则的工件。
   A. 活　　　　　　B. 扭力　　　　　C. 套筒　　　　　D. 管子

31. 在用光鼓机镗削制动鼓时，为保证加工面的表面粗糙度，应（　　）。
   A. 尽量减小进给量　　　　　　　　B. 尽量加大进给量
   C. 随加工者自定进给量　　　　　　D. 加大、减小进给量均可

32. 磨削和修复曲轴时每一级为（　　）。
   A. 0.35mm　　　　B. 0.25mm　　　　C. 0.15mm　　　　D. 0.40mm

33. 气缸盖平面度误差较大，应采取（　　）。
   A. 互研法　　　　B. 刮削法　　　　C. 锉削法　　　　D. 磨削法

34. 起锯对锯削的质量影响很大，锯条与工作表面的夹角约为（　　）。
   A. 5°　　　　　　B. 10°　　　　　 C. 15°　　　　　 D. 20°

35. 锯削钢件时应使用（　　）冷却。
   A. 机油　　　　　B. 齿轮油　　　　C. 冷却液　　　　D. 酒精

36. 游标卡尺的分度值有（　　）三种。
   A. 0.10mm、0.05mm 和 0.02mm　　　B. 0.01mm、0.02mm 和 0.05mm
   C. 0.10mm、0.50mm 和 0.20mm　　　D. 0.05mm、0.10mm 和 0.20mm

37. 千分尺是一种精密量具，其分度值可达（　　）mm。

A. 0.1　　　　　B. 0.01　　　　　C. 0.001　　　　　D. 0.005

38. 当使用千分尺测量时,应保证千分尺螺杆轴线和工件中心线(　　)。
A. 平行　　　　　B. 垂直　　　　　C. 倾斜　　　　　D 任意

39. 千分尺在微分筒的圆锥面上刻有(　　)条等分的刻线。
A. 10　　　　　　B. 20　　　　　　C. 30　　　　　　D. 50

40. 当利用千分尺测量读数时,如果微分筒锥面边缘的前面露出尺身纵线下边的刻线,则小数部分(　　)0.5m。
A. 大于　　　　　B. 小于　　　　　C. 等于　　　　　D. 小于或等于

41. 内径百分表在汽车修理中主要用来测量发动机气缸的(　　)。
A. 平面度　　　　B. 同轴度　　　　C. 跳动量　　　　D. 圆度和圆柱度

42. 测量气缸直径,可将量缸表放入气缸上部,若表针能转动(　　)圈左右,表示调整合适。
A. 一　　　　　　B. 二　　　　　　C. 三　　　　　　D. 四

43. 百分表表盘刻度为100格,长针转动一格为(　　)mm。
A. 0.01　　　　　B. 0.02　　　　　C. 0.05　　　　　D. 0.1

44. 百分表表盘刻度为100格,短针转动一圈为(　　)mm。
A. 1　　　　　　 B. 10　　　　　　C. 100　　　　　 D. 1000

45. 百分表长针转动一圈,短针则转(　　)格。
A. 半　　　　　　B. 一　　　　　　C. 二　　　　　　D. 五

46. (　　)扳手适用于拆装位置狭小、特别隐蔽的螺母或螺栓。
A. 呆　　　　　　B. 梅花　　　　　C. 套筒　　　　　D. 活

47. (　　)扳手的开口尺寸可以在一定范围内自由调节,用于拆装不规则带有棱角的螺母或螺栓。
A. 呆　　　　　　B. 套筒　　　　　C. 扭力　　　　　D. 活

48. 常用的台虎钳有(　　)和固定式两种。
A. 齿轮式　　　　B. 回转式　　　　C. 蜗杆式　　　　D. 齿条式

49. 砂轮机砂轮的旋转方向应正确,磨屑应向(　　)飞离砂轮。
A. 上方　　　　　B. 下方　　　　　C. 左方　　　　　D. 右方

50. 砂轮机的托架和砂轮表面之间应保持(　　)mm以内的距离,以免将工件轧入。
A. 3　　　　　　 B. 5　　　　　　 C. 10　　　　　　D. 15

51. 砂轮机起动后,应待转速达到(　　)时,方可进行磨削。
A. 正常　　　　　B. 高速　　　　　C. 平稳　　　　　D. 100r/min

52. 錾子一般用优质碳素工具钢制成,刃口部分经(　　)处理。
A. 淬火+低温回火　B. 淬火+中温回火　C. 淬火+高温回火　D. 表面淬火

53. 当平面錾削时,每次錾削厚度约为(　　)mm。
A. 0.5~1　　　　B. 1~1.5　　　　C. 1.5~2　　　　D. 2~2.5

54. 当錾削较宽平面时,应先用(　　)在平面上开槽,再用扁錾錾去剩余部分。
A. 扁錾　　　　　B. 尖錾　　　　　C. 油槽錾　　　　D. 圆口錾

55. 錾削时,左手握住錾身,錾子尾端以露出(　　)mm左右为准。

A. 10　　　　　B. 20　　　　　C. 30　　　　　D. 40

56. 錾削时，錾子的切削刃应与錾削方向倾斜一个角度，此角度大约在（　　）范围内。
A. 15°～25°　　B. 25°～40°　　C. 40°～55°　　D. 55°～70°

57. 錾削时，眼睛应注视錾子（　　）。
A. 刃口　　　　B. 顶部　　　　C. 中部　　　　D. 底部

58. 锯弓是用来装夹锯条的，它有固定式和（　　）两种。
A. 移动式　　　B. 可拆式　　　C. 可调式　　　D. 整体式

59. 当锯削硬质材料和薄壁材料时，选用（　　）齿锯条。
A. 粗　　　　　B. 细　　　　　C. 超粗　　　　D. 一般

60. 锯削时，手锯在前行中（　　）压力。
A. 不用　　　　B. 应加　　　　C. 避免加　　　D. 防止加

61. 当锯削槽钢时，应从（　　）面来锯。
A. 一　　　　　B. 二　　　　　C. 三　　　　　D. 四

62. 铰削完成后，应按（　　）旋出铰刀。
A. 顺时针方向　B. 逆时针方向　C. 反方向　　　D. 任意方向

63. 零件淬火后再进行高温回火处理的方法称为（　　）处理。
A. 退火　　　　B. 调质　　　　C. 正火　　　　D. 二次

64. 锉刀按齿纹的粗细不同又可分为粗锉、中锉、（　　）和油光锉。
A. 普通锉　　　B. 特种锉　　　C. 整形锉　　　D. 细锉

65. 锉削时，（　　）在加工表面处加少许机油，以便冷却和润滑。
A. 不可以　　　B. 可以　　　　C. 必须　　　　D. 允许

66. 丝锥一般用合金工具钢或高速钢制成，并经（　　）。
A. 淬火处理　　B. 退火处理　　C. 正火处理　　D. 回火处理

67. 丝锥由两只或三只组成一套，分成（　　）、二锥和三锥，攻螺纹时依次使用。
A. 一锥　　　　B. 头锥　　　　C. 外锥　　　　D. 内锥

68. 攻螺纹前必须先钻底孔，钻孔孔径应（　　）螺纹的内径。
A. 小于　　　　B. 大于　　　　C. 等于　　　　D. 任意

69. 当攻不通螺孔时，由于丝锥不能切到底，所以钻孔深度要（　　）螺纹长度。
A. 小于　　　　B. 大于　　　　C. 等于　　　　D. 任意

70. 曲面刮刀用于刮削内曲面，如轴承、衬套等，常用的曲面刮刀是（　　）。
A. 手握刮刀　　B. 挺刮刀　　　C. 钩头刮刀　　D. 三角刮刀

71. 当采用三角刮刀进行曲面刮削时，三角刮刀应在曲面内进行（　　）。
A. 直线运动　　B. 圆周运动　　C. 螺旋运动　　D. 任意运动

72. 中温回火的温度在（　　）℃范围内。
A. 150～250　　B. 250～500　　C. 500～650　　D. 650～727

73. 每研磨 0.5min 左右，应把工件转动（　　），再继续研磨，以免发生倾斜现象。
A. 45°　　　　　B. 90°　　　　　C. 135°　　　　D. 180°

74. 当研磨圆锥孔时，应沿同一方向转动，且每转（　　）圈，将研磨棒稍微拔出一些，再推入研磨。

A. 1~2 B. 2~3 C. 3~4 D. 4~5

75. 国产 T716 立式镗床最大镗孔长度为（ ）mm。
A. 135 B. 150 C. 140 D. 130

76. T8014 型移动式镗缸机的最大镗孔直径是（ ）mm。
A. φ68~φ120 B. φ80~φ140 C. φ66~φ140 D. φ75~φ140

77. 发动机上平面翘曲后，应采用（ ）修理。
A. 镗削 B. 磨削 C. 冷压校正 D. 加热校正

78. 游标卡尺的分度值有（ ）种。
A. 一 B. 两 C. 三 D. 四

79. 攻螺纹时，每转 1~2 转后要轻轻倒转（ ）转，以便切屑和排屑。
A. 1/4 B. 1/2 C. 1 D. 2

80. 国产 T716 立式镗床用于孔径（ ）mm 范围内壳体零件的孔加工。
A. φ60~φ165 B. φ75~φ155 C. φ70~φ160 D. φ76~φ165

81. 在用光鼓机镗削制动鼓时，应以（ ），以保证两者同心。
A. 轮毂未磨损部位来校正中心 B. 轮毂轴承中心为旋转中心
C. 轮毂外沿来校正中心 D. 可以用任何部位校正中心

82. 国产 TS8350 型制动鼓镗床镗削直径范围为（ ）。
A. φ220~φ450mm B. φ200~φ400mm C. φ220~φ500mm D. φ210~φ480mm

83. 工件尺寸是游标卡尺尺身读出的整毫米数加上（ ）的小数值。
A. 与尺身对齐的前总游标刻度数×分度值 B. 游标刻度
C. 精度值 D. 游标刻度加分度值

84. 千分尺是用来测量工件（ ）的精密量具。
A. 外部尺寸 B. 内部尺寸 C. 深度尺寸 D. 内外尺寸

85. 百分表短针的读数，每格为（ ）mm。
A. 0.1 B. 0.2 C. 0.5 D. 1

86. 当测量气缸磨损时，量缸表的测量杆必须与气缸中心线保持（ ），以保证读数准确。
A. 平行 B. 垂直 C. 倾斜 D. 任意位置

87. 在发动机活塞销与连杆衬套的铰配中，铰刀微调时，以切削刃露出衬套上平面（ ）mm 时为第一刀的开始。
A. 1~2 B. 3~5 C. 5~7 D. 0.5~1

88. 活塞销孔和连杆铜套的铰削余量一般只有（ ）mm。
A. 0.03~0.10 B. 0.10~0.20 C. 0.20~0.35 D. 0.35~0.50

89. 台虎钳的丝杠、螺母及其他活动表面（ ），并保持清洁。
A. 要随用随加机油 B. 要经常加机油 C. 不用加机油 D. 不准加机油

90. 游标卡尺上游标的刻线数越多则游标的（ ）。
A. 结构越小 B. 长度越短 C. 分度值越大 D. 读数精度越高

91. 划线时放置工件的工具称为（ ）。
A. 划线工具 B. 基准工具 C. 辅助工具 D. 测量工具

92. 百分表的分度值为( )mm。
   A. 0.01   B. 0.02   C. 0.001   D. 0.002
93. 细刮比粗刮时( )。
   A. 刀痕要窄，行程要长   B. 刀痕要宽，行程要长
   C. 刀痕要窄，行程要短   D. 刀痕要宽，行程要短
94. 锯条锯齿的大小以( )mm 长度内所包含的锯齿数表示，此长度内包含的齿数越多锯齿就越细。
   A. 15   B. 15.4   C. 25   D. 25.4
95. 当用游标卡尺测量工件外径时，将活动量爪向外移动，使两量爪间距( )工件外径，然后再慢慢移动游标使两量爪与工件接触。
   A. 小于   B. 大于   C. 等于   D. 错开
96. 在圆柱或圆锥外表面上所形成的螺纹是( )。
   A. 粗牙螺纹   B. 细牙螺纹   C. 外螺纹   D. 内螺纹
97. 下列刮刀中属于曲面刮刀的是( )。
   A. 手握刮刀   B. 挺刮刀   C. 钩头刮刀   D. 蛇头刮刀
98. 百分表是一种比较性测量仪器，主要用于测量工件的( )。
   A. 公差值   B. 偏差值   C. 实际值   D. 极值
99. 加工螺纹时为了便于断屑和排屑，板牙转动一圈左右要倒转( )圈。
   A. 2   B. 1   C. 1/2   D. 1/4
100. 分度值为 0.05mm 的游标卡尺其游标的刻线格数为( )。
   A. 10 格   B. 20 格   C. 30 格   D. 40 格
101. 当用千分尺测量工件时，读完数后首先要( )。
   A. 直接拿出工件   B. 同时放置一边
   C. 倒转微分筒后再取出工件   D. 正转微分筒后再取出工件
102. 百分表的表盘刻度为 100 格，大指针每偏转一格表示( )。
   A. 0.1mm   B. 0.2mm   C. 0.01mm   D. 0.02mm
103. 不能作为划线的基准工具是( )。
   A. 划线平板   B. V 形铁   C. 直角铁   D. 划针盘
104. 锯条的规格用其两端的安装孔距表示，常用的是( )的锯条。
   A. 100mm   B. 200mm   C. 300mm   D. 400mm
105. 板牙是用来加工( )的工具。
   A. 内螺纹   B. 外螺纹   C. 左旋螺纹   D. 右旋螺纹
106. 代号 M24 表示( )。
   A. 细牙普通螺纹   B. 粗牙普通螺纹   C. 左旋粗牙螺纹   D. 右旋细牙螺纹
107. 套螺纹前的圆杆直径应( )螺纹大径的尺寸。
   A. 略小于   B. 略大于   C. 等于   D. 远离

(二) 金属材料基本知识模拟试题
一、判断题(下列判断正确的在括号里打"√"，错误的打"×")
1. (   )可锻铸铁能承受一定的冲击载荷。

2. （　　）碳素钢常用于制造受力不大、不重要也不复杂的零件。
3. （　　）热处理的工艺过程均包括加热、保温和冷却三个阶段。
4. （　　）热处理是将钢材由固态加热到液态，并经保温和冷却的一种工艺方法。
5. （　　）钢退火的主要目的之一是消除冷加工产生的加工硬化现象，恢复其硬度。
6. （　　）为防止变形和开裂，铸件都必须经去应力退火处理。
7. （　　）镀铬的电流效率低是因为氢析出量小。
8. （　　）硫黄为黄色晶体，性脆，易研成粉末。
9. （　　）金属材料是否容易焊接的性能称为焊接性。
10. （　　）当不同性质的材料淬火时，应采用不同的冷却介质。
11. （　　）金属熔化后，可以铸造成各种形状的能力称为可铸性。
12. （　　）黄铜是铜锌合金，青铜是铜锡合金。
13. （　　）合金结构钢包括合金渗碳钢、合金调质钢、合金弹簧钢、滚动轴承钢和低合金结构钢。
14. （　　）焊接性主要指金属熔化后的流动性和冷凝性。
15. （　　）纯铜主要用于制造导电器材。
16. （　　）铝合金可分为形变铝合金和铸造铝合金两类。
17. （　　）合金钢根据成分不同可分为合金结构钢、合金工具钢和特殊性能钢三大类。

二、选择题（下列各题的4个选项中，只有1个是正确的，请将其代号填在括号内）

1. 高碳钢碳的质量分数是（　　）。
A. <0.25%　　　　B. 0.25%~0.6%　　　　C. >0.6%　　　　D. >0.7%

2. 金属材料能够拉拔成线或能够碾轧成板的性能称为（　　）。
A. 可加工性　　　B. 延展性　　　C. 耐磨性　　　D. 渗透性

3. 聚乙烯（PE）的使用温度可达（　　）K以上。
A. 300　　　　B. 353　　　　C. 33　　　　D. 493

4. 用（　　）材料制成的零件有隐伤时（如裂纹等），不能用磁力探伤法进行检测。
A. 铸铁　　　B. 高碳钢　　　C. 铸铝　　　D. 铁镍合金

5. 一般金属材料的阻值（　　）。
A. 随温度的升高而下降　　　　B. 随温度的升高而升高
C. 变化不定　　　　　　　　　D. 与温度无关

6. 下列选项中，不能用泡沫灭火的是（　　）。
A. 汽油　　　B. 电失火　　　C. 氰化钠　　　D. 酒精

7. 汽车变速器齿轮的材料应选用（　　）。
A. 高碳合金钢　　B. 低碳合金钢　　C. 碳素工具钢　　D. 铸钢

8. 在发动机的零部件中，（　　）是采用球墨铸铁制造的。
A. 曲轴　　　B. 缸体　　　C. 凸轮轴　　　D. 气缸

9. 发动机曲轴现广泛采用（　　），可满足强度和刚度要求以及较高的耐磨性。
A. 合金钢　　　B. 球墨铸铁　　　C. 灰铸铁　　　D. 特殊合金钢

10. 以下材料中，（　　）属于合金弹簧钢。
A. 9SiCr　　　B. 15Cr　　　C. 60Si2Mn　　　D. 50Mn2

11. 青铜有（　　）。
    A. T3　　　　　　　B. ZcuZn16Si4　　　C. QSn4-3　　　　D. H70
12. （　　）不能用来做研具材料。
    A. 灰铸铁　　　　　B. 球墨铸铁　　　　C. 低碳钢　　　　D. 高碳钢
13. 强度是指金属材料在外力作用下抵抗（　　）的能力。
    A. 变形　　　　　　B. 冲击　　　　　　C. 变形和破坏　　D. 冲击和振动
14. 疲劳是指金属零件长期在（　　）作用下工作，突然发生断裂的现象。
    A. 静载荷　　　　　B. 动载荷　　　　　C. 交变载荷　　　D. 冲击载荷
15. 金属材料的工艺性能是指在（　　）所表现出来的性能。
    A. 使用条件下　　　B. 外力作用下　　　C. 加工过程中　　D. 运输过程中
16. 金属熔化后的流动性和冷凝时的收缩性称为（　　）。
    A. 可铸性　　　　　B. 可锻性　　　　　C. 焊接性　　　　D. 可加工性
17. 优质碳素钢的牌号由两位数字表示，表示碳的平均质量分数为（　　）。
    A. 十分之几　　　　B. 百分之几　　　　C. 千分之几　　　D. 万分之几
18. 以下几种材料中，用于制作发动机曲轴的是（　　）。
    A. 20　　　　　　　B. 45　　　　　　　C. 65Mn　　　　　D. T10A
19. 40MnB 可用于制作汽车（　　）。
    A. 变速器二轴　　　B. 气门弹簧　　　　C. 齿轮　　　　　D. 车架
20. 16Mn 可用于制作（　　）。
    A. 丝锥　　　　　　B. 汽车钢板弹簧　　C. 汽车变速器齿轮 D. 汽车车架
21. T8A 属于（　　）。
    A. 优质碳素钢　　　B. 普通碳素钢　　　C. 碳素工具钢　　D. 铸造碳钢
22. 以下材料中，（　　）属于合金渗碳钢。
    A. 20MnVB　　　　　B. W18Cr4V　　　　C. GCr15　　　　　D. 45Mn2
23. 40Cr 是一种调质钢，用于制作水泵轴，为获得良好的综合力学性能，它的最终热处理方法是（　　）。
    A. 淬火+低温回火　 B. 淬火+中温回火　 C. 淬火+高温回火 D. 表面淬火
24. 采用低碳合金钢 20CrMnTi 制作的汽车传动齿轮，要求表面有高的硬度和耐磨性，心部具有良好的韧性，其最终热处理应采用（　　）。
    A. 淬火+中温回火　　　　　　　　　　　B. 调质处理
    C. 渗碳+淬火+低温回火　　　　　　　　D. 表面淬火
25. 与钢相比，铸铁工艺性能的突出特点是（　　）。
    A. 焊接性好　　　　B. 淬透性好　　　　C. 可铸性好　　　D. 可锻性好
26. 下列材料中，可用于制作发动机气缸体和缸盖的铸铁是（　　）。
    A. 灰铸铁　　　　　B. 白口铸铁　　　　C. 可锻铸铁　　　D. 球墨铸铁
27. 可用（　　）来替 45 钢制作发动机曲轴。
    A. HT200　　　　　 B. KTH350-10　　　 C. QT600-3　　　　D. HT150
28. 在可锻铸铁中，碳主要以（　　）形式存在。
    A. 渗碳体　　　　　B. 片状石墨　　　　C. 团絮状石墨　　D. 球状石墨

29. 铝合金可分为( )和铸造铝合金两类。
   A. 防锈铝合金 B. 硬铝合金 C. 锻铝合金 D. 形变铝合金
30. 铸铝合金有( )。
   A. LF11 B. 2A50 C. ZL101 D. 2A11
31. ZL108 适于制作( )。
   A. 活塞 B. 热交换器 C. 制动蹄摩擦片铆钉 D. 电线电缆
32. 普通黄铜中，当锌的质量分数为30%~32%时，( )最好。
   A. 塑性 B. 韧性 C. 弹性 D. 强度
33. 普通黄铜有( )。
   A. H68 B. HSn90-1 C. HPb59-1 D. QSn4-3
34. 钢通过热处理，可改变其( )。
   A. 硬度 B. 强度 C. 塑性 D. 力学性能
35. 钢材经退火处理后，可使其( )。
   A. 强度降低 B. 硬度降低 C. 硬度提高 D. 刚度降低
36. 淬火是将钢加热到( )℃以上，保温一段时间，然后快速冷却的一种热处理方法。
   A. 727 B. 717 C. 707 D. 100
37. ( )是最常使用的淬火冷却介质。
   A. 油 B. 空气 C. 盐水 D. 水
38. 塑性是指金属材料在外力作用下，发生( )变形而不断裂的能力。
   A. 暂时性 B. 永久性 C. 弹性 D. 稳定性
39. 下列选项中，属于遇湿易燃的物品是( )。
   A. 硫黄 B. 白磷 C. 碳化钙 D. 氢氧化钠
40. 韧性是指金属材料抵抗( )而不至于断裂的能力。
   A. 冲击 B. 外力 C. 变形 D. 破坏
41. 铁磁性物质的相对磁导率是( )。
   A. $\mu_r > 1$ B. $\mu_r < 1$ C. $\mu_r \gg 1$ D. $\mu_r \ll 1$
42. 防锈铝合金有( )。
   A. 5A05 B. 2A01 C. ZL301 D. LD4
43. 将钢加热到某一温度，保温一定时间，然后在静止的空气中进行冷却的热处理方法称为( )。
   A. 淬火 B. 回火 C. 退火 D. 正火
44. ( )具有较高的强度和良好的韧性，在汽车上主要用于制造受热、受磨损和冲击载荷较强烈的零件。
   A. 合金结构钢 B. 合金工具钢 C. 特殊性能钢 D. 碳素钢
45. 下列选项是有色金属的是( )。
   A. 碳素钢和轴承合金 B. 碳素钢和铸铁 C. 轴承钢和铸铁 D. 铝合金
46. ( )是指金属材料是否容易被切削工具进行加工的性能。
   A. 焊接性 B. 延展性 C. 可加工性 D. 渗透性

47. 下列选项中不属于金属材料工艺性能的是( )。
   A. 可锻性　　　B. 焊接性　　　C. 耐磨性　　　D. 韧性
48. 适宜用来制造曲轴和凸轮轴的铸铁是( )。
   A. 白口铸铁　　B. 灰铸铁　　　C. 球墨铸铁　　D. 可锻铸铁
49. 我国工业纯铝的牌号是按其( )来编制的。
   A. 密度　　　　B. 熔点　　　　C. 纯度　　　　D. 导电性
50. 下列选项中属于不能磁化反磁物质的是( )。
   A. 钴　　　　　B. 镍　　　　　C. 铁　　　　　D. 铜

(三) 机械制图知识模拟试题

一、判断题(下列判断正确的在括号里打"√",错误的打"×")

1. ( ) 测量误差通过改善测量方法可以消除。
2. ( ) 排列图法又称为鱼刺图,是寻求影响质量因素的有效方法之一。
3. ( ) 基本偏差一般是指远离零线的那个偏差。
4. ( ) 位置公差无基准要求。
5. ( ) 代号 M24×1.5 表示直径为 24mm、螺距为 1.5mm 的细牙普通螺纹。
6. ( ) 尺寸公差是指允许尺寸的变动量,等于上极限尺寸与下极限尺寸代数差的绝对值。
7. ( ) 任意方向上的直线度一般用于控制圆柱体的径向形状误差。
8. ( ) 圆度误差是同一径向截面最大半径与最小半径之差。
9. ( ) 圆柱度误差是径向不同截面最大半径与最小半径之差。
10. ( ) 绘图时,常用的图线有粗实线、细实线、虚线和点画线等。
11. ( ) 零件表面粗糙度对零件的耐磨性、疲劳强度、配合性质和耐蚀性都有较大影响。
12. ( ) 对零件草图进行审核,内容只有尺寸标准和技术要求。
13. ( ) 装配图中,相邻两个零件的接触表面或配合表面,应画成两条轮廓线。
14. ( ) 立体图富有立体感,给人一种直观的感觉,可直接用来生产零件。
15. ( ) 常用的图样有立体图和视图两种。
16. ( ) 按剖切范围的大小,剖视图可分为全剖视图、半剖视图和局部剖视图。
17. ( ) 装配图上的配合尺寸,除了要标出尺寸数字以外,还要标注配合代号。
18. ( ) 一个完整的尺寸应包括尺寸界线、尺寸线、尺寸数字和箭头四个基本要素。
19. ( ) 看零件图的一般步骤是看标题栏、分析视图、分析形体和分析尺寸等。
20. ( ) 公称尺寸相同的一批孔和轴共有两种配合形式,即间隙配合和过盈配合。
21. ( ) 三视图中主视图反映了物体的长度和宽度。
22. ( ) 剖面图又称为剖视图。
23. ( ) 运动速度快、单位压力大的摩擦表面应比运动速度慢、单位压力小的摩擦表面的表面粗糙度值小。
24. ( ) 偏差是一个代数量。

二、选择题(下列各题的4个选项中,只有1个是正确的,请将其代号填在括号内)

1. 图样中所标的尺寸是( )。

A. 工件的实际尺寸　　　　　　　　B. 工件的缩小尺寸
C. 工件的放大尺寸　　　　　　　　D. 图样尺寸

2. 符号 ⊕ 代表(　　)。
A. 平行度　　　B. 垂直度　　　C. 倾斜度　　　D. 位置度

3. 不装订的图样(　　)画出边框。
A. 不需　　　B. 可以　　　C. 必须　　　D. 不一定

4. 形状公差是对(　　)提出的。
A. 理想要素　　　B. 中心要素　　　C. 单一要素　　　D. 关联要素

5. 配合是指(　　)相同的、相互结合的孔和轴公差带之间的关系。
A. 公称尺寸　　　　　　　　B. 实际尺寸
C. 极限尺寸　　　　　　　　D. 作用尺寸

6. (　　)是一种"正对着"物体，分别按正投影方法绘制的图形。
A. 立体图　　　B. 视图　　　C. 图样　　　D. 视图或图

7. 无论位置公差基准代号的方向如何，其字母必须(　　)填写。
A. 水平　　　B. 垂直　　　C. 水平或垂直　　　D. 任意

8. 互换性就是指同一规格的零部件在装配或更换时，(　　)经过挑选或修配便可装到机器上去并能满足机器的性能要求。
A. 必须　　　B. 无须　　　C. 可以　　　D. 允许

9. (　　)是从前向后观察物体所得到的图形。
A. 左视图　　　B. 主视图　　　C. 俯视图　　　D. 右视图

10. 关于零件草图，下面说法中，(　　)不正确。
A. 草图必须内容完整　　　　　　　　B. 草图必须比例匀称
C. 零件的缺陷必须在草图上画出　　　D. 草图必须尺寸齐全

11. 图样是技术性文件，它能表达(　　)的意图。
A. 生产者　　　B. 设计者　　　C. 使用者　　　D. 参观者

12. 千分尺在微分筒的圆锥面上刻有(　　)条等分的刻线。
A. 10　　　B. 20　　　C. 30　　　D. 50

13. 形状公差有6项，位置公差有(　　)项。
A. 3　　　B. 4　　　C. 6　　　D. 8

14. 公差配合标准属于(　　)。
A. 基础标准　　　B. 产品标准　　　C. 方法标准　　　D. 企业标准

15. 国家标准规定，在图框内的(　　)应留出标题栏。
A. 左下角　　　B. 右下角　　　C. 中间位置　　　D. 任意位置

16. 在装配图中，表达两个相邻零件的接触表面或配合表面时，在接触处只(　　)。
A. 画两条轮廓线　　　　　　　　B. 画一条轮廓线
C. 夸大画成各自的轮廓线　　　　D. 画成虚线

17. 在测量汽车零件时，常用的测量方法是(　　)测量。
A. 直接　　　B. 间接　　　C. 主动　　　D. 比较

18. 画零件草图，首先应画出各视图的(　　)。

A. 尺寸线　　　　B. 基准中心线　　　C. 表面粗糙度　　D. 结构形状

19. 解放 CA1092 型汽车变速器壳体上下轴承孔轴线平行度误差直接测量时，必须用（　　）定心。

A. 定心爪　　　　B. 定位套　　　　　C. 定心块　　　　D. 定位块

20. 发动机曲轴磨削的目的是恢复曲轴轴颈的几何尺寸、几何精度和表面粗糙度，同时纠正曲轴的（　　）。

A. 几何误差　　　B. 形状误差　　　　C. 平行度误差　　D. 位置误差

21. 国家标准规定，图样中的线性尺寸大小均以（　　）为单位，在尺寸数字后面不必加注计量单位名称。

A. mm　　　　　　B. cm　　　　　　　C. dm　　　　　　D. m

22. 移出剖面图的轮廓线用（　　）绘制。

A. 粗实线　　　　B. 细实线　　　　　C. 虚线　　　　　D. 点画线

23. （　　）是指零部件在装配或更换时，不需要辅助加工，不需要选择就能满足使用条件。

A. 有限互换　　　B. 完全互换　　　　C. 不完全互换　　D. 装配互换

24. 测量包括测量对象、计量单位、测量方法和（　　）等四个要素。

A. 测量结果　　　B. 测量器具　　　　C. 测量误差　　　D. 测量精度

25. 关于零件草图，下面说法中，正确的是（　　）。

A. 零件草图用徒手目测绘制而成
B. 零件草图的尺寸标准不必齐全
C. 一个零件表达方式，其确定原则是读图方便
D. 零件的破损缺陷必须在草图上画出

26. 零件的左视图反映了零件的（　　）。

A. 长度和宽度　　　　　　　　　　　B. 宽度和高度
C. 长度和高度　　　　　　　　　　　D. 长度、宽度和高度

27. 在以下划线工具中，（　　）是绘画工具。

A. 划规　　　　　B. 划线平板　　　　C. 方箱　　　　　D. 分度头

28. M20 表示（　　）。

A. 普通粗螺纹　　B. 普通细螺纹　　　C. 短螺纹　　　　D. 梯形螺纹

29. 尺寸线应用（　　）绘制。

A. 粗实线　　　　B. 细实线　　　　　C. 虚线　　　　　D. 点画线

30. 零件的主视图反映了零件的（　　）。

A. 长度和宽度　　　　　　　　　　　B. 宽度和高度
C. 长度和高度　　　　　　　　　　　D. 长度、宽度和高度

31. 零件的俯视图反映了零件的（　　）。

A. 长度和宽度　　　　　　　　　　　B. 宽度和高度
C. 长度和高度　　　　　　　　　　　D. 长度、宽度和高度

32. 假想将机件的倾斜部分旋转到与某一选定的基本投影面平行后，再向该投影面投射所得到的视图称为（　　）。

A. 基本视图　　　　B. 斜视图　　　　C. 局部视图　　　　D. 旋转视图

33. 用剖切平面完全地剖开机件后，所得到的剖视图叫作（　　）。
A. 全剖视图　　　　B. 半剖视图　　　　C. 局部剖视图　　　　D. 剖面图

34. （　　）是最常用表面粗糙度的评定参数。
A. 轮廓算术平均偏差 Ra
B. 微观不平度+点高度 Rz
C. 轮廓最大高度 Ry
D. Rz 和 Ry

35. 孔的上极限偏差是（　　）。
A. ES　　　　B. EI　　　　C. es　　　　D. ei

36. 国家标准规定，在每一个公称尺寸段内，都有（　　）个公差等级的标准公差。
A. 18　　　　B. 20　　　　C. 24　　　　D. 28

37. （　　）是指将零件按其实际尺寸大小分成若干组，然后按组进行装配。
A. 不完全互换　　　　B. 完全互换　　　　C. 无限互换　　　　D. 装配互换

38. 测量误差越小，测量结果越接近真值，则测量精度（　　）。
A. 越高　　　　B. 越低　　　　C. 不变　　　　D. 无影响

39. 基孔制的孔称为基准孔，其基本偏差代号为H，轴的基本偏差在（　　）之间为间隙配合。
A. a~h　　　　B. j~n　　　　C. p~zc　　　　D. a~zc

40. "　　" 表示（　　）。
A. 换向阀　　　　B. 单向阀　　　　C. 顺序阀　　　　D. 液压缸

41. φ20H8/f7 表示公称尺寸为 φ20mm 的（　　）。
A. 基孔制间隙配合
B. 基孔制过盈配合
C. 基轴制间隙配合
D. 基轴制过盈配合

42. 基孔制过盈配合的是（　　）。
A. φ40H7/g6　　　　B. φ40H7/h6　　　　C. φ40H7/k6　　　　D. φ40H7/p6

43. 几何公差框格用细实线画出，在图中应（　　）放置。
A. 水平　　　　B. 垂直　　　　C. 水平或垂直　　　　D. 任意

44. 零件加工后，其几何量需要测量或检验，以确定它们是否符合（　　）。
A. 形状要求　　　　B. 工艺要求　　　　C. 技术要求　　　　D. 尺寸要求

45. 测量要素不包括（　　）。
A. 被测对象　　　　B. 测量方法　　　　C. 测量准确度　　　　D. 几何公差

46. 在测量汽车上拆下的零件时，所得到的是（　　）。
A. 几何参数　　　　B. 长度　　　　C. 形状误差　　　　D. 表面粗糙度

47. （　　）测量器具是专门用来测量某个或某种特定几何量的测量器具。
A. 通用　　　　B. 专用　　　　C. 标准　　　　D. 机械式

48. 有刻度的测量器具（如百分表）上相邻两刻线中心距离的大小，会影响估读的（　　）。
A. 参数　　　　B. 精度　　　　C. 单位　　　　D. 标量

49. 在测量汽车零件时，常用的测量方法是（　　）测量。
A. 直接　　　　B. 间接　　　　C. 主动　　　　D. 比较

50. 用钢直尺和塞尺测量发动机气缸盖的平面度误差,此测量方法属于( )测量法。
    A. 直接   B. 间接   C. 比较   D. 综合
51. 由于测量器具的结构不符合理论要求而产生的误差,称为( )误差。
    A. 测量器具   B. 标准器   C. 设计   D. 使用
52. 按国家标准规定,进行平面度误差检测的方法有( )种。
    A. 三   B. 四   C. 五   D. 六
53. 当测量气缸的圆柱度、圆度误差时,首先要确定气缸的( ),才能校对量缸表。
    A. 磨损尺寸   B. 标准尺寸   C. 极限尺寸   D. 修理尺寸
54. 国家标准规定,图样中的线性尺寸大小均以( )为单位,在尺寸数字后面不必加注计量单位名称。
    A. mm   B. cm   C. dm   D. m
55. 在三视图中,主视图和左视图( )。
    A. 圆相反   B. 高平齐   C. 长对正   D. 宽相等
56. 机件向不平行于任何基本投影面的平面投射,所得到的视图称为( )。
    A. 基本视图   B. 斜视图   C. 局部视图   D. 旋转视图
57. 设计给定的尺寸称为( )。
    A. 公称尺寸   B. 实际尺寸   C. 极限尺寸   D. 作用尺寸
58. 零件图的标题栏应包括零件的名称、材料、数量、图号和( )等内容。
    A. 公差   B. 比例   C. 热处理   D. 表面粗糙度
59. 下列符号表示位置公差的是( )。
    A. ⌒   B. □   C. ◎   D. ○
60. 在装配图中,相邻零件剖面线的倾斜方向应( )。
    A. 相同   B. 相反   C. 平行   D. 随意
61. "⊢□⊣" 表示( )。
    A. 液压缸   B. 液压泵   C. 单向阀   D. 顺序阀
62. 符号 ▽ 表示用( )方法获得的表面。
    A. 去除材料   B. 不去除材料   C. 任何   D. 铸造
63. √ 表示用去除材料方法获得的表面,( )的最大允许值为 3.2μm。
    A. *Ra*   B. *Rz*   C. *Ry*   D. 三者任意
64. "⊣⊦" 符号代表( )。
    A. 二极管   B. 晶体管   C. 稳压管   D. 电阻
65. 下列选项属于形状公差的是( )。
    A. 圆度   B. 平行度   C. 垂直度   D. 同轴度
66. 对形状公差进行标注时,不必考虑的选项是( )。
    A. 指引线的位置 B. 项目符号   C. 基准代号字母 D. 公差值
67. 符号 ⊥ 代表( )。

A. 平行度　　　B. 垂直度　　　C. 倾斜度　　　D. 位置度
68. 在满足工件表面功能要求的情况下，应尽量选用(　　)表面粗糙度数值。
A. 较大的　　　B. 较小的　　　C. 不同的　　　D. 相同的
69. 向不平行于零件任何基本投影面的平面投射所得到的视图称为(　　)。
A. 旋转视图　　B. 局部视图　　C. 斜视图　　　D. 剖视图
70. 形状公差是指零件的实际形状相对于零件的(　　)所允许的变动量。
A. 理想位置　　B. 理想形状　　C. 极限形状　　D. 极限位置
71. 符号//代表(　　)。
A. 平行度　　　B. 垂直度　　　C. 倾斜度　　　D. 位置度
72. 当采用基轴制时其基本偏差是(　　)。
A. 上极限偏差　B. 下极限偏差　C. 零偏差　　　D. 不能确定
73. 绘图时，尺寸线和尺寸界线所用的线型是(　　)。
A. 细实线　　　B. 粗实线　　　C. 细点画线　　D. 虚线
74. 当采用基孔制时，其基本偏差是(　　)。
A. 上极限偏差　B. 下极限偏差　C. 零偏差　　　D. 不能确定
75. 直线度属于(　　)公差。
A. 尺寸　　　　B. 形状　　　　C. 位置　　　　D. 几何
76. 长度和宽度为210mm×297mm的图纸是(　　)纸。
A. A2　　　　　B. A3　　　　　C. A4　　　　　D. A5
77. 相配合的孔和轴具有相同的(　　)。
A. 尺寸公差　　B. 形状公差　　C. 位置公差　　D. 公称尺寸
78. 符号∠代表(　　)。
A. 平行度　　　B. 垂直度　　　C. 倾斜度　　　D. 位置度
79. 当整个公差带位于零线上方时，其基本偏差是(　　)。
A. 上极限偏差　B. 下极限偏差　C. 零偏差　　　D. 公差
80. 公称尺寸相同的孔和轴共有(　　)种配合形式。
A. 两　　　　　B. 三　　　　　C. 四　　　　　D. 五
81. 平行度属于(　　)公差。
A. 尺寸　　　　B. 形状　　　　C. 位置　　　　D. 几何

(四) 电工电子基本知识模拟试题

一、判断题(下列判断正确的在括号里打"√"，错误的打"×")

1. (　)初充电第一阶段的充电电流为额定容量的1/15。
2. (　)电流所做的功与它加在负载两端的电压、通过负载的电流及负载通电时间成正比。
3. (　)交流电的有效值是根据其热效应来确定的。
4. (　)电压表用来指示发电机和蓄电池的端电压。
5. (　)电阻并联后的总电阻一定小于其中任何一个电阻的阻值。
6. (　)在自然界中磁极可以单独存在。

7. ( )在一定的温度下,导体的电阻与导体的长度成正比,与导体的横截面面积成反比。

8. ( )磁路欧姆定律的表达式为 $\phi = IN/R_m$。

9. ( )磁感应线通过的闭合路径称为磁路。

10. ( )功率集成电路属于模拟集成电路。

11. ( )感应电流的方向,总是要使感应电流所产生的磁场来阻碍原来的磁场变化。

12. ( )集成电路常用英文字母 RC 表示。

13. ( )功率增益表示放大器放大信号功率的能力。

14. ( )通常把两个同频率正弦量的相位之差称为相位差。

15. ( )在电路中,电流总是从高电位流向低电位,则电流的方向与电压的方向总是一致。

16. ( )整流滤波后,由 VD 和 R 组成放大电路。

17. ( )PN 结正向电阻小,反向电阻大。

18. ( )晶体管有三个区。

19. ( )门电路有一个输出端。

20. ( )在串联电路中,每个电阻消耗的功率与电阻值成正比。

21. ( )只要是大小随时间变化的量就是正弦交流量。

22. ( )通过导体的电流方向与自由电子移动方向相同。

23. ( )对称三相电源有星形和三角形联结。

24. ( )晶体管具有单向导电性。

25. ( )PNP 型晶体管包含有两个 PN 结。

26. ( )⇥代表二极管。

27. ( )可以用磁力线的疏密程度表示磁场的方向,磁感应线的切线方向表示磁场的强度。

28. ( )通电导体在磁场中总会受到磁场力的作用。

29. ( )当通电导体与磁场平行时,导体电磁力最大。

30. ( )电流表可以利用并联不同的电阻扩大其量程。

二、选择题(下列各题的 4 个选项中,只有 1 个是正确的,请将其代号填在括号内)

1. 真空荧光管的阳极接至电源( )极,阴极与电源( )相接时,便获得了一定的电压,从而显示出所要看到的内容。
   A. 正 负   B. 负 正   C. 正 正   D. 负 负

2. 当线圈中磁场减弱时,产生感应电流的磁通( )。
   A. 与原磁通的方向相反   B. 与原磁通的方向相同
   C. 与原磁通的方向无关   D. 方向不能确定

3. 霍尔元件产生的霍尔电压为( )级。
   A. mV   B. V   C. kV   D. μV

4. 中心引线为负极,管壳为正极的二极管是( )。
   A. 负极二极管   B. 励磁二极管   C. 正极二极管   D. 稳压二极管

5. 真空荧光管的英文缩写是( )。

A. VCD B. VDD C. VED D. VFD

6. 在匀强磁场中，若原来通电导体所受的磁场力为 F，如果将电流增加到原来的2倍，并且导线长度减少一半，此时通电导体所受的磁场力为（   ）。

   A. $2F$ B. F C. $F/2$ D. $4F$

7. 磁力探伤法可使用（   ）电作为磁化电流。

   A. 交流   B. 直流   C. 交流或直流   D. 低电流

8. 当通电导体在磁场中所受磁场力最大时，它和磁感应线的夹角应是（   ）。

   A. 0°   B. 45°   C. 90°   D. 120°

9. 滤波电路是利用电抗元件将脉动的直流电变为（   ）直流电。

   A. 平滑的   B. 固定的   C. 唯一的   D. 恒定的

10. 超大规模集成电路是指每片上集成度达（   ）个元器件以上的集成电路。

    A. 100   B. 1000   C. 10 000   D. 100 000

11. （   ）表示放大器放大信号电流的能力。

    A. 电压增益   B. 电流增益   C. 功率增益   D. 电阻增益

12. 负温度系数热敏电阻随温度升高阻值（   ）。

    A. 上升   B. 下降   C. 不变   D. 不确定

13. 硅二极管的反向电流比锗二极管的反向电流（   ）。

    A. 大   B. 小   C. 相等   D. 以上答案都不对

14. 功率集成电路属于（   ）集成电路。

    A. 模拟   B. 数字   C. 放大   D. 任意

15. 发光二极管的工作电流一般为（   ）范围内。

    A. 几至十几毫安   B. 十几至几十毫安
    C. 几十至几百毫安   D. 几百至几千毫安

16. 当反向电压达到某一电压时，管子反向击穿导通，电流急剧增加，两端电压（   ）。

    A. 变大   B. 变小   C. 不变   D. 几乎不变

17. 可利用稳压管的反向电流变化很大而反向击穿电压（   ）的特性达到稳压目的。

    A. 不变   B. 基本不变   C. 变大   D. 变小

18. 基尔霍夫第一定律又叫作节点电流定律，其数学表达式是（   ）。

    A. $\sum I_\text{入} = \sum I_\text{出}$ B. $\sum IR = \sum E$ C. $\sum U = 0$ D. $I = U/R$

19. 标有"220V40W"的灯泡，其中220V是指交流电压的（   ）。

    A. 有效值   B. 瞬时值   C. 最大值   D. 平均值

20. 1kW·h 电可供一只"220V、25W"的灯泡正常发光的时间是（   ）h。

    A. 20   B. 25   C. 40   D. 45

21. 如果电感 L 和电容 C 分别接在直流电源上，则感抗 X_L 和容抗 X_C 分别为（   ）。

    A. 0和0   B. 无穷大和无穷大   C. 0和无穷大   D. 无穷大和0

22. 若将二极管正极与电源负极相连，二极管负极与电源正极相连，二极管处于（   ）。

    A. 截止状态   B. 导通状态   C. 关闭状态   D. 以上答案都不对

23. 一用电器测得其阻值是 55Ω，使用时的电流为 4A，则其供电电路的电压为（　　）V。
  A. 100　　　　　B. 110　　　　　C. 200　　　　　D. 220
24. 中心引线为负极，管壳为正极的二极管是（　　）。
  A. 负极二极管　　B. 励磁二极管　　C. 正极二极管　　D. 稳压二极管
25. 电阻 R_{21} 与 R_{22}（$R_{21}>R_{22}$）串联时则有（　　）。
  A. $I_{21}>I_{22}$　　B. $I_{21}<I_{22}$　　C. $U_{21}>U_{22}$　　D. $U_{21}<U_{22}$
26. 全电路欧姆定律的表达式为（　　）。
  A. $I=U/R$　　B. $I=E/(R+r)$　　C. $I=U^2/R$　　D. $I=E^2/(R+r)$
27. （　　）具有单向导电性。
  A. 二极管　　　　B. 晶体管　　　　C. 稳压管　　　　D. 电容
28. 常用的滤波电路是在负载两端并联一个（　　）。
  A. 电阻　　　　　B. 电感　　　　　C. 滤波电容　　　D. 电源
29. 常用晶体管电流放大系数为（　　）。
  A. 6～10　　　　B. 6～100　　　　C. 10～60　　　　D. 60～100
30. 整流电路是利用二极管的（　　）把交流电变为直流电的电路。
  A. 单向导电性　　B. 热敏特性　　　C. 光敏特性　　　D. 电阻特性
31. 通电线圈插入铁心后，它的磁感应强度将（　　）。
  A. 增强　　　　　B. 减弱　　　　　C. 不变　　　　　D. 不定
32. 磁通势的单位为（　　）。
  A. Ω　　　　　　B. A　　　　　　C. H　　　　　　D. Wb
33. 晶体管发射结和集电结均处于反向偏置是（　　）状态。
  A. 放大　　　　　B. 截止　　　　　C. 饱和　　　　　D. 以上答案都不对
34. 如果测得晶体管 b、e 极间和 b、c 极间 PN 结的正反向电阻都很大，这说明晶体管（　　）。
  A. 良好　　　　　B. 断路　　　　　C. 击穿　　　　　D. 以上答案都不对
35. 常用的（　　）电路是在负载两端并联一个滤波电容。
  A. 整流　　　　　B. 滤波　　　　　C. 稳压　　　　　D. 放大
36. 线性集成电路属于（　　）集成电路。
  A. 模拟　　　　　B. 数字　　　　　C. 放大　　　　　D. 任意
37. 正温度系数热敏电阻随温度升高阻值（　　）。
  A. 不变　　　　　B. 下降　　　　　C. 上升　　　　　D. 不确定
38. 电阻 R_1 与 R_2（$R_1>R_2$）并联时则有（　　）。
  A. $I_1>I_2$　　B. $I_1<I_2$　　C. $U_1>U_2$　　D. $U_1<U_2$
39. 磁感应强度的单位是（　　）。
  A. Wb　　　　　B. T　　　　　　C. A/m　　　　　D. Wb/m
40. 以下废物中，不属于特种垃圾的是（　　）。
  A. 废机油　　　　B. 制动液　　　　C. 防冻液　　　　D. 电线
41. 磁路中的欧姆定律表达式为（　　）。

A. $\phi=IN/R_m$ B. $\phi=R_m/(IN)$ C. $\phi=I^2N/R_m$ D. $\phi=IN/R_m^2$

42. 50Hz 的交流电其周期 T 和角频率 ω 各为（　　）。
   A. 0.02s，314rad/s   B. 50s，3.14rad/s
   C. 0.02s，3.14rad/s   D. 50s，314rad/s

43. 晶体管发射结和集电结均处于正向偏置是（　　）状态。
   A. 放大   B. 截止   C. 饱和   D. 以上答案都不对

44. 集成电路常用英文字母（　　）表示。
   A. IC   B. RC   C. LC   D. LR

45. 晶体管有（　　）个引出电极。
   A. 一   B. 二   C. 三   D. 四

46. 能把微弱的电信号放大，转换成较强电信号的电路称为（　　）。
   A. 放大电路   B. 滤波电路   C. 稳压电路   D. 整流电路

47. 晶体管的文字符号是（　　）。
   A. V   B. T   C. R   D. E

48. 已知交流电压的有效值是 220V，频率是 50Hz，当 $t=0$ 时，瞬时值为 110V，则该电压的瞬时值表达式为（　　）。
   A. $u=220\sin(314t+30°)$ B. $u=220\sin(314t-30°)$
   C. $u=110\sin(314t+30°)$ D. $u=110\sin(314t-30°)$

49. 汽车用正向二极管的引出端为（　　）。
   A. 正极   B. 负极
   C. 可能是正极，也可能是负极   D. 以上说法都不正确

50. 穿透电流（　　），管子的稳定性越好，工作越稳定。
   A. 越大   B. 越小   C. 不变   D. 等于零

51. 万用表黑表笔接基极，红表笔与另外两电极相接，若测得的电阻都很小，则为（　　）型晶体管。
   A. NPN   B. PNP   C. NNN   D. PPP

52. （　　）回路可使工作部件在运动过程中的某一位置上停留一段时间保持不动。
   A. 换向   B. 顺序   C. 锁紧   D. 减压

53. 普通集成电路是指每片上集成度少于（　　）个元器件的集成电路。
   A. 10   B. 20   C. 50   D. 100

54. 用万用表分别测量 b、e 极间和 b、c 极间 PN 结的正、反向电阻，如果测得的正、反向电阻相差较大，这说明晶体管（　　）。
   A. 良好   B. 已经断路   C. 已击穿   D. 以上答案都不对

55. 当穿过线圈的磁通量发生变化时，线圈就会产生感应电动势，其大小与（　　）成正比。
   A. 磁通量   B. 磁通量的变化量   C. 磁感应强度   D. 磁通量的变化率

56. 以下废物中，属于特种垃圾的是（　　）。
   A. 电线   B. 废钢铁   C. 离合器片   D. 废油机

57. 当两只电阻串联时，阻值为 10Ω，并联时阻值为 1.6Ω，则两只电阻阻值分别为（　　）。

A. 2Ω 和 8Ω B. 3Ω 和 7Ω C. 4Ω 和 6Ω D. 5Ω 和 5Ω

58. 下列叙述正确的是( )。
A. 功率越大的电器电流做的功越多
B. 加在电阻上的电压增大到原来的 2 倍,则它们消耗的功率增大到原来的 4 倍
C. 功率大的用电器一定比功率小的用电器消耗能量多
D. 大小不同的负载,消耗功率大者电流必定也大

59. 在均匀磁场中,通过某一平面的磁通量为最大时,这个平面就和磁感应线( )。
A. 平行 B. 垂直 C. 斜交 D. 任意位置

60. 电感量一定的线圈,如果产生的感应电动势大,则说明该线圈中通过的电流( )。
A. 数值大 B. 变化量大 C. 时间快 D. 变化率大

61. 汽车三相交流发电机的( )是用来产生磁场的。
A. 转子总成 B. 定子总成 C. 整流器 D. 电压调节器

62. NPN 型晶体管包含有( )个 PN 结。
A. 一 B. 两 C. 三 D. 四

63. 常用晶体管的电流放大系数一般在( )范围内。
A. 10~20 B. 20~200 C. 200~400 D. 400~600

64. 汽车上( )不编制线束。
A. 高压线 B. 导线 C. 发动机上的线 D. 仪表线束

65. 一电阻为 2Ω 的导体,通过它的电流是 4A,则在 1min 内电流做的功是( )J。
A. 8 B. 32 C. 480 D. 1920

66. 如图 3-43 所示,小磁针 N 极将( )。
A. 向外偏转 B. 向里偏转 C. 不偏转 D. 偏转方向不定

67. 如图 3-44 所示,已知电源电动势 $E=220V$,内阻 $r_0=10Ω$,负载电阻 $R=100Ω$,则电源的端电压为( )。
A. 100V B. 110V C. 200V D. 220V

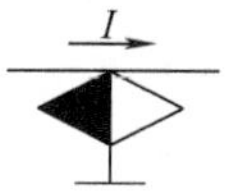

图 3-43 题 66 图 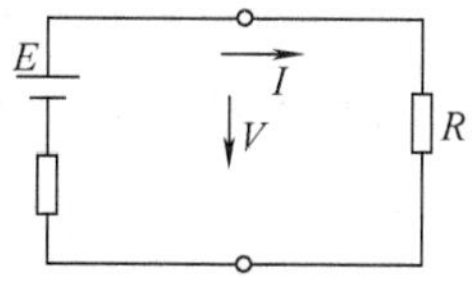　　图 3-44 题 67 图

68. 目前,我国的低压配电系统中,相电压的有效值为( )V。
A. 380 B. 220 C. 110 D. 55

69. 由基尔霍夫第二定律可知,当电阻的电流方向与回路和绕行方向相同,则电阻上的电压降取( )。
A. 正 B. 负 C. 零 D. 不能确定

70. 交流电的有效值是根据( )来确定的。
A. 电流 B. 电压 C. 最大值 D. 热效应

71. 不含电源的部分电路欧姆定律的表达式是( )。
A. $I=U/R$ B. $I=Ey/(R+r)$ C. $I=U^2/R$ D. $I=E^2/(R+r)$

72. 在一定的温度下,导体的电阻与导体的长度成(　　),与导体的截面面积成(　　)。
　　A. 反比　正比　　　B. 无关　反比　　　C. 正比　反比　　　D. 正比　无关
73. 下列式子中不能用来计算电功的是(　　)。
　　A. $W=UIt$　　　B. $W=I^2Rt$　　　C. $W=U^2t/R$　　　D. $W=UI$
74. 半导体二极管按(　　)可分为硅二极管和锗二极管两类。
　　A. 用途　　　B. 结构　　　C. 尺寸　　　D. 极片材料
75. 由基尔霍夫第一定律可知,对于任何节点,流入的净电流为(　　)。
　　A. 正数　　　B. 负数　　　C. 零　　　D. 不确定的数
76. 银的相对导磁率是(　　)。
　　A. <0　　　B. <1　　　C. >1　　　D. ∞
77. 导体电阻的大小与(　　)无关。
　　A. 导体的长度　　　B. 导体的横截面面积　　　C. 导体的材料　　　D. 导体两端电压
78. 由电阻器 R_1 和 R_2 组成的串联电路具有(　　)的特点。
　　A. $U_1=U_2$　　　B. $1/R_1+1/R_2=1/R$　　　C. $I=I_1+I_2$　　　D. $I_1=I_2$
79. 已知两个用电器分别为40W和20W的灯泡,所加的电压均为220V,则下列叙述不正确的是(　　)。
　　A. 40W的灯比20W的灯亮　　　B. 40W的灯比20W的灯电阻要小
　　C. 40W的灯要比20W的灯消耗的功率大　　　D. 40W的灯要比20W的灯消耗的功率小
80. 串联电路中,电路两端的总电压等于(　　)。
　　A. 任一分电阻两端的电压　　　B. 与分电阻无关
　　C. 各分电阻两端电压之和　　　D. 等于第二电阻两端的电压
81. 用右手螺旋法则来判断直流电的磁场方向,正确的说法是(　　)。
　　A. 大拇指的指向为磁场方向　　　B. 弯曲四指的指向为磁场方向
　　C. 与大拇指指向相反的方向为磁场方向　　　D. 与弯曲四指指向相反的方向为磁场方向

(五) 液压传动基本知识模拟试题

一、判断题(下列判断正确的在括号里打"√",错误的打"×")

1. (　)液压传动以油液为工作介质,依靠容积的变化传递运动。
2. (　)液压元件配合精度要求不高。
3. (　)液压传动的工作介质是油液。
4. (　)液压传动系统回油路中,节流调速回路的节流阀放在分支油路上。
5. (　)液压传动系统中的减压回路主要减主油路的压力。
6. (　)在液压传动过程中其工作容积必须密封但不能变化。
7. (　)常流式液压动力转向装置因泄漏大、消耗功率高,故目前应用较少。
8. (　)液压传动易实现精确的定比传动。
9. (　)汽车上采用的液压传动装置按工作原理分为动力式和容积式两种。

二、选择题(下列各题的4个选项中,只有1个是正确的,请将其代号填在括号内)

1. 动力式液压传动是借助于液压油的(　　)来传递能量和动力的。
　　A. 压力　　　B. 容积　　　C. 运动　　　D. 黏度
2. (　　)时,液压系统不能稳定工作。

A. 高温	B. 低温	C. 常温	D. 高温或低温

3. 液压油在管道中输送时压力信号反应与电信号相比( )。

A. 慢　　　　　　B. 快　　　　　　C. 相同　　　　　　D. 不同

4. ( )传动以油液作为工作介质，依靠油液内部的压力来传递动力。

A. 液压　　　　　B. 气压　　　　　C. 机械　　　　　D. 电力

5. 液压传动的工作介质是( )。

A. 油液　　　　　B. 水　　　　　　C. 酒精　　　　　D. 以上答案都不对

6. 汽车上的液压制动系统属于( )液压传动。

A. 动力式　　　　B. 容积式　　　　C. 压力式　　　　D. 体积式

7. 容积式液压传动属于( )液压传动。

A. 动力式　　　　　　　　　　　　B. 静力式

C. 组合式　　　　　　　　　　　　D. 动力式、静力式、组合式都不对

8. 液压传动系统中的下列节流调速回路中溢流阀在正常工作时不抬起的是( )。

A. 进油路节流调速　B. 回油路节流调速　C. 旁油路节流调速　D. 容积调速回路

9. 车用液压制动系统中控制制动蹄的液压元件是( )。

A. 制动总泵　　　B. 制动分泵　　　C. 制动踏板　　　D. 推杆

10. 在液压传动过程中，换向阀的"位"是根据( )来划分的。

A. 对外接通的油口数　　　　　　　B. 阀芯的控制方式

C. 阀芯的运动形式　　　　　　　　D. 阀芯在阀体内的工作位置

11. 汽车液压动力转向系统的原始动力来自( )。

A. 蓄电池　　　　B. 电动机　　　　C. 发动机　　　　D. 液压泵

12. 在液压传动的基本回路中，平衡阀是由( )组成的复合阀。

A. 减压阀和溢流阀　　　　　　　　B. 单向阀和溢流阀

C. 单向阀和顺序阀　　　　　　　　D. 节流阀和顺序阀

13. 液压传动可实现( )。

A. 精确的定比传动　B. 无级调速　　　C. 远距离传送　　D. 高效率传动

14. 下列选项为压力控制回路的是( )。

A. 调压回路　　　B. 调速回路　　　C. 换向回路　　　D. 同步回路

第四章

汽车维修专业基础

理论鉴定要素细目表

考核内容		考核要点	重要程度
汽车维修专业基础	汽车运行材料	汽车常用燃料	★★★
		汽车常用润滑油料	★★
		汽车工作液	★★
		汽车轮胎	★★★
	汽车维修机具的性能与使用	汽车举升器	★★★
		汽车拆装工具	★★
		汽车清洗设备	★★
		车轮平衡机	★★★
	汽车发动机构造	汽车基本知识概述	★
		汽车的主要技术参数	★★★
		汽车发动机结构	★★★
	汽车底盘构造	汽车传动系统	★★★
		汽车行驶系统	★★★
		汽车转向系统	★★★
		汽车制动系统	★★★
	汽车电器设备	汽车供电系统	★★
		汽车起动系统	★
		汽车点火系统	★★★
		汽车空调	★★★
		汽车辅助电器	★★
	新能源汽车技术	新能源汽车的类型	★★
		纯电动汽车的结构	★★
		混合动力汽车动力传递方式	★★★

第四章　汽车维修专业基础

(续)

考核内容		考核要点	重要程度
汽车维修专业基础	汽车电子控制装置	汽车电控燃油喷射系统(EFI)	★★★
		汽车自动变速器	★★
		汽车防抱死制动系统(ABS)	★
		汽车安全气囊系统(SRS)	★

鉴定要求分析

　　本章内容涉及汽车维修专业的基础知识，其主要内容包括汽车运行材料、汽车维修机具的性能与使用、汽车发动机构造、汽车底盘构造、汽车电器设备、新能源汽车技术和汽车电子控制装置七个部分。作为一名汽车维修工来说，掌握好这方面的知识对从事汽车维修工作至关重要，其中汽车发动机、底盘和电器设备构造应是重点复习的内容。本章在理论知识考试和实操技能考核中涉及的知识点较多，复习时应以技能操作和理论记忆相结合的方式进行。

 知识点阐述

第一节　汽车运行材料

　　汽车运行过程中使用的燃料、润滑油料、工作液和轮胎等统称为汽车运行材料。目前，汽车使用的燃料主要有汽油、柴油及一些新型的代用燃料，汽车润滑油料主要有发动机机油、齿轮油、自动变速器油(ATF)和润滑脂等，汽车用的工作液主要有制动液、冷却液和空调制冷剂等。

一、汽车常用燃料

1. 汽油

汽油是一种密度小、易于挥发的液体燃料，自燃点为415～530℃。

(1) 汽油的使用性能

1) 蒸发性。汽油的蒸发性是指汽油由液态转化为气态的性质，用馏程和饱和蒸气压作为其评定的指标。蒸发性不好，部分汽油以液态形式进入气缸，造成点火不良、破坏润滑和有害物质增加；蒸发性强，汽油容易汽化，与空气混合均匀，燃烧速度加快，并且燃烧完全，降低油耗，改善发动机的各种性能(排放性)，在炎热夏季或者高原山区使用时，容易产生"气阻"，会发生供油中断。

2) 抗爆性。抗爆性是指汽油燃烧时抗爆燃的能力，通常用辛烷值作为其评定指标。辛烷值越高，汽油的抗爆性越好。

3) 化学安定性。化学安定性是指汽油在储存、运输、加注和其他作业时,抵抗氧化生胶的能力。化学安定性差的汽油,在受到外界光和氧等作用时,就会发生氧化生成胶质,使汽油颜色变黄并产生黏稠沉淀。胶状物黏附在滤清器、汽油管道和喷油器喷口处,不仅会破坏汽油的正常供给,甚至中断供油;胶状物积聚在进气门密封面,会影响气门的正常启闭和进气通道的截面,如果在高温下进一步氧化,将导致气门上的胶质在高温下分解生成积炭,沉积在活塞顶、活塞环槽、燃烧室壁和火花塞上,使气缸散热不良,发动机过热,引起爆燃并加剧磨损。

4) 腐蚀性。汽油对储油容器和机件应无腐蚀。但汽油中所含的有害元素(如硫、活性或非活性硫化物、水溶性酸或碱等)超过一定限值时,就会对金属产生直接或间接的腐蚀作用。汽油中的硫在燃烧后生成二氧化硫,遇到冷凝水或水汽时会形成亚硫酸和硫酸,对工作温度较高的气缸和排气管具有强烈的腐蚀作用。另外,硫的质量分数过高还会降低汽油的辛烷值。因此,要严格控制汽油中硫的质量分数。

5) 清洁性。清洁性用汽油中含有机械杂质和水分的多少表示。

(2) 车用汽油的牌号　车用汽油牌号是以汽油的抗爆性(辛烷值)表示的。牌号越大,则辛烷值越高,抗爆性越好。我国汽油牌号有93号、95号和97号等。

(3) 车用汽油的选用及使用注意事项

1) 车用汽油牌号的选用。车用汽油牌号的选用首先应根据汽车使用说明书的要求来确定。在没有说明书时,可以参考发动机压缩比来选择汽油牌号。一般来说,压缩比高的发动机应选择高牌号的汽油,压缩比低的发动机应选择低牌号的汽油。在正常条件下,以汽油机运行不发生爆燃为原则来选择合适的牌号。目前我国汽车多选用93号或97号汽油。

2) 汽油使用注意事项。

① 严格按照车辆使用说明书上推荐的汽油标号选择汽油的牌号。同时一定要注意要求的辛烷值是研究法辛烷值(RON)还是马达法辛烷值(MON)。

② 尽量使用高标准的清洁汽油,以提高车辆的经济性和排放性。

③ 当换用其他汽油牌号时,发动机的点火提前角(若能人工调整)要做相应的调整。当由低牌号汽油换用高牌号汽油时,应适当提前点火提前角;而当由高牌号汽油换用低牌号汽油时,应适当推迟点火提前角。

④ 当汽车由平原驶入高原时,应换用低牌号汽油或适当推迟点火提前角,以免发动机发生过热,影响发动机的动力性;而汽车由高原驶入平原时,应换用高牌号汽油或适当提前点火提前角,以免发动机发生爆燃。

⑤ 尽量不将不同牌号或不同用途的汽油掺兑使用,严禁与其他燃料掺兑使用,以免影响发动机的正常使用。

⑥ 不要使用长期存放的变质汽油,因为其结胶严重和辛烷值下降,会影响发动机的正常使用。

⑦ 当燃油警告灯亮时,就要及时加油。因为燃油箱底部含有较多的水分和杂质,会影响发动机的正常工作,尤其对电喷汽油机影响较大,会缩短汽油泵和喷油器的使用寿命,也容易造成油路堵塞。

注意:汽油是易燃、易爆品,易产生静电,有一定的毒性,使用时要注意安全。在汽油存放点的附近禁用明火,不能用塑料桶存放汽油。

2. 柴油

柴油有轻柴油和重柴油之分，汽车柴油机属于高速柴油机，所用柴油为轻柴油。通常将轻柴油简称为柴油，柴油的特点是密度较大，易自燃。

（1）柴油的使用性能

1）低温流动性。指柴油在低温条件下具有一定流动状态的性能。我国常用冷滤点和凝点作为其评定的指标，我国柴油的牌号就是按凝点来区分的。

2）雾化和蒸发性。评定雾化及蒸发性的主要指标有馏程、运动黏度、闪点和密度等。

3）燃烧性。柴油的燃烧性是指其自燃能力，用十六烷值表示（燃料中正十六烷的体积百分数）。十六烷值越高，燃烧性越好，其自燃点就越低。

选择柴油十六烷值的主要依据是柴油机转速，转速越高，燃料在气缸中燃烧的时间越短，同时对十六烷值的要求也越高。柴油机转速在1500～3000r/min 范围，十六烷值范围最好是45～55。

4）腐蚀性。柴油中含有硫及硫化物、水分及酸性物质，既对零件产生腐蚀作用，又促进柴油机沉积物的生成。

5）清洁性和安定性。评定柴油清洁性的指标是水分、灰分和机械杂质。安定性是指在高温及溶解氧的作用下，柴油发生变质的倾向。

（2）柴油的牌号及规格　柴油按质量分为优级品、一级品和合格品三个等级，每个等级的柴油按凝点分为10号、5号、0号、-10号、-20号、-35号和-50号七个牌号，如10号表示凝点不高于10℃的柴油。

（3）柴油的选用及使用注意事项

1）柴油的选用。柴油牌号选用的依据是环境温度，应根据不同季节和不同的区域选用不同牌号的柴油。气温低的地区选用凝点低的柴油，气温高的地区则选用凝点高的柴油。一般情况下，为保证柴油机正常工作，应选用凝点较环境温度低5℃以上的柴油，各地风险率为10%的最低气温（表示最低气温低于该值的概率为10%）。

2）柴油的使用注意事项

① 不同牌号的柴油可掺兑使用，以降低柴油的凝点，季节转换时不需专门换油，如某地最低气温为0℃，不宜使用0号柴油，但使用-10号柴油又增加了成本，可按一定比例将0号和-10号柴油掺兑，使凝点降低。

② 不能在柴油中掺入汽油，因汽油自燃性差，会使汽车起动困难，甚至不能起动。

③ 柴油凝固后，不得使用明火加热升温，以免出现安全事故。

二、汽车常用润滑油料

1. 发动机机油

发动机机油具有润滑、冷却、清洁、防锈和密封五大作用。机油质量的好坏直接关系着发动机的使用寿命。

机油是由基础油与不同种类、起不同作用的添加剂配制而成的。不同的添加剂使得机油具有不同方面的性能，以满足发动机使用的要求。

（1）机油的主要使用性能

1）机油应具有合适的黏度和良好的"黏温特性"。当发动机机油黏度大时，其润滑性、密封性和缓冲性较好,但冷却洗涤效果较差,且影响发动机低温起动性,增加燃料的消耗量;当发动机机油的黏度小时,其结果恰好相反。机油黏度是随温度的变化而变化的,温度升高,黏度降低;温度降低,黏度增大。机油的这种性能被称为"黏温特性"。在发动机工作过程中机油所处的温度范围是很宽的,为使机油具有良好的润滑性能,要求机油具有良好的黏温特性。

2)机油的清净分散性。发动机机油的清净分散性通常是通过在机油中加入清净分散添加剂来提高的。它是一种具有表面活性的物质,能吸附油中的固体污染颗粒,并把它悬浮在油的表面,以保证参加循环的是清净的机油。

3)机油的抗泡性。起泡性是指机油生成泡沫的倾向及生成泡沫的稳定性能。由于发动机机油快速循环和飞溅,必然会产生泡沫。如果泡沫太多或泡沫不能迅速消除,将会造成摩擦表面供油不足,以致破坏正常的润滑。在机油中加泡沫添加剂,以提高抗泡性能。

4)机油的抗氧化性及耐蚀性。抗氧化性指机油抵抗大气(或氧气)的作用而保持其性质不发生永久变化的能力。机油在使用过程中,不可避免地被氧化而生成各种有机酸,在高温和高压有水分存在的条件下,将对金属起腐蚀作用。特别是高速柴油机使用的铜铅和锡铅轴承,其耐蚀性较差,在机油中即使有微量的酸性物质也会引起轴承严重腐蚀,使轴承表面出现斑点,甚至整块剥落。所以发动机机油特别是柴油机机油,对耐蚀性指标有严格要求。因此,汽油机用机油,不要使用到柴油机上。

5)机油的抗磨性。发动机配气机构中的凸轮挺杆副、凸轮摇臂副、气门杆导管副及活塞(环)缸筒副等,由于受润滑条件、机构形式的影响,存在着表面负荷大、滑移速度高、速度变化频率高与润滑困难的特点,因此,磨损和疲劳损伤比较严重。所以,发动机机油中必须加入抗磨剂,使之具有良好的抗磨性。

(2)机油的分类及牌号

1)机油的分类。汽车发动机机油按发动机的类型分为汽油机机油和柴油机机油两种,同时又按照机油的品质标准和黏度标准分为若干级别。

目前世界上通用的机油品质分类标准是美国石油学会的API标准,黏度标准是美国汽车工程师协会的SAE标准。

我国的国家标准也是参照美国标准制定的,符合国家标准的油品也就符合了国际标准。这两项指标在规范的机油油桶上都标注得很清楚。

① API分类标准(机油品质分类标准)。API分类实际上就是机油品质分级、分等。API将机油分为S(汽油机机油)和C(柴油机机油)两个系列。

汽油机机油品质从低到高分为SA、SB、SC、SD、SE、SF、SG、SH、SJ和SL等几个档次,目前SD级以下的机油在我国已基本淘汰。

柴油机机油品质从低到高分为CA、CB、CC、CD、CE、CF和CH等几个档次,目前CC级以下的柴油机机油在我国已基本淘汰。

② SAE分类标准(机油黏度分类标准)。SAE规定机油按黏度分为单级机油和多级机油两类。

单级机油包含0W、5W、10W、15W、20W、25W、20、30、40、50、60等若干黏度等级。其中字母"W"表示冬季,即该种机油适合于寒冷天气下使用(也称冬季机油);不含"W"字母的类别则适合于高温下使用(也称夏季机油),数字小的机油黏度比较低,数字较大的机油黏度比较高。

目前多级机油的使用比较广泛,因为多级机油在低温度下黏度足够低,使发动机起动更为容易,而且在高温时黏度也能保持稳定,能有效地保护发动机,避免磨损的发生,因此多级机油通常被称为"全天候"的机油。最常用的多级机油是10W/30和10W/40两种。

2) 机油的牌号。机油的牌号由机油的质量级别和黏度级别组成,以确定某种机油的质量性能和适用范围。汽油机机油牌号:单级油,SJ10W、SJ20;多级油,SJ10W/40。柴油机机油牌号:单级油,CF10W、CF20;多级油,CF10W/40。

(3) 机油的选用及其使用注意事项

1) 机油的选用。当选用机油时,通常从两个方面考虑:一是机油品质级别的选择,二是机油黏度级别的选择。

① 机油品质级别的选择。机油品质级别的选择主要考虑发动机的机型,不同机型发动机功率和活塞平均速度不同,所产生的气缸有效压力和发动机转速也不同。气缸有效压力越高,发动机转速越高,对机油的使用品质级别要求就越高。

② 机油黏度级别的选择。机油黏度主要依据环境温度的高低来选择。

2) 机油使用注意事项。

① 不能用专用的汽油机机油代替柴油机机油,以免加速柴油机的损坏。

② 机油黏度应尽可能小些。在保证发动机可靠润滑的前提下,机油黏度尽可能小些。高黏度的机油会使发动机运转时阻力增加,从而使燃料消耗量增加;黏度太低的机油,又可能使机油压力过低,机油膜强度不够,密封不严。严重磨损的发动机可选用黏度大的机油,所以要根据季节和车况正确选用机油。

③ 应尽量使用多级油。多级油的黏温性能好,在发动机中使用的时间长,节省燃料,而且四季通用,便于管理。当使用多级油时,油色容易变黑,机油压力也比普通机油小些,这些都是正常现象,不影响使用。

④ 应优先选用国产名牌机油。国产机油质优价廉(为进口机油的50%~60%),而且我国的大型炼油厂均能生产符合国际标准的高级机油,可以放心地使用。

⑤ 关于机油的混合使用。单级机油和多级机油不要混用,不同牌号机油必要时可临时混用,但不要长期混用。

不要将机床的机械油或其他非发动机用机油加在汽车发动机上使用,它们不含任何添加剂,会引起发动机的早期磨损或损坏。

⑥ 保持适当的油量。必须保持曲轴箱有足够的油量。油面过低,会引起机件烧坏并加速机油变质;油面过高,会从气缸活塞的间隙中窜进燃烧室,使燃烧室积炭增多。

⑦ 适时换油。按使用说明书规定的换油里程换油,日常保养时若发现机油变质应提早更换机油。越是高级的机油,更换的间隔就越长。

⑧ 换油须知。在更换机油时要放净旧机油,并清洗润滑系统;发动机在工作中应保持曲轴箱通风装置良好;当添加新油时,应注意不要让杂质和水分混入;换油时同时还应更换滤芯。

2. 汽车润滑脂

润滑脂实际上是一种稠化了的润滑油,是将稠化剂分散于液体润滑剂中所组成的一种稳定的固体或半固体产品。汽车润滑脂主要用于汽车轮毂轴承及底盘各活动关节处的润滑。

（1）润滑脂的使用性能要求　根据汽车用部位的工作条件，对其性能的基本要求是：适当的稠度，良好的高低温性能，以及抗磨性、抗水性、缓蚀性、防腐性和安定性。

1）稠度。稠度是指润滑脂的浓稠程度，可用锥入度表示。

2）良好的耐热性。润滑脂的温度对其流动性有很大影响，当温度上升，润滑脂变软，熔融时会从摩擦表面流失而失去润滑作用，因此润滑脂应具有很强的附着能力，要求在温度升高时也不易流失。

3）抗磨性。润滑脂抗磨性意义与机油一样。润滑脂的稠化剂本身就是油性剂，因此润滑脂的抗磨性一般比基础油要好。

4）抗水性。抗水性差的润滑脂，遇水后稠度下降，甚至乳化而流失。汽车在雨天和涉水行驶时，底盘各摩擦点可能与水接触，要求使用抗水性能良好的润滑脂。

（2）润滑脂的种类和规格　润滑脂的种类有钙基润滑脂、钠基润滑脂、钙钠基润滑脂、复合钙基润滑脂、通用锂基润滑脂、汽车通用锂基润滑脂、极压锂基润滑脂和石墨钙基润滑脂等。各种润滑脂的特性及使用范围见表4-1。

表 4-1　各种润滑脂的特性及使用范围

品种	特性	使用范围
钙基润滑脂	抗水性好，耐热性差，使用寿命短	最高使用温度范围为-10~60℃，适用于汽车轮毂轴承、底盘拉杆球节和水泵轴承等部位
钠基润滑脂	耐热性好，抗水性差，有较好的极压减摩性能	使用温度可达120℃，只适用于低速高负荷轴承，不能用在潮湿环境或水接触部位
钙钠基润滑脂	耐热性、抗水性介于钙基润滑脂和钠基润滑脂之间	使用温度不高于100℃，不宜于低温下使用，适用于不太潮湿条件下滚动轴承，如底盘和轮毂等处的轴承
复合钙基润滑脂	较好的机械安定性和胶体安定性，耐热性好	适用于较高温度及潮湿条件下润滑大负荷工作的部件，如汽车轮毂轴承等处的润滑，使用温度可达150℃左右
通用锂基润滑脂	具有良好的抗水性、机械安定性、缓蚀性和氧化安定性	适用于-20~120℃温度范围内各种机械设备的滚动和滑动轴承及其他摩擦部位的润滑，是一种长寿命通用润滑脂
汽车通用锂基润滑脂	良好的机械安定性、胶体安定性、缓蚀性、氧化安定性、抗水性	适用于-30~120℃温度范围内汽车轮毂轴承、水泵和发电机等各摩擦部位润滑，国产和进口车辆普遍推荐用此油脂
极压锂基润滑脂	有极高极压抗磨性	适用于-20~120℃高负荷机械设备的齿轮和轴承的润滑，部分国产和进口车辆推荐使用
石墨钙基润滑脂	具有良好的抗水性和抗碾压性能	适用于重负荷、低转速和粗糙的机械润滑，可用于汽车钢板弹簧和起重机齿轮转盘等承压部位

（3）润滑脂使用注意事项

1）推荐使用锂基润滑脂。锂基润滑脂为外观发亮的奶油状油膏，有良好的低温性、抗磨性、抗水性、耐蚀性和热氧化安定性，是目前最常用的一种多效能的润滑脂。

2）保持清洁。涂脂前零件要清洗干净，不同种类的润滑脂不能混用，新旧润滑脂不能混用，在换润滑脂时，一定要把废旧润滑脂清洗干净，才能加入新润滑脂。

3）用量适当。当更换轮毂轴承润滑脂时，只需要在轴承的滚珠（或滚柱）之间塞满润滑脂，而轮毂内腔采用"空毂润滑"，即在轮毂内腔薄薄地涂上一层润滑脂，起防锈作用即可。不应采用"满毂润滑",即把润滑脂装满轮毂内腔。这样既不科学,又很浪费,还可能会因轮毂过热而使润滑脂流到制动摩擦片表面,造成制动失灵,影响行车安全。

三、汽车工作液

1. 制动液

制动液主要用于液压制动系统和液压离合器操纵系统的能量传递。制动液的好坏,关系着行车安全。

(1)制动液的性能要求 汽车制动液是液压制动系统和液压式离合器操纵机构传递能量的工作介质,必须具有多种适应现代汽车的性能要求,以保证行驶安全。

1)应有较高的沸点。汽车在行驶中制动比较频繁,制动鼓(盘)的温度不断升高,如使用沸点较低的制动液,常会在管路中产生气阻而导致制动失灵,因此,制动液的蒸发性要低,不宜在高温下汽化。

2)适宜的高温黏度和良好的低温流动性。

3)具有抗氧化、耐蚀和防锈的性能。

4)吸湿性低、溶水性好、沸点下降少。即使有水分进入制动液,要求能形成微粒而和制动液均匀混合,不产生分离和沉淀现象。

5)对橡胶的适应性好。制动液对橡胶件不应有溶胀作用,否则会使其失去应有的密封作用,因此,制动液对橡胶件要有良好的适应性。

(2)制动液的分类、品种和牌号

1)国外制动液的规格标准。常用的进口制动液有 DOT3 和 DOT4 两种。DOT 是美国汽车安全标准规定的标准,其数字越大,级别越高。DOT3 和 DOT4 的不同之处主要在于沸点不同,DOT4 比 DOT3 更耐高温。制动液的性能指标见表 4-2。

表 4-2 制动液的性能指标

沸点 (平衡回流沸点)	工作情况	DOT3	DOT4
	干	205℃ 以上	230℃ 以上
	湿	140℃ 以上	155℃ 以上

DOT3 和 DOT4 是各国汽车所用最普遍的制动液。

2)国产制动液的品种、牌号和规格。国产制动液依据其平衡回流沸点,可分为 JG0、JG1、JG2、JG3、JG4 和 JG5 六个质量等级,序号越大平衡回流沸点越高,高温抗气阻性越好,行车制动安全性越高。

(3)制动液的选用及使用注意事项

1)制动液的选用。

① 优先选用进口名牌制动液。普通汽车可使用 DOT3 型号的制动液,比较高级的车辆可选用 DOT4 型号的制动液。

② 合理选用国产制动液。具体选择什么样的国产制动液,可参考汽车使用说明书的要求。

③ 福田汽车规定使用 V-3-QA/T670-2000 合成制动液。

2)制动液使用注意事项。

① 各种制动液绝对不能混用，否则会因分层而失去制动作用。

② 加注或更换制动液时要注意清洁，制动液需经过过滤，不允许细微杂质混入制动系统。

③ 存放制动液的容器应当密封，防止水分混入和吸收水汽使沸点降低；更换下来和装在未密封容器内的制动液不能继续使用。

④ 应定期更换制动液，由于醇醚类制动液有一定吸水性，因此在一般情况下，制动液使用1~2年后应进行更换，以防制动液吸湿后影响制动性能。更换制动液应在每年雨季过后进行。

⑤ 在山区下坡连续使用液压制动或在高温地区长期频繁制动时，制动蹄片温度可达350~400℃，制动液温度随之升高达150~170℃，已超过一般合成制动液的潮湿沸点，因此，要注意检查制动液温度，以防因制动系统气阻引发交通事故。

⑥ 防止矿物油混入使用醇型和合成型制动液的制动系统。使用矿物油制动液，制动系统应换用耐油橡胶件；使用醇型制动液前，应检查是否有沉淀，如有沉淀应过滤后使用。

2. 冷却液

现代发动机制作得越来越精良，发动机缸体和缸盖冷却水道越来越小，使用普通水容易产生水垢和锈蚀而堵塞冷却水道，使发动机不能正常工作。因此，冷却液不能仅看成是冬季使用的发动机冷却液，而应全年使用，这样既节省了冷却液，又保护了发动机。

(1) 冷却液的使用性能

1) 长效冷却液一般都有防冻、防锈、防沸腾和防水垢等性能。

① 防冻性。对降低水的冻结温度效果好。

② 缓蚀性。对金属的腐蚀要少。

③ 防沸腾。传热效果好，循环冷却液能在较高温度下不沸腾，以保证发动机正常运行。

④ 防水垢。防止水垢形成，有利于冷却系统正常导热，防止过热，利于发动机正常工作，延长工作寿命。

2) 低温黏度不能太大，化学安定性好，蒸发损失少，泡沫少，不损坏橡胶制品。

3) 提高热效率及节油。

(2) 冷却液的种类及牌号

1) 常用的冷却液由水与乙二醇、水与乙醇、水与甘油按一定的比例混合而成。目前常用的冷却液多数属乙二醇-水型。

2) 长效冷却液为乙二醇-水型，其中加有防腐剂和染料。乙二醇-水型长效冷却液具有防冻、防腐、防沸及防垢等性能，可四季通用，有-18℃、-35℃和-45℃等牌号。

3) 目前，我国市场上销售最多的是壳牌、美孚牌和TCC牌等冷却液。

(3) 冷却液使用注意事项

1) 根据气温选择冷却液。根据当地冬季最低气温选用冰点牌号的冷却液。冰点至少应低于最低气温5℃。如果是浓缩液应按产品说明书规定的比例加清水稀释。

2) 验证后再使用。当冷却液存放时间过长，或发现其有异常，如锈渣等沉淀物，应经过质量检验（放到冰箱里试验）后再确定能否使用。

3) 发动机温度的控制。优质冷却液冷却沸点高，使用时，温度比用水冷却时高10℃以上是正常的。这种情况有利于提高发动机热效率，节省燃料。不要人为地降低发动机温度。

4) 合理使用冷却液。冷却液使用期限较长，一般为 1~2 年(长效冷却液可达 2~3 年)。在加注新的冷却液前应将冷却液完全排放干净，用清水将冷却系统洗净，水垢和铁锈较为严重的，要将散热器认真洗涤干净。加注时不要过量，一般只能加到冷却系统总容量的 95%，以免升温膨胀后溢出。停车后不要立即打开散热器盖。

5) 防止污染。失效的冷却液可回收处理后利用，不要随意抛洒，防止污染水源和造成浪费。

6) 人体保护。冷却液(乙二醇型)有一定毒性，对人的皮肤和内脏有刺激作用，使用中严禁用嘴吸。手接触后要及时清洗，溅入眼内更应及时用清水冲洗处理。

汽车应全年使用冷却液，不要仅冬季使用，而到春季放出。福田汽车出厂时加注-35℃号冷却液。如果车辆在特别寒冷地区使用时应注意更换适合该地区的冷却液。

3. 空调制冷剂

在制冷系统中用于转换热量并且循环流动的物质称为制冷剂。

（1）空调制冷剂的种类　空调制冷系统中主要是采用卤代烃制冷剂，其中不含氢原子的称为氯氟烃(CFC)类制冷剂，主要包括 R11、R12、R113、R114、R115、R500 和 R502 等制冷剂；含氢原子的称为氢氯氟烃(HCFC)类制冷剂，主要包括 R22、R123、R133、R141b 和 R142b 等制冷剂；不含氯原子的称为氢氟烃(HFC)类制冷剂，主要包括 R134a、R125、R32、R407C、R410A 和 R152 等制冷剂。

（2）空调制冷剂对大气环境的影响　空调制冷剂对大气环境的破坏性很大，主要有两个方面：一是对大气臭氧层的破坏，二是产生使全球气候变暖的温室效应。在卤代烃中，随着氯原子数的增加，其对大气臭氧层的破坏就越严重，因此，CFC 类制冷剂对大气臭氧层的破坏最严重，HCFC 类制冷剂对臭氧层的破坏相对较小，HFC 类制冷剂不破坏臭氧层。制冷剂对臭氧层的破坏程度用臭氧层破坏能力系数(ODP)表示，制冷剂对温室效应的影响程度用温室效应值(GWP)表示。

（3）R12(CFC12)制冷剂　长期以来，汽车空调大多采用 R12 作为制冷剂，R12 学名为二氯二氟甲烷(CF_2Cl_2)，具有优异的综合性能，易于制造，原料来源丰富，价格低廉且可以回收重复使用，但其致命的缺陷是 ODP 值较高，达 1.0，对大气臭氧层有很强的破坏作用，GWP 值也较高，达 1.0，因此，该制冷剂已被禁用。从 1996 年起，汽车空调制冷剂开始使用 R134a，2000 年全部使用 R134a。

（4）R134a(HFC134a)制冷剂　R134a 制冷剂的分子式为 CH_2FCF_3，不含氯原子，ODP 值为 0，GWP 值仅为 0.29，且无明显毒性，因而在制冷空调尤其是汽车空调中得到广泛应用。

四、汽车轮胎

1. 汽车轮胎的作用

1) 支承汽车及货物的总质量。
2) 保证轮胎和路面的附着性，以提高汽车的牵引性、制动性和通过性。
3) 与汽车悬架一同减小汽车行驶中所受的冲击，并衰减由此而产生的振动。
4) 保证汽车有良好的乘坐舒适性和平顺性。

2. 轮胎的分类

1）按用途分为载货汽车轮胎（重型、中型、轻型）和轿车轮胎。

2）按轮胎胎体结构分为充气轮胎（汽车上使用的主要轮胎形式）和实心轮胎。

3）充气轮胎按组成结构分为有内胎轮胎和无内胎轮胎。

4）按帘布层帘线排列方向分为普通斜交轮胎（轮胎中心线与帘线排列成35°）和子午线轮胎（轮胎中心线与帘线排列成90°）。

5）按充气大小分为高压胎（0.5~0.7MPa）、低压胎（0.15~0.45MPa）和超低压胎（0.15MPa以下）。

3. 轮胎的结构组成

汽车上常用的轮胎是充气轮胎，分为有内胎和无内胎两种。有内胎的充气轮胎主要由外胎、内胎和垫带组成，如图4-1所示。

无内胎充气轮胎的外观上与普通轮胎相似，其轮胎主要由胎冠、胎肩、胎侧、胎圈、带束层、缓冲层和帘布层等部分组成，但胎圈外侧上有若干道同轴环形槽纹，在轮胎内空气压力作用下，槽纹能使胎圈紧贴在轮辋边缘上，使之与轮辋保证良好的气密性，无内胎的充气轮胎如图4-2所示。

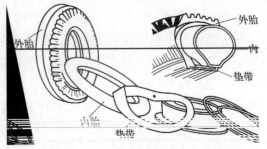

图4-1 有内胎充气轮胎的组成

4. 轮胎的尺寸及规格

（1）轮胎的尺寸 轮胎的尺寸如图4-3所示。

（2）轮胎的规格 轮胎规格常用一组数字和字母的组合表示，数字表示轮胎的断面宽度和轮辋直径等，均以 in 为单位。中间的字母或符号有特殊含义："×"表示高压胎，"R""Z"表示子午线轮胎，"-"表示低压胎。

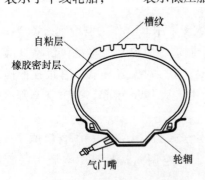

图4-2 无内胎的充气轮胎

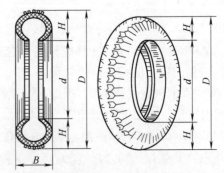

图4-3 轮胎的尺寸
B—轮胎的断面宽度　H—轮胎的断面高度
d—轮辋名义直径　D—轮胎外径

1）斜交轮胎规格。用 B-d 表示，B 为轮胎名义断面宽度，d 为轮辋名义直径，如9.00-20 表示轮胎断面宽度为9.00in（1in=25.4mm），轮辋名义直径为20in 的低压胎；9.00×20 表示轮胎断面宽度为9.00in，轮辋名义直径为20in 的高压胎。

2）子午线轮胎规格。用 BRd 表示，R 代表子午线轮胎。随着轮胎扁平化的发展，轮胎断面高度越来越小，一般用扁平率表示其高宽比。轮胎的规格中增加一项表示其所属的扁平率系列。目前国产轿车子午线轮胎有 80、75、70、65 和 60 五个系列，数字表示轮胎断面高度 H 是轮胎断面宽度 B 的 80%、75%、70%、65%、60%。显然，数字越小，轮胎越扁平，即轮胎越矮。

第二节 汽车维修机具的性能与使用

一、汽车举升器

为了改善劳动条件，增大空间作业范围，汽车举升器在汽车维修中使用日益广泛。

1. 汽车举升器的种类

汽车举升器按立柱数可分为单立柱式、双立柱式和四立柱式。按结构特点可分为电动机械举升器和电动液压举升器。

2. 汽车举升器的使用注意事项

1）车辆的总质量不能大于举升器的起升能力。

2）根据车型和停车位置的不同，尽量使汽车的重心与举升器的重心相接近；严防偏重，为了打开车门，汽车与立柱间应留有一定的距离。

3）转动、伸缩和调整举升臂至汽车底盘指定位置并接触牢靠。

4）汽车举高前，操作人员应检查汽车周围人员的动向，防止意外。

5）当汽车举升时，要在汽车离开地面较低位置进行反复升降，无异常现象方可举升至所需高度。

6）汽车举升后，应落槽于棘齿之上并立即进行锁紧。

二、汽车拆装工具

汽车常用的拆装工具包括各种扳手、螺钉旋具、钳子、锤子、活塞环拆装钳、气门弹簧拆装架、顶拔器、滑脂枪和千斤顶等。

1. 扳手

扳手用以紧固或拆卸带有棱边的螺母和螺栓，常用的扳手有呆扳手、梅花扳手、套筒扳手、活扳手和扭力扳手等。

(1) 呆扳手　呆扳手是最常见的一种扳手，旧称为开口扳手，如图 4-4 所示。其开口的中心平面和本体中心平面成 15°，这样既能适应人手的操作方向，又可降低对操作空间的要求。其规格是以两端开口的宽度 $S(mm)$ 来表示的，如 8-10、12-14 等；通常是成套装备，有八件一套、十件一套等；通常用 45、50 钢锻造，并经热处理。

(2) 梅花扳手　梅花扳手同呆扳手的用途相似，其两端是花环式的。其孔壁一般是 12 边形，可将螺栓和螺母头部套住，拧转力矩大，工作可靠，不易滑脱，携带方便，如图 4-5 所示。使用时，扳动 30°后，即可换位再套，因而适用于狭窄场合下操作。与呆扳手相比，梅花扳手强度高，使用时不易滑脱，但套上、取下不方便。其规格以闭口尺寸 $S(mm)$ 来表示，如 8-10、12-14 等；通常是成套装备，有八件一套、十件一套等；通常用 45 钢或 40Cr 锻造，并经热处理。

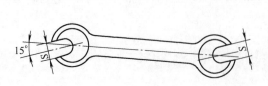

图 4-4　呆扳手

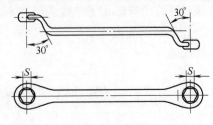

图 4-5　梅花扳手

（3）套筒扳手　套筒扳手的材料、环孔形状与梅花扳手相同，适用于拆装位置狭窄或需要一定力矩的螺栓或螺母，如图 4-6 所示。套筒扳手主要由套筒头、滑头手柄、棘轮手柄、快速摇柄、接头和接杆等组成，各种手柄适用于各种不同的场合，以操作方便或提高效率为原则，常用套筒扳手的规格是 10～32mm。在汽车维修中还采用了许多专用套筒扳手，如火花塞套筒、轮毂套筒和轮胎螺母套筒等，如图 4-7 和图 4-8 所示。

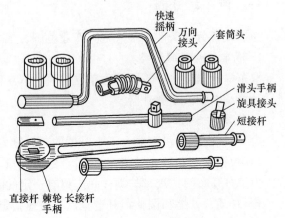

图 4-6　套筒扳手

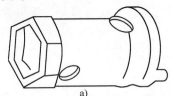
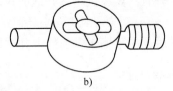

图 4-7　专用套筒扳手（一）
a）叉形凸缘及转向螺母套筒扳手　b）气门芯扳手

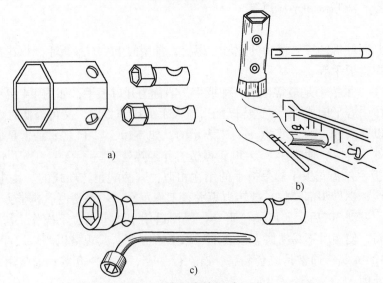

图 4-8　专用套筒扳手（二）
a）专用套筒扳手　b）轮胎螺栓套筒扳手　c）火花塞套筒扳手

（4）活扳手　活扳手的开口尺寸能在一定的范围内任意调整，使用场合与呆扳手相同，但活扳手操作起来不太灵活。如图4-9所示，其规格是以最大开口宽度（mm）来表示的，常用的有150mm和300mm等，通常是由碳素钢或铬合金钢制成的。

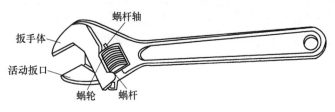

图4-9　活扳手

（5）扭力扳手　扭力扳手是一种可读出所施力矩大小的专用扳手，如图4-10所示。其规格是以最大可测力矩来划分的，常用的有294N·m和490N·m两种。扭力扳手除用来控制螺纹件旋紧力矩外，还可以用来测量旋转件的起动力矩，以检查配合和装配情况。

（6）内六角扳手　内六角扳手是用来拆装内六角螺栓（螺塞）用的，如图4-11所示。规格以六角形对边尺寸表示，尺寸范围为3~27mm，共13种，汽车维修作业中使用成套内六角扳手拆装M4~M30的内六角螺栓。

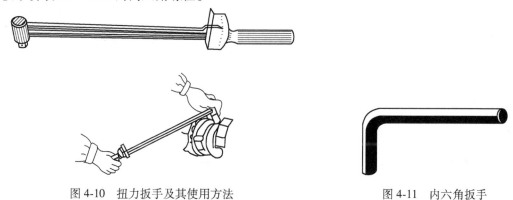

图4-10　扭力扳手及其使用方法　　　图4-11　内六角扳手

2. 螺钉旋具

螺钉旋具主要用于旋松或旋紧有槽螺钉。螺钉旋具（以下简称旋具）有很多类型，其区别主要是尖部形状，每种类型的旋具都按长度不同分为若干规格。常用的旋具是一字螺钉旋具和十字槽螺钉旋具。

（1）一字螺钉旋具　一字螺钉旋具用于旋紧或松开头部开一字槽的螺钉，如图4-12a所示。一般工作部分用碳素钢制成，并经淬火处理。其规格以刀体部分的长度表示，常

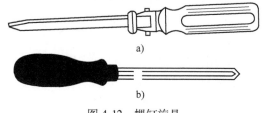

图4-12　螺钉旋具
a）一字螺钉旋具　b）十字槽螺钉旋具

用的规格有100mm、150mm、200mm和300mm等几种。使用时，应根据螺钉沟槽的宽度选用相应的规格。

（2）十字槽螺钉旋具　十字槽螺钉旋具用于旋紧或松开头部带十字沟槽的螺钉，材料和规格与一字螺钉旋具相同，如图4-12b所示。

3. 钳子

钳子多用来弯曲或安装小零件、剪断导线或螺栓等。钳子有很多类型和规格。

（1）鲤鱼钳和克丝钳　如图4-13所示，鲤鱼钳钳头的前部是平口细齿，适用于夹捏一

般小零件；中部凹口粗长，用于夹持圆柱形零件，也可以代替扳手旋小螺栓、小螺母；钳口后部的刃口可剪切金属丝。由于一片钳体上有两个互相贯通的孔，又有一个特殊的销子，所以操作时钳口的张开度可很方便地变化，以适应夹持不同大小的零件，是汽车维修作业中使用最多的钳子。其规格以钳长来表示，一般有165mm和200mm两种，用50钢制造。克丝钳的用途和鲤鱼钳相仿，但其支销相对于两片钳体是固定的，故使用时不如鲤鱼钳灵活，但剪断金属丝的效果比鲤鱼钳要好，规格有150mm、175mm和200mm三种。

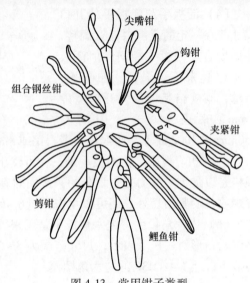

图 4-13　常用钳子类型

（2）尖嘴钳　如图 4-13 所示，因其头部细长，所以能在较小的空间内工作，带刃口的能剪切细小零件，使用时不能用力太大，否则钳口头部会变形或断裂。其规格以钳长来表示，常用 160mm 一种。

在汽车维修中，应根据作业内容选用适当类型和规格（按长度分）的钳子，不能用钳子拧紧或旋松螺纹连接件，以防止螺纹件被倒圆，也不可将钳子当作撬棒或锤子使用，以免钳子损坏。

4. 锤子

汽车维修中常用的锤子有木槌和橡胶锤。锤子通常用工具钢制成，规格按锤头质量划分。使用时应使锤头安装牢靠，手握锤柄末端，用锤头正面击打物体。木槌和橡胶锤主要用于击打零件加工表面，以保护零件不被损坏。

5. 活塞环拆装钳

活塞环拆装钳是一种专门用于拆装活塞环的工具，如图 4-14 所示。当维修发动机时，必须使用活塞环拆装钳拆装活塞环。

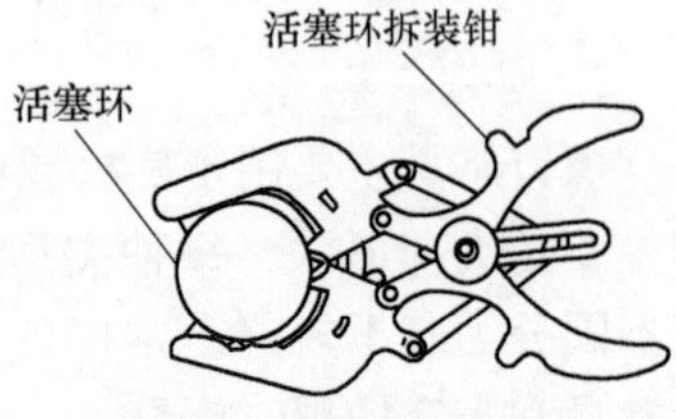

图 4-14　活塞环拆装钳

当使用活塞环拆装钳时，将活塞环拆装钳上的环卡卡住活塞环开口，握住手柄稍稍均匀地用力，使活塞环拆装钳手柄慢慢地收缩，环卡将活塞环徐徐地张开，使活塞环能从活塞环槽中取出或装入。

当使用活塞环拆装钳拆装活塞环时，用力必须均匀，避免用力过猛而导致活塞环折断，同时避免伤手事故。

6. 气门弹簧拆装架

气门弹簧拆装架是一种专门用于拆装顶置气门弹簧的工具，如图 4-15 所示。使用时，将气门弹簧拆装架托架抵住气门，压环对正气门弹簧座，然后压下手柄，使得气门弹簧被压缩。这时可取下气门弹簧锁销或锁片，慢慢地松抬手柄，即可取出气门弹簧座、气门弹簧和气门等。

7. 顶拔器

顶拔器是用于拆卸过盈配合安装在轴上的齿轮或轴承等零件的专用工具。常用的顶拔器为手动式，在一杆式弓形叉上装有压力螺杆和拉爪。使用时，在轴端与压力螺杆之间垫一垫板，用顶拔器的拉爪拉住齿轮或轴承，然后拧紧压力螺杆，即可从轴上拉下齿轮等过盈配合安装零件，如图 4-16 所示。

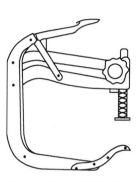

图 4-15　气门弹簧拆装架

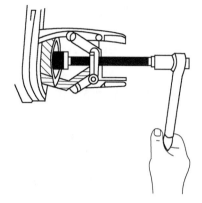

图 4-16　顶拔器

8. 滑脂枪

滑脂枪是一种专门用来加注润滑脂的工具，如图 4-17 所示。使用方法如下：

（1）填装润滑脂

1）拉出拉杆使柱塞后移，拧下滑脂枪缸筒前盖。

2）把干净润滑脂分成团状，徐徐装入缸筒内，且使润滑脂团之间尽量相互贴紧，便于缸筒内的空气排出。

3）装回前盖，推回拉杆，柱塞在弹簧作用下前移，使润滑脂处于压缩状态。

（2）注脂方法

1）把滑脂枪接头对正被润滑的滑脂嘴，直进直出，不能偏斜，以免影响润滑脂加注，减少润滑脂浪费。

图 4-17　滑脂枪

2）注脂时，如注不进脂，应立即停止，并查明堵塞的原因，排除后再进行注脂。

（3）当加注润滑脂时不进脂的主要原因

1）滑脂枪缸筒内无润滑脂或压力缸筒内的润滑脂间有空气。

2）滑脂枪压脂阀堵塞或注脂接头堵塞。

3）滑脂枪弹簧疲劳过软而造成弹力不足或弹簧折断而失效。

4）柱塞磨损过甚而导致漏脂。

5）油脂嘴被泥污堵塞而不能注入润滑脂。

9. 千斤顶

千斤顶是一种最常用、最简单的局部举升工具，按照其工作原理可分为机械丝杠式和液压式，如图 4-18 所示。按照所能顶起的质量可分为 3000kg、5000kg 和 9000kg 等多种不同规格。

（1）千斤顶的使用方法　目前广泛使用的是液压式千斤顶。现以液压式千斤顶为例，介绍其使用

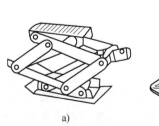

图 4-18　千斤顶

a）机械丝杠式　b）液压式

方法。

1) 起顶汽车前，应把千斤顶顶面擦拭干净，拧紧液压开关，把千斤顶放置在被顶部位的下部，并使千斤顶与被顶部位相互垂直，以防千斤顶滑出而造成事故。

2) 旋转顶面螺杆，改变千斤顶顶面与被顶部位的原始距离，使起顶高度符合汽车需要的顶置高度。

3) 用三角形垫木将汽车着地车轮前后塞住，防止汽车在起顶过程中发生滑溜事故。

4) 用手上下压动千斤顶手柄，被顶汽车逐渐升到一定高度，在车架下放入搁车凳，禁止用砖头等易碎物支垫汽车。落车时，应先检查车下是否有障碍物，并确保操作人员的安全。

5) 徐徐拧松液压开关，使汽车缓缓平稳地下降，架稳在搁车凳上。

(2) 千斤顶使用注意事项

1) 汽车在起顶或下降过程中，禁止在汽车下面进行作业。

2) 应徐徐拧松液压开关，使汽车缓慢下降，汽车下降速度不能过快，否则易发生事故。

3) 在松软路面上使用千斤顶起顶汽车时，应在千斤顶底座下加垫一块有较大面积且能承受压力的材料（如木板等），防止千斤顶由于汽车重压而下沉。千斤顶与汽车接触位置正确、牢固。

4) 千斤顶把汽车顶起后，当液压开关处于拧紧状态时，若发生自动下降故障，则应立即查找原因，及时排除故障后方可继续使用。

5) 如发现千斤顶缺油时，应及时补充规定油液，不能用其他油液或水代替。

6) 千斤顶不能用火烘热，以防皮碗和皮圈损坏。

7) 千斤顶必须垂直放置，以免因油液渗漏而失效。

三、汽车清洗设备

汽车清洗作业是汽车保修和汽车检测过程中必不可少的重要环节，它不仅关系到车辆及其总成的外观，而且会影响车辆的保修、检测质量、工时及成本。因此合理地选用清洗设备对保证清洗质量、提高清洗效率、降低汽车保修成本、减轻保修劳动强度和提高汽车运输服务质量等都具有十分重要的意义。

汽车清洗设备按用途不同可分为汽车外部清洗设备和汽车零件清洗设备。

1. 汽车外部清洗设备

汽车外部清洗设备主要用于汽车例行保养、保修和检测作业前的清洗，它能完成汽车车头、车身和底盘部分的清洗工作。

汽车外部清洗设备按其结构形式可分为固定式和可移动式两种。

(1) 固定式汽车外部清洗设备

1) 喷射冲洗式清洗台。固定喷水轮式清洗台的平面布置如图4-19所示。清洗台中间的地沟内固定安装了九个水平旋转喷轮，用于冲洗车辆及挂车底盘。在地沟两侧的固定架上安装了八个垂直旋转喷轮，其安装高度与汽车的轮毂高度相同，用来冲洗车辆的侧面。

当清洗车辆时，打开电源开关，电动机开始转动并带动水泵工作。打开控制阀门，高压水流由主车进水管和挂车进水管分别经垂直旋转喷轮和水平旋转喷轮喷出，可对主车和挂车进行冲洗。如果没有挂车，将挂车进水管的控制阀门关闭即可。

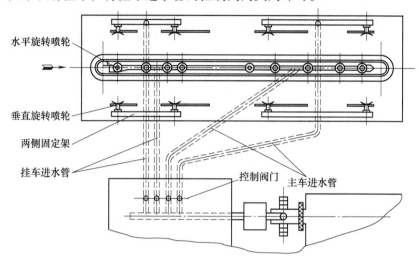

图 4-19　固定喷水轮式清洗台的平面布置

2）滚刷刷洗式清洗台。滚刷刷洗式清洗台主要用于清洗车辆外表形状规则的乘用车和客车。可清除车辆表面难以冲洗的灰尘微粒。

滚刷刷洗式清洗台通常由滚刷、驱动装置、门型喷管架、电动机泵组和注水池等组成。清洗的质量主要取决于滚刷的结构和布置方式。

（2）可移动式汽车外部清洗设备

1）高压喷水枪。高压喷水枪总成如图 4-20 所示，该清洗系统主要由电动机、柱塞泵总成和高压喷水枪总成组成。

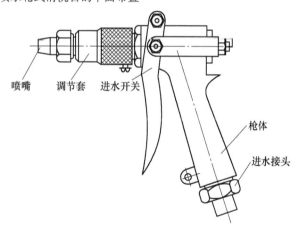

图 4-20　高压喷水枪总成

由电动机驱动的柱塞泵所产生的高压水流经高压软管进入喷水枪，水枪上设有开关式单向阀，扳动开关，高压水流即可经喷嘴喷出。转动调节套，可改变喷射水流的形状和射程。高压喷水枪主要用于冲洗汽车底盘和轮胎。

2）高压旋流喷刷器。高压旋流喷刷器总成如图 4-21 所示，主要用于清洗车身。

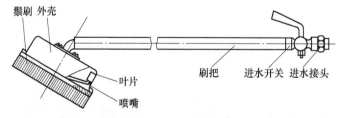

图 4-21　高压旋流喷刷器总成

高压旋流喷刷器的外壳固定。进入该外壳的高压水由两个喷嘴切向喷出，冲击喷刷器叶片产生旋转力矩，从而使喷刷器壳内的转子带动刷子进行旋转运动。刷把上设有进水开关，可以控制喷射水量。

可移动式清洗机既可清洗汽车底盘，又可刷洗车身的尘污，因而被广泛使用。

2. 汽车零件清洗设备

汽车彻底分解后，零件表面都免不了有油污、积炭、铁锈和水垢等，需进行清洗。汽车零件的清洗方法很多，不同类型的零件采用的清洗设备和选用的清洗溶液不同，如对于钢铁零件，应选用碱溶液的清洗设备进行清洗，使用碱溶液的清洗设备一般采用煮水池和清洗机两种。

（1）煮水池　煮水池又叫作碱水锅，是用钢板焊接而成的简单设备。碱液放于其中，用蒸汽或烧煤将其加热。清洗的大零件可以吊入其中，小零件装在网栅栏内放入，便于清洗后取出。加热目的是为了促使碱物质水解、加速乳化和增强碱溶液的清洗能力。油膜在高温溶液里黏度下降，易于被乳化破裂，高温还能加速溶液循环流动，形成强制式冲刷，加速除油能力。但是温度过高蒸发量加剧，溶液中碱浓度相对提高，使得腐蚀性逐渐增强，对清洗的金属零件是不利的。因此，加热温度一般控制在80℃左右，煮洗时间一般为15min。

（2）单室旋转盘式清洗机　单室旋转盘式清洗机是一种常用的清洗机，用于对分解后的零件进行清洗，其结构如图4-22所示。清洗的零件装进网栅栏内放在清洗室的转盘上，开动电动机6和13使旋转盘转动和碱水泵工作，使加热的碱溶液经喷管2和喷嘴3喷射到零件表面进行冲洗。清洗后的碱溶液经回收器19和回收管20流回到碱水箱10内进行循环使用。清洗结束之后，关闭电动机6，开动电动机24进行清水冲洗，冲掉零件表面上残留的油污和碱溶液。清洗后的清水经回收器19、回收管20流回到清水箱25内再进行循环使用。

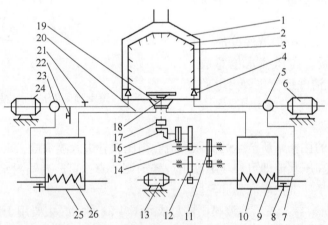

图4-22　单室旋转盘式清洗机的结构

1—清洗室　2—喷管　3—喷嘴　4—单向阀　5—碱水泵　6、13、24—电动机
7—输液管　8—去污阀　9、26—加热器　10—碱水箱　11、12—传动带传动　14—齿轮传动
15、17—联轴器　16—锥齿轮传动　18—旋转盘　19—回收器　20—回收管
21—阀门　22—换水阀　23—清水泵　25—清水箱

加热器9和26是分装在碱水箱10和清水箱25中的螺旋式蒸气管，通以蒸气对水箱中的碱溶液和清水进行加热。

（3）超声波清洗机　超声波清洗机是近年来应用较广泛的一种零件清洗设备。它的优点在于能快速清除零件表面上的各种污垢,能清洗具有难以接近的空腔和油道形状复杂的零件。而且,它能采用各种洗涤剂,在室温下或适当加热时就可以进行清洗,易于实现机械化和自动化操作。

超声波清洗的原理是由超声波发生器发出的高频振荡信号,通过换能器转换成高频机械振荡而传播到介质,清洗溶剂中超声波在清洗液中疏密相间的向前辐射,使液体流动而产生数以万计的微小气泡,存在于液体中的微小气泡(空化核)在声场的作用下振动,当声压达到一定值时,气泡迅速增长,然后突然闭合,在气泡闭合时产生冲击波,在其周围产生上千个大气压力,破坏不溶性污物而使它们分散于清洗液中,当团体粒子被油污裹着而黏附在清洗件表面时,油被乳化,固体粒子即脱离,从而达到清洗件表面净化的目的。

四、车轮平衡机

车轮平衡机用来检测并调校汽车车轮的动静平衡,保证车轮运转安全平稳。随着汽车行驶速度的不断提高,车轮不平衡越来越严重地影响着汽车行驶的平顺性、安全性和乘坐舒适性。如果车轮不平衡,在高速旋转时,会引起车轮的上下跳动和摆动,使车辆难以控制,同时还加剧轮胎和有关机件的非正常磨损和冲击。因此,车轮平衡度的检测和调校已成为汽车检测和维修的重要项目之一。

1. 车轮平衡的概念

车轮的平衡可分为车轮静平衡和车轮动平衡。

(1) 车轮静平衡与静不平衡 支起车轴,调整好轮毂轴承松紧度,用手轻轻转动车轮,使其自然停转。车轮停转后在离地最近处做一标记,然后重复上述试验多次。若车轮经几次转动自然停转后,所做标记的位置各不一样,或强迫停转后,消除外力车轮也不再转动,则车轮为静平衡。静平衡的车轮,其旋转中心与车轮中心重合。

如果每次试验的标记都停在离地最近处,则车轮为静不平衡。静不平衡的车轮,其旋转中心与车轮中心不重合。

(2) 车轮动平衡与动不平衡 在图 4-23a 中,车轮是静平衡的,在该车轮旋转轴线的径向反位置上,各有一作用半径相同质量也相同的不平衡点 m_1 与 m_2,且不处于同一平面内。对于这样的车轮,其不平衡点的离心力合力为零,但离心力的合力矩不为零,转动中产生方向反复变动的力偶 M,使车轮处于动不平衡中。动不平衡的前轮绕主销摆动。如果在 m_1 与 m_2 同一作用半径的相反方向上配置相同质量 m_1' 与 m_2',则车轮处于动平衡中,如图 4-23b 所示。动平衡的车轮肯定是静平衡的,因此对车轮主要应进行动不平衡检测。

2. 车轮平衡机及使用方法

(1) 车轮平衡机的类型 车轮平衡机也称为车轮平衡仪,用来检测车轮的平衡度。按功能可分为车轮静平衡机和车轮动平衡机两类,按测量方式可分为离车式车轮平衡机和就车式车轮平衡机两类,按车轮平衡机转轴的形式可分为软式车轮平衡机和硬式车轮平衡机两类。

当使用离车式车轮平衡机时,将车轮从车上拆下安装

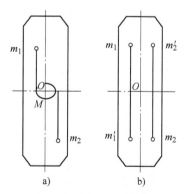

图 4-23 车轮平衡示意图
a) 车轮静平衡但动不平衡
b) 车轮动平衡且静平衡

到车轮平衡机的转轴上检测其平衡状况。

软式车轮平衡机安装车轮的转轴由弹性元件支承。当被测车轮不平衡时，该轴与其上的车轮一起振动，测得该振动即可获得车轮的不平衡量。硬式车轮平衡机的转轴由刚性元件支承，工作中转轴不产生振动，它是通过直接测量车轮旋转时不平衡点产生的离心力来确定不平衡量的。

凡是可以测定车轮左、右两侧的不平衡量及其相位的，可以称为二面测定式车轮平衡机。

就车式车轮平衡机既可进行静平衡试验，又可进行动平衡试验。

（2）离车式车轮平衡机的结构与使用方法

1）离车式车轮平衡机的结构。离车式车轮动平衡机如图4-24所示，其专用卡尺如图4-25所示。目前应用最多的是硬式二面测定车轮动平衡机。离车式车轮平衡机按动平衡原理工作，该动平衡机一般由驱动装置、转轴与支承装置、显示与控制装置、制动装置、机箱和车轮防护罩等组成。驱动装置一般由电动机和传动机构等组成，可驱动转轴旋转。转轴由两个滚动轴承支承，每个轴承均有一能将动反力变为电信号的传感器。转轴的外端通过锥体和大螺距螺母等固装被测车轮。驱动装置、转轴与支承装置等均装在机箱内。车轮防护罩可防止车轮旋转时其上的平衡块或花纹内夹杂物飞出伤人。制动装置可使车轮停转。

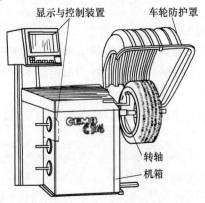

图4-24 离车式车轮动平衡机

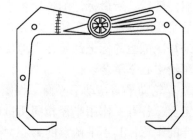

图4-25 离车式车轮动平衡机的专用卡尺

近年来生产的车轮动平衡机，其显示与控制装置多为微机式，具有自诊断和自动系统，能将传感器的电信号通过微机运算、分析和判断后显示出不平衡量及相位。为了使显示的不平衡量恰是轮辋边缘所加平衡块的质量，还必须将测得的轮辋直径 d、轮辋宽度 b 和轮辋边缘至平衡机机箱的距离 a（轮辋外悬尺寸），通过键盘或选择器旋钮输入微机。

2）离车式车轮平衡机的使用方法。

① 清除被测车轮上的泥土、石子和旧平衡块。

② 检查轮胎气压，视必要充至规定值。

③ 根据轮辋中心孔的大小选择锥体，仔细地装上车轮，用大螺距螺母拧紧。

④ 打开电源开关，检查指示与控制装置的面板是否指示正确。

⑤ 用卡尺测量轮辋宽度 b、轮辋直径 d（也可由胎侧读出），用平衡机上的标尺测量轮辋边缘至机箱距离 a，用键入或选择器旋钮对准测量值的方法，将 a、b、d 直接输入指示

与控制装置中。为了适应不同计量制式,平衡机上的所有标尺一般都同时标有英制和公制刻度。

⑥ 放下车轮防护罩,按下起动键,车轮旋转,平衡测试开始,微机自动采集数据。

⑦ 车轮自动停转或听到"嘀"声,按下停止键并操纵制动装置使车轮停转后,从指示装置读取车轮内、外不平衡量和不平衡位置。

⑧ 抬起车轮防护罩,用手慢慢转动车轮。当指示装置发出指示(音响、指示灯亮、制动、显示点阵或显示检测数据等)时停止转动。在轮辋的内侧或外侧的上部(时钟12点位置)加装指示装置显示的该侧平衡块质量。内、外侧要分别进行,平衡块装卡要牢固。

⑨ 安装平衡块后有可能产生新的不平衡,应重新进行平衡试验,直至不平衡量<5g,指示装置显示"00"或"OK"时才能满意。当不平衡量相差10g左右时,如能沿轮辋边缘左右移动平衡块一定角度,将可获得满意的效果。

(3) 就车式车轮平衡机的结构及使用方法

1) 就车式车轮平衡机的结构。使用就车式车轮平衡机无须从车上拆下车轮,就车即可测得车轮的平衡状况。就车式车轮动平衡机一般由驱动装置、测量装置、指示与控制装置、制动装置和小车等组成,如图4-26所示,图4-27所示为就车式车轮平衡机工作图。驱动装置由电动机和转轮等组成,能带动支离地面的车轮转动。测量装置由传感磁头、可调支杆、底盘和传感器等组成。它能将车轮不平衡量产生的振动变成电信号,送至指示与控制装置。指示与控制装置由频闪灯、不平衡度表或数字显示屏等组成。频闪灯用来指示车轮不平衡点位置,不平衡度表或数字显示屏用来指示车轮的不平衡量。不平衡量一般有两个档位。第一档用于初查时的指示,第二档用于装上平衡块后复查时指示。制动装置用于车轮停转。除测量装置外,车轮动平衡机的其余装置都装在小车上,可方便移动。

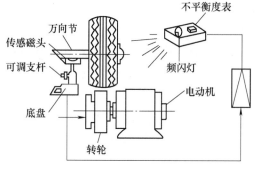

图4-26 就车式车轮动平衡机示意图

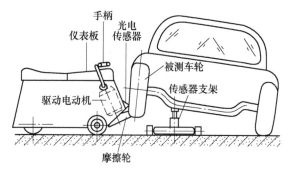

图4-27 就车式车轮平衡机工作图

2) 就车式车轮平衡机的使用方法。

① 准备工作。

a. 用千斤顶支起车轴,两边车轮离地间隙要相等。

b. 清除被测车轮上的泥土、石子和旧平衡块。

c. 检查轮胎气压,视必要充至规定值。

d. 检查轮毂轴承是否松旷,视必要调整至规定松紧度。

e. 在轮胎外侧面任意位置上用白粉笔或白胶布做上记号。

② 从动前轮静平衡。

a. 用三角形垫木塞紧非测试车轮，将就车式车轮动平衡机的测量装置推至被测前轮一端的前轴下，传感磁头吸附在悬架下或万向节下，调节可调支杆高度并锁紧。

b. 推平衡机至车轮侧面或前面（视车轮平衡机形式不同而异），检查频闪灯工作是否正常，检查转动的旋转方向能否使车轮的转动力与前进行驶时方向一致。

c. 操纵车轮动平衡机转轮与轮胎接触，起动驱动电动机带动车轮旋转至规定转速。

d. 观察频闪灯照射下的轮胎标记位置，并从指示装置（第一档）上读取不平衡量数值。

e. 操纵平衡机上的制动装置，使车轮停止转动。

f. 用手转动车轮，使其上的标记仍处在上述观察位置上，此时轮辋的最上部（时钟12点位置）即为加装平衡块的位置。

g. 按指示装置显示的不平衡量选择平衡块，牢固地装卡到轮辋边缘上。

h. 重新驱动车轮进行复查测试，指示装置用二档显示。若车轮平衡度不符合要求，应调整平衡块质量和位置，直至符合平衡要求。

③ 从动前轮动平衡。

a. 将传感磁头吸附在经过擦拭的制动底板边缘平整之处。

b. 操纵平衡机转轮驱动车轮旋转至规定转速，观察轮胎标记位置，读取不平衡量数值，停转车轮找平衡块加装位置，加装平衡块和复查等，方法与静平衡相同。

④ 驱动轮平衡。

a. 顶起驱动车轮。

b. 用发动机、传动系统驱动车轮，加速至 50~70km/h 的某一转速下稳定运转。

c. 测试结束后，用汽车制动器使车轮停转。

d. 其他方法与从动轮动、静平衡测试相同。

3）注意事项。

① 离车式车轮动平衡机的主轴固定装置和就车式车轮动平衡机的支架上都装有精密的位移传感器和易碎裂的压电晶体传感器，因此严禁冲击和敲打主轴或传感器支架。

② 在检修车轮动平衡机时，传感器的固定螺栓不得松动。因为这一螺栓不是一般的紧固件，需要由它向传感晶体提供必要的预紧力。当这一预紧力发生变化时，电算过程将完全失准。

③ 车轮动平衡机的平衡重也称为配重，通常有卡夹式和粘贴式两种类型。卡夹式适用于轮辋有卷边的车轮。对于铝镁合金轮辋，因无卷边可夹，可使用粘贴式配重。粘贴式配重的外弯面有不干胶，粘贴于轮辋内各面。

④ 必须明确，车轮动平衡机的机械系统和电算电路都是针对正常车轮使用条件下平衡失准或轻微受损但仍能使用的车轮而设计的，对因交通事故而严重变形的轮辋或胎面大面积剥离的车轮是不能上机进行平衡检测的。一方面不平衡量过大的车轮旋转时的离心力可能损伤车轮动平衡机的传感系统，另一方面超值的不平衡力可能溢出电算范围而使仪器自动拒绝工作。

⑤ 当不平衡量超过最大配重时，可用两个以上配重并列使用，但这时要注意因多个配重占用较大的扇面会使其有效质量低于实际质量。

⑥ 一般情况下，离车式车轮动平衡机或就车式车轮动平衡机都是分别各自使用的。但

对高速行驶的汽车车轮而言，如果用离车式车轮动平衡机平衡后再装在车上行驶时，仍会出现不平衡现象。因此，使用离车式车轮动平衡机平衡车轮后，最好能再用就车式车轮动平衡机进行校对。

第三节 汽车发动机构造

一、汽车基本知识概述

1. 国产汽车的分类

根据GB/T 3730.1—2001《汽车和挂车类型的术语和定义》规定，汽车分为乘用车和商用车两大类。

乘用车主要用于载运乘客及其随身行李和/或临时物品，包括驾驶人座位在内最多不超过九个座位。它也可以牵引一辆挂车。

商用车用于运送人员和货物，并且可以牵引挂车。

乘用车和商用车的分类情况见表4-3。

表4-3 乘用车和商用车的分类情况

分类		说明					图例
		车身	车顶	座位数	车门数	车窗数	
乘用车	轿车	普通乘用车	封闭	硬顶	≥4	2 4		
		活顶乘用车	可开启	硬顶 软顶	≥4	2 4	≥4	
		高级乘用车	封闭	硬顶	≥4	4 6	≥6	
		小型乘用车	封闭	硬顶	≥2	2	≥2	
		敞篷车	可开启	软顶 硬顶	≥2	2 4	≥2	
		仓背乘用车	封闭	硬顶	≥4	2 4	≥2	车身后部有一仓门
		旅行车	封闭	硬顶	≥4	2 4	≥4	
	多用途乘用车		座位数超过7个，多用途					
	短头乘用车		短头					
	越野乘用车		可在非道路上行驶					
	专用乘用车		专门用途（救护车、旅居车、防弹车、殡仪车）					

（续）

分类			说明					图例
			车身	车顶	座位数	车门数	车窗数	
商用车	客车	小型客车	载客，≤16座（除驾驶人座）					
		城市客车	城市用公共汽车					
		长途客车	长途客车					
		旅游客车	旅游客车					
		铰接客车	由两节刚性车厢铰接组成的客车					
		无轨电车	经架线由电力驱动的客车					
		越野客车	可在非道路上行驶的客车					
		专用客车	专门用途的客车					
	半挂牵引车		牵引半挂车的商用车					
	普通载货汽车		敞开或封闭的载货汽车					
	多用途载货汽车		驾驶座后可载3人以上的载货汽车					
	全挂牵引车		牵引杆式挂车的载货汽车					
	越野货车		可在非道路上行驶					
	专用作业车		特殊工作的载货汽车（消防车、救险车、垃圾车、应急车、街道清扫车、扫雪车、清洁车等）					
	专用载货汽车		运输特殊物品的载货汽车（罐式车、乘用车、运输车、集装箱运输车等）					

我国汽车行业及许多企业仍沿用旧标准 GB/T 3730.1—1988 的规定进行分类。轿车根据发动机排量 $V(L)$ 分级，见表4-4；客车根据车长 $L(m)$ 分级，见表4-5；载货汽车根据汽车总质量 $m(t)$ 分级，见表4-6。

表 4-4　轿车的分类

类型	微型	普通型	中级	中高级	高级
发动机排量/L	≤1.0	>1.0~1.6	>1.6~2.5	>2.5~4.0	>4.0

表 4-5　客车的分类

类型	微型	轻型	中型	大型	特大型
长度/m	≤3.5	>3.5~7	>7~10	>10~12	>12(铰链式) 10~12(双层)

表 4-6　载货汽车的分类

类型	微型	轻型	中型	重型
总质量/t	≤1.8	>1.8~6	>6~14	>14

2. 国产汽车产品的型号

1988 年我国颁布了《汽车产品编号规则》(GB/T 9417—1988)，该标准已经在 2001 年作废，且无替代标准。由于汽车型号使用周期很长，其标示内容简便易懂，为多个行业所采纳和引用，因此现在汽车企业和产品大多数仍按照原国家标准的规定编制型号。

(1) 汽车产品型号的构成　汽车的产品型号由企业名称代码、车辆类别代码、主参数代码和产品序号组成，必要时附加企业自定代码，如图 4-28 所示。

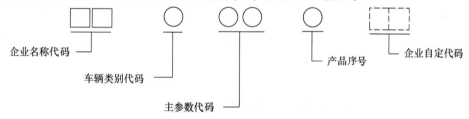

图 4-28　汽车产品型号的构成

注：□—用汉语拼音字母表示　○—用阿拉伯数字表示
　　▫—用汉语拼音字母表示或阿拉伯数字均可

为了避免与数字混淆，不应采用汉语拼音字母中的"I"和"O"。对于专用汽车及专用半挂车还应增加专用汽车分类代码，如图 4-29 所示。

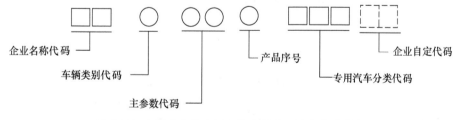

图 4-29　专用汽车及专用半挂车的专用汽车分类代码

(2) 基本内容

1) 企业名称代码。企业名称代码位于产品型号的第一部分，用代表企业名称的两个或三个汉语拼音字母表示。

2）车辆类别代码。各类汽车的类别代码位于产品型号的第二部分，用一位阿拉伯数字表示，见表4-7。

表4-7 各类汽车类别代码

车辆种类	载货汽车	越野汽车	自卸汽车	牵引汽车	专用汽车	客车	轿车
车辆类别代码	1	2	3	4	5	6	7

3）主参数代码。各类汽车的主参数代码位于产品型号的第三部分，用两位阿拉伯数字表示。

① 载货汽车、越野汽车、自卸汽车、牵引汽车、专用汽车与半挂车的主参数代码为车辆的总质量(t)。牵引汽车的总质量包括牵引座上的最大总质量。当总质量在100t以上时，允许用三位数字表示。

② 客车及客车半挂车的主参数代码为车辆长度(m)。当车辆长度小于10m时，应精确到小数点后一位，并以长度(m)值的十倍数值表示。

③ 轿车的主参数代码为发动机排量(L)。应精确到小数点后一位，并以其值的十倍数值表示。

④ 主参数的数值修约按《数值修约规则》的规定。当主参数不足规定位数时，在参数前以"0"占位。

4）产品序号。各类汽车的产品序号位于产品型号的第四部分，用阿拉伯数字表示，数字由0，1，2…依次使用。当车辆主参数有变化，大于10%时，应改变主参数代码，若因为数值修约而主参数代码不变时，则应改变其产品序号。

5）专用汽车分类代码。专用汽车分类代码位于产品型号的第五部分，用反映车辆结构和用途特征的三个汉语拼音表示。专用汽车结构特征代码按表4-8的规定，用途特征代码另行规定。

表4-8 专用汽车结构特征代码

结构类型	厢式汽车	罐式汽车	专用自卸汽车	特种结构汽车	起重举升汽车	仓栅式汽车
结构特征代码	X	G	Z	T	J	C

6）企业自定代码。企业自定代码位于产品型号的最后部分，同一种汽车结构略有变化而需要区别时，如：汽油、柴油发动机，长、短轴距，单、双排驾驶室，平、凸头驾驶室，左、右置转向盘等，可用汉语拼音字母和阿拉伯数字表示，位数也由企业自定。供用户选装的零部件(如暖风装置、收音机、地毯、绞盘等)不属结构特征变化，应不给予企业自定代码。

(3) 汽车产品型号示例

1）EQ1141。EQ代表生产企业名称为中国第二汽车制造厂，第一个1代表汽车类型为载货汽车，后面的14代表主参数为总质量14t，最后的1代表生产序号为1。

2）XMQ6122。XMQ代表厦门金龙旅行车制造有限公司，6代表汽车类型为客车，12代表主参数为车长12m，2代表生产序号为2。

3. 汽车的总体构造

汽车通常由发动机、底盘、车身和电器设备四部分组成。

(1) 发动机　发动机的作用是使输进气缸的燃料燃烧而发出动力。现代汽车广泛应用往复活塞式内燃机，它一般由机体、曲柄连杆机构、配气机构、燃油供给系统、冷却系统、润滑系统、点火系统(汽油发动机采用)和起动系统等部分组成。

(2) 底盘　底盘接受发动机的动力，使汽车产生运动，并保证汽车按照驾驶人的操纵正常行驶。底盘由下列部分组成：

1) 传动系统。将发动机的动力传给车轮。传动系统包括离合器、变速器、传动轴、主减速器及差速器、传动轴(半轴)等部分。

2) 行驶系统。使汽车各总成及部件安装在适当的位置，对全车起支承作用，通过与路面间的附着作用，缓和不平路面对车身造成的冲击和振动。它包括支承全车的承载式车身及副车架、前悬架、前轮、后悬架和后轮等部分。

3) 转向系统。使汽车按驾驶人选定的方向行驶。它由带转向盘的转向器及转向传动装置组成，有的汽车还有转向助力装置。

4) 制动系统。使汽车减速或停车，并可保证驾驶人离去后汽车可靠地停驻。它包括前轮制动器、后轮制动器以及控制装置、传动装置和供能装置。

(3) 车身　车身是驾驶人的工作场所，也是装载乘客和货物的地方。它包括车前板制件(俗称车头)和车身本体，还包括载货汽车的驾驶室和货箱以及某些汽车上的专用作业设备。

(4) 电器设备　电器设备包括电源组、发动机起动系统和点火系统、汽车照明和信号装置、仪表、导航系统、电视、音响、电话、微处理器、中央计算机及各种人工智能的操控装置等。

为满足不同的使用要求，汽车的总体构造和布置形式可以各不相同。按发动机和各个总成的相对位置不同，现代汽车的布置形式通常有以下五种，如图4-30所示：

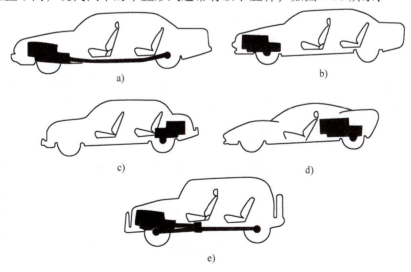

图4-30　现代汽车的五种布置形式
a) FR　b) FF　c) RR　d) MR　e) AWD

1) 发动机前置后轮驱动(FR)。是传统的布置形式。大多数载货汽车、部分轿车和部分客车采用这种形式。

2）发动机前置前轮驱动（FF）。是在轿车上盛行的布置形式，具有结构紧凑、减小轿车质量、降低地板高度和改善高速行驶时的操纵稳定性等优点。

3）发动机后置后轮驱动（RR）。是目前大、中型客车盛行的布置形式，具有降低室内噪声、有利于车身内部布置等优点。少数轿车也采用这种形式。

4）发动机中置后轮驱动（MR）。是目前大多数跑车及方程式赛车所采用的形式。由于汽车采用功率和尺寸很大的发动机，将发动机布置在驾驶人座椅之后和后轴之前有利于获得最佳轴荷分配和提高汽车的性能。此外，某些大、中型客车也采用这种布置形式，把配备的卧式发动机装在地板下面。

5）全轮驱动（AWD）。是越野汽车特有的形式，通常发动机前置，在变速器后面装有分动器，以便将动力分别输送到全部车轮上。

二、汽车的主要技术参数

1. 尺寸参数

汽车的主要尺寸参数如图 4-31 所示。

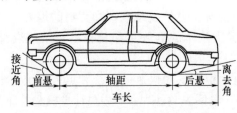

图 4-31 汽车的主要尺寸参数

1）车长。汽车长度方向（纵向）两极端点间的距离（mm）。

2）车宽。汽车宽度方向（横向）两极端点间的距离（mm）。

3）车高。汽车最高点至地面的距离（mm）。

4）轴距。汽车前轴中心至后轴中心的距离（mm）。如果是三轴汽车，则为前轴中心至后轴与中轴中心之间的距离。

5）轮距。同一车桥左右轮胎中心间的距离（mm）。如果后轴为双轮胎，则为同一车桥一端两轮胎的中心至另一端两轮胎中心间的距离。

6）前悬。汽车最前端至前轴中心的距离（mm）。

7）后悬。汽车最后端至后轴中心的距离（mm）。

8）接近角。通过汽车最前端最低点所做的前轮切线与地平面所成的交角（°）。

9）离去角。通过汽车最后端最低点所做的后轮切线与地平面所成的交角（°）。

10）最小离地间隙。汽车满载时，除轮胎外的汽车最低点与地面间的距离（mm）。

11）汽车转弯半径。由转向中心到外转向轮中心的距离 R（mm），如图 4-32 所示。

最小转弯半径 R_{min} 与外转向轮的最大偏转角 α_{max} 关系为

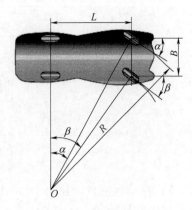

图 4-32 汽车转弯示意图

$$R_{\min} = \frac{L}{\sin\alpha_{\max}}$$

2. 质量参数

(1) 自身质量　汽车的自身质量，即空载质量，包括所有的机件、备胎、随车工具、备品配件并加满油、水的质量，有时也叫作汽车的整备质量，一般用符号 G_0 表示。

(2) 载质量和载客量　汽车的载质量是指在良好路面上行驶时，汽车所允许的额定载质量。当汽车在碎石路面行驶时，载质量有所减少，约为良好路面上的75%~80%。越野汽车的载质量是指越野行驶或土路上行驶时的载质量。

轿车和客车的载客量，以座位数来表示。微型轿车一般为2~4座，轻型轿车为4座，中型轿车为4~5座，大型和高级轿车为5~7座。无站立乘客的客车，其载客量就是其座位数(包括设立的边座座位数)。城市公共汽车的载客量包括座位数和站立人数，城市、城郊公共汽车按每平方米站10人计算。

(3) 汽车的总质量 G_a　汽车的总质量是装备齐全，并按规定装满客、货(包括驾驶人)时的质量，即

$$G_a = G_0 + G_p + G_L$$

式中　G_0——汽车自身质量(kg)；

　　　G_p——乘客和驾驶人的质量(kg)，每人按65kg(或70kg)计算；

　　　G_L——载货质量(kg)，轿车、客车为乘员携带的行李质量，对中型以上轿车每人可携带5kg，轻型或微型轿车每人可携带10kg的行李。

三、汽车发动机结构

1. 发动机的基本组成

汽油发动机由曲轴连杆机构、配气机构、起动系统、燃料供给系统、点火系统、冷却系统及润滑系统组成，柴油发动机无点火系统。

2. 发动机的基本术语

如图4-33所示，活塞位于气缸中，活塞可在气缸内做往复直线运动，活塞通过连杆和曲轴相连，曲轴可绕其轴线旋转。

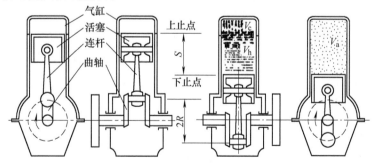

图4-33　发动机的基本术语

1) 上止点。活塞离曲轴回转中心最远处，通常指活塞上行到最高位置。

2) 下止点。活塞离曲轴回转中心最近处，通常指活塞下行到最低位置。

3) 活塞行程。上、下两止点间的距离。

4) 曲柄半径。与连杆下端(即连杆大头)相连的曲柄销中心到曲轴回转中心距离。显然,曲轴每转一转,活塞移动两个行程。

5) 气缸工作容积(V_h)。活塞从上止点到下止点所让出的空间容积。

6) 发动机排量。发动机所有气缸工作容积之和。

7) 燃烧室容积(V_c)。当活塞在上止点时,活塞上方的空间叫作燃烧室,它的容积叫作燃烧室容积。

8) 气缸总容积(V_a)。当活塞在下止点时,活塞上方的容积称为气缸总容积。它等于气缸工作容积与燃烧室容积之和。

9) 压缩比。气缸总容积与燃烧室容积的比值。压缩比表示活塞由下止点运动到上止点时,气缸内气体被压缩的程度。压缩比越大,压缩终了时气缸内的气体压力和温度就越高。一般车用汽油机的压缩比为6~10,柴油机的压缩比为15~22。

10) 发动机的工作循环。在气缸内进行的每一次将燃料燃烧的热能转化为机械能的一系列连续过程(进气、压缩、做功和排气)称为发动机的工作循环。

11) 二冲程发动机。活塞往复两个行程完成一个工作循环的称为二冲程发动机。

12) 四冲程发动机。活塞往复四个行程完成一个工作循环的称为四冲程发动机。

3. 四冲程发动机的工作过程

往复活塞式内燃机所用的燃料主要是汽油和柴油。由于汽油和柴油的不同性质,因而在发动机的工作过程和结构上有差异。

(1) 四冲程汽油机工作过程　汽油机是将空气与汽油以一定的比例混合成良好的混合气,在吸气行程混合气被吸入气缸,经压缩点火而产生热能,高温高压的气体作用在活塞的顶部,推动活塞进行往复直线运动,通过连杆和曲轴飞轮机构对外输出机械能。四冲程汽油机在进气行程、压缩行程、做功行程和排气行程内完成一个工作循环。

1) 进气行程。活塞在曲轴的带动下由上止点移至下止点。此时排气门关闭,进气门开启。在活塞移动过程中,气缸容积逐渐增大,气缸内形成一定的真空度。空气和汽油的混合物通过进气门被吸入气缸,并在气缸内进一步混合形成可燃混合气。

2) 压缩行程。进气行程结束后,曲轴继续带动活塞由下止点移至上止点。这时,进、排气门均关闭。随着活塞移动,气缸容积不断减小,气缸内的混合气被压缩,其压力和温度同时升高。

3) 做功行程。当压缩行程结束时,安装在气缸盖上的火花塞产生电火花,将气缸内的可燃混合气点燃,火焰迅速传遍整个燃烧室,同时放出大量的热能。燃烧气体的体积急剧膨胀,压力和温度迅速升高。在气体压力的作用下,活塞由上止点移至下止点,并通过连杆推动曲轴旋转做功。这时,进、排气门仍旧关闭。

4) 排气行程。排气行程开始,排气门开启,进气门仍然关闭,曲轴通过连杆带动活塞由下止点移至上止点,此时膨胀过后的燃烧气体(或称为废气)在其自身剩余压力和在活塞的推动下,经排气门排出气缸之外。当活塞到达上止点时,排气行程结束,排气门关闭。

(2) 四冲程柴油机工作过程　四冲程柴油机的工作循环同样包括进气、压缩、做功和排气四个过程,在各个活塞行程中,进、排气门的开闭和曲柄连杆机构的运动与汽油机完全相同。只是由于柴油和汽油的使用性能不同,使柴油机和汽油机在混合气形成方法及着火方式上有着根本的差别。

1) 进气行程。在柴油机进气行程中，被吸入气缸的只是纯净的空气。
2) 压缩行程。因为柴油机的压缩比大，所以压缩行程终了时气体压力高。
3) 做功行程。在压缩行程结束时，喷油泵将柴油泵入喷油器，并通过喷油器喷入燃烧室。因为喷油压力很高，喷孔直径很小，所以喷出的柴油呈细雾状。细微的油滴在炽热的空气中迅速蒸发汽化，并借助于空气的运动，迅速与空气混合形成可燃混合气。由于气缸内的温度远高于柴油的自燃点，因此柴油随即自行着火燃烧。燃烧气体的压力、温度迅速升高，体积急剧膨胀。在气体压力的作用下，活塞推动连杆，连杆推动曲轴旋转做功。
4) 排气行程。排气行程开始，排气门开启，进气门仍然关闭，燃烧后的废气排出气缸。

4. 曲柄连杆机构

（1）功用。曲柄连杆机构的功用是将燃料燃烧时产生的热能转变为活塞往复运动的机械能，再通过连杆将活塞的往复运动变为曲轴的旋转运动而对外输出动力。

（2）组成。曲柄连杆机构由机体组、活塞连杆组和曲轴飞轮组三部分组成。

1) 机体组。机体组主要包括气缸体、曲轴箱、油底壳、气缸套、气缸盖和气缸垫等不动件，如图4-34所示。

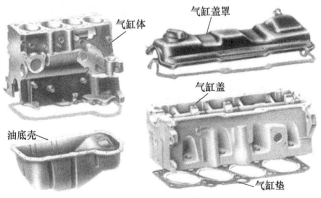

图4-34 机体组

气缸体是气缸的壳体，曲轴箱是支承曲轴进行旋转运动的壳体，二者组成了发动机的机体。其结构形式有整体式和分体式两种。

2) 活塞连杆组。活塞连杆组由活塞、活塞环、活塞销和连杆等主要零件组成，如图4-35所示。

活塞的功用是与气缸壁等共同组成燃烧室，承受气体压力，并将此力通过活塞销传给连杆，以推动曲轴旋转。

活塞环可分为气环和油环两大类。

气环也叫作压缩环，用来密封活塞与气缸壁的间隙，防止气缸内的气体窜入油底壳，以及将活塞头部的热量传给气缸壁，再由冷却液或空气带走。另外还起到刮油和泵油的辅助作用。

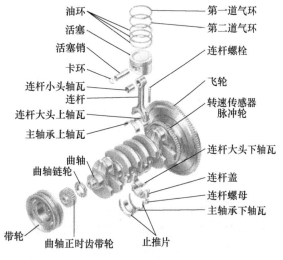

图4-35 活塞连杆组

一般发动机的每个活塞装有 2~3 道气环。

油环用来刮气缸壁上多余的机油,并在气缸壁上涂一层均匀的机油膜,这样可以防止机油窜入燃烧室燃烧,又可以减小活塞、活塞环与气缸的磨损和摩擦阻力。此外,油环也起到密封的辅助作用。通常发动机有 1~2 道油环。

连杆的功用是将活塞承受的力传给曲轴,把活塞的往复运动变为曲轴的旋转运动。

3) 曲轴飞轮组。曲轴飞轮组主要由曲轴、飞轮、扭转减振器、带轮和正时齿轮(或链轮)等组成,如图 4-36 所示。

曲轴是发动机中最重要的机件之一。其功用主要是把活塞连杆组传来的气体压力转变为转矩对外输出;另外,还用来驱动发动机的配气机构及其他各种辅助装置,如发电机、风扇、水泵、转向油泵和平衡轴机构等。

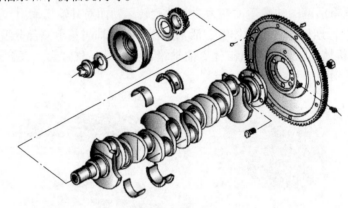

图 4-36 曲轴飞轮组

减振器的功用就是吸收曲轴扭转振动的能量,消减扭转振动。

飞轮的主要功用是储存做功行程的能量,用以在其他行程中克服阻力完成发动机的工作循环,使曲轴的转动角速度和输出转矩尽可能均匀,并改善发动机克服短暂超负荷的能力。同时将发动机的动力传给离合器。

5. 配气机构

(1) 功用 配气机构的功用是按照发动机各缸工作过程的需要,定时地开启和关闭进、排气门,使新鲜可燃混合气(汽油机)或空气(柴油机)得以及时进入气缸,废气得以及时排出气缸。

(2) 组成 以顶置式配气机构为例,配气机构由气门组和气门传动组两部分组成,其结构如图 4-37 所示。

1) 气门组。由气门、气门导管、气门弹簧、气门弹簧座及气门锁片等组成。

2) 气门传动组。由挺柱、推杆、摇臂轴及支座、摇臂、调整螺钉、凸轮轴及正时齿轮等组成。

6. 汽油机燃料供给系统

在发动机工作时,大量的空气和燃料顺畅地冲进了气缸中,在这一过程中,燃料供给装置的作用是控制供给发动机的空气量和汽油量。现代汽车的汽油供给装置主要采用汽油喷射方式,老式汽车使用化油器方式。

(1) 化油器式燃料供给系统 化油器式汽油供给系统包括汽油箱、汽油滤清器、汽油泵和供油管等，如图 4-38 所示。

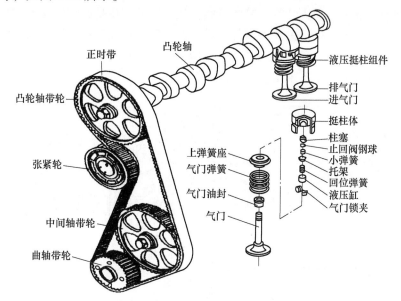

图 4-37　顶置凸轮轴四缸发动机的配气机构

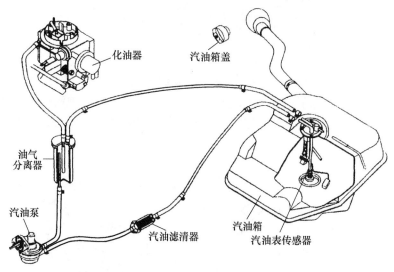

图 4-38　化油器式汽油供给系统的分布

1）汽油箱。油箱上的加油口以便用于加油，汽油箱的功能是储存汽油。

2）汽油滤清器。汽油滤清器的作用主要是滤除汽油中的固体杂质。

3）供油管。供油管是指从汽油滤清器到化油器的连接管，其功能是把汽油箱中的汽油输送给化油器。

4）汽油泵。汽油泵的作用是把汽油箱中的汽油吸出来。化油器式汽车不使用电动汽油泵，而使用机械泵。

5）汽油油位传感器。在驾驶室的仪表板上有一个汽油表，汽油油位传感器能反映汽油箱里的汽油量，并把这一信息传输给汽油表。

6）化油器。化油器把空气和汽油混合供给发动机。

进气装置的作用是尽可能通畅地吸进空气，以便供汽油燃烧时使用。进气装置主要包括两个装置，即空气滤清器和进气管。其中，空气滤清器的作用是滤清空气中的粒状杂质。进气管除了为空气或混合气提供进气通路外，还有使空气和汽油进一步混合的作用。

（2）汽油喷射式燃料供给系统　电控汽油喷射式燃料供给系统由燃油供给系统、进气系统和电子控制系统三个子系统组成，如图4-39所示。

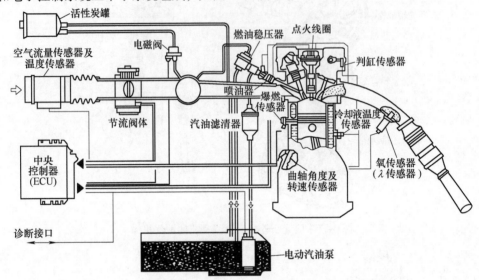

图4-39　电控汽油喷射式燃料供给系统的组成

1）燃油供给系统。燃油供给系统的功用是向发动机提供各种工况下所需的燃油量。它由汽油箱、电动汽油泵、汽油滤清器、燃油分配管、燃油压力调节器、喷油器和油管等组成，如图4-40所示。燃油压力调节器将油管路的油压控制在一定值的范围内（250~300kPa）。

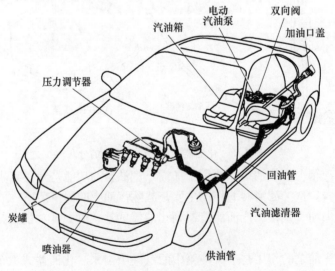

图4-40　燃油供给系统

2）进气系统。进气系统由空气滤清器、空气流量传感器、节气门体、进气总管和进气歧管等组成（图4-41），其作用是测量和控制进入发动机的进气量，控制发动机的输出功率。

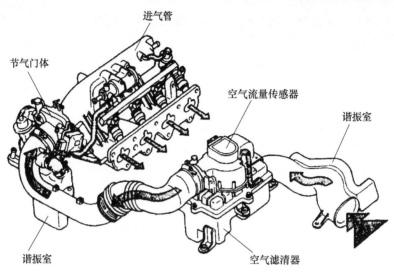

图 4-41 进气系统

3）电子控制系统。电子控制系统由各种传感器、ECU 和执行器三部分组成（图 4-42），其功用是根据发动机运行状况和车辆运行情况确定汽油最佳喷射量。传感器的作用是检测发动机运行状态并转化为电信号输送给 ECU。检测发动机工况的传感器有进气流量传感器、进气温度传感器、节气门位置传感器、冷却液温度传感器、发动机曲轴位置传感器、车速传感器、氧传感器和爆燃传感器等。ECU 是发动机控制系统的核心部件，它接收各种传感器传来的信号后，经计算、比较和确认最佳喷油量及喷油时间，同时还可以实现其他方面的控制，如点火控制、怠速控制、废气再循环控制和自动变速器控制等。执行器是控制系统的执行机构，其功用是接收 ECU 的指令，完成具体的控制动作，如喷油、点火、怠速控制、故障自诊断和故障备用系统起动等。

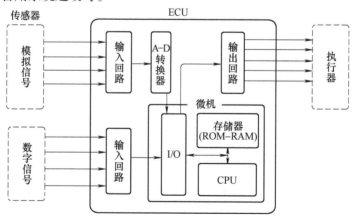

图 4-42 电子控制系统的基本构成

7. 柴油机燃料供给系统

（1）柴油机燃料供给系统的功用　柴油机燃料供给系统的功用是完成燃料的储存、滤清和输送工作，按柴油机各种不同工况的要求，定时、定量、定压并以一定的喷油质量喷入燃烧室，使其与空气迅速而良好地混合和燃烧，最后使废气排入大气。

1）在适当的时刻将一定数量的洁净柴油增压后，以适当的规律喷入燃烧室。喷油定时和喷油量各缸相同且与柴油机运行工况相适应。喷油压力、喷油雾化质量及其在燃烧室内的分布与燃烧室类型相适应。

2) 在每一个工作循环内，各气缸均喷油一次，喷油次序与气缸工作顺序一致。

3) 根据柴油机负荷的变化自动调节循环供油量，以保证柴油机稳定运转，尤其要稳定怠速，限制超速。

4) 储存一定数量的柴油，保证汽车的最大续驶里程。

(2) 柴油机燃料供给系统的组成　柴油机燃料供给系统由柴油供给装置、空气供给装置、混合气形成装置和废气排出装置四个部分组成，其组成部件如图4-43所示。

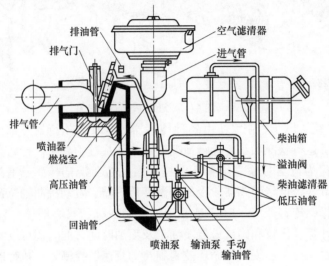

图4-43　柴油机燃料供给系统的组成

1) 柴油供给装置主要由柴油箱、输油泵、柴油滤清器、喷油泵和喷油器等零部件组成，其作用是完成燃料的储存、滤清和输送工作。

2) 空气供给装置主要由空气滤清器和进气管道组成。

3) 柴油机混合气形成的装置是燃烧室。

4) 废气排出装置主要由排气管道和消声器组成。

8. 冷却系统

(1) 冷却系统的功用　当发动机工作时，由于燃料的燃烧，气缸内气体温度高达1927~2527℃，使发动机零部件温度升高，特别是直接与高温气体接触的零件，若不及时冷却，则难以保证发动机正常工作。

冷却系统的功用就是保持发动机在最适宜的温度(80~90℃)范围内工作。

(2) 冷却系统的组成　目前汽车发动机均采用强制循环式水冷却系统，它主要由冷却风扇、水泵、水套、散热器、百叶窗、水管、冷却液温度表和冷却液温度传感器等组成，各零部件布置如图4-44所示。

1) 冷却风扇旋转送风，辅助散热器进行热交换。

2) 散热器又叫作水箱，其作用是利用冷风冷却被加热的冷却液。散热器的芯管常用扁形直管，周围制有散热片，芯管有竖置和横置两种方式。

3) 散热器盖具有较高的密封性。其作用是使冷却系统保持一定的压力，提高冷却液的沸点。

4）节温器是控制流经散热器的冷却液量，从而使冷却液保持适当的温度。

5）水泵的作用是使冷却液循环。

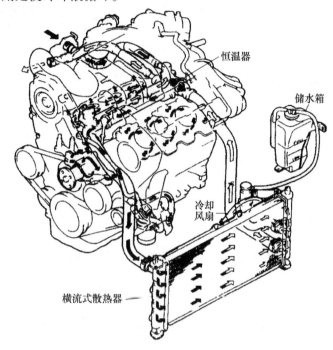

图 4-44　冷却系统的零件分布

9. 润滑系统

（1）润滑系统的功用　在发动机运转时，必须向各润滑部位提供润滑油进行润滑。润滑系统的作用就是不断地使润滑油循环，从而润滑发动机的各个部位，使发动机的各个零件都能发挥出最大的性能。归纳起来如下：

1）润滑作用。是将零件间的直接摩擦变为间接摩擦，减少零件磨损和功率损耗。

2）密封作用。是利用润滑油的黏性，提高零件的密封效果，如活塞与气缸套之间保持一层油膜，增强了活塞的密封作用。

3）散热作用。是通过润滑油的循环，将零件摩擦时产生的热量带走。

4）清洗作用。是利用润滑油的循环，将零件相互摩擦时产生的金属屑带走。

5）防锈作用。是将零件表面附上一层润滑油膜，可以防止零件表面被氧化锈蚀。

根据发动机类型和润滑部位不同，其润滑方式也不同。

（2）润滑系统的组成　润滑系统主要由油底壳、机油泵、滤清装置、限压阀、压力表、机油尺、油道和油管等组成，如图 4-45 所示。

当发动机工作时，机油泵将润滑油从油底壳吸入，并压送到机油滤清器，经机油滤清器后的润滑油流入主油道，然后分别流入各曲轴轴承、凸轮轴轴承和连杆轴承等处，最后又重新回到油底壳。

由于轿车发动机转速高、功率大，凸轮轴多为顶置，机油泵一般由中间轴驱动，配气机构多采用液力挺柱，在主轴道与机油泵之间多用单级全流式滤清器，以简化滤清系统。集滤器为固定淹没式，避免机油泵吸入表面泡沫，保证润滑系统工作可靠。

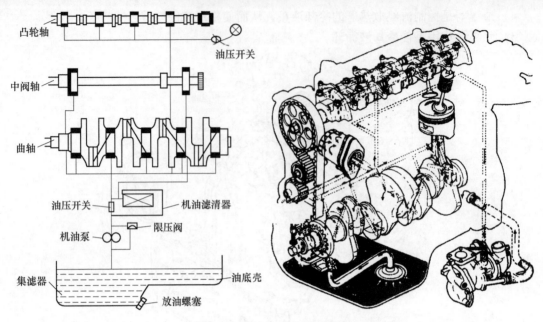

图 4-45 轿车汽油机润滑油路

第四节 汽车底盘构造

汽车底盘一般由传动系统、行驶系统、转向系统和制动系统四大部分组成。

一、汽车传动系统

汽车传动系统主要由离合器、变速器、万向传动装置及安装在驱动桥中的主减速器、差速器和半轴组成,如图 4-46 所示。汽车传动系统的主要作用是将发动机的动力传给驱动轮。

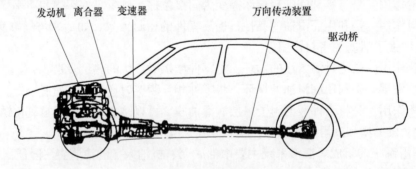

图 4-46 传动系统的组成

1. 离合器

(1) 离合器的功用

1) 平顺接合动力,保证汽车平稳起步。

2) 临时切断动力,保证换档时工作平顺。

3) 防止传动系统过载。

(2) 离合器的组成　汽车普遍采用摩擦式离合器,摩擦式离合器按压紧弹簧的结构形式分为螺旋弹簧离合器和膜片弹簧离合器。离合器主要由主动部分、从动部分、压紧部分和操纵部分组成，如图4-47所示。

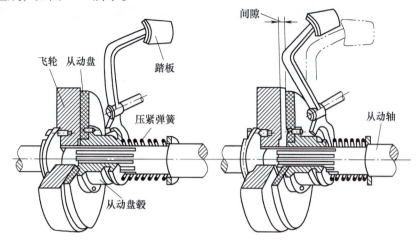

图4-47 离合器的构造

1) 主动部分由装在曲轴上的飞轮和压盘组成。
2) 从动部分是双面带摩擦衬片的从动盘。
3) 压紧部分由压紧弹簧和离合器盖组成。
4) 操纵部分包括离合器踏板、分离叉、分离杠杆、分离轴承和分离套筒。一般有机械式和液力式两种离合器操纵方式。

2. 变速器

（1）变速器的功用

1) 改变传动比，从而改变传递给驱动轮的转矩和转速。
2) 实现倒车。
3) 利用空档中断动力的传递。

（2）变速器的组成　汽车变速器由变速传动机构和变速操纵机构两部分组成。手动变速器主要由输入轴、输出轴、变速齿轮、换档操纵机构和同步器等组成，如图4-48所示。

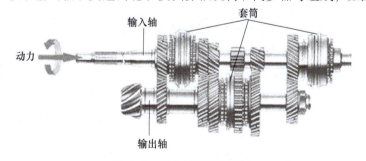

图4-48 手动变速器的组成

1) 输入轴。通过离合器，输入轴和曲轴连接在一起。输入轴的作用是输入动力，输入轴又叫作第一轴。
2) 输出轴。输出轴直接和汽车的驱动轴或传动轴连接。输出轴的作用是输出动力，输出轴又叫作第二轴。

3）变速齿轮。变速齿轮分别装在变速器的输入轴及输出轴或中间轴上。通过变换齿轮的传动比，使输出轴获得所需要的转速和转矩。

4）换档操纵机构。换档操纵机构的作用是改变啮合齿轮的组合，实现变速操作的目的。为使换档可靠，汽车变速器还有防止自动挂档及自动脱档的自锁装置；有防止同时挂入两个档位的互锁装置和防止误挂入倒档的倒档锁装置。

5）同步器。同步器的作用是使待啮合的一对齿轮轮齿的圆周速度相等。

变速器的结构复杂，加工精度高。在各种产品中，很少有像变速器这样的装置，每个零件加工要求都很高。

变速器的操纵机构有直接操纵式和远距离操纵式两种。一般前置后轮驱动汽车采用直接操纵式，而前置前驱汽车常采用远距离操纵式。

3．万向传动装置

（1）作用　万向传动装置连接两根轴线不重合，而且相对位置经常发生变化的轴，并能可靠地传递动力。万向传动装置的布置如图4-49所示。

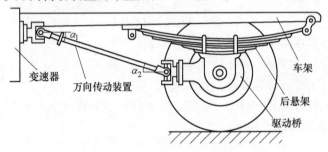

图4-49　万向传动装置的布置

（2）组成　万向传动装置主要由万向节和传动轴组成，有的装有中间支承。

前轮驱动轿车的万向传动装置由球笼式等速万向节和传动轴组成，载货汽车的万向传动装置一般由十字轴刚性万向节和传动轴组成。

（3）类型

1）不等速万向节。如十字轴式万向节，其特性是主动轴与从动轴的转速不相等，并且允许两轴的最大交角为15°～20°。

2）准等速万向节。如三销轴式万向节和双联式万向节。

3）等速万向节。如球叉式万向节和球笼式万向节，其特性是主动轴和从动轴的转速相等。

4．主减速器

（1）作用　主减速器的功用是降速增矩，以保证汽车在良好的路面上有足够的驱动力和适当的车速。此外，对于纵置发动机还具有改变转矩旋转方向的作用。

（2）结构组成　目前，轿车、轻型载货汽车和中型载货汽车等均采用单级主减速器，桑塔纳轿车的单级主减速器如图4-50所

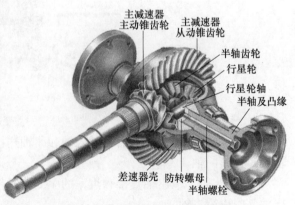

图4-50　桑塔纳轿车的单级主减速器

示,由一对锥齿轮组合而成;汽车双级主减速器的第一级一般由一对锥齿轮组成,第二级由一对圆柱斜齿轮组成,解放 CA1091 型汽车双级主减速器如图 4-51 所示。

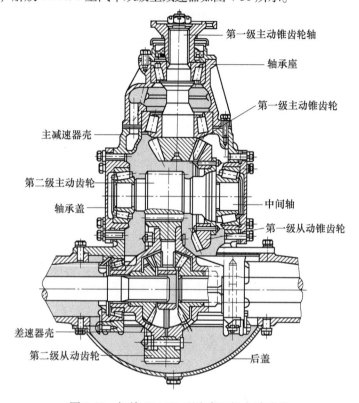

图 4-51　解放 CA1091 型汽车双级主减速器

5. 差速器

(1) 作用　当汽车转弯时,由于内、外轮转弯半径不同,使左右驱动轮的转速不相等。差速器的作用就是避免轮胎打滑,使汽车圆滑地转弯。

(2) 组成　差速器主要由四个(或两个)行星轮、行星轮轴、两个半轴齿轮和差速器壳等组成,如图 4-52 所示。

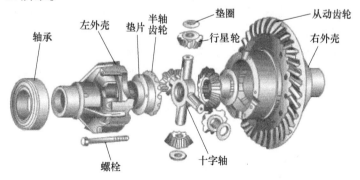

图 4-52　对称式锥齿轮差速器零件分解图

(3) 差速器的工作过程　主减速器从动大锥齿轮带动差速器壳转动,转矩经行星轮轴传给行星轮,再由行星轮分配给两个半齿轮。根据左右两驱动轮遇到阻力的情况不同,差速器使其等速传动,或不等速传动。当两侧车轮的阻力相同,即两侧车轮以相同的转速转动时，行星轮只绕半轴轴线转动，即进行公转。若两侧车轮阻力不同时，则行星轮在进行公转运动的同时，还可绕自身轴线转动，即进行自转，以适应两侧车轮的不同转速。

在差速器起差速作用的同时，还要分配转矩给左右两侧的车轮。由主减速器传来的转矩 M_0，经差速器壳、行星轮轴和行星轮，传给半轴齿轮。行星轮的传力情况相当于一个等臂杠杆，而两个半轴齿轮的半径相等，因此，在行星轮无自转运动时，总是将转矩 M_0 平均分配给左右两半轴齿轮，即

$$M_1 = M_2 = \frac{1}{2}M_0$$

当两半轴齿轮以不同转速同方向转动，即行星轮存在自转运动时，行星轮孔与行星轮轴轴颈之间以及齿轮背部与差速器壳之间均由于摩擦而产生附加力矩。但是对于对称式锥齿轮差速器，上述附加力矩很小，可忽略不计，实际上可认为无论左右驱动车轮转速是否相等，作用于其上的转矩总是平均分配的。

二、汽车行驶系统

汽车行驶系统一般由车架、车桥、车轮和悬架组成，如图 4-53 所示。车轮经轮毂轴承安装在车桥上，车桥又通过悬架与车架连接，这样汽车行驶系统就成为一个整体。

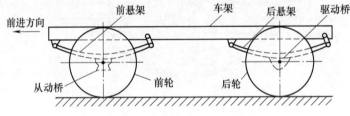

图 4-53 汽车行驶系统的组成

1. 车架

（1）车架的功用　车架是整个汽车的基体，是汽车的装配基础，发动机、变速器、传动机构、操纵机构、车身等总成和部件都安装在车架上。车架的功用是承载和连接汽车的各零部件，承受来自车内外的各种载荷。

（2）车架的类型　汽车上装用的车架按其结构形式的不同可分为边梁式车架、中梁式车架、综合式车架和无梁式车架。

边梁式车架广泛应用于各类载货、载客汽车和少量轿车上，中梁式车架主要用于越野汽车和少量轿车上。轿车车架的形式复杂多样，其中主要以综合式车架和承载式车身为主。无梁式车架是以车身兼代车架，现在许多轿车和大客车上没有车架，其车架的功能由轿车车身或大客车车身骨架承担，故无梁式车架又称为承载式车身。

2. 车桥

（1）车桥的功用　车桥的作用是传递车架和车轮之间各个方向的作用力及其所产生的转矩和弯矩。

（2）车桥的类型　根据悬架结构的不同，车桥分为整体式和断开式车桥。整体式车桥是刚性的实心或空心梁，与非独立悬架配用。断开式车桥为活动关节结构，它与独立悬架配用。

根据车桥上车轮的作用不同，车桥又分为转向桥、驱动桥、转向驱动桥和支持桥四种。主要

起转向作用的车桥称为转向桥,主要起驱动作用的车桥称为驱动桥,既起转向又起驱动作用的车桥称为转向驱动桥,只起支持作用的车桥称为支持桥,其中转向桥和支持桥都属于从动桥。

(3) 车桥的组成 汽车转向桥的结构基本相同,由前轴、万向节、主销和轮毂四部分组成,转向驱动桥具有一般驱动桥所具有的主减速器、差速器和内半轴,也具有一般转向桥所具有的万向节、主销和轮毂等。

(4) 转向轮定位 转向轮、万向节和前轴三者之间的相对安装位置,叫作转向轮定位。为了使汽车能保持直线行驶稳定,使转向轻便且能自动回正,减少轮胎磨损,转向轮需要进行定位,主要包括主销后倾角、主销内倾角、前轮外倾角和前轮前束等。对于后轮一般只有外倾和前束两个定位参数。

1) 主销后倾。主销装在前轴上,其上端略向后倾斜,这种现象叫作主销后倾。在纵垂直平面内,垂直与主销轴线之间的夹角 γ 叫作主销后倾角,如图 4-54 所示。主销后倾的作用主要是为了保持汽车直线行驶的稳定性,并使汽车转向后,转向轮有自动回正的作用。

2) 主销内倾。主销在前轴上安装时,其上端略向内倾斜,这种现象称为主销内倾。在横向平面内,主销轴线与垂线之间的夹角 β 叫作主销内倾角,如图 4-55 所示。主销内倾的作用也是为了保持汽车直线行驶的稳定性,同时还具有使转向轻便的作用。

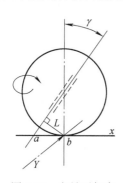

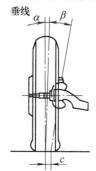

图 4-54 主销后倾角　　　　图 4-55 主销内倾角

3) 前轮外倾。当车轮安装在车桥上时,其旋转平面上方略向外倾斜,这种现象称为车轮外倾,如图 4-56 所示。车轮外倾的作用是避免汽车重载时车轮产生负外倾,提高汽车行驶安全性。

4) 前轮前束。当车轮安装时,同一轴上两端车轮的旋转平面不平行,前端略向内,这种现象称为前轮前束,如图 4-57 所示。左右轮后方距离 A 与前方距离 B 之差 $(A-B)$ 称为前束值。当 $A-B>0$ 时,前束值为正,反之则为负。

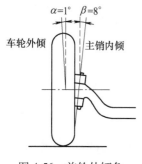

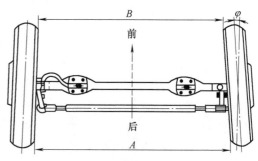

图 4-56 前轮外倾角　　　　图 4-57 前轮前束

3. 悬架

（1）功用　悬架是车架（或承载式车身）与车桥（或车轮）之间的一切传力连接装置的总称。悬架的功用是把路面作用于车轮上的垂直反力（支承力）、纵向反力（驱动力和制动力）和侧向反力以及这些反力所造成的力矩都要传递到车架（或承载式车身）上，以保证汽车的正常行驶。

（2）组成　悬架由弹性元件、减振器和导向机构三部分组成，分别起缓冲、减振和导向作用，三者的共同任务是传力。

在多数轿车和客车上，为防止车身在转向行驶等情况下发生过大的横向倾斜，在悬架中还设有辅助弹性元件——横向稳定器。

（3）类型　汽车悬架可分为两大类，非独立悬架和独立悬架。

1）非独立悬架。如图4-58a所示，其结构特点是两侧的车轮由一根整体式车桥相连，车轮连同车桥一起通过弹性悬架与车架（或车身）连接。当一侧车轮因道路不平而发生跳动时，必然引起另一侧车轮在汽车横向平面内摆动，故称为非独立悬架。

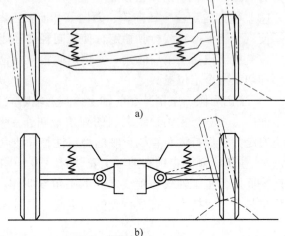

图4-58　非独立悬架与独立悬架示意图
a）非独立悬架　b）独立悬架

2）独立悬架，如图4-58b所示，其结构特点是车桥做成断开的，每一侧的车轮可以单独地通过弹性悬架与车架（或车身）连接，两侧车轮可以单独跳动，互不影响，故称为独立悬架。

三、汽车转向系统

（1）功用　根据汽车行驶的需要，改变和保持行驶方向。

（2）组成　汽车转向系统按转向能源的不同分为机械转向系统和动力转向系统两大类。

1）机械转向系统。机械转向系统以驾驶人的体力作为转向能源，其中所有传力件都是机械的。机械转向系统由转向操纵机构、转向器和转向传动机构三大部分组成，其中转向操纵机构由转向盘、转向轴、万向节和转向传动轴组成，转向传动机构由转向摇臂、转向直拉杆、万向节臂、万向节、梯形臂和转向横拉杆组成。其一般布置情况如图4-59所示。

2）动力转向系统。动力转向系统是兼用驾驶人体力和发动机动力为转向能源的转向系统。动力转向系统是在机械转向系统的基础上加设一套转向加力装置而形成的。

图4-60所示为液压动力转向系统的组成，其中属于转向加力装置的部件是转向罐、转向液压泵、转向控制阀和转向动力缸。

（3）转向器

1）功用。转向器的功用是增大转向盘传到转向轮上的转向力矩，并改变力的传递方向。

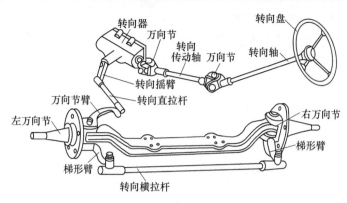

图 4-59 机械转向系统示意图

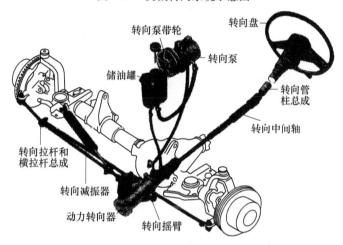

图 4-60 液压动力转向系统的组成

2）类型。转向器的类型很多，按其结构形式可分为循环球式和齿轮齿条式转向器等，按转向器作用力的传递情况可分为可逆式转向器、不可逆式转向器和极限可逆式转向器三种。

作用力从转向盘传到转向摇臂时称为正向传动，转向摇臂将所受到的道路冲击力传到转向盘时称为逆向传动。

作用力既能正向传动又能逆向传动的转向器称为可逆式转向器，可逆式转向器可以将路面阻力完全反馈到转向盘，驾驶人路感好，可以实现转向盘的回正，但可能发生"打手"现象；作用力只能正向传动不能逆向传动的转向器称为不可逆式转向器，不可逆式转向盘让驾驶人丧失路感，无法根据路面阻力调整转向盘转矩；转向盘不会回正，但不会发生"打手"现象；作用力能正向传动，但逆向只有在反向力很大时才能传动的转向器称为极限可逆式转向器，极限可逆式转向器可以获得一定的路感，转向盘可自动回正，不会发生"打手"现象。

不可逆式转向器应用较少，现代汽车大部分采用可逆式转向器，部分越野车辆采用极限可逆式转向器。

① 齿轮齿条式转向器。齿轮齿条式转向器是现代轿车采用最多的方式。齿轮齿条式转向器由一对齿轮齿条传动副组成，由于刚性高、操作感好和重量轻，可以说很适合于轿车。

转向盘的操作是借助于转向柱,利用万向节改变角度,然后传递给齿轮箱。齿轮箱把来自转向盘的旋转运动变为齿条的直线运动,借助横拉杆推动或拉动万向节,使前轮转向,如图4-61所示。

② 循环球式转向器。循环球式转向器中一般有两对传动副,其一是转向螺杆转向螺母传动副,其二是齿条齿扇传动副,图4-62所示为解放CA1040轻型载货汽车的循环球式转向器。

循环球式转向器的正传动效率很高(最高可达90%~95%),故操纵轻便,使用寿命长。但其逆效率也很高,在坏路上行驶时,容易将路面冲击力传到转向盘上,易出现转向盘"打手"现象。随着道路条件的改善,"打手"现象明显地得到改善。所以,循环球式转向器得到了广泛的应用。

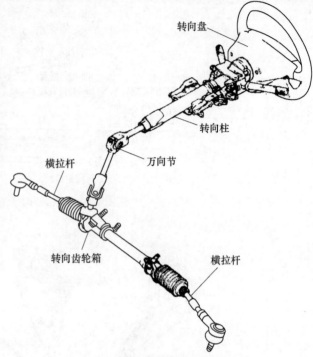

图4-61 齿轮齿条式转向器

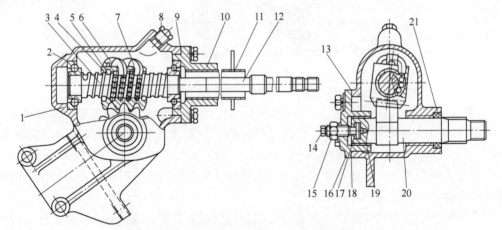

图4-62 解放CA1040轻型载货汽车的循环球式转向器

1—转向器壳体 2—推力角接触球轴承 3—转向螺杆 4—转向螺母 5—钢球 6—钢球导管卡 7—钢球导管 8—六角头锥形螺塞 9—调整垫片 10—上盖 11—转向柱管总成 12—转向轴 13—转向器侧盖衬垫 14—调整螺钉 15—螺母 16—侧盖 17—孔用弹性挡圈 18—垫片 19—摇臂轴衬套 20—齿扇轴(摇臂轴) 21—油封

四、汽车制动系统

1. 汽车制动系统概述

(1) 功用 制制动系统的功用是使行驶中的汽车减速或停车,使下坡行驶汽车的速度保持稳定,以及使已停驶的汽车保持原地不动。

(2) 组成　汽车制动系统由产生制动作用的车轮制动器和操纵制动器的传动机构组成。一般包括两套独立的制动装置，一套是行车(脚)制动装置，主要用于汽车行驶时减速或停车；另一套是驻车(手)制动装置，主要用于汽车停驶后防止汽车滑溜。

(3) 类型

1) 汽车制动系统按其功用可分为行车制动系统和驻车制动系统。

① 行车制动系统。使行驶中的汽车减速或停止的制动系统。

② 驻车制动系统。使停止的汽车在原地驻留的制动系统。

2) 汽车制动系统按其制动能源可分为人力制动系统、动力制动系统和伺服制动系统。

① 人力制动系统。以驾驶人的体力作为输入能源的制动系统。

② 动力制动系统。完全靠发动机的动力转化而成的气压或液压能进行制动的系统。

③ 伺服制动系统。兼用人力和发动机动力的制动系统。

3) 汽车制动系统按其制动能量的传输形式可分为机械式、液压式和气压式三种。

4) 汽车制动系统按其传动系统的回路可分为单回路制动系统和双回路制动系统。双回路制动系统在一侧回路失效时，仍能提供部分制动力，目前汽车制动系统必须采用双回路制动系统。

2. 制动器

制动器是用以产生制动力矩的部件。制动器按照结构可分为鼓式制动器和盘式制动器，按安装位置可分为车轮制动器和中央制动器。车轮制动器可用于行车制动和驻车制动，中央制动器主要用于驻车制动。

鼓式制动器和盘式制动器的区别在于前者的摩擦副中旋转元件为制动鼓，其圆柱面为工作表面；后者摩擦副中的旋转元件为圆盘状制动盘，其端面为工作表面。

鼓式制动器的结构如图4-63所示，盘式制动器的结构如图4-64所示。盘式制动是由摩擦衬块夹紧制动盘产生制动，鼓式制动是摩擦衬片压紧旋转的制动鼓内侧产生制动。两种制动方式都产生大量的摩擦热，制动装置就是把行驶中汽车的动能转换为热能，使汽车减速的装置，如图4-65所示。

图4-63　鼓式制动器的结构

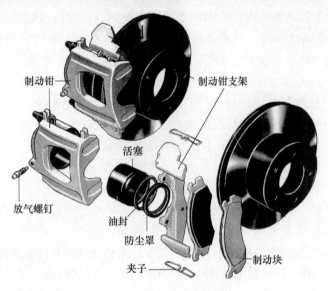

图 4-64 盘式制动器的结构

3. 人力制动系统

人力制动系统的制动能源是驾驶人的肌体。按其传动装置的结构形式，人力制动系统有人力机械式和人力液压式两种，前者只用于驻车制动。

(1) 人力机械式制动系统　人力机械式制动系统目前主要用于驻车制动，因为驻车制动系统必须可靠地保证汽车在原地停驻，并在任何情况下不致自动滑行。这一点只有用机械锁止方法才能实现。人力机械式制动系统的基本组成如图 4-66 所示。

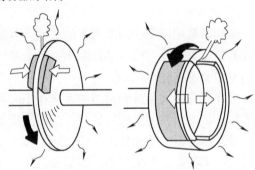

图 4-65 制动器的制动原理图

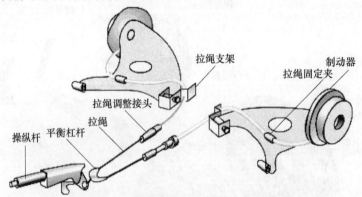

图 4-66 人力机械式制动系统的基本组成

(2) 人力液压式制动系统　人力液压式制动系统主要由制动踏板机构、制动主缸、制动轮缸和油管等构成，如图 4-67 所示。

其工作过程是：踩下制动踏板，制动主缸中产生的高压油液通过油管传到各个轮缸，从而产生制动作用。

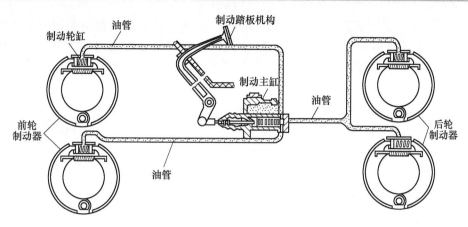

图 4-67 人力液压式制动系统

4. 伺服制动系统

伺服制动系统是在人力液压式制动系统的基础上加设一套动力伺服系统而形成的,是兼用人体和发动机作为制动能源的制动系统。

(1) 伺服制动系统的类型

1) 按伺服制动系统输出力的作用部位和对其控制装置操纵方式的不同,伺服制动系统可分为真空助力式(直接操纵式)和真空增压式(间接操纵式)两类。

2) 伺服制动系统又可按伺服能量的形式分为真空伺服式、气压伺服式和液压伺服式三种,其伺服能量分别为真空能(负气压能)、气压能和液压能。

(2) 真空助力式伺服制动系统　真空助力式伺服制动系统的特点是伺服系统的控制装置用制动踏板机构直接操纵,其输出力作用于制动主缸,与踏板力一起对制动主缸油液加压。

真空助力式伺服制动系统如图 4-68 所示,真空伺服气室和控制阀组合成一个整体部件,称为真空助力器。真空助力器是真空助力伺服制动系统的核心部件,是利用发动机进气管的真空和大气之间的压差起助力作用。真空伺服制动气室的前方是串联双腔制动主缸,主缸输出的高压油液通过对角线布置的双回路液压制动管路传递到各个车轮制动器的制动轮缸。真空助力式伺服制动系统广泛应用于各种轿车。

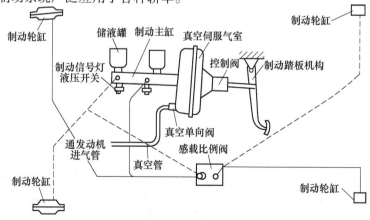

图 4-68 真空助力式伺服制动系统

（3）真空增压式伺服制动系统　真空增压式伺服制动系统的特点是制动踏板机构控制制动主缸，制动主缸输出的液压传递到辅助缸，并对伺服系统进行控制，伺服系统的输出力与主缸液压共同作用于辅助缸，辅助缸输出到制动轮缸的液压远高于制动主缸液压。

真空增压式伺服制动系统的组成如图4-69所示。通常，辅助缸、真空伺服气室和控制阀组合装配成一个部件，称为真空增压器。真空增压器是真空增压式伺服制动系统的核心部件。真空增压式伺服制动系统主要应用于轻型以上载货汽车上。

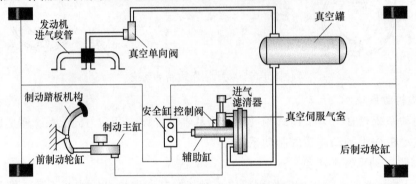

图4-69　真空增压式伺服制动系统的组成

5. 动力制动系统

（1）动力制动系统的特点及类型　动力制动系统的特点是：驾驶人的肌体仅作为控制能源，而不是制动能源。

动力制动系统中，用以进行制动的能源是由空气压缩机产生的气压能，或是由液压系统产生的液压能，而空气压缩机或液压系统由汽车发动机驱动。

动力制动系统有气压制动系统、气顶液制动系统和全液压动力制动系统三种。

1）气压制动系统的供能装置和传动装置全部是气压式。其控制装置主要由制动踏板机构和制动阀等气压控制元件组成，有些汽车在踏板机构和制动阀之间还串联有液压式操纵传动装置。

2）气顶液制动系统的供能装置、控制装置与气压制动系统相同，但其传动装置包括气压式和液压式两部分。

3）全液压动力制动系统中除制动踏板机构以外，其供能、控制和传动装置全部是液压式。

（2）气压制动系统　气压制动系统广泛应用于中型以上特别是重型的载货汽车和客车中。图4-70所示为CA1091汽车双回路气压制动系统示意图。

气压制动系统各元件之间的连接管路有以下三种：

1）供能管路。供能装置各组成件（如空气压缩机、储气筒）之间和供能装置与控制装置（如制动阀）之间的连接管路。

2）促动管路。控制装置与制动器促动装置（如制动气室）之间的连接管路。

3）操纵管路。一个控制装置与另一个控制装置之间的连接管路。如果制动系统中只有一个气压控制装置，即只有一个制动阀，就没有操纵管路。

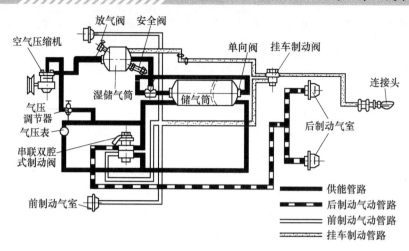

图 4-70　CA1091 汽车双回路气压制动系统示意图

第五节　汽车电器设备

一、汽车供电系统

汽车的供电系统由蓄电池、发电机及其电压调节器组成。

1. 蓄电池

（1）蓄电池的功用

1）当发动机起动时，向起动机和点火系统供电。

2）当发动机低速运转、发电机电压较低或不发电时，向用电设备供电，同时还向交流发电机励磁绕组供电。

3）当发动机中高速运转、发电机正常供电时，将发电机剩余电能转换为化学能储存起来。

4）当发电机过载时，协助发电机向用电设备供电。

5）稳定系统电压、保护电子设备。因为蓄电池相当于一只大容量电容器，所以不仅能够保持汽车供电系统的电压稳定，而且还能吸收电路中出现的瞬时电压，防止电子设备击穿损坏。

（2）蓄电池的结构组成　蓄电池由六个单格电池串联而成，每个单格电池的电压约为 2V，串联成 12V，以供用电设备使用。蓄电池的结构如图 4-71 所示，主要由极板，隔板，电解液，外壳，加液孔盖和正、负极桩等组成。

极板分为正极板和负极板两种。将涂上铅膏后的生极板先经热风干燥，再放入稀硫酸中进行充电便得正极板和负极板。

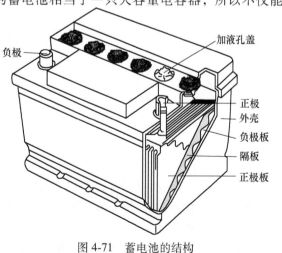

图 4-71　蓄电池的结构

正极板上的活性物质为二氧化铅（PbO_2），呈深棕色；负极板上的活性物质为海绵状纯铅（Pb），呈深灰色。

为了增大容量，将多片正、负极板分别并联，用汇流条焊接起来便分别组成正、负极板组。汇流条（横板）上连有极柱，各片间留有空隙。安装时各片正、负极板相互嵌合，中间插入隔板后装入蓄电池单格内，便形成单格电池。

为了减小蓄电池的内阻和尺寸，蓄电池的正负极板应尽可能靠近。为了防止相邻正、负极板彼此接触而短路，正、负极板之间要用隔板隔开。

电解液由纯硫酸与蒸馏水按一定比例配制而成。电解液密度一般在 $1.1\sim1.3g/cm^3$ 范围内，充足电后，电解液密度一般在 $1.26\sim1.30g/cm^3$ 范围内。

蓄电池的外壳用来盛放极板组和电解液。

各单格电池串联后，两端的正负极柱穿出电池盖，分别形成蓄电池的正负极桩。正极桩较粗，标有"+"号或涂红色；负极桩较细，标有"-"号或涂蓝色、绿色等。

2. 交流发电机

（1）发电机的作用　发电机是在发动机的驱动下，将机械能转变为电能的装置。发电机作为汽车的主要电源，主要作用如下：在发动机怠速以上转速运转时，为电器设备供电；给蓄电池充电。

（2）交流发电机的结构　交流发电机的总体结构如图4-72所示，主要由定子、转子、硅整流器、前后端盖、风扇、带轮、电刷和电刷架等组成。

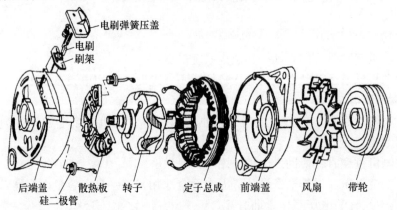

图4-72　交流发电机的总体结构

转子的作用是形成发电机的磁场。它主要由两块爪极、励磁绕组和集电环组成。两个电刷装在与端盖绝缘的电刷架内，通过弹簧力使其与集电环保持接触。当发电机工作时，两电刷与直流电源连通，可为励磁绕组提供励磁电流并产生轴向磁通。

定子又称为电枢，用以产生交流电动势，它由定子铁心和定子绕组组成。定子铁心槽内嵌入三相对称定子绕组。

整流器的作用是：将定子绕组产生的三相交流电转换为直流电；阻止蓄电池电流向发电机倒流，避免烧坏电动机。整流器的硅二极管根据引线的极性不同分为正二极管和负二极管两种类型：引线为正极，外壳为负极的二极管称为正二极管；引线为负极，外壳为正极的二极管称为负二极管。

前后端盖均由铝合金压铸或用砂模铸造而成。因为铝合金为非导磁材料，可减少漏磁并具有轻便、散热性能好等优点。在后端盖上装有电刷组件，电刷组件包括电刷、电刷架和电刷弹簧等。

（3）交流发电机的励磁方式　励磁方式就是产生磁场的方式。当转子通过电流时，转子就会产生磁场，转子产生磁场的大小与流过的电流有关，流过转子的电流被称为励磁电流。当发电机开始发电时，需由蓄电池供给励磁电流，此时为他励。当发电机达到蓄电池电压时，即由发电机自己供给励磁电流，也就是由他励转变为自励。

3. 电压调节器

（1）作用　在交流发电机转速变化时，控制其电压保持恒定，防止电压过高而损坏用电设备，并避免对蓄电池过量充电。

（2）类型　交流发电机调节器种类繁多、形式各异，按其总体结构可分为电磁振动式电压调节器和电子式电压调节器两大类。

1）电磁振动式电压调节器。电磁振动式电压调节器也称为机械式调节器或简称为触点式调节器。是利用触点的开、闭作用，在发电机转速变化时，改变磁场电路的电阻，从而改变磁场电流和磁极磁通的方法维持发电机电压恒定。

2）电子式电压调节器。电子式电压调节器是利用晶体管的开关作用，控制发电机磁场电路的通、断，调节磁场电流和磁极磁通，在发电机转速变化时维持其端电压不变。

二、汽车起动系统

1. 起动系统的作用

起动系统的作用是在正常使用条件下，通过起动机将蓄电池储存的电能转变为机械能带动发动机，以足够高的转速运转，以便发动机顺利起动。

2. 起动系统的组成

起动系统主要由起动机、起动机继电器、点火开关和起动齿圈等组成，如图 4-73 所示。

3. 起动机

起动机是起动系统的核心，主要由直流电动机、传动机构和控制机构三部分组成。

1）直流电动机在直流电压的作用下产生旋转力矩，称为电磁力矩或电磁转矩。起动发动机时，它通过驱动齿轮和飞轮的齿圈驱动发动机的曲轴旋转，使发动机起动。

2）起动机的传动机构安装在电动机电枢的轴上。在起动发动机

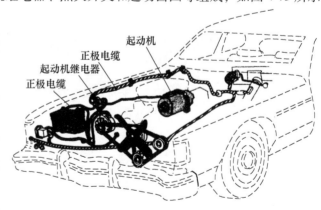

图 4-73　起动系统的组成

时，将驱动齿轮与电枢轴连成一体，并使驱动齿轮与飞轮齿圈啮合，将起动机产生的电磁转矩传递给发动机的曲轴，使发动机起动。发动机起动后，飞轮转速提高，带着驱动齿轮旋转，将使电枢轴超速旋转而损坏。因此，在发动机起动后，驱动齿轮转速超过电枢轴转速时，传动机构应使驱动齿轮与电枢轴自动脱开，防止电枢轴超速。为此，起动机的传动机构必须具有超速保护装置。

3) 控制机构的作用是控制起动机主电路的通、断,并控制驱动齿轮与电枢轴的连接。起动机的控制机构也称为操纵机构,有下列两种形式:

① 直接操纵式控制机构。由驾驶人通过起动踏板和杠杆机构,直接操纵起动开关接通起动机的主电路,并使驱动齿轮随着电枢轴一同旋转,来驱动飞轮。

② 电磁操纵式控制机构。由驾驶人通过起动开关操纵起动机的电磁开关,或通过起动继电器操纵起动机的电磁开关,接通起动机的主电路,并使驱动齿轮随着电枢轴一同旋转,来驱动飞轮。电磁操纵式控制机构结构简单、工作可靠和操作方便,在国内外汽车上的应用十分广泛。

三、汽车点火系统

1. 功用

点火系统的功用就是在发动机各种工况和使用条件下,适时、可靠地产生足够强的电火花,以点燃气缸内的可燃混合气。

2. 传统点火系统

传统点火系统也叫作蓄电池点火系统,它是由蓄电池或发电机供给低压电能,借点火线圈和断电器将它转变为高压电,再由分电器经导线送到装入发动机气缸燃烧室中的火花塞上,在其两电极间产生火花。

传统点火系统的组成如图4-74所示,主要由电源(蓄电池和发电机)、点火开关、点火线圈、电容器、断电器、配电器、火花塞、阻尼电阻和高压导线等组成。

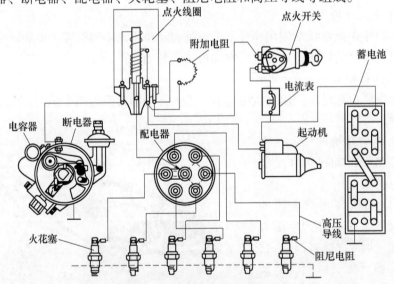

图4-74 传统点火系统的组成

(1) 分电器总成 分电器的功用是按要求接通和切断点火线圈一次电流,使点火线圈及时产生高压电,并按点火顺序将高压电送至各缸火花塞,同时可实现点火时间的调整。

分电器总成包括断电器、配电器、电容器和点火提前调节装置四个部分。

1) 断电器。断电器的功用是接通和切断初级绕组的电路,使其电流发生变化,以便在次级绕组中产生高压电。

断电器主要由凸轮、活动触点、固定触点、固定底板和活动底板等组成。固定触点固定于托板上,活动触点固定在触点臂的一端,触点臂的另一端有孔,套在销钉上,触点臂可绕销钉自由转动。在触点臂中部固定有夹布胶木的顶块，片簧的弹力使活动触点臂上的夹布胶木顶块压紧在断电器凸轮上。凸轮棱数等于气缸数，凸轮轴转速与配气凸轮轴转速相等。

两触点分开时的最大间隙称为触点间隙，一般规定为 0.35~0.45mm。触点间隙过小，触点间易出现火花而使初级电路断电不良，甚至触点烧蚀；触点间隙过大，则触点闭合时间缩短，使初级电流减小，次级电压降低，高速时容易缺火。可旋转偏心调节螺钉来调整触点间隙。

2）配电器。配电器的作用是将点火线圈中产生的高压电，按发动机各缸的工作顺序轮流分送到各缸火花塞。

配电器主要由胶木制成的分电器盖和分火头组成。分火头套在断电器凸轮的延伸端，此延伸端侧面有一平面，借此保证分火头与凸轮同步旋转。

分电器盖中央插孔装有炭精制成的中心触头，弹簧始终使其与分火头顶部的铜片接触。分电器盖外围有与气缸数目相等的侧插孔，各嵌有铜套作为侧电极，在分火头旋转时导电片依次与各侧电极接通。分电器盖中央插孔与点火线圈次级电路接通，分电器侧插孔按发动机各缸发火次序依次与各缸火花塞中心电极接通。

3）电容器。电容器的作用是给初级感应反电势形成回路，减轻触点的烧蚀，加快初级电流的通断速率。

电容器装在分电器的壳体上，与触点并联。为保证触点不易烧蚀，又能使次级电压达到最大值，电容器电容量的最佳值大约为 0.15~0.25μF。

4）点火提前调节装置。点火提前调节装置包括离心点火提前调节装置和真空点火提前调节装置。离心点火提前调节装置是随着发动机转速的变化改变凸轮和轴的相位关系而调节点火提前角的，一般来说，发动机转速越高，点火提前角越大；真空点火提前调节装置是随着发动机负荷（节气门开度）的变化改变触点与凸轮的相位关系而调节点火提前角的，发动机负荷越大，点火提前角越小。

（2）点火线圈 点火线圈的作用是为点火系统提供高压电，所以又叫作高压线圈。点火线圈由初级绕组、次级绕组和铁心等组成。按磁路的结构形式不同，可分为开磁路点火线圈和闭磁路点火线圈。

1）开磁路点火线圈。开磁路点火线圈的结构如图 4-75 所示。当点火线圈的初级绕组通

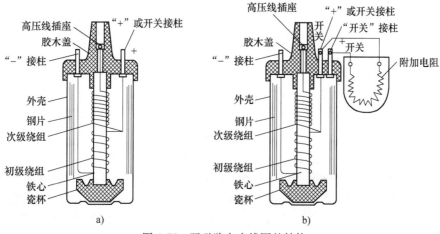

图 4-75 开磁路点火线圈的结构

过电流时,铁心磁化后所产生磁场的磁路如图 4-76 所示。从图中可以看出,闭合磁力线的上部和下部都是从空气中通过的,铁心未形成闭合的磁路,因此这种点火线圈称为开磁路点火线圈。

2) 闭磁路点火线圈。闭磁路点火线圈的结构如图 4-77 所示,这种点火线圈的铁心加工成"日"字形,在"日"字形铁心内绕有初级绕组,在初级绕组的外面绕有次级绕组。

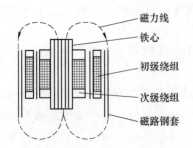

图 4-76 开磁路点火线圈的磁路

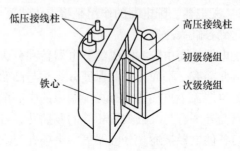

图 4-77 闭磁路点火线圈的结构

闭磁路点火线圈的磁路如图 4-78 所示,磁力线经铁心构成闭合磁路。其优点是:漏磁少,磁路的磁阻小,因而能量的损失小,能量的变换率高。因此,闭磁路点火线圈在电子点火系统中广泛应用。

(3) 附加电阻 传统点火系统的附加电阻为正温度系数热敏电阻,受热时电阻迅速增大,冷却时电阻迅速减小;它与初级线圈串联,其作用是保证发动机低速时点火线圈不过热烧坏,高速时火花塞不断火。

当发动机低速运行时,由于触点闭合时间长,一次电流大,附加电阻温度高,电阻值增大,使一次电路的电阻增大,一次电流适当减小,防止了点火线圈过热烧坏。

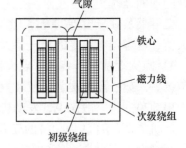

图 4-78 闭磁路点火线圈的磁路

当发动机高速运行时,一次电流减小,附加电阻的阻值也因温度降低而减小,使一次电流适当增大,二次电压适当升高,改善发动机高速性能,使发动机高速不断火。

(4) 火花塞

1) 作用。火花塞的作用是将点火线圈产生的高压电引入发动机的燃烧室内,通过本身的间隙产生火花放电,点燃混合气。

2) 火花塞的结构。火花塞的结构如图 4-79 所示。火花塞的放电部分是中心电极和侧电极,一般火花塞的电极间隙越大,所需的放电电压越高,为保证发动机在任何情况下可靠点火,传统点火系统火花塞的间隙为 0.6~0.8mm,电子点火系统的火花塞间隙为 0.9~1.2mm。

3) 火花塞的热特性。火花塞正常的工作温度通常为 500~600℃。如果火花塞在工作中低于此温度,燃油不完全燃烧所产生的积炭就会沉积在火花塞的陶瓷绝缘体表面,导致火花塞漏电,严重时火花塞不能点火。如果火花塞工作中超过此温度,火花塞不跳火就能将混合气点燃,这种情况称为早燃。发生早燃,会造成发动机输出功率下降、回火甚至活塞烧顶。

就火花塞本身的结构来说,影响火花塞工作温度的主要是陶瓷绝缘体暴露在燃烧室内的部分，通常将这部分称为火花塞的裙部。在相同的工作条件下，绝缘体裙部越长，受热面积就越大，传热路径也越长，散热就越困难，裙部温度就越高，这种火花塞称为"热型"火花塞，反之称为"冷型"火花塞。

目前世界各国对火花塞热特性比较通行的做法是用热值表示。所谓热值是指火花塞散掉所吸热量的程度，通常用阿拉伯数字表示热值的高低，一般热值越大，火花塞越冷。

发动机技术性能不同，气缸内工作温度不同，对火花塞工作温度也不同。对于高速、大功率和高压缩比的发动机，应采用冷型火花塞；对于低速、小功率和低压缩比的发动机，应选用热型火花塞。

四、汽车空调

1. 汽车空调的组成和制冷原理

（1）制冷系统的组成　空调制冷系统按照组成结构不同一般分为两类：一类是膨胀阀制冷系统，另一类是节流管制冷系统。制冷系统包括的主要部件有压缩机、冷凝

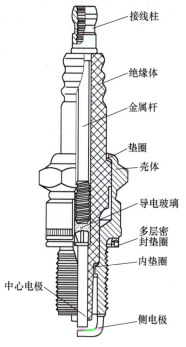

图 4-79　火花塞的结构

器、储液干燥器、膨胀阀（节流管）和蒸发器等，具体结构组成如图 4-80 所示。各部件之间采用铜管（或铝管）和高压橡胶管连接成一个密封系统。它们之间的差别是节流（膨胀）装置和储液干燥器的安装位置不同。

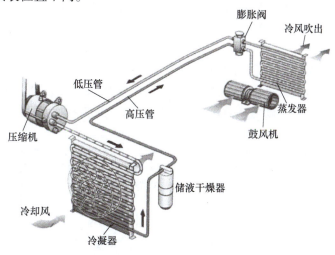

图 4-80　汽车空调制冷系统的组成

（2）汽车空调制冷系统的工作原理　在制冷系统的密封回路中，制冷剂以不同的状态在制冷系统内循环流动，每个循环有四个基本过程。以膨胀阀式的制冷系统为例，其具体工作原理图如图 4-81 所示。

1）压缩过程。压缩机工作时将蒸发器出口处的低温低压（3MPa、5℃）的气态制冷剂吸入气缸内，把它压缩成高温高压（2MPa、110℃）的气体排出，泵入冷凝器。注意，对于压缩

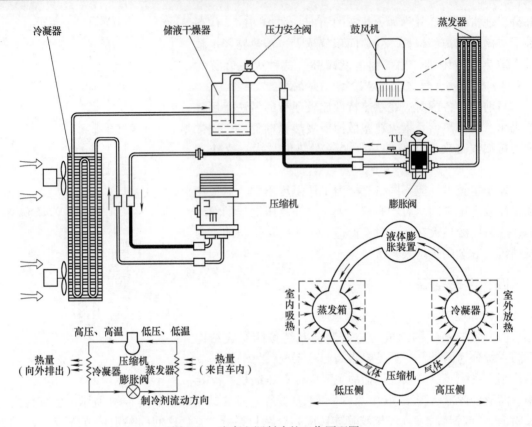

图 4-81 汽车空调制冷的工作原理图

机来说,吸入气态的制冷剂是至关重要的,因为液态制冷剂不可压缩,可能破坏系统(与发动机进水而被破坏的情况是相似的)。

2) 放热过程。冷凝器将高温高压(2MPa、110℃)气态过热制冷剂的大部分热量通过冷凝风扇向外散发,变成高温高压(1.9MPa、60℃)的液态,然后流入储液干燥器。

3) 节流过程。温度和压力较高的液态制冷剂(1.9MPa、60℃)通过膨胀装置后体积变大,压力和温度急剧下降,以低压低温(0.4MPa、16℃)的雾状(细小液体)排出膨胀装置,进入蒸发器。

4) 吸热过程。雾状制冷剂进入蒸发器后,沸腾汽化变为低温低压(0.3MPa、3℃)气体。在汽化过程中吸收周围大量热量,达到制冷目的。低温低压气态制冷剂又被压缩机吸走,开始下一个循环。

2. 轿车制冷系统的布置形式

由于空间限制,轿车空调的布置采用非独立式压缩机,即压缩机由发动机通过传动带驱动。一般轿车制冷系统的布置如图 4-82 所示。

整个制冷系统的装置大部分布置在

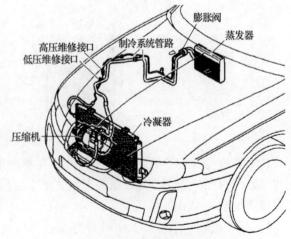

图 4-82 一般轿车制冷系统的布置

发动机舱内，压缩机一般固定在发动机的一侧，其动力由发动机通过带轮经电磁离合器驱动。冷凝器安装在发动机散热器的前端，两者一般共用一个散热风扇进行冷却。当轿车行驶时，流动空气和散热风扇同时对冷凝器进行冷却，可提高散热效果。膨胀阀一般安装在与蒸发器临近的位置，对进入蒸发器中的制冷剂量进行调整，而节流管一般安装在由冷凝器到蒸发器的高压管路中，需要拆卸管路才能发现。蒸发器一般安装在驾驶室内，藏在仪表板内空调器的通风管路中，可以对进入室内的空气进行冷却。制冷部件之间通过高压和低压管路进行连接，由压缩机出气端、储液干燥器和膨胀阀之间的连接管路采用高压管路，由膨胀阀至蒸发器、压缩机入口端的连接管路一般采用低压管路。高压管路一般比低压管路要细一些。

五、汽车辅助电器

1. 电动风窗刮水器

（1）作用　为了保证驾驶人在雨天、雪天和雾天有良好的视线，轿车都安装有电动风窗刮水器，它具有一个或两个以上的橡皮刷，由驱动装置带着来回摆动，以除去玻璃上的水和雪等。

（2）结构组成　电动风窗刮水器的结构如图4-83所示，它主要由电动机、蜗杆、减速蜗轮、连杆、摆杆和刮片架等组成。

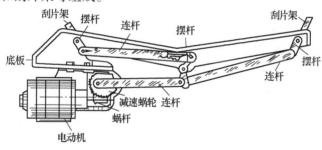

图4-83　电动风窗刮水器的结构

2. 电动车窗

（1）作用　为了方便驾驶人和乘客，减轻他们的劳动强度，许多轿车采用了电动车窗，又称为自动车窗，利用电动机来驱动升降器（又称为换向器）使车窗上下移动，由于其操作简单、可靠，目前在现代汽车上得到了广泛的应用。

（2）组成　电动车窗主要由车窗、车窗升降器、电动机和开关（主控开关、分控开关）等组成。有些汽车上的电动车窗由电动机直接作用于升降器，而有些是通过驱动机构作用于升降器，从而把电动机的转动转换成车窗的上下移动。

车窗升降器有两种形式。一种是用齿扇来实现换向作用，如图4-84所示。另一种是使用柔性齿条和小齿轮，车窗连在齿条的一端，电动机带动轴端小齿轮转动，使齿条移动，以带动车窗升降的升降器结构，如图4-85所示。

电动车窗的主控开关用于驾驶人对电动车窗系统进行总的操纵，一般安装在左前车门把手上或变速杆附近。分控开关装在每个车门的中部或车门把手上，用于乘客对车窗进行操纵。

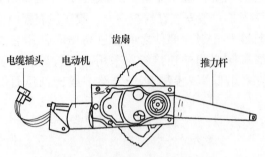
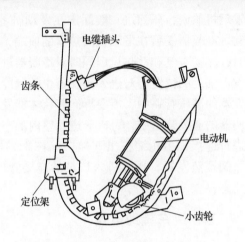

图4-84 电动车窗齿扇式升降器　　　　图4-85 电动车窗齿条式升降器

（3）控制电路　电动车窗的控制电路如图4-86所示。从图中可以看出，每个车窗的电动机均要通过主控开关搭铁，所以电流不仅通过车窗上的分控开关，还要通过主控开关。有的汽车在主控开关上安装断路开关（锁定开关），如将断路开关断开，各分控开关就不起作用。

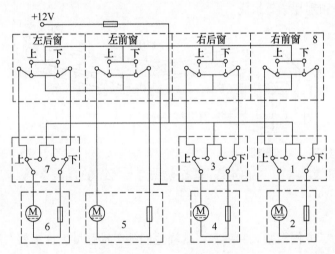

图4-86 电动车窗的控制电路
1—右前车窗开关　2—右前车窗电动机　3—右后车窗开关　4—右后车窗电动机
5—左前车窗电动机　6—左后车窗电动机　7—左后车窗开关　8—驾驶人主控开关组件

3. 电动门锁

（1）作用　电动门锁（又称为自动门锁）用来借助电动机操作车门的锁定机构使车门锁住或打开。

（2）组成　电动门锁由门锁开关、电动机、传动和执行机构等组成。

（3）电动门锁控制电路　图4-87所示为电动门锁电路图。驾驶人或乘客利用门锁开关可以接通或断开门锁继电器，门锁继电器包括锁定和开锁两个继电器。当门锁开关都不接通时，所有电动机两端都通过继电器直接搭铁，电动机不转；当门锁开关接通（开锁或锁定）时，一个继电器通电，使电动机一端不再搭铁而是与电源接通，使电动机通过两个继电器和电源构成回路而通电运转。不同的继电器工作，可以改变电动机中电流的方向，使门锁电动机的转向改变，实现开锁和锁定。

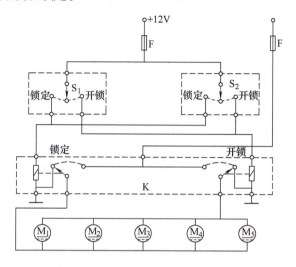

图 4-87　电动门锁电路图

S_1—左前门锁开关　S_2—右前门锁开关　K—门锁继电器　M_1—行李箱门锁电动机
M_2—左后门锁电动机　M_3—左前门锁电动机　M_4—右前门锁电动机　M_5—右后门锁电动机　F—熔断器

第六节　新能源汽车技术

一、新能源汽车的类型

新能源汽车包括混合动力汽车（HEV）、纯电动汽车（BEV）、燃料电池汽车（FCEV）、燃气汽车、生物乙醇汽车、氢动能汽车和太阳能汽车等。

1. 混合动力汽车

混合动力汽车从广义上说，是指车辆驱动系统由两个或多个能同时运转的单个驱动系统联合组成的车辆，车辆的行驶功率依据实际的车辆行驶状态由单个驱动系统单独或共同提供。

通常所说的混合动力汽车，一般是指油电混合动力汽车，即采用传统的内燃机（柴油机或汽油机）和电动机作为动力源，也有的发动机经过改造使用其他替代燃料，如压缩天然气、丙烷和乙醇燃料等。

（1）优点

1）采用混合动力后可按照平均需用的功率来确定内燃机的最大功率，此时处油耗低、污染少的最优状况下工作。需要大功率、内燃机功率不足时，由电池来补充；负荷小时，富余的功率可发电给电池充电，由于内燃机可持续工作，电池又可以不断地得到充电，故其行程和普通汽车一样。

2）因为有了电池，可以十分方便地回收制动时、下坡时和怠速时的能量。繁华的市区，可关停内燃机，由电池单独驱动，实现"零"排放。

(2) 缺点　长距离高速行驶时基本不能省油。

(3) 代表车型　代表车型有丰田普锐斯 PRIUS、凯迪拉克凯雷德 Hybrid 和本田 CIVIC Hybrid。

2. 纯电动汽车

纯电动汽车是完全由可充电电池(如铅酸电池、镍镉电池、镍氢电池或锂离子电池)提供动力源的汽车。

(1) 优点　技术相对简单成熟，只要有电力供应的地方都能够充电；噪声小，无污染。

(2) 缺点　目前蓄电池单位重量储存的能量太少，电动汽车的电池成本高、价格贵，需解决电池、电动机和电控三个技术问题；另外，没有形成经济规模，故整车价格高。

(3) 代表车型　代表车型有比亚迪 e6、奇瑞瑞麒 Mle、奇瑞 S18 和众泰 5008EV。

3. 燃料电池汽车

燃料电池汽车是指以氢气和甲醇等为燃料，通过电化学反应产生电流，依靠电动机驱动的汽车。燃料电池汽车的电池能量是通过氢气和氧气的化学作用，而不是经过燃烧直接产生电能的。燃料电池的电化学反应过程不会产生有害产物，燃料电池的能量转换率比普通内燃机要高 2~3 倍。

(1) 优点　零排放或近似零排放，污染低，燃油经济性高，运行平稳，无噪声。

(2) 缺点　燃料电池汽车开发中仍存在着技术挑战，如燃油电池组一体化、燃料处理器、部件成本高。

(3) 代表车型　代表车型有奔驰 B 级 F-CELL、福特 Edge、丰田 FCHV-Adv 和通用雪佛兰 Equinox。

4. 燃气汽车

燃气汽车是指用压缩天然气(CNG)、液化石油气(LPG)和液化天然气(LNG)作为燃料的汽车。

(1) 优点　燃烧彻底，排污少，运行成本低，技术成熟，安全可靠。

(2) 缺点　加气站数量不足，投资大，燃气价格上涨。

(3) 代表车型　代表车型有比亚迪 F3ENG、一汽大众捷达 CNG 和东风雪铁龙爱丽舍 CNG。

5. 生物乙醇汽车

乙醇俗称为酒精，用生物燃料乙醇代替石油燃料的历史已经很长了，无论是从生产上还是应用上，技术都已经很成熟。近来由于石油资源紧张，汽车能源多元化趋向加剧，乙醇汽车又被提上议事日程。目前世界上已有 40 多个国家，不同程度应用乙醇汽车，有的已达到较大规模的推广，乙醇汽车的地位日益提升。乙醇汽车的燃料应用方式：第一是掺烧，指乙醇和汽油掺和应用。在混合燃料中，乙醇的容积比例以 E 表示，如乙醇占 10%、15%，则用 E10、E15 来表示，目前，乙醇汽车以掺烧为主；第二是纯烧，即单烧乙醇，可用 E100% 表示，目前应用并不多，属于试行阶段；第三是变性燃料乙醇，指乙醇脱水后，再添加变性剂而生成的乙醇，这也属于试验阶段；第四是灵活燃料，指燃料既可用汽油又可以使用乙醇或甲醇与汽油按比例混合的燃料，还可以用氢气，并随时可以切换，如福特、丰田汽车均在试验灵活燃料汽车。

(1) 优点　在汽车上使用乙醇，可以提高燃料的辛烷值，增加氧的质量分数，使汽车缸内燃烧更完全，可以降低尾气有害物的排放，生产和应用技术都已经很成熟。

(2) 缺点　生物乙醇的生产需要消耗大量粮食。

6. 氢动能汽车

氢动能汽车是以氢作为主要燃料的汽车。氢资源可以从海水中提取，被视为是取之不尽的能源。氢具有很高的能量密度，释放的能量足以使发动机运转，且氢动力汽车排放物是水，没有污染，是未来汽车能源的首选。

(1) 优点　储存量丰富，排放物是水，无污染。

(2) 缺点　氢燃料电池成本高，而且氢燃料的储存和运输按照目前的技术条件来说非常困难，因为氢分子非常小，极易透过储藏装置的外壳逸出。另外，最致命的问题是氢气的提取需要通过电解水或者利用天然气分解其主要成分甲烷，如此一来同样需要消耗大量能源，除非核电来提取，否则无法从根本上降低二氧化碳排放。

(3) 代表车型　代表车型有宝马氢能 7 系和奔驰 B 级氢动力汽车。

7. 太阳能汽车

太阳能汽车是通过贴在车身上的太阳能电池吸收太阳能的，又通过光电的转化将电能储存在蓄电池里，以供电动机使用而驱动车辆行驶的交通工具，被称为当今最清洁、最有发展前景的绿色环保汽车。在光照强度比较大的情况下，太阳能电池吸收的太阳能通过光电转化而来的电流直接驱动电动机，也可以与蓄电池同时供电；而储存在蓄电池中的能量可以在不利的天气（如多云、深夜、雨天）供太阳能电动汽车使用。当然，受目前技术发展的水平和客观因素的制约，太阳能主要还是作为一种辅助能源来使用，太阳能汽车还远远不能达到人们所期望的用以完全取代现代的燃油汽车而实现商用化，只能作为概念车或赛车来使用。

(1) 优点　无污染零排放、无级变速驾驶方便、无噪声、节能、安全、经济和能源补充广等。

(2) 缺点　太阳能辐射强度较弱，光伏电池板造价昂贵，加之蓄电池容量和天气的限制，使得完全靠太阳能驱动的汽车其实使用性受到了极大的限制，不利于推广。

(3) 代表车型　代表车型有 Quaranta、标志 Shoo 太阳能汽车、匈牙利人研制的 Antro Solo 太阳能汽电混合汽车和通用汽车公司的 Sunraycer 太阳能概念车。

二、纯电动汽车的结构

纯电动汽车的结构主要由电力驱动控制系统、汽车底盘、车身以及各种辅助装置等部分组成。除了电力驱动控制系统，其他部分的功能及其结构组成基本与传统汽车相同，不过有些部件根据所选的驱动方式不同，已被简化或省去了。电力驱动控制系统既决定了整个纯电动汽车的结构组成及其性能特征，也是纯电动汽车的核心，它相当于传统汽车中的发动机与其他功能以机电一体化方式相结合，这也是区别于传统内燃机汽车的最大不同点。

1. 电力驱动控制系统

电力驱动控制系统的组成与工作原理如图 4-88 所示，按工作原理可划分为车载电源模块、电力驱动主模块和辅助模块三大部分。

(1) 车载电源模块　车载电源模块主要由蓄电池电源、能源管理系统和充电控制器三部分组成。

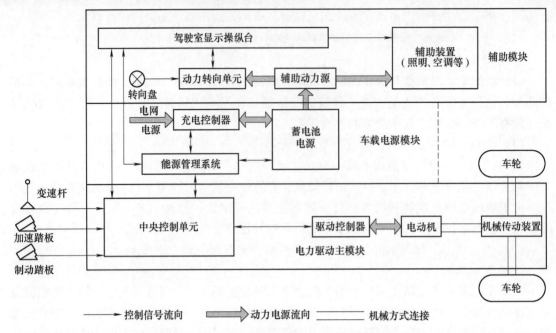

图 4-88 电力驱动控制系统的组成与工作原理

1）蓄电池电源。蓄电池是纯电动汽车的唯一能源，它除了供给汽车驱动行驶所需的电能外，也是供应汽车上各种辅助装置的工作电源。蓄电池在车上安装前需要通过串并联的方式组合成所要求的电压一般为 12V 或 24V 的低压电源，而电动机驱动一般要求为高压电源，并且所采用的电动机类型不同，其要求的电压等级也不同。为满足该要求，可以用多个 12V 或 24V 的蓄电池串联成 96~384V 高压直流电池组，再通过 DC/DC 转换器供给所需的不同电压。也可按所需要求的电压等级，直接由蓄电池组合成不同电压等级的电池组，不过这样会给充电和能源管理带来相应的麻烦。另外，由于制造工艺等因素，即使同一批量的蓄电池其电解液浓度和性能也会有所差异，所以在安装电池组之前，要求对各个蓄电池进行认真的检测并记录，尽可能把性能接近的蓄电池组合成同一组，这样有利于动力电池组性能的稳定和延长使用寿命。

2）能源管理系统。能源管理系统的主要功能是在汽车行驶中进行能源分配，协调各功能部分工作的能量管理，使有限的能量源最大限度地得到利用。能源管理系统与电力驱动主模块的中央控制单元配合在一起控制发电回馈，使在纯电动汽车降速（制动）和下坡滑行时进行能量回收，从而有效地利用能源，提高纯电动汽车的续程能力。能源管理系统还需与充电控制器一同控制充电。为提高蓄电池性能的稳定性和延长使用寿命，需要实时监控电源的使用情况，对蓄电池的温度、电解液浓度、蓄电池内阻、电池端电压、当前电池剩余电量、放电时间、放电电流或放电深度等蓄电池状态参数进行检测，并按蓄电池对环境温度的要求进行调温控制，通过限流控制避免蓄电池过充和放电，对有关参数进行显示和报警，其信号流向辅助模块的驾驶室显示操纵台，以便驾驶人随时掌握实时情况并配合其操作，按需要及时对蓄电池充电并进行维护保养。

3）充电控制器。充电控制器是把电网供电制式转换为对蓄电池充电要求的制式，即把交流电转换为相应电压的直流电，并按要求控制其充电电流。充电器开始时为恒流充电阶段。当电池电压上升到一定值时,充电器进入恒压充电阶段,输出电压维持在相应值,充电器进入恒压充电阶段后,电流逐渐减小。当充电电流减小到一定值时,充电器进入涓流充电阶段。还有的采用脉冲式电流进行快速充电。

(2) 电力驱动主模块　电力驱动主模块主要由中央控制单元、驱动控制器、电动机和机械传动装置组成。为适应驾驶人的传统操纵习惯,纯电动汽车仍保留了加速踏板、制动踏板及有关操纵手柄或按钮等。不过在纯电动汽车上是将加速踏板、制动踏板的机械位移量转换为相应的电信号,输入到中央控制单元,来对汽车的行驶实行控制。对于离合器,除了传统的驱动模式采用外,其他的驱动结构就都省去了。而对于档位变速杆,为遵循驾驶人的传统习惯,一般仍需保留,有前进、空档和倒退三个档位,并且以开关信号传输到中央控制单元来对汽车进行前进、停车和倒车控制。

1) 中央控制单元。中央控制单元不仅是电力驱动主模块的控制中心,也要对整辆纯电动汽车的控制起到协调作用。它根据加速踏板与制动踏板的输入信号,向驱动控制器发出相应的控制指令,对电动机进行起动、加速、降速和制动控制。在纯电动汽车降速和下坡滑行时,中央控制器配合车载电源模块的能源管理系统进行发电回馈,使蓄电池及时反向充电。对于与汽车行驶状况有关的速度、功率、电压、电流及有关故障诊断等信息还需传输到辅助模块的驾驶室显示操纵台进行相应的数字或模拟显示,也可采用液晶屏幕显示来提高其信息量。另外,如驱动采用轮毂电动机分散驱动方式,当汽车转弯时,中央控制器也需与辅助模块动力的硬件连线,提高可靠性,现代汽车控制系统已较多地采用了计算机多 CPU 总线控制方式,特别是对于采用轮毂电动机进行 4WD(前后四轮驱动)控制的模式,更需要运用总线控制技术来简化纯电动汽车内部电路的布局,提高其可靠性,也便于故障诊断和维修,并且采用该模块化结构,一旦技术成熟其成本也将随批量的增加而大幅下降。

2) 驱动控制器。驱动控制器的功能是按中央控制单元的指令、电动机的速度和电流反馈信号,对电动机的速度、驱动转矩和旋转方向进行控制。驱动控制器与电动机必须配套使用,目前对电动机的调速主要采用调压和调频等方式,这主要取决于所选用的驱动电动机类型。由于蓄电池以直流电方式供电,所以对直流电动机主要是通过 DC/DC 转换器进行调压调速控制的;而对于交流电动机需通过 DC/AC 转换器进行调频调压矢量控制;对于磁阻电动机是通过控制其脉冲频率来进行调速的。当汽车进行倒车行驶时,需通过驱动控制器使电动机反转来驱动车轮反向行驶。当纯电动汽车处于降速和下坡滑行时,驱动控制器使电动机运行于发电状态,电动机利用其惯性发电,将电能通过驱动控制器回馈给蓄电池。

3) 电动机。电动机在纯电动汽车中被要求承担着电动和发电的双重功能,即在正常行驶时发挥其主要的电动机功能,将电能转化为机械旋转能;而在降速和下坡滑行时又被要求进行发电,将车轮的惯性动能转换为电能。对电动机的选型一定要根据其负载特性来选,通过对汽车行驶时的特性分析,可知汽车在起步和上坡时要求有较大的起动转矩和相当的短时过载能力,并有较宽的调速范围和理想的调速特性,即在起动低速时为恒转矩输出,在高速时为恒功率输出。电动机与驱动控制器所组成的驱动系统是纯电动汽车中最为关键的部件,纯电动汽车的运行性能主要取决于驱动系统的类型和性能,它直接影响着车辆的各项性能指标,如车辆在各工况下的行驶速度、加速与爬坡性能以及能源转换效率。

4) 机械传动装置。纯电动汽车机械传动装置的作用是将电动机的驱动转矩传输给汽车的驱动轴,从而带动汽车车轮行驶。由于电动机本身就具有较好的调速特性,其变速机构可被大大简化，较多的是为放大电动机的输出转矩仅采用一种固定的减速装置。又因为电动机可带负载直接起动，即省去了传统内燃机汽车的离合器。由于电动机可以容易地实现正反向旋转，所以也就无须通过变速器中的倒档齿轮组来实现倒车。对电动机在车架上合理布局即可省去传动轴和万向节等传动链。当采用轮毂式电动机分散驱动方式时，又可以省去传统汽车的驱动桥、机械差速器和半轴等一切传动部件，所以该驱动方式也可被称为"零传动"方式。纯电动汽车传动装置按所选驱动结构可以有多种组合方式。

（3）辅助模块　辅助模块包括辅助动力源、动力转向单元、驾驶室显示操纵台和各种辅助装置等。各个装置的功能与传统汽车上的基本相同，其结构原理依纯电动汽车的特点和需求有所区别。

1）辅助动力源。辅助动力源是供给纯电动汽车其他各种辅助装置所需的动力电源，一般为12V或24V的直流低压电源，它主要给动力转向、制动力调节控制、照明、空调和电动门窗等各种辅助装置提供所需的能源。

2）动力转向单元。转向装置是为实现汽车的转向而设置的，它由转向盘、转向器、转向机构与转向轮等组成。作用在转向盘上的控制力，通过转向器和转向机构和转向轮偏转一定的角度，实现汽车的转向。为提高驾驶人的操控性，现代汽车都采用了动力转向，较理想的是采用电子控制动力转向系统（EPS）。电子控制动力转向系统主要有电控液力转向系统和电控电动转向系统两类，对于纯电动汽车较适于选用电控电动转向系统。多数汽车为前轮转向，而工业用电动叉车常采用后轮转向，为提高汽车转向时的操纵稳定性和机动性，较理想的是采用四轮转向系统，而对于采用轮毂式电动机分散驱动的纯电动汽车，由于电动机控制响应速度的提高，可更容易地实现四轮电子差速转向控制。另外，为配合转弯时左右两侧车轮有相应的差速要求，还需同时控制电子差速器协调工作。

3）驾驶室显示操纵台。它类同于传统汽车驾驶室的仪表盘，不过其功能根据纯电动汽车驱动的控制特点有所增减，其信息指示更多地选用数字或液晶屏幕显示。它与电力驱动主模块中的中央控制单元结合，用计算机进行控制。万向电动汽车有限公司已为此研发了纯电动汽车专用的数字化电控系统，它是以CAN总线、嵌入式技术为核心的数字化整车电控系统，GPS/GPRS集成到车载信息系统，提升纯电动汽车档次，符合环保时尚消费理念。

4）辅助装置。纯电动汽车的辅助装置主要有照明、各种声光信号装置、车载音响设备、空调、刮水器、风窗除霜清洗器、电动门窗、电控玻璃升降器、电控后视镜调节器、电动座椅调节器和车身安全防护装置控制器等。它们主要是为提高汽车的操控性、舒适性和安全性而设置的，有些是必要的，有些是可选用的。与传统汽车一样，大都有成熟的专用配件供应。不过选用时应考虑到纯电动汽车能源不富裕的特点，特别是空调所消耗的能量比较大，应尽可能从节能方面考虑。另外，对于有些装置可用液压或电动两种方式来控制的，一般选用电动控制的较为方便。

2. 纯电动汽车的底盘

纯电动汽车的底盘是整个汽车的基体，不仅起着支承蓄电池、电动机、驱动控制器、汽车车身、空调及各种辅助装置的作用，同时也将电动机的动力进行传递和分配，并按驾驶人的意图（加速、减速、转向、制动等）行驶。按传统汽车的归类或叙述习惯，汽车底盘应包括传动系统、行驶系统、转向系统和制动系统四大系统。

纯电动汽车的几种驱动方式如图 4-89 所示。

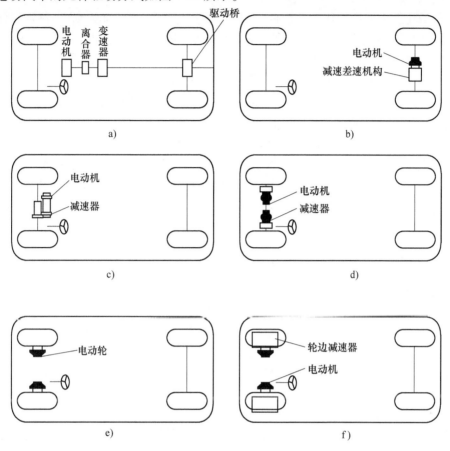

图 4-89　纯电动汽车的几种驱动方式

a）电动机轴与驱动轴相互垂直　b）整体驱动桥式　c）电动机轴与驱动轴相互平行
d）双电动机整体驱动桥式　e）直流驱动式电动轮　f）带轮边减速器电动轮

对于纯电动汽车其传动系统根据所选驱动方式不同，不少被简化或省掉。

行驶系统包括车桥、车架、悬架、车轮与轮胎，其中车桥如采用轮毂电动机驱动也就省去了；车架是整个汽车的装配基体，其作用主要是支承连接汽车的各零部件，承受来自车内和车外的各种载荷；悬架是车架（或车身）与车轮（或车桥）之间的一切传力连接装置的总称，它主要由弹性元件、减振器和导向机构等组成，它与充气轮胎一起缓和不平路面对车辆的冲击振动；车轮主要由轮辋和轮辐等组成，其内部还需安装制动器，并还可能需要安装轮毂电动机，所以结构会很紧凑；为减小纯电动汽车行驶时的滚动阻力，轮胎应采用子午线轮胎。转向系统包括转向操纵机构、转向器和转向传动机构等，它按能源的不同被分为机械转向系统和动力转向系统两大类，机械转向系统与传统汽车的完全一致，动力转向系统前已简单说明。

制动系统由供能装置、控制装置、传动装置和制动器四个基本部分组成，按其功用不同被分为行车制动系统、驻车制动系统、应急制动系统和辅助制动系统等，对于纯电动汽车由于可利用电动机实现再生制动进行能量回收，并且还可利用电磁吸力实现电磁制动，因此随着技术的发展其制动系统也将会有较大的变化。

3. 车身与纯电动汽车总体布局的特点

汽车车身主要由车身本体、开启件（各种门、窗、行李箱和车顶盖等）、各种座椅、内外饰附件和安全保护装置（保险杠、安全带、安全气囊等）组成。针对纯电动汽车能源少的特点，对汽车车身的外形应尽可能缩小其迎风面积，来减小空气阻力，并采用轻型高强度材料来减轻汽车自身的重量。对车内各个部件的布局也相当重要，由于纯电动汽车动能的传递主要是通过柔性的电缆，即减少了大量用刚性的机械件连接部件的动能传递，因此纯电动汽车各部件的布置具有较大的灵活性，并且蓄电池组也可分散布置，作为配重物来布局。纯电动汽车各个部件总体布局的原则是：符合车辆动力学对汽车重心位置的要求，并尽可能降低车辆质心高度。特别是对于采用轮毂电动机驱动实现"零传动"方式的纯电动汽车，不仅去掉了发电机、冷却液系统、排气消声系统和油箱等相应的辅助装置，还省去了变速器、驱动桥及所有传动链，既减轻了汽车自重，又留出了许多空间，其结构可以说发生了脱胎换骨的变化，车辆的整个结构布局需重新设计全面考虑各种因素。

三、混合动力汽车动力传递方式

电驱动系统是新能源汽车的核心技术之一，它的主要任务是按照驾驶人的驾驶意图，将动力电池的化学能高效地转化为机械能，经过变速器和驱动轴等机构驱动车轮。电驱动系统主要有电动机、功率器件和控制系统组成。电动机将电能转化为机械能驱动车辆，并在车辆制动时把车辆的动能再转化成为电能反馈到动力电池中实现车辆的再生制动。功率器件用来对电动机提供相应的电压和电流。控制系统一般包括中央处理器、检测单元和中间连接单元。它通过控制功率器件调整电动机的运行，以产生特定的转矩和转速。电驱动系统的功能模块框图如图4-90所示。

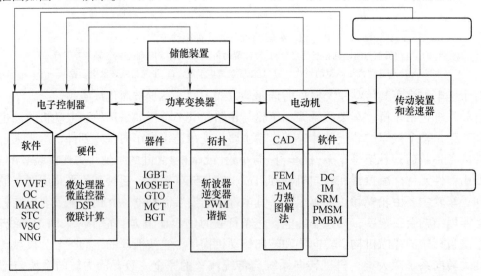

图4-90 电驱动系统的功能模块框图

电驱动系统中的电子控制器根据来自加速踏板和制动踏板的信号，控制功率转换器进行工作，使得由储能装置提供的直流电源变为适当的交流电源，从而按照驾驶人期望的输出转矩来驱动电动机，再经过传动装置和差速器来驱动车轮，使车轮前进或后退。

混合动力电动汽车的驱动系统通常包含两个动力系统，一般情况下，混合动力电驱动系统含有一个可双向能量流的动力系统,如图4-91所示。

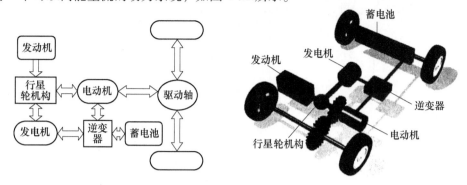

图4-91 混合动力电动汽车的驱动系统图

混合动力电动汽车的结构可大致定义为确定能量流通路与控制端口组件之间的连接关系,一般情况下,混合动力电动汽车分为三种基本形式:串联式、并联式、混联式。

串联式混合动力的结构如图4-92所示,它的动力传递是通过发动机产生动力驱动电动机发动,再把电能储存在动力电池中,供电动机驱动传动装置和差速器使用,进而驱动车轮前进或后退。

并联式混合动力的结构如图4-93所示,它的动力由发动机和电池组提供,发动机的动力经变速器传给传动装置来驱动,差速器来驱动车轮前进或后退,电池组则把电能输出给电动机,电动机把动力传给变速器再经传动装置和差速器来驱动车轮前进或后退。

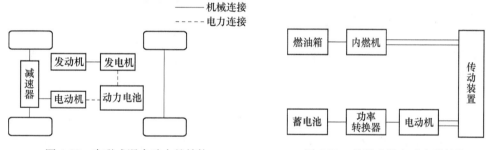

图4-92 串联式混合动力的结构　　　　图4-93 并联式混合动力的结构

混联式混合动力的结构如图4-94所示,发动机带动发电机产生电能,产生的电能通过逆变器后驱动电动机产生电磁力矩从而驱动汽车运动。串联式混合动力汽车的车辆加速性能、爬坡性能和最高车速完全取决于牵引发动机的性能。蓄电池组是储能元件,可以起到功率平衡作用,即当发电机发出的功率小于电动机需求的功率时,蓄电池组提供额外的功率进行补充;当发电机发出的功率大于电动机需求的功率时,通过蓄电池组来接收多余的功率。从电池组到DC/DC转换器,到逆变器,再到电动机这个能量通道是可逆的,可以回收制动时候产生的能量,从而提高能源利用率。

(1) 起动和低速运行　当车辆起动出发,或者以低速运行时,主要牵引电动机提供原动力,若蓄电池处于低荷电状态,则发动机立即起动,如图4-95所示。

(2) 正常工况下　在正常工况下行驶的时候,发动机功率经过动力分配装置分配为两个功率流通路:一部分直接驱动车轮;另一部分通过发电机产生电能再驱动电动机,通过电动机来驱动车轮。通过控制两个能量通道分配的比例,可以获得最大的运行效率,如图4-96所示。

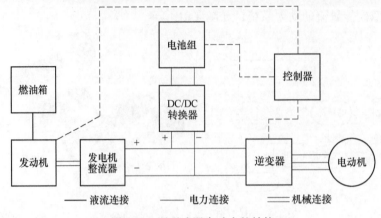

图 4-94 混联式混合动力的结构

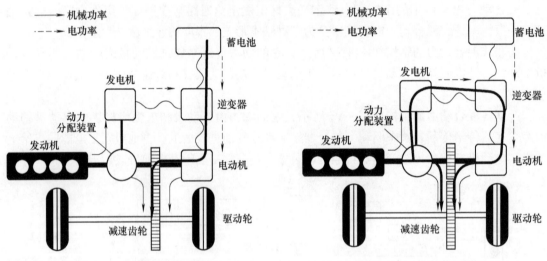

图 4-95 起动和低速运行　　　　　图 4-96 正常工况运行

（3）全加速工况　在全加速工况下，功率除了由发电机提供外，蓄电池组还提供额外的功率，通过发电机和牵引电动机的转矩耦合，来提供加速所需要的功率，如图 4-97 所示。

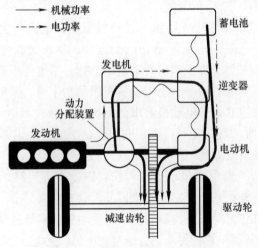

图 4-97 全加速工况

第七节　汽车电子控制装置

汽车电子控制装置的种类很多，有电控燃油喷射系统（EFI）、制动防抱死系统（ABS）和安全气囊系统（SRS）等。

一、液力变矩器和液力自动变速器

1. 液力自动变速器的组成

如图4-98所示，液力自动变速器由液力变矩器、行星轮、液压操纵系统、传感器和ECU组成，通过液力传递和齿轮组合的方式来达到变速变矩。它属于阶梯间断式的传动方式。目前液力自动变速器在市场上的拥有量最大，约占80%以上。

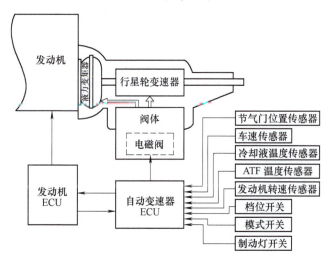

图4-98　液力自动变速器控制原理图

2. 液力变矩器

（1）液力变矩器的结构　液力变矩器主要由泵轮、涡轮和导轮组成，如图4-99所示。变矩器壳体用螺栓与发动机飞轮联接在一起。壳体又和泵轮焊接在一起。因此，壳体与泵轮随发动机转动，作为发动机的动力输入。泵轮的叶片冲焊在壳体上。当泵轮转动时，在离心力的作用下，液体从中央被甩到泵轮的边缘。

液体从泵轮外缘甩出，撞击到涡轮的外边缘。涡轮和泵轮相似，在其内部有叶片。液体撞击涡轮叶片边缘，冲击力使涡轮转动。机械变速器的输入轴用花键与涡轮相连，当涡轮和输入轴旋转时，动力输入到机械变速器。

为了使变矩器在某些工况下具有转矩增大的功能，新增了一个导轮，它介于泵轮和涡轮之间，导轮通过中间的单向离合器内花键和固定轴相连，进而与变速器壳体连接，它允许导轮沿一个方向自由旋转，而在另一个旋转方向则锁止。导轮叶片通常是铝合金浇铸而成，其叶

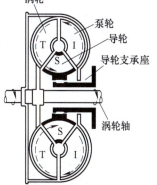

图4-99　液力变矩器的结构图

163

片呈斜平面，如图 4-100 所示。

（2）变矩器输出转矩增大原理　如图 4-101 所示，新增一个导轮后使变矩器具有转矩增大的功能。当液体离开泵轮冲击涡轮时，把液体能量传递给涡轮并使其转动，与此同时流经涡轮的液体从中间流出，撞击导轮叶片的正面（此时单向离合器锁止导轮静止），液体受阻挡而产生折射，具有方向性的液体重新返回到泵轮叶片上。根据作用力和反作用力相等的原则，导轮正面叶片受到冲击力增加了涡轮的输出力矩。流动液体对导轮产生的作用力矩，可使变矩器的输出转矩提高两倍甚至更多。

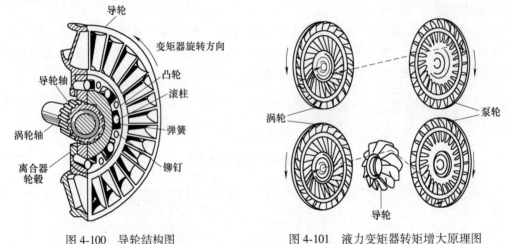

图 4-100　导轮结构图　　　　图 4-101　液力变矩器转矩增大原理图

（3）变矩器锁止离合器　为了解决变矩器高速时传动效率低的问题，电控自动变速器的变矩器内部都设置了锁止离合器。变矩器锁止离合器的主要功能如下：

1）在汽车低速时，利用变矩器液力耦合低速转矩增大的特征，提高汽车起步和坏路的加速性。

2）在汽车高速时，变矩器锁止，离合器锁止，使液力耦合（"软连接"）让位于直接的机械传动（"硬连接"），提高传动效率，降低燃油消耗。

变矩器的锁止离合器由一个类似普通离合器压盘的活塞组成，如图 4-102 所示。当车速较低时，活塞两侧压力相等，锁止离合器分离，动力完全通过液压油传至涡轮。当汽车在良好路面上行驶且符合锁止要求时，活塞在前后压力差的作用下压紧变矩器壳体，锁止离合器接合，输入变矩器的动力通过锁止离合器的机械连接，由压盘直接传至涡轮输出，使其效率为 100%。

带锁止离合器的变矩器结构如图 4-102 所示。在变矩器壳体和涡轮之间的压盘用花键与涡轮轮毂联结，并允许压盘在涡轮轮毂上轴向运动。环状的摩擦材料粘在压盘前端面上，当处于锁止状态时，液压油作用在压盘的背面，通过摩擦材料和壳体端部接触，由此建立发动机和变速器的刚性连接。当处于刚性连接时，为了吸收传动系统的振动和冲击，在压盘总成上设置了多个扭振弹簧和窗口，增设阻尼材料，通过扭振弹簧的变形加以吸收。当解除锁止时，来自控制阀的液压油进入压盘的正面，推动压盘移动，解除摩擦材料和壳体接触，同时该液压油从活塞外缘和壳体内缘的缝隙中进入叶轮的腔内，此时变矩器恢复液力耦合状态。变矩器两种状态的实现是通过改变进入变矩器液体的流动方向完成的，如图 4-103 所示。注意，作用在压盘正面和背面的油压差别很大，前者是低压（释放），而后者为高压(锁止)。

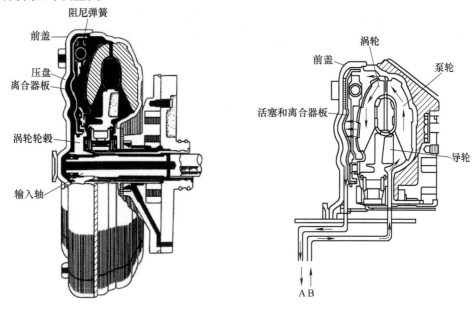

图 4-102 锁止离合器　　　　图 4-103 变矩器锁止离合器处于锁止位置

二、电控燃油喷射系统

1. 电控燃油喷射系统的构成

汽油发动机电控燃油喷射系统由燃油供给系统、空气供给系统和电子控制系统三部分组成。电控燃油喷射系统的结构如图 4-104 所示。

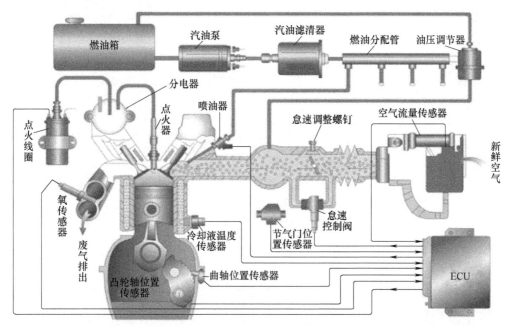

图 4-104　电控燃油喷射系统的结构

(1) 燃油供给系统

1) 功用。燃油供给系统的作用是向气缸供给燃烧所需的汽油。

2) 组成。燃油供给系统主要由汽油泵、汽油滤清器、喷油器、油压调节器和输油管道等组成。

3) 工作情况。燃油供给系统的工作情况图如图 4-105 所示。

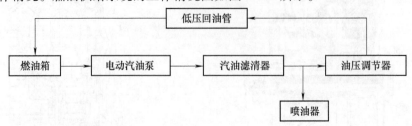

图 4-105 燃油供给系统的工作情况图

燃油流动路径为：燃油箱→汽油泵输油管→汽油滤清器→燃油分配管→喷油器。

回油路径为：燃油箱→汽油泵输油管→汽油滤清器→燃油分配管→油压调节器→回油管→燃油箱。

(2) 空气供给系统

1) 功用。空气供给系统的作用是控制并测量吸入发动机的空气量，提供可燃混合气形成所需的空气。

2) 组成。空气供给系统主要由空气滤清器、空气流量传感器、节气门体、进气总管、进气歧管和怠速控制(ISC)阀等组成。

3) 工作情况。空气供给系统的工作情况图如图 4-106 所示。

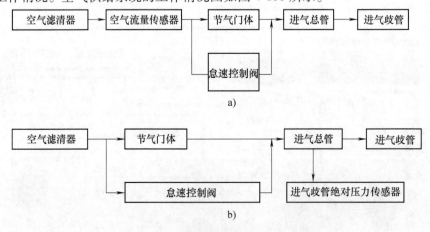

图 4-106 空气供给系统的工作情况图
a) L 型 b) D 型

(3) 电子控制系统

1) 功用。电子控制系统的主要作用是根据发动机运转状况和车辆运行状态确定汽油的喷射量。

2) 组成。电子控制系统由传感器、ECU 和执行元件(执行器)三部分组成。

3) 工作情况。电子控制系统的工作情况图如图 4-107 所示。

2. 电控燃油喷射系统的工作原理

ECU 首先读取进气歧管真空度(或进气流量)、发动机转速、冷却液温度、进气温度和节气门位置等传感器输入的信息,然后将这些信息与储存在 ROM 存储器中的预置好的信息进行比较,进而确定在这种状态下发动机所需的油量和点火提前角时间。

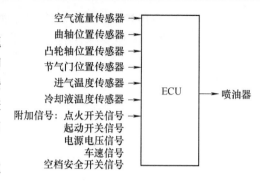

图 4-107 电子控制系统的工作情况图

预先储存在存储器内的信息是由发动机优化数据试验获得的。一般来讲,进气歧管真空度(或进气流量)和发动机转速是主参数,由它们可以确定在此工况下的基本燃油供给量和基本的点火正时时刻。其他几个参数对基本量起修正作用。

三、汽车防抱死制动系统

ABS 是汽车上的一种主动安全装置,用于汽车制动时防止车轮抱死拖滑,以提高汽车制动过程中的方向稳定性、转向控制能力和缩短制动距离。其原理是通过给各车轮施加最合适的制动力,充分利用轮胎和地面的附着系数,获得最佳的制动效果,保证汽车的行驶安全。

1. ABS 理论基础

(1) 制动过程中轮胎的三种状态 通过观察汽车制动过程中车轮与地面接触痕迹的变化,可以知道制动车的运动方式一般均经历了三个变化阶段,即开始的纯滚动,随后的边滚边滑和后期的纯滑动。

制动过程中轮胎的三种状态如图 4-108 所示。

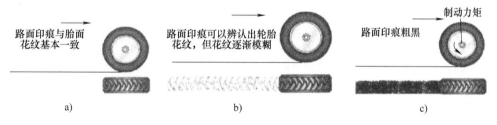

图 4-108 制动过程中轮胎的三种状态
a) 纯滚动 b) 边滚边滑 c) 纯滑动

(2) 滑移率的定义 由图 4-108 可知,汽车在制动过程中,车轮在路面上的运动是一个边滚边滑的过程。当汽车未制动时,车轮处于纯滚动状态;当车轮制动抱死时,车轮在路面上的运动处于纯滑动状态。为了定量描述汽车制动时车轮的运动状态,引入车轮滑移率 S 来反映车轮滑动的成分。

$$滑移率 S = \frac{车速-轮速}{车速} \times 100\%$$

当滑移率为 0 时,表示车轮处于纯滚动状态。
当滑移率为 100% 时,表示车轮被抱死,车轮处于纯滑动状态。

当滑移率在0~100%时,表示车轮处于边滚边滑的状态。

(3) 附着系数 ϕ 与滑移率 S 的关系　附着系数 ϕ 与滑移率 S 的关系如图4-109所示。

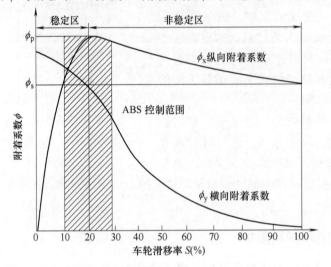

图4-109　附着系数 ϕ 与滑移率 S 的关系

由试验得知:当汽车车轮的滑移率在15%~25%时,轮胎与路面间有最大的纵向附着系数和比较大的横向附着系数,此时的制动效果最佳。因此汽车在制动时,车轮不应完全抱死,而应处于边滚边滑的状态。

(4) ABS的优点　汽车在制动过程中,车轮抱死时危害很大,但当滑移率在20%左右时,车轮与地面之间的纵向附着系数很大,可以获得最大的地面制动力,能最大限度地缩短制动距离;同时车轮与地面之间的横向附着系数也较大,使得汽车制动时能较好地保持方向稳定性和转向控制能力。以提高汽车行驶性能为目的而开发的各种ABS装置,其原理就是充分利用轮胎和地面的附着系数。ABS(图4-110)是在传统制动系统(图4-111)的基础上,增加了一套防止车轮制动抱死的控制系统。在汽车制动时,该套装置采用控制制动液压压力的方法,给各车轮施加最合适的制动力,将车轮滑移率控制在理想滑移率附近的较小范围内,从而实现最佳的制动效果。图4-112所示为传统制动系统与ABS制动效果的比较。

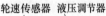

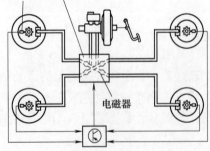

图4-110　ABS

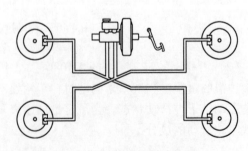

图4-111　传统的制动装置

因此ABS具有如下优点:

1) 提高了汽车制动时的稳定性。
2) 提高了汽车在制动时方向的操纵性。

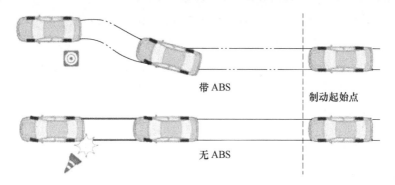

图 4-112 传统制动系统与 ABS 制动效果的比较

3）缩短了汽车的制动距离。

4）减少了轮胎局部的过度磨损。

(5) ABS 的种类

1）按生产厂家分类。按生产厂家，ABS 可分为德国的博世（Bosch）ABS、戴维斯（Teves）ABS、美国的德尔科（Delco）ABS 和美国的本迪克斯（Bendix）ABS。这四种 ABS 目前应用广泛，且在不断发展、更新和换代。其中德国的博世（Bosch）ABS 和戴维斯（Teves）ABS 在欧洲、美国、日本和韩国等汽车中采用最多。

2）按控制方式分类。按控制方式可分为单参数控制和双参数控制。单参数控制以控制车轮的角减速度为对象，控制车轮的制动力，实现防抱死制动，其结构主要由轮速传感器、控制器（ECU）及电磁阀组成；双参数控制的 ABS 由车速传感器（测速雷达）、轮速传感器、控置（ECU）和执行机构组成。其工作原理是车速传感器和轮速传感器分别将车速和轮速信号输入 ECU，由 ECU 计算出实际滑移率，并与理想滑移 15%～25% 进行比较，再通过电磁阀来控制制动器的制动力。

3）按控制通道和传感器数目分类。在 ABS 中，对能够独立进行制动压力调节的制动管路称为控制通道。如果某个车轮的制动压力占用一个控制通道单独进行调节，则称为独立控制。如果对两个（或两个以上）车轮的制动压力同时进行调节，则称这控制方式为同时控制。

在两个车轮的制动压力进行同时控制时，如果以保证附着力较大的车轮不发生制动抱死为原则进行制动压力调节，这种控制方式称为高选控制；如果以保证附着力较小的车轮不发生制动抱死为原则进行制动压力调节，则这种控制方式称为低选控制。

实际使用中常按控制通道和轮速传感器的数目进行分类。按照控制通道数目的不同，ABS 分为四通道 ABS、三通道 ABS、双通道 ABS 与单通道 ABS。

① 四通道 ABS 如图 4-113 所示。

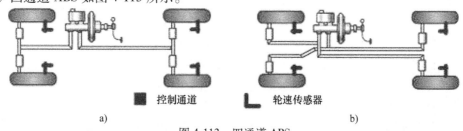

图 4-113 四通道 ABS

a）双制动管路前后布置 b）双制动管路对角布置

四通道 ABS 有四个轮速传感器，在通往四个车轮制动分泵的管路中，各设一个制动压力调节装置，分别对各个车轮进行独立控制。

由于四通道 ABS 是根据各轮速传感器输入信号，分别对各个车轮进行独立控制，因此四通道 ABS 附着系数利用率高，制动时可以最大限度地利用每个车轮的最大附着力。四通道控制系统特别适用于汽车左右两侧车轮附着系数相近的路面，不仅可以获得良好的方向稳定性和转向控制能力，而且可以获得最短的制动距离。但在不对称路面上制动时的方向稳定性差。行驶在附着系数对开的路面上或汽车两侧垂直载荷相差较大时，制动时两个车轮的地面制动力就相差较大，因此会产生横摆力矩，使车身向制动力较大的一侧跑偏，不能保持汽车按预定方向行驶，会影响汽车的方向稳定性。

② 三通道 ABS 是对两前轮进行独立控制，两后轮按低选原则进行统一控制，也称为混合控制。

图 4-114a 所示为按前后布置的双管路制动系统。该系统中虽然在通往四个车轮制动分泵（轮缸）的制动管路中，各设置一制动压力调节分装置，但两个后轮制动压力调节分装置却是由电子控制器按低选原则统一控制的，因此，实际上仍然是三通道 ABS。

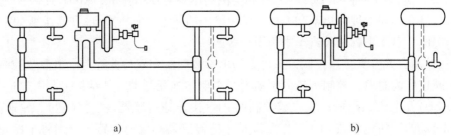

图 4-114 三通道 ABS

图 4-114b 所示为按前后布置的双管路制动系统，在通往两后轮制动分泵（轮缸）的制动总管路中，只设置一个制动压力调节分装置，以便对两后轮制动分泵的制动压力进行统一控制。由于三通道 ABS 对两后轮进行统一控制，对于后轮驱动的汽车，也可以在传动系统中（如主减速器或变速器中）只设置一个轮速传感器，感测两后轮的平均转速，实现近似低选原则的统一控制。

③ 双通道 ABS。为减少制动压力调节器的数量，降低成本，有些车也采用双通道 ABS，如图 4-115 所示。但是由于双通道 ABS 难以在方向稳定性、转向操纵性和制动距离各方面得到兼顾，目前很少采用。

④ 单通道 ABS 在后轮制动器总管中设置一个制动压力调节器，在后桥主减速器上安装一个轮速传感器，如图 4-116 所示。单通道 ABS 一般都是对两后轮按低选原则进行统一控制，但不能使两后轮的附着力得到充分利用，因此制动距离不一定会明显缩短。另外前轮制动分泵的压力并未进行控制，制动时前轮会出现制动抱死，因而转向操纵能力也未得到改善，但由于制动时两后轮并未抱死，能够显著地提高制动时的方向稳定性，且结构简单，成本低，所以单通道 ABS 目前在一些轻型载货汽车上仍广泛采用。

2. ABS 的基本组成与工作原理

ABS 是在普通制动系统的基础上，加装 ABS ECU、ABS 液压控制单元、轮速传感器和 ABS 警告灯等装置而形成的制动系统，其基本构成如图 4-117 所示。

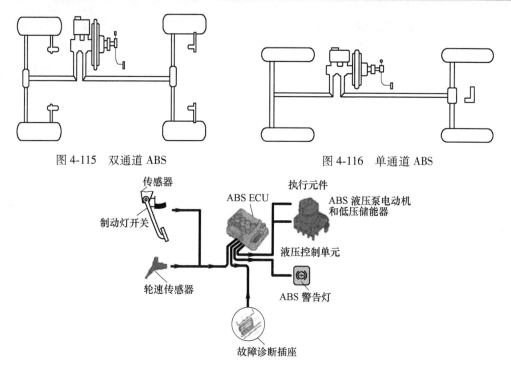

图 4-115 双通道 ABS　　　　图 4-116 单通道 ABS

图 4-117 ABS 的组成

（1）ABS 的主要零部件

1）轮速传感器。轮速传感器的主要作用是检测车轮运动状态，获得车轮转速信号，并将车轮的转速信号送给 ECU。目前 ABS 的轮速传感器主要有电磁感应式轮速传感器和霍尔感应式轮速传感器。轮速传感器一般安装在车轮处，但也有设置在主减速器或变速器中的，其主要由传感头和齿圈组成，如图 4-118 所示。

如图 4-119 所示，磁感应式轮速传感器由电磁感应式传感头和磁性齿圈组成。传感头由永久磁芯和感应线圈组成，齿圈由铁磁性材料制成。当齿圈旋转时，齿顶与齿隙轮流交替对向磁芯，当齿圈转到齿顶与传感头磁芯相对时，传感头磁芯与齿圈之间的间隙最小，由永久磁芯产生的磁力线就容易通过齿圈，感应线圈周围的磁场就强。而当齿圈转动到齿隙与传感磁芯相对时，传感头磁芯与齿圈之间的间隙最大，由永久磁芯产生的磁力线就不容易通过齿圈，感应线圈周围的磁场就弱。此时，磁通迅速交替变化，在感应线圈中就会产生交变电压，

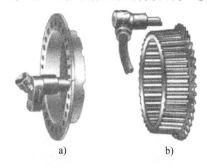

图 4-118 轮速传感器的安装位置
a) 前轮轮速传感器　b) 后轮轮速传感器

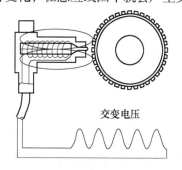

图 4-119 磁感应式轮速传感器的工作原理图

交变电压的频率将随车轮转速成正比例变化。ECU 可以通过轮速传感器输入的电压脉冲频率进行处理，来确定车轮的转速和汽车参考的速度等。

2）制动压力调节器。制动压力调节器如图 4-120 所示，是 ABS 中最主要的执行器，一般设在制动总泵（主缸）与车轮制动分泵（轮缸）之间。它的作用是接收 ECU 的指令，通过电磁阀的动作来实现车轮制动器制动压力的调节器。现代轿车常用液压式制动压力调节器。液压式制动压力调节器主要由电磁阀、液压泵和储压器等组成。串接在制动主缸和工作缸之间，用电磁阀和液压泵产生的压力控制制动力，主要有循环式制动压力调节器和可变容积式制动压力调节器等。

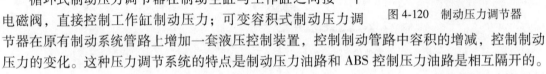

循环式制动压力调节器在制动主缸与工作缸之间接一个电磁阀，直接控制工作缸制动压力；可变容积式制动压力调

图 4-120 制动压力调节器

节器在原有制动系统管路上增加一套液压控制装置，控制制动管路中容积的增减，控制制动压力的变化。这种压力调节系统的特点是制动压力油路和 ABS 控制压力油路是相互隔开的。

3）ABS ECU。主要作用是接收各轮速传感器信号，进行比较、分析和判断，计算出制动时车轮的转速和车速变化，来判断车轮与道路表面之间的滑移状况，然后控制制动压力调节器去执行压力调节的任务。同时，还包括初始检测功能、故障检测功能、轮速传感器检测功能和失效保障功能。ABS ECU 工作原理图如图 4-121 所示。

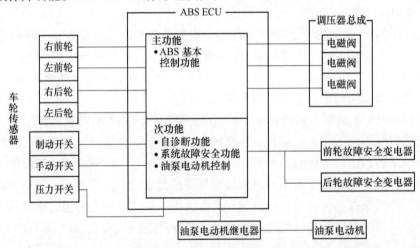

图 4-121 ABS ECU 工作原理图

4）ABS 警告灯。ABS 警告灯的作用是显示系统工作状态及自诊断报警。黄色的 ABS 警告灯可显示 ABS 控制系统的故障，它报警后汽车仍然能维持常规制动，但 ABS 已断电保护，停止工作。

（2）ABS 的基本工作原理　ABS 的基本工作原理图如图 4-122 所示。

汽车在制动过程中，轮速传感器不断把各个车轮的转速信号及时输送给 ABS ECU，ABS ECU 根据设定的控制逻辑对四个轮速传感器输入的信号进行处理，计算汽车的参考车速、各车轮速度和减速度，确定各车轮的滑移率。如果某个车轮的滑移率超过设定值，ABS ECU 就发出指令控制液压控制单元，使该车轮制动轮缸中的制动压力减小；如果某个车轮的滑移率还没达到设定值，ABS ECU 就控制液压控制单元，使制动压力增大；如果某个车轮的滑移率接近于设定值，ABS ECU 就控制液压控制单元，使该车轮制动压力保持一定。从而使各个车轮的滑移率保持在理想的范围内，防止四个车轮完全抱死。

在制动过程中，如果车轮没有抱死趋势，ABS 将不参与制动压力控制，此时制动过程与常规制动系统相同。如果 ABS 出现故障，将不再对液压单元进行控制，并将仪表板上的 ABS 故障警告灯点亮，向驾驶人发出警告信号，此时 ABS 不起作用，制动过程将与没有 ABS 常规制动系统的工作相同。

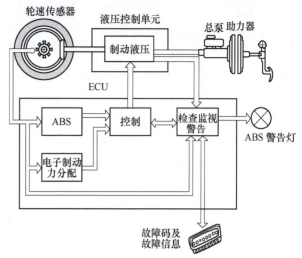

图 4-122　ABS 的基本工作原理图

3. 电控 ABS 的检修

（1）检修 ABS 的注意事项

1）ABS 与普通制动系统密不可分，普通制动系统一旦出现故障，ABS 也就不能工作，所以当车辆制动系统出现问题时，应首先判明是 ABS 故障还是普通制动系统故障，而不能把注意力全部集中在传感器、ECU 和制动压力调节器上。

2）ABS ECU 对电压、静电非常敏感，维修时稍有不慎就可能会损坏 ECU。因此，点火开关接通时不可以拔或插 ECU 上的插接器。

3）维修轮速传感器时应特别小心，不要碰伤传感器头，不要用传感器齿圈作为撬面，以免损坏，安装时不可用力敲击，磁隙可以调整，但要用非磁性工具调整。

4）装有 ABS 的汽车，每年应更换一次制动液，否则，制动液吸湿性很强，含水后不仅会降低沸点，产生腐蚀，还会造成制动效能衰退。

5）注意不要让 ECU 受碰撞和敲击，不能处在高温环境中。

6）当蓄电池电压过低时，ABS 将不能工作，所以特别在汽车停驶长时间后再起动时，应检查蓄电池电压。

7）更换制动器或更换液压制动系统部件后，应排净制动管路中的空气，以免影响制动系统的正常工作。

（2）ABS 故障检修的一般步骤

1）确认 ABS 故障症状。

2）先对 ABS 进行直观检查，检查制动液渗漏、导线破损、插头松脱和制动液液位过低等情况。

3）利用自诊断系统进行读取故障码，然后根据维修手册来寻找故障位置。

4）根据故障情况，利用必要的工具和仪器对故障部位进行具体的检查，确定故障部位和故障原因。

5）修理或更换部件，以排除故障。

6）清除故障码。

7）路试。

（3）ABS 主要部件的检修

1）轮速传感器的检修。轮速传感器可能出现的故障有：感应线圈短路、断路或接触不良，传感器齿圈上的齿有缺损或脏污，信号探头安装不牢或磁极与齿圈之间有脏物等。

轮速传感器在安装时注意其传感头的额定扭矩，不要拧得过紧或过松，否则极轴与齿圈的间隙过小或过大，影响轮速信号的产生与输出；检查轮速传感器与桥壳之间有无间隙；传感器齿圈的齿面应无刮痕、裂缝、变形或缺齿等，严重时应更换转子轴总成。

2）ABS ECU 的检修。首先检查 ABS ECU 线束插接器有无松动，连接导线有无松脱；再检查其线束插接器各端子的电压、电阻值或波形与标准值进行比较。如果与之相连的部件和电路正常，则应更换 ECU 再试。

当更换 ABS ECU 时，将点火开关关闭，拆下 ECU 上的线束插头，拆下旧的 ECU。固定好新的 ECU，插上所有的线束插头（注意不能损坏和腐蚀，插头应接触良好），按对角线拧紧固定螺钉；起动发动机，红色制动灯和 ABS 灯应显示系统正常。

3）制动压力调节器的检修。制动压力调节器可能会出现电磁阀线圈不良、阀门泄漏等故障。检测电磁阀线圈的电阻，如果电阻值无穷大或过小等，均说明其电磁阀有故障；将制动压力调节器电磁阀加上其工作电压，看阀能否正常动作，如果不能正常动作，则应更换制动压力调节器；如果怀疑是制动压力调节器有问题，则应在制动压力调节器内无高压制动液时，拆下制动压力调节器进一步检查。

4. ABS 的故障诊断与排除

（1）故障现象　ABS 不工作，ABS 警告灯闪亮。

（2）故障诊断分析　用 VAG1552 读取故障码，代码为 00285，右前轮速传感器 G45 故障。拆下右前轮速传感器，测量其电阻值为 1.0kΩ，属正常，更换新 G45，再进行检查，故障仍然存在，00285 故障码不能被消除。拆下右前轮齿圈进行检查，发现齿轮变形，这样在行车时轮速传感器与齿圈的间隙时大时小，传输信号时强时弱。以致 ABS ECU 不能检测到这一信号，使得故障信息显示为该轮速传感器没有信号，警告灯闪亮，ABS 停止工作。

（3）故障排除　更换右前轮齿圈，消除故障码，路试行车正常，ABS 正常工作，故障排除。

四、安全气囊系统

安全气囊系统的名称是辅助防护系统（SRS）或辅助防护气囊系统（SRS、AIR 或 BAG）。因为辅助防护系统的气囊在发生碰撞时能够起到防护作用，所以人们一直都将其称为安全气囊系统。

SRS 既是被动安全装置，也是座椅安全带的辅助控制装置，只有在使用安全带的条件下，才能充分发挥保护驾驶人和乘员的作用。为了充分发挥 SRS 的保护作用，确保汽车驾驶人和乘员的人身安全，在汽车行驶时一定要系好安全带。

1. SRS 的功用

当汽车发生碰撞时，汽车与汽车或汽车与障碍物之间的碰撞，称为一次碰撞。一次碰撞后,汽车速度将急剧减慢,减速度急剧增大,驾驶人和乘员就会受到较大惯性力的作用而向前移动,使人体与转向盘、风窗玻璃或仪表台等构件发生碰撞,这种碰撞称为二次碰撞。在车辆事故中,二次碰撞是导致驾驶人和乘员遭受伤害的主要原因。

SRS 的功用是:当汽车遭受碰撞导致驾驶人和乘员的惯性力急剧增大时,使气囊迅速膨胀,在驾驶人、乘员与车内构件之间铺垫一个气垫,利用气囊排气节流的阻尼作用来吸收人体惯性力产生的动能,从而减轻人体遭受伤害的程度。

正面气囊保护驾驶人和乘员的面部与胸部,如图 4-123 所示,侧面气囊保护驾驶人和乘员的颈部与腰部,护膝气囊(即护膝垫)保护驾驶人和前排乘员的膝部,窗帘式气囊(即气帘)保护驾驶人和乘员的头部。

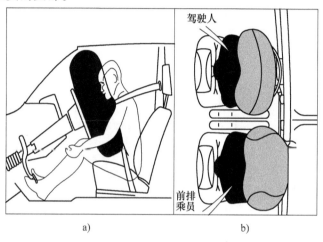

图 4-123 汽车遭受正面碰撞时 SRS 的作用情况
a)驾驶人侧气囊 b)驾驶人侧与乘员侧气囊

2. SRS 的组成

SRS 主要由碰撞传感器、防护传感器、SRS ECU、气囊组件和 SRS 指示灯等组成。正面 SRS 配装有左前和右前碰撞传感器,侧面 SRS 配装有左侧和右侧碰撞传感器,防护传感器一般都安装 SRS ECU 内部,SRS 指示灯安装在组合仪表盘上。正面 SRS 控制部件的安装位置如图 4-124 所示,控制电路由备用电源电路、故障记忆电路、故障诊断与监测电路和点火引爆电路等组成,如图 4-125 所示。

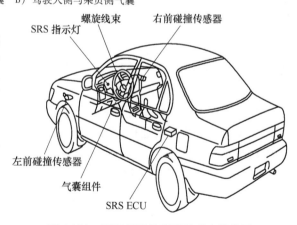

图 4-124 正面 SRS 控制部件的安装位置

3. SRS 的分类

按总体结构不同,SRS 可分为机械控制式 SRS 和电子控制式 SRS 两大类。机械控制式 SRS 早在 20 世纪 90 年代就已被淘汰,汽车目前装备的均为电子控制式 SRS。

按 SRS 功能不同,电子控制式 SRS 可分为正面 SRS(保护面部与胸部)、侧面 SRS(保护颈部与腰部)、护膝 SRS 和头部(气帘)SRS 四大类。

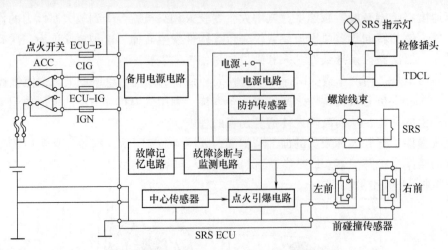

图 4-125 丰田佳美、花冠轿车 SRS 电路框图

按气囊数量不同可分为单 SRS、双 SRS 和多 SRS。单 SRS 只装备驾驶人侧气囊。20 世纪 90 年代以前生产的汽车基本上都装备单 SRS。双 SRS 装备有驾驶人侧和前排乘员侧两个气囊，20 世纪 90 年代后生产的大多数轿车都装备了双 SRS。装备三个或三个以上气囊的 SRS 称为多 SRS。汽车品牌不同、档次不同，装备气囊的数量各不相同，如天津一汽丰田轿车装备有驾驶人正面、左侧和护膝三个气囊，前排乘员正面、右侧和护膝三个气囊，驾驶人与前后排乘员左右两侧两个窗帘式气囊，共计八个气囊，如图 4-126 所示。

图 4-126 六个气囊和窗帘式气囊膨胀时的状态

在同一辆汽车上，无论气囊数量多少，既可集中进行控制，也可以分别进行控制。一般来说，正面气囊和护膝气囊可用一个 SRS ECU 进行控制，侧面气囊和头部窗帘式气囊可用一个 SRS ECU 进行控制。

4. 气囊的控制过程

当汽车遭受正面和侧面碰撞时，气囊的控制过程完全相同。下面以图 4-127 所示正面碰撞为例，说明气囊的控制过程。

当汽车遭受前方一定角度范围内的碰撞时，安装在汽车前部和 SRS ECU 内部的碰撞传感器都会检测到汽车突然减速的信号，并将信号输入 SRS ECU，以便判断是否发生碰撞。

当汽车遭受碰撞且减速度达到设定阈值时，SRS ECU 发出控制指令将气囊组件中的点火器（电雷管）电路接通，电雷管引爆使点火剂（引药）受热爆炸（即电热丝通电发热引爆炸药）。当点火剂引爆时，迅速产生大量热量，充气剂受热分解并释放出大量氮气（固态叠氮化钠受热 300℃时就会分解出氮气）充入气囊，使气囊冲开气囊组件上的装饰盖向驾驶人和乘员方向膨胀，在人体与车内构件之间铺垫一个气垫，驾驶人和乘员面部与胸部压靠在充满气体的气囊上，将人体与车内构件之间的碰撞变为弹性碰撞，通过气囊产生变形和排气节流来吸收人体碰撞产生的动能，从而达到保护人体的目的。

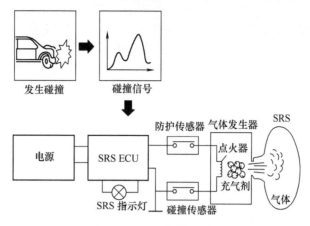

图 4-127 SRS 的控制过程

真题分析

一、判断题

1.（　　）发动机液压挺杆因为能自动补偿气门间隙，所以不需要人工调整气门间隙。

【分析】 本题考核的知识点是"液压挺柱的特点"，液压挺柱与普通挺柱的区别在于液压挺柱不需要人工调整气门间隙。【答案】√。

2.（　　）自动变速器内离合器的作用是将某一执行元件固定。

【分析】 本题考核的知识点是"自动变速器内离合器的作用"，很显然题干是将制动器的作用当成了离合器的作用。【答案】×。

3.（　　）转向轮定位只包括前轮前束。

【分析】 本题考核的知识点是"转向轮的定位参数"，转向轮的定位参数包括主销后倾、主销内倾、前轮外倾和前轮前束四个参数。【答案】×。

4.（　　）冷型火花塞热值小。

【分析】 本题主要考查的知识点是"火花塞的热特性"。目前世界各国对火花塞热特性比较通行的做法是用热值表示，所谓热值是指火花塞散掉所吸热量的程度，通常用阿拉伯数字表示热值的高低，一般热值越大，火花塞越冷，所以此题的说法是错误的。【答案】×。

二、单项选择题

1. 前悬是汽车最前端至（　　）中心线的距离。
A. 前轴　　　　B. 后轴　　　　C. 前轮　　　　D. 后轮

【分析】 本题考核的知识点是"汽车的主要技术参数"，"前悬"是汽车最前端至前轴中心线的距离，若考生能熟练掌握该知识点就能不难得出该题的答案。【答案】A。

2. 变速器上的（　　）是用于防止自动脱档。
A. 变速杆　　　B. 拨叉　　　　C. 自锁装置　　D. 拨叉轴

【分析】 本题考核的知识点是"变速器操纵装置",主要考查考生对其中的自锁、互锁和倒档锁装置作用的熟练掌握程度。显然,自锁装置的作用是防止自动脱档,互锁装置的作用是防止同时挂入两个档。【答案】C。

3. (　　)转向器主要由壳体、转向螺杆、摇臂轴和转向螺母等组成。
   A. 循环球式　　　B. 齿轮齿条式　　　C. 蜗杆指销式　　　D. 双指销式

【分析】 本题考核的知识点是"循环球式转向器的基本组成",循环球式转向器主要由两对传动副组成,其中一对是转向螺杆和转向螺母传动副。【答案】A。

4. 汽油机分电器中的(　　)由分火头和分电器盖组成。
   A. 配电器　　　B. 断电器　　　C. 点火提前装置　　　D. 电容器

【分析】 本题考核的知识点是"分电器的基本组成",分电器中的配电器由分火头和分电器盖组成。【答案】A。

5. (　　)不是电控发动机燃油喷射系统的组成部分。
   A. 空气系统　　　B. 燃油系统　　　C. 电子控制系统　　　D. 空调系统

【分析】 本题考核的知识点是"电控发动机燃油喷射系统的基本组成",电控发动机燃油喷射系统由燃油系统、空气系统和电子控制系统三大部分组成。考生在学习中,容易与电子控制系统的基本组成相混淆,在此提醒考生特别注意区分。【答案】D。

6. 当汽车左转向时,由于差速器的作用,左右两侧驱动轮转速不同,那么左右轮转矩的分配是(　　)。
   A. 左轮大于右轮　　　B. 右轮大于左轮　　　C. 左、右轮相等　　　D. 右轮为零

【分析】 本题考核的知识点是"差速器的转矩分配特性",即平均分配的特性,无论左右驱动车轮转速是否相等,作用于其上的转矩总是平均分配的。【答案】C。

7. (　　)有利于转向结束后转动轮和转向盘自动回正,但也容易将坏路面对车轮的冲击力传到转向盘,出现"打手"现象。
   A. 可逆式转向器
   B. 不可逆式转向器
   C. 极限可逆式转向器
   D. 齿轮齿条式转向器

【分析】 本题考核的知识点是考查考生能否正确区分可逆式、不可逆式和极限可逆式转向器的特点,考生若能熟练掌握这方面的知识,则不难得出该题的正确答案,考生在复习备考的过程中,还应掌握这三种转向器的应用情况,这一知识点在考试中也涉及较多。【答案】A。

8. (　　)的助力源是压缩空气与大气的压力差。
   A. 真空助力器　　　B. 真空增压器　　　C. 空气增压器　　　D. 空气助力器

【分析】 本题考核的知识点是"空气增压器的基本原理",在复习备考过程中,考生要注意区分空气增压器与真空增压器和真空助力器之间助力源的区别。【答案】C。

9. 制冷剂离开压缩机时的状态为(　　)。

A. 低压过热蒸气　　B. 低压过冷蒸气　　C. 高压过热蒸气　　D. 高压过冷蒸气

【分析】　本题考核的知识点是"制冷剂在制冷系统内循环流动时的状态",在制冷系统的密封回路中,制冷剂离开压缩机时的状态是高压过热蒸气。考生在复习备考的过程中,还应掌握制冷剂离开冷凝器、膨胀阀和蒸发器时的状态,这方面的知识点在考试中也涉及较多。【答案】C。

10. (　　)的最大特点是不含氯原子,ODP值为0,GWP也很低,大约为0.25～0.26。
A. HFC12　　　B. HFC13　　　C. HFC14　　　D. HFC134a

【分析】　本题考核的知识点是"制冷剂的特点",考生在复习备考的过程中,要特别熟练掌握HFC134a(R134a)和CFC12(R12)制冷剂的特点,在考试中无外乎这两种制冷剂,考生若能熟练掌握这方面的知识,则不难得出该题的答案。【答案】D。

11. 轮胎的尺寸34×7,其中×表示(　　)。
A. 低压胎　　　B. 高压胎　　　C. 超低压胎　　　D. 超高压胎

【分析】　本题考核的知识点是"汽车轮胎的规格","×"表示高压胎,"—"表示低压胎。【答案】B。

模拟试题

一、判断题(下列判断正确的在括号里打"√",错误的打"×")

1. (　　)使用活塞环拆装钳拆装活塞时用力必须均匀。
2. (　　)对于任何一台发动机都不能缺少点火系统。
3. (　　)一般进气门锥角为30°,排气门锥角为45°。
4. (　　)顶置式配气机构按凸轮轴的传动形式可分为凸轮轴下置式、凸轮轴中置式和凸轮轴上置式。
5. (　　)柴油机的空气供给装置是用来提供空气的。
6. (　　)有时四轮汽车的四个轮都是驱动轮。
7. (　　)当发电机的端电压高于蓄电池的电压时,发电机向蓄电池充电。
8. (　　)汽车用蓄电池一般由三个或六个单格电池并联而成。
9. (　　)点火控制器用于控制点火线圈的初级绕组。
10. (　　)当夏季空调制冷时,必须打开汽车A/C开关。
11. (　　)转盘式清洗机主要用于汽车零件的清洗。
12. (　　)汽车传动系通常由发动机、底盘、车身和电器设备四大部分组成。
13. (　　)按使用燃料的不同发动机可分为点燃式发动机和压燃式发动机两种。
14. (　　)对于双级主减速器,一般第一级为圆锥齿轮,第二级为圆柱斜齿轮。
15. (　　)汽车制动系统中鼓式车轮制动器按制动蹄受力方式的不同可分为简单非平衡式制动器、平衡式制动器和自动增力式制动器。
16. (　　)燃油压力的大小与发动机转速和负荷没有任何关系。
17. (　　)当发动机达到一定冷却液温度时,蜡式节温器主阀门完全打开,冷却液进行大循环。

18. (   ) 当膜片弹簧离合器在分离时,膜片弹簧会产生反向锥形变形,使压盘与从动盘分离。
19. (   ) 因压缩比较高,发动机的热效率较大,故压缩比越高越好。
20. (   ) 干式气缸套的外表面不与冷却液接触。
21. (   ) 四轮四驱的汽车通常用4×4来表示。
22. (   ) 液压动力转向系统是在原有机械式转向系统的基础上增设一套液压助力装置。
23. (   ) 驻车制动装置的功用是使汽车停放可靠,防止汽车滑溜。
24. (   ) 汽车蓄电池与发电机并联,同属于汽车的低压电源。
25. (   ) 在发动机运转及汽车行驶的大部分时间里,由蓄电池向各用电设备供电。
26. (   ) 节气门位置传感器安装在气门体上。
27. (   ) 步进电动机定子爪极的极性是不可以变换的。
28. (   ) 汽车变速器中所有常啮合齿轮均为直齿轮。
29. (   ) 制动主缸的作用是将由制动踏板输入的机械推力转变成油液压力。
30. (   ) 当蓄电池为塑料外壳时,呈半透明状,电解液液面应在厂方标明的上、下刻线之间。
31. (   ) 常压式液压动力转向装置因泄漏大、消耗功率高,故目前应用较少。
32. (   ) 按滤清方式不同,润滑系统机油滤清器可分为过滤式和离心式两种。
33. (   ) 汽车传动系统的基本功用是将发动机输出的动力传递给驱动轮。
34. (   ) 驻车制动装置通常由驾驶人用手操纵。
35. (   ) 翼子板式空气流量传感器通常安装在进气管上。
36. (   ) 冷却液温度传感器安装在水道上。
37. (   ) 蓄电池上的通气孔应经常保持清洁。
38. (   ) 手动变速器操纵机构设有倒档锁装置。
39. (   ) 真空增压器与真空助力器的助力作用都是直接增大制动主缸的推力。
40. (   ) 汽车最小离地间隙是汽车在满载时,底盘部分最低点与地面间的距离。
41. (   ) 当节气门开到全开位置的80%~85%时,发动机进入大负荷工况。
42. (   ) 发动机纵向传出的转矩经驱动桥后,使其改变90°后横向传出。
43. (   ) 发电机在发动机各种运转状态下都能向蓄电池充电。
44. (   ) 根据工作原理不同,空气流量传感器可分为翼子板式、热线式、热膜式及电容式几种。
45. (   ) 电控汽油喷射发动机放炮是指汽车运行中,排气消声器有放炮声,动力不足。
46. (   ) 车轮平衡机只用来检测和调校汽车车轮的动平衡,保证车轮运转安全平稳。
47. (   ) 粗滤器串联于润滑系统内,用以滤去润滑油中较大的杂质。
48. (   ) 普通手动变速器由变速传动机构和变速操纵机构两大部分组成。
49. (   ) 汽车的传动系统中应用最广泛的是十字轴式刚性万向节,其允许相连两轴的最大交角为15°~20°。

50.（　）对于双管路制动传动装置，当其中一套管路发生制动失效时，另一套管路仍能继续工作，使汽车仍具有一定的制动能力。
51.（　）蓄电池的极板有正极板和负极板两种，正、负极板均由极桩和活性物质等组成。
52.（　）当断电器触点闭合时，低压电路接通。
53.（　）桑塔纳2000型轿车前轮采用的是定钳型盘式制动器。
54.（　）发电机调节器是调节发电机输出电压的。
55.（　）当汽车油箱内燃油量少时，负温度系统的热敏电阻元件电阻值大，警告灯亮。
56.（　）任何水都可以直接作为冷却液加注在汽车散热器内。
57.（　）断电器由一对触点和凸轮组成，其作用是周期性接通和切断高压电路。
58.（　）桑塔纳发动机火花塞电极间隙应为0.9~1.2mm。
59.（　）汽车载质量=整车装备质量+最大装载质量。
60.（　）汽油供给装置包括汽油滤清器、汽油箱、汽油泵和输油管等。
61.（　）起动系统一般由直流串励式电动机、传动机构和控制装置三部分组成。
62.（　）怠速控制阀不受发动机ECU控制。
63.（　）燃油压力调节器是电控发动机燃油供给系统的组成部分。
64.（　）商用汽车不包括乘用车。
65.（　）四冲程柴油机可燃混合气需要点燃。
66.（　）负温度系数的热敏电阻在温度升高时其阻值减小，反之则增大。
67.（　）节气门位置传感器有线性输入型和开关量输入型及综合型三种形式。
68.（　）HFC类制冷剂包括R23、R32、R41、R125、R134、R143和R152。
69.（　）汽油机油和柴油机油有时可以代替使用。
70.（　）顶置式配气机构按凸轮轴的布置形式可分为凸轮轴下置式、凸轮轴中置式和凸轮轴上置式。
71.（　）柴油机的空气供给装置用来提供可燃混合气。
72.（　）当发电机的端电压高于蓄电池的电压时，蓄电池可以储存电能。
73.（　）若在良好的路面上出现侧滑，应检查车轮定位。
74.（　）汽车通常由发动机、底盘、车身和电器设备四大部分组成。
75.（　）按点火方式的不同发动机可分为点燃式和压燃式两种。
76.（　）对于双级主减速器，一般第一级为斜齿圆柱齿轮，第二级为锥齿轮。
77.（　）汽车制动系统中鼓式车轮制动器按张开装置的形式不同可分为简单非平衡式制动器、平衡式制动器和自动增力式制动器。
78.（　）车轮平衡有静平衡和动平衡之分。
79.（　）行车制动器的功用是使汽车停放可靠，防止汽车滑溜。
80.（　）汽车蓄电池与发电机并联，同属于汽车的高压电源。
81.（　）在发动机运转及汽车行驶的大部分时间里，由发电机向各用电设备供电。
82.（　）节气门位置传感器安装在气门体上。
83.（　）汽车传动系统的基本功用是将发动机输出的动力传递给各车轮。

84. (   )手动变速器操纵机构没有倒档锁装置。
85. (   )空气助力器与真空助力器的助力作用都是直接增大制动主缸的推力。
86. (   )转向操纵机构应转动灵活、无卡滞、装配齐全、紧固可靠。
87. (   )空气液压制动传动装置分为增压式和助力式两种。
88. (   )转向器是转向操纵机构的重要组成部分。
89. (   )转向器按结构不同主要有循环球式、齿轮齿条式和螺母螺杆式。
90. (   )高压电路的电源是点火线圈的二次绕组,负载为火花塞间隙。
91. (   )蓄电池的极板有正极板和负极板两种,正、负极板均由极桩和活性物质组成。
92. (   )当断电器触点闭合时,高压电路接通。
93. (   )制动传动装置按制动管路布置可分为单管路制动传动装置和双管路制动传动装置。
94. (   )断电器由一对触点和凸轮组成,其作用是周期性接通和切断低压电路。
95. (   )自动变速器手动阀的作用是用于控制阀板内油压,使之不高于某一压力。
96. (   )梅花扳手的适用范围在 5~25mm 之间。
97. (   )稳压管是一种具有稳压作用的特殊晶体管。
98. (   )汽车上采用的液压传动装置按工作原理分为动力式和容积式两种。
99. (   )双柱式举升器主要用于举升 3t 以下的轿车或小客货车。
100. (   )汽车最大总质量=整车装备质量+最大装载质量。
101. (   )汽油供给装置包括空气滤清器、汽油滤清器、汽油箱、汽油泵和输油管等。
102. (   )离合器按工作原理的不同可分为摩擦片式离合器和液力式离合器。
103. (   )起动机一般由直流串励式电动机、传动机构和控制装置等部分组成。
104. (   )HFC 类制冷剂包括 R23、R32、R41、R125、R134、R143 和 R152。
105. (   )在安装燃油表传感器时,与油箱搭铁必须良好。
106. (   )喷油器的工作电压有 5V 和 12V 两种。
107. (   )蜡式节温器在橡胶管和感应体之间的空间里装有石蜡。
108. (   )当发动机温度下降,吹向硅油风扇离合器感温器的气流温度低于 35℃ 时,阀片关闭进油口,硅油不能再进入工作室。
109. (   )桑塔纳 2000 型轿车采用的电子点火模块内部为先进的混合集成电路。
110. (   )电容器的作用是吸收触点打开时点火线圈初级绕组产生的自感电动势,减少触点火花,保护触点。
111. (   )闭磁路式点火线圈多用于电子点火系统。
112. (   )真空助力式液压制动传动装置,制动时真空加力气室产生的推力,同踏板力一样直接在制动主缸的活塞推杆上。
113. (   )离合器摩擦片沾油或磨损过会引起离合器打滑。
114. (   )转向器按结构形式分为齿轮齿条式转向器、循环球式转向器和蜗杆曲柄指销式转向器。
115. (   )前后独立方式的双回路液压传动装置,由双腔主缸通过两套独立回路分别控制车轮制动器。

116. (   )节气门位置传感器用于检测发动机的节气门开度。

117. (   )汽油的蒸发性越好,就越容易汽化形成品质良好的可燃混合气,以保证发动机在低温条件下也能顺利起动和正常工作,故汽油的蒸发性越好对工作越有利。

118. (   )汽油的辛烷值越高其抗爆性能越好。

119. (   )当用低牌号汽油代替高牌号汽油时,应适当加大点火提前角,以免发生爆燃。

120. (   )黏度是指在规定条件下柴油失去流动能力时的温度值。

121. (   )当使用轻柴油的地区气温低时,应选用凝点较高的柴油。

122. (   )汽油机油性能等级的选择,主要考虑发动机机型。气缸的有效压力越高,发动机的转速越高,对发动机机油性能等级的要求也越高。

123. (   )活塞栏杆组的主要作用是承受发动机负荷。

124. (   )一般情况下润滑脂的稠度等级多选用2号。

125. (   )润滑脂的主要性能有稠度、高温性能、低温性能和安定性。

126. (   )在湿热条件下高速行驶的汽车可以选用JG2级制动液。

127. (   )各种制动液不能混用。

128. (   )充气轮胎按胎面花纹的不同可分为普通花纹轮胎、越野花纹轮胎和混合花纹轮胎。

129. (   )超低压轮胎的胎压小于0.5MPa。

130. (   )帘布层是内胎充气轮胎的骨架。

131. (   )子午线轮胎与普通斜交轮胎相比具有外胎面刚度小、弹性大和耐磨性好等优点。

132. (   )应根据需要举升车辆的结构、重量选择相应的举升器。

133. (   )使用活塞环拆装钳拆装活塞环时用力必须均匀。

134. (   )活塞环拆装钳是一种专门用于拆装活塞环的工具。

135. (   )车轮平衡机是用来检测和调校汽车车轮的动静平衡,保证车轮运转安全平稳。

136. (   )车轮平衡有静平衡和动平衡之分。

137. (   )喷射式清洗机可分为常温高压清洗机和热水清洗机两种。

138. (   )转盘式清洗机主要用于整车清洗。

139. (   )包括驾驶人座位在内最多不超过九个座位,封闭车身,用于载运乘客的汽车称为商用车。

140. (   )商用汽车包括乘用车。

141. (   )牵引汽车自身不装载货物。

142. (   )轿车类别代号是7。

143. (   )汽车类别代号位于产品型号的第三部分。

144. (   )对于任何一台发动机不能缺少点火系统和起动系统等部分。

145. (   )四冲程发动机完成一个工作循环进、排气门各开、闭两次。

146. (   )蓄电池是起动系统的组成部分。

147. (   )蓄电池的电解液由专用盐酸和蒸馏水配制而成。

148. （　）配气机构的作用是将可燃混合气或空气及时充入气缸，并及时将废气排出气缸。

149. （　）因压缩比越高，功率越大，故压缩比越高越好。

150. （　）选用高标号的汽油有利于提高压缩比。

151. （　）四冲程汽油机完成一个工作循环具有两个有效行程和两个辅助行程。

152. （　）四冲程汽油机可燃混合气需要点燃。

153. （　）柴油机的柴油和空气需要在气缸外混合。

154. （　）柴油机在压缩行程压缩的是可燃混合气。

155. （　）曲柄连杆机构的功用是把燃烧气体作用在活塞顶上的力转变为曲轴的转矩。

156. （　）干式气缸套的外表面可以与冷却液接触。

157. （　）曲柄连杆机构的零件按其结构特点和运动形式可分为缸体曲轴箱、活塞连杆组和曲轴飞轮组。

158. （　）采用液力挺柱的配气机构必须要留气门间隙。

159. （　）一般进气门锥角为45°，排气门锥角为30°。

160. （　）通常进气门气门间隙为0.30~0.35mm。

161. （　）当四冲程发动机一个工作循环曲轴转720°时，凸轮轴转360°。

162. （　）当过量空气系数大于1时，称为标准混合气。

163. （　）空燃比小于15的混合气称为浓混合气。

164. （　）当节气门开度到全开位置的80%~85%时，发动机进入大负荷工况。

165. （　）柴油机混合气是在燃烧室形成的。

166. （　）柴油机的空气供给装置用来提供可燃混合气。

167. （　）球形燃烧室是柴油机统一式燃烧室的一种。

168. （　）统一式燃烧室具有发动机转动平稳和噪声小的特点。

169. （　）当发动机正常工作时，冷却系统中的冷却液温度应保持在60~80℃的范围内。

170. （　）节温器可以使冷却液的温度经常保持在80℃以上。

171. （　）节温器是润滑系统的重要组成部件。

172. （　）节温器可分为蜡式和折叠式两种。

173. （　）机油散热器的作用是保持油温在40~60℃的正常工作温度。

174. （　）润滑系除了具有润滑作用，还有冷却作用、清洁作用、密封作用和吸振作用等。

175. （　）粗滤器并联于润滑系统内，用以滤去润滑油中较大的杂质。

176. （　）汽车传动系统的基本功用是将发动机输出的动力传递给各车轮。

177. （　）一般发动机的动力传动过程是：发动机→离合器→变速器→万向传动装置→主减速器→差速器→半轴→驱动轮。

178. （　）汽车的驱动形式通常用全部的车轮数乘以驱动轮数来表示。

179. （　）有时六轮汽车的六个轮都是驱动轮。

180. （　）离合器的功用之一是使发动机与传动系统逐渐接合，保证汽车平稳起步。

181. （　）离合器的功用就是使变速器顺利换档。

182.（　）离合器的操纵机构主要由分离杠杆、分离轴承及套筒、分离叉和离合器踏板等组成。
183.（　）摩擦片式离合器按从动盘的数目不同可分为单片式离合器和双片式离合器。
184.（　）离合器按工作原理不同可分为摩擦片式离合器和液力离合器。
185.（　）变速器按操纵方式不同可分为手动变速器和普通变速器。
186.（　）变速器具有在发动机旋转方向不变的条件下，通过齿轮的组合可满足汽车倒车行驶的需要。
187.（　）液压泵是变速器的重要组成部分。
188.（　）普通变速器由变速传动机构和变速操纵机构两大部分组成。
189.（　）万向传动装置一般由万向节、传动轴和中间支承组成。
190.（　）汽车传动系统应用最广泛的是十字轴式刚性万向节，其允许相连两轴的最大交角为25°。
191.（　）一般汽车的驱动桥主要由主减速器、差速器、半轴和驱动桥壳等组成。
192.（　）发动机纵向传出的转矩经驱动桥后，使其改变60°后横向传出。
193.（　）主减速器的功用是降低转速，增大转矩，并改变旋转方向，然后传给驱动轮，以获得足够的汽车牵引力和适当的车速。
194.（　）对于双级主减速器，一般第一级为斜齿圆柱齿轮，第二级为锥齿轮。
195.（　）汽车直线行驶时差速器不起差速作用。
196.（　）齿轮差速器主要由四个圆锥行星轮、十字轴、两个圆锥半轴齿轮和差速器壳组成。
197.（　）汽车后桥一般为转向桥。
198.（　）一般汽车多以前桥为转向桥，后桥为驱动桥。
199.（　）当汽车采用非独立悬架时，车桥都是断开式的。
200.（　）汽车悬架可分为独立悬架和非独立悬架两大类。
201.（　）一般主销后倾角越大，形成的稳定力矩越大，故后倾角可任意放大。
202.（　）车轮外倾角为1°左右，一般不能调整其大小。
203.（　）主销内倾角可以调整其大小。
204.（　）主销后倾角不宜过大，一般小于3°。
205.（　）电控式动力转向系统是在原有机械式转向系统组成基础上增设一套液压助力装置。
206.（　）转向系统按使用能源的不同分为机械式转向系统和动力式转向系统。
207.（　）转向器是转向操纵机构的重要组成部分。
208.（　）转向传动机构由转向盘、转向轴、万向节和转向传动轴等组成。
209.（　）转向传动机构的作用是将转向器输出的转向力传给转向车轮。
210.（　）行车制动装置和驻车制动装置都由制动器和制动传动机构组成。
211.（　）汽车制动系统中鼓式车轮制动器按张开装置的形式不同可分为简单非平衡式制动器、平衡式制动器和自动增力式制动器。
212.（　）在汽车制动系统中，凸轮式制动器多用气体作为工作介质。
213.（　）对于双管路制动传动装置，当其中一套管路发生制动失效时，另一套管路仍能继续工作,使汽车仍具有一定的制动能力。

214. (   )制动传动装置按制动管路布置可分为单管路制动传动装置和双管路制动传动装置。

215. (   )在汽车驻车制动器中,有少数汽车的驻车制动器装在主减速器主动轴的前面。

216. (   )当发电机的端电压高于蓄电池的电压时,蓄电池可以储存电能。

217. (   )交流发电机是汽车上一个重要的用电设备。

218. (   )发电机在发动机各种运转状态下都不能向蓄电池充电。

219. (   )定子又称为电枢,用来产生磁场,它由定子铁心和三相绕组组成。

220. (   )三相同步交流发电机的定子用来产生三相交流电,转子用来产生磁场。

221. (   )调节器的作用是在发电机转速变化时,自动改变励磁电流的大小,使发电机输出电压保持不变。

222. (   )调节器分为触点式和电子式两类。

223. (   )高压电路的电源是点火线圈的二次绕组,负载为火花塞间隙。

224. (   )当断电器触点闭合时,高压电路接通。

225. (   )起动机的直流串励式电动机将电能转换为机械能,产生转矩,从而起动发动机。

226. (   )起动机一般由直流串励式电动机、传动机构和控制装置等部分组成。

227. (   )直接操纵式起动机被现代汽车广泛采用。

228. (   )汽车上广泛采用的起动机是靠拨叉强制使传动小齿轮轴向移动与飞轮齿圈啮合。

229. (   )电喇叭的触点为常开式,喇叭继电器的触点为常闭式。

230. (   )电喇叭上的线圈是用来产生磁场的,一端搭铁,另一端接活动触点臂。

231. (   )电喇叭是用电磁控制金属膜片振动而发声的装置。

232. (   )当双速刮水器的变速开关推到"0"档时,电动机不再转动。

233. (   )双速刮水器通过控制开关可以实现低速运转、高速运转及停机复位等功能。

234. (   )冷凝器是汽车空调系统中的动力源。

235. (   )目前汽车采用的空调压缩机多为独立式。

236. (   )为了保证良好的通风散热,冷凝器一般安装在散热器前面,且与散热器在同一水平面内。

二、选择题(下列各题的4个选项中,只有1个是正确的,请将其代号填在括号内)

1. 轮胎应当定期用(   )检查动平衡情况。
A. 静平衡检测仪　　　B. 动平衡检测仪　　　C. 扒胎机　　　D. 测功机

2. 前悬是汽车最前端至(   )中心线的距离。
A. 前轴　　　　　　　B. 后轴　　　　　　　C. 前轮　　　　D. 后轮

3. 当四冲程汽油机在工作时,混合气体是(   )的。
A. 点燃　　　　　　　　　　　　　　　　　B. 压燃
C. 点燃、压燃均可　　　　　　　　　　　　D. 其他三个选项均不对

4. 变速器上的自锁装置用于(   )。

A. 防止自动脱档或跳档　　　　　　B. 防止同时挂上两个档位
C. 防止误挂入倒档　　　　　　　　D. 防止乱档

5. 十字轴式刚性万向节在载货汽车传动系统中应用很广泛，其允许主动轴和从动轴的最大交角为(　　)。
　　A. 10°~15°　　　B. 15°~20°　　　C. 20°~25°　　　D. 25°~30°

6. 主要由壳体、转向螺杆、摇臂轴和转向螺母等组成转向器是(　　)。
　　A. 循环球式　　　B. 齿轮齿条式　　　C. 蜗杆指销式　　　D. 双指销式

7. 油压调节器用于(　　)。
　　A. 减小燃油压力波动　　　　　　B. 调节燃油压力
　　C. 建立燃油压力　　　　　　　　D. 减轻燃油的脉动

8. 喷油器每循环的喷油量是由喷油器(　　)决定的。
　　A. 持续开启　　　B. 开启开始　　　C. 持续关闭　　　D. 关闭开始

9. 高阻抗喷油器的电阻值为(　　)Ω。
　　A. 2~3　　　B. 5~10　　　C. 15~18　　　D. 50~100

10. 发动机冷却系统大小循环是由(　　)控制的。
　　A. 节温器　　　　　　　　　　　B. 散热器盖
　　C. 放水塞　　　　　　　　　　　D. 冷却液温度开关

11. 汽油机分电器中的(　　)主要由触点和凸轮组成。
　　A. 配电器　　　B. 断电器　　　C. 点火提前装置　　　D. 电容器

12. 按发动机的工作顺序依次将高压电分配至各缸火花塞上的是(　　)。
　　A. 分火头　　　B. 断电器　　　C. 点火线圈　　　D. 点火器

13. 把高压导线送来的高压电放电，击穿火花塞两电极间空气，产生电火花，以点燃气缸内混合气体的部件是(　　)。
　　A. 分电器　　　B. 点火线圈　　　C. 电容器　　　D. 火花塞

14. 桑塔纳2000GLS型轿车JV型发动机分电器触发叶轮的叶片(　　)空隙时，霍尔传感器信号发生器的输出电压值为0.3~0.4V。
　　A. 在　　　　　　　　　　　　B. 不在
　　C. 在或不在　　　　　　　　　D. 以上答案均不对

15. 下列不属于电控发动机燃油喷射系统组成部分的是(　　)。
　　A. 空气系统　　　B. 燃油系统　　　C. 电子控制系统　　　D. 空调系统

16. 氧传感器检测发动机排气中氧的质量分数，向ECU输入空燃比反馈信号，进行喷油量的(　　)。
　　A. 开环控制　　　　　　　　　　B. 闭环控制
　　C. 控制　　　　　　　　　　　　D. 开环或闭环控制

17. 自动变速器内(　　)的作用是固定某一执行元件。
　　A. 单向离合器　　　B. 离合器　　　C. 制动器　　　D. 手动阀

18. 下列属于单级主减速器的零件是(　　)。
　　A. 行星轮　　　B. 主动圆锥齿轮　　　C. 半轴　　　D. 半轴齿轮

19. 当汽车左转向时，由于差速器的作用，左右两侧驱动轮转速不同，那么左右轮转矩的分配是( )。

　A. 左轮大于右轮　　B. 右轮大于左轮　　C. 左、右轮相等　　D. 右轮为零

20. 汽车万向传动装置的十字轴万向节主要由( )、万向节叉、滚针和套筒组成。

　A. 球叉　　　　　　B. 钢球　　　　　　C. 十字轴　　　　　D. 双联叉

21. ( )转向器的特点是有利于转向结束后转动轮和转向盘自动回正,但也容易将坏路面对车轮的冲击力传到转向盘,出现"打手"现象。

　A. 可逆式　　　　　B. 不可逆式　　　　C. 极限可逆式　　　D. 齿轮齿条式

22. 解放 CA1040 汽车采用( )转向器。

　A. 液压助力　　　　B. 循环球式　　　　C. 齿轮齿条式　　　D. 指销式

23. 桑塔纳 2000 型汽车的车架类型属于( )。

　A. 边梁式　　　　　B. 中梁式　　　　　C. 综合式　　　　　D. 无梁式

24. 对于真空增压制动传动装置,解除制动时,控制油压下降,控制阀控制( )互相沟通,由于加力气室两边都是真空,膜片、推杆和辅助缸活塞都在回位弹簧作用下各自回位。

　A. 辅助缸　　　　　B. 控制阀　　　　　C. 加力气室　　　　D. 主缸

25. ( )是将加力气室和控制阀组成一个整体。

　A. 真空助力器　　　B. 真空增压器　　　C. 空气增压器　　　D. 空气助力器

26. 驻车制动器一般采用( )。

　A. 气压式　　　　　B. 综合式　　　　　C. 液力式　　　　　D. 人力式

27. 下列( )调节器通常装于汽车发电机内部。

　A. FT61 型　　　　 B. JFT106 型　　　　C. 集成电路调节器　D. 晶体调节器

28. 下列属于 HCFC 类制冷剂的是( )。

　A. R133　　　　　　B. R143　　　　　　C. R153　　　　　　D. R163

29. 下列( )制冷剂的特点是不含氯原子,ODP 值为 0,GWP 也很低,大约为 0.25~0.26( )。

　A. HFC12　　　　　 B. HFC13　　　　　 C. HFC14　　　　　 D. HFC134a

30. 制冷剂离开压缩机时的状态为( )。

　A. 低压高温气体　　　　　　　　　　　B. 低压低温气体
　C. 高压高温气体　　　　　　　　　　　D. 高压低温气体

31. 关于膨胀阀,甲说膨胀阀位于蒸发器出口侧,乙说膨胀阀可将系统的高压侧与低压侧隔离。你认为以上观点( )。

　A. 甲正确　　　　　　　　　　　　　　B. 乙正确
　C. 甲乙都正确　　　　　　　　　　　　D. 甲乙都不正确

32. 汽车空调系统高压压力开关在( )起作用。

　A. 系统压力过高　　　　　　B. 系统压力过低
　C. 过高或过低　　　　　　　D. 系统压力过高、系统压力过低、过高或过低都不是

33. 无内胎充气轮胎按帘布层帘线的结构不同可分为( )。

　A. 有内胎轮胎和无内胎轮胎　　　　　　B. 高压轮胎和低压轮胎
　C. 子午线轮胎和普通斜交轮胎　　　　　D. 普通花纹轮胎和混合花纹轮胎

34. 1988年颁布的国家标准汽车型号由( )部分组成。
   A. 两   B. 三   C. 四   D. 五
35. 在发动机的四个工作行程中，除( )行程是有效行程外，其余三个行程都是辅助行程。
   A. 进气   B. 压缩   C. 做功   D. 排气
36. 用来控制各气缸的进、排气门开闭时刻，使之符合发动机工作次序和配气相位的要求，同时控制气门开度变化规律的部件是( )。
   A. 推杆   B. 凸轮轴   C. 正时齿轮   D. 气门导管
37. 汽油机燃烧室基本采用( )燃烧室。
   A. 统一式   B. 分开式   C. U形   D. W形
38. 柴油机燃烧室按结构形式不同可分为( )燃烧室和统一式燃烧室。
   A. 统一式   B. 分开式   C. U形   D. W形
39. 中央驻车制动器安装在( )或分动器之后。
   A. 离合器   B. 变速器   C. 差速器   D. 主减速器
40. 控制点火线圈初级绕组的通断，配合点火线圈完成升压任务的部件是( )。
   A. 离合器   B. 电容器   C. 断电器   D. 电阻器
41. 汽车空调系统中用来除去制冷剂中水分的部件是( )。
   A. 储液干燥器 B. 冷凝器   C. 膨胀器   D. 蒸发器
42. ( )的作用是将非电信号转换为可测的电信号。
   A. 放大器   B. 整流器   C. 继电器   D. 传感器
43. 冷却液温度传感器的输出信号是( )。
   A. 脉冲信号   B. 数字信号   C. 模拟信号   D. 固定信号
44. 用于密封冷却液以免泄漏，同时将冷却液与水泵轴承隔离，以保护轴承的部件是( )。
   A. 水封   B. 叶轮   C. 泵轴   D. 轴承
45. ( )的作用是发动机处于低速时减小点火线圈电流，保证发动机低速时不烧坏点火线圈。
   A. 分火头   B. 断电器   C. 点火线圈   D. 附加电阻
46. 一般来说，普通火花塞的电极间隙为( )mm。
   A. 0.35~0.45   B. 0.45~0.55   C. 0.50~0.60   D. 0.70~0.90
47. 在传统点火系统中，分电器电容器的容量一般为( )。
   A. 0.15~0.25pF   B. 0.15~0.25μF
   C. 0.15~0.25F   D. 0.15~0.25mF
48. 怠速旁通阀是电控发动机燃油喷射系统中( )系统的组成部分。
   A. 供气   B. 供油   C. 控制   D. 空调
49. 进气压力传感器用来检测( )。
   A. 进气温度   B. 进气压力   C. 曲轴位置   D. 排气温度
50. 发动机电子控制系统由传感器、( )和执行器三部分组成。
   A. 传感器   B. ECU

C. 中央处理器(CPU) D. 存储器

51. 离合器传动片的作用是( )。
   A. 将离合器盖的动力传给压盘 B. 将压盘的动力传给离合器盖
   C. 固定离合器盖和压盘 D. 减小振动

52. 自动变速器内的单向离合器的作用是( )。
   A. 连接 B. 固定 C. 锁止 D. 制动

53. 当汽车左右转向轮的阻力矩不同时,差速器中的行星轮( )。
   A. 只公转 B. 只自转
   C. 开始自转 D. 既不公转又不自转

54. 当汽车转向时,其外轮转向角( )内轮转向角。
   A. 大于 B. 小于 C. 等于 D. 大于或等于

55. 轮胎的尺寸34—7,其中一表示( )。
   A. 低压胎 B. 高压胎 C. 超低压胎 D. 超高压胎

56. 对于非独立悬架,( )是影响乘员舒适性的主要因素。
   A. 钢板弹簧 B. 轴 C. 车轮 D. 轮胎

57. 使储气筒的气压保持在规定范围内,以减小发动机功率消耗的部件是( )。
   A. 泄压阀 B. 单向阀 C. 限压阀 D. 调压器

58. 蓄电池电解液液面高度一般应高出极板( )mm。
   A. 5~10 B. 10~15 C. 15~20 D. 20~25

59. 在充电完成2h后测量电解液相对密度,若不符合要求,可用蒸馏水(过高时)或相对密度为1.4g/mL的( )(过低时)调整。
   A. 稀硝酸 B. 浓硝酸 C. 稀硫酸 D. 浓硫酸

60. 爆燃传感器安装在( )。
   A. 气缸体上 B. 油底壳上 C. 离合器上 D. 变速器上

61. 交流发电机单相桥式硅整流器每个二极管,在一个周期内的导通时间为( )周期。
   A. 1/2 B. 1/3 C. 1/4 D. 1/6

62. 当汽车行驶时,充电指示灯由灭转亮,说明( )。
   A. 发电机处于他励状态 B. 发电机处于自励状态
   C. 充电系统有故障 D. 发电机有故障

63. 当汽车转弯行驶时,差速器( )。
   A. 起减速作用 B. 起加速作用
   C. 起差速作用 D. 不起差速作用

64. 超声波式卡尔曼涡旋式空气流量传感器的输出信号是( )。
   A. 连续信号 B. 数字信号 C. 模拟信号 D. 固定信号

65. 水泵由发动机( )驱动。
   A. 曲轴 B. 凸轮轴 C. 平衡轴 D. 传动轴

66. 当安装汽油泵时,泵壳体与缸体间衬垫厚度要( )。
   A. 加厚 B. 减小

C. 适当 D. 加厚、减小、适当均可

67. 发动机分电器一般安装在发动机的( )。
 A. 前端 B. 后端 C. 侧面 D. 下面

68. 当分电器轴固定不动时，使凸轮向其工作方向转至极限，放松时立即回原位，这说明离心点火提前装置( )。
 A. 正常 B. 有故障
 C. 失效 D. 以上说法均错

69. ( )是指发动机进气歧管或化油器处有可燃混合气燃烧从而产生异响的现象。
 A. 回火 B. 放炮 C. 行驶无力 D. 失速

70. 转向盘的( )行程是指将转向盘转动而车轮不随之转动这一过程转向盘所转过的角度。
 A. 最小 B. 自由 C. 最大 D. 极限

71. 当变速器挂入传动比小于1的档位时，变速器实现( )。
 A. 减速增扭 B. 增扭升速 C. 增速减扭 D. 减速减扭

72. 当变速器挂入传动比等于5的档位时，变速器实现( )。
 A. 减速增扭 B. 增扭升速 C. 增速减扭 D. 减速减扭

73. 当发动机与离合器处于不完全接合状态时，变速器的输入轴( )。
 A. 不转动 B. 高于发动机转速
 C. 低于发动机转速 D. 与发动机转速相同

74. 东风EQ1092型汽车采用制动控制阀是( )。
 A. 单腔阀 B. 串联双腔活塞式 C. 并联双腔活塞式 D. 往复式

75. 解放CA1092型汽车采用制动控制阀是( )。
 A. 单腔阀 B. 串联双腔活塞式 C. 并联双腔活塞式 D. 往复式

76. 解放CA1092型汽车制动系统内的气压规定值为( )MPa。
 A. 0.8~0.83 B. 0.7~0.74 C. 0.7~0.8 D. 0.8~0.85

77. 东风EQ1092型汽车的制动气压为( )MPa。
 A. 0.7~0.74 B. 0.7 C. 0.75 D. 0.8

78. 下列( )不是真空助力式液压制动传动装置组成部分。
 A. 加力气室 B. 轮缸 C. 控制阀 D. 主缸

79. 当在新启用的蓄电池内加注规定密度的电解液时，应静置6~8h后，再将液面高度调整到高出极板( )mm。
 A. 5~10 B. 10~15 C. 15~20 D. 20~25

80. 点火控制器用于控制点火线圈初级绕组的( )。
 A. 搭铁 B. 电源 C. 电阻 D. 电感

81. 汽车发动机需要传递较大转矩且起动机尺寸较大时，应使用( )。
 A. 滚柱式单向离合器 B. 摩擦片式单向离合器
 C. 弹簧式单向离合器 D. 带式单向离合器

82. ( )是指中心引线为负极，管壳为正极的二极管。
 A. 负极二极管 B. 励磁二极管 C. 正极二极管 D. 稳压二极管

83. (　　)是指中心引线为正极,管壳为负极的二极管。
   A. 负极二极管　　　B. 励磁二极管　　　C. 正极二极管　　　D. 稳压二极管
84. 在汽车制冷循环系统中,经膨胀阀送往蒸发器管道中的制冷剂是(　　)。
   A. 高温高压气体　　　　　　　　　B. 低温低压雾状液体
   C. 低温高压气体　　　　　　　　　D. 高温低压液体
85. 关于蒸发器的安装位置及作用,甲说蒸发器安装在车辆驾驶室内用于冷却室内空气。乙说蒸发器安装在车辆驾驶室内用于除去空气中湿气。你认为以上观点(　　)。
   A. 甲正确　　　　　　　　　　　　B. 乙正确
   C. 甲乙都正确　　　　　　　　　　D. 甲乙都不正确
86. 关于膨胀阀的安装位置,甲说膨胀阀安装于驾驶室内,乙说膨胀阀安装于蒸发器旁。你认为以上观点(　　)。
   A. 甲正确　　　　　　　　　　　　B. 乙正确
   C. 甲乙都正确　　　　　　　　　　D. 甲乙都不正确
87. 汽油的牌号是按(　　)高低来划分的。
   A. 密度　　　B. 凝点　　　C. 熔点　　　D. 辛烷值
88. 排气消声器属于下列(　　)系统。
   A. 点火系统　　　B. 冷却系统　　　C. 起动系统　　　D. 供给系统
89. (　　)的功用是使转动中的发动机保持在最适宜的工作温度范围。
   A. 润滑系统　　　B. 冷却系统　　　C. 燃料供给系统　　　D. 传动系统
90. 汽车大部分载重是由(　　)承担的。
   A. 离合器　　　B. 变速器　　　C. 万向传动装置　　　D. 驱动桥
91. 汽车悬架一般都由弹性元件、(　　)和导向机构三部分组成。
   A. 螺旋弹簧　　　B. 减速器　　　C. 阻尼元件　　　D. 差速器
92. 发电机中将三相交流电变为直流电的部件是(　　)。
   A. 转子总成　　　B. 硅二极管　　　C. 整流器　　　D. 电刷
93. 车用电子控制系统的输出装置是(　　)。
   A. 传感器　　　B. A-D 转换器　　　C. 执行器　　　D. ECU
94. 车用电子控制系统的输入装置是(　　)。
   A. 传感器　　　B. A-D 转换器　　　C. 执行器　　　D. ECU
95. 电控汽油发动机燃油喷射系统的喷油器是在(　　)喷油。
   A. 进气行程　　　B. 压缩行程　　　C. 做功行程　　　D. 排气行程
96. 高速、大功率和高压缩比的发动机普遍采用(　　)火花塞。
   A. 标准型　　　　　　　　　　　　B. 突出型
   C. 细电极型　　　　　　　　　　　D. 铜芯宽热值型
97. 轿车发动机普遍采用的是(　　)点火线圈。
   A. 开磁路　　　　　　　　　　　　B. 闭磁路
   C. A、B 都正确　　　　　　　　　　D. A、B 都不正确
98. 单级主减速器一般由(　　)圆锥齿轮组成。
   A. 一对　　　B. 两对　　　C. 三对　　　D. 四对

99. 下列不属差速器组件的是( )。
　　A. 行星轮　　　　B. 半轴齿轮　　　　C. 从动圆锥齿轮　　D. 行星轮轴
100. 发电机输出电压的调节实际上是通过控制发电机的( )来实现的。
　　A. 励磁电流　　　B. 电枢电流　　　　C. 充电电流　　　　D. 点火电压
101. 硅整流发电机的中性点电压等于发电机极柱直流输出电压的( )倍。
　　A. 1/2　　　　　B. 1　　　　　　　　C. 1/3　　　　　　D. 1/4
102. 在汽车制冷循环系统中,经过蒸发器的制冷剂状态是( )。
　　A. 低压液体　　　B. 高压液体　　　　C. 低压气体　　　　D. 固体
103. 车用液压制动系统中控制制动蹄的液压元件是( )。
　　A. 制动主缸　　　B. 制动轮缸　　　　C. 制动踏板　　　　D. 推杆
104. 翼片式空气流量传感器的输出信号是( )。
　　A. 脉冲信号　　　B. 数字信号　　　　C. 模拟信号　　　　D. 固定信号
105. 硅油风扇离合器传递转矩的介质是( )。
　　A. 硅油　　　　　B. 汽油　　　　　　C. 煤油　　　　　　D. 柴油
106. 为使发动机正常工作,火花塞绝缘体裙部的温度应控制在( )℃。
　　A. 200~300　　　B. 300~400　　　　C. 500~600　　　　D. 600~700
107. 电控燃油喷射系统中电动汽油泵上的( )保证了燃油系统的残余油压。
　　A. 安全阀　　　　B. 止回阀　　　　　C. 喷油器　　　　　D. 真空管
108. 桑塔纳2000型轿车采用的是( )伺服制动装置。
　　A. 真空增压式　　B. 气压助力式　　　C. 真空助力式　　　D. 涡流增压式
109. 国产柴油的牌号是按( )来划分的。
　　A. 密度　　　　　B. 凝点　　　　　　C. 熔点　　　　　　D. 十六辛烷值
110. 下列( )清洗机用于对汽车零件的清洗。
　　A. 刷子式　　　　B. 转盘式　　　　　C. 门式　　　　　　D. 喷射式
111. 最大爬坡度是指汽车处于( )时的最大爬坡能力。
　　A. 满载　　　　　B. 空载　　　　　　C. <5t　　　　　　D. >5t
112. 曲柄连杆机构的( )由活塞、活塞环、活塞销和连杆等机件组成。
　　A. 机体组　　　　　　　　　　　　　B. 活塞连杆组
　　C. 曲轴飞轮组　　　　　　　　　　　D. 机体组、活塞连杆组和曲轴飞轮组都不对
113. 曲轴飞轮组主要由( )、飞轮和附件等组成。
　　A. 齿轮　　　　　B. 链轮　　　　　　C. 带轮　　　　　　D. 曲轴
114. ( )的功用是将从凸轮轴经过挺柱传来的推力传给摇臂。
　　A. 推杆　　　　　B. 凸轮轴　　　　　C. 正时齿轮　　　　D. 气门导管
115. 发动机冷却系统的组件中能将冷却液携带的热量散入大气的是( )。
　　A. 节温器　　　　B. 散热器　　　　　C. 水泵　　　　　　D. 水套
116. 半导体压力传感器的硅膜片,一面接触的是( )压力,另一面接触的是进气歧管压力。
　　A. 排气管　　　　B. 进气歧管　　　　C. 真空室　　　　　D. 燃油
117. 下列( )的作用是确定水封是否漏水和排除水泵漏出的水。

A. 溢水孔　　　　　B. 传感器　　　　　C. 加油孔　　　　　D. 检测孔

118. 桑塔纳2000型轿车点火系统的点火信号发生器为（　　）式。
A. 磁感应　　　　　B. 霍尔　　　　　　C. 光电　　　　　　D. 脉冲

119. 高能点火系统采用的火花塞电极间隙一般为（　　）mm。
A. 0.35～0.45　　　B. 0.45～0.55　　　C. 0.70～0.90　　　D. 1.10～1.30

120. 中型以上越野汽车和自卸汽车多采用（　　）转向器。
A. 可逆式　　　　　B. 不可逆式　　　　C. 极限可逆式　　　D. 齿轮齿条式

121. 东风EQ1092型汽车的转向桥主要由（　　）、万向节、主销和轮毂四部分组成。
A. 前轴　　　　　　B. 车轮　　　　　　C. 转向轴　　　　　D. 横拉杆

122. 鼓式制动器按制动蹄的受力方式可分为非平衡式、平衡式和（　　）。
A. 自增力式　　　　　　　　　　　　　B. 单向助势
C. 双向助势　　　　　　　　　　　　　D. 双向自增力式

123. 主要对汽车进行局部举升的装置是（　　）。
A. 举升器　　　　　B. 千斤顶　　　　　C. 木块　　　　　　D. 金属块

124. 四冲程汽油机和柴油机具有相同的（　　）。
A. 混合气形成方式　B. 压缩比　　　　　C. 着火方式　　　　D. 工作行程

125. 四冲程发动机曲轴正时齿轮数是凸轮轴正时齿轮数的（　　）倍。
A. 1/2　　　　　　　B. 2　　　　　　　　C. 3　　　　　　　　D. 4

126. 目前汽车电控系统中广泛应用的进气压力传感器的类型是（　　）。
A. 膜盒传动式可变电感式
B. 表面弹性波式
C. 电容式
D. 膜盒传动式可变电感式、表面弹性波式、电容式都不对

127. ECU主要包括（　　）两部分。
A. 输入回路和输出回路　　　　　　　　B. 转换器和执行器
C. 输入回路和微型计算机　　　　　　　D. 硬件和软件

128. 电控燃油系统中，燃油压力是通过（　　）建立的。
A. 喷油器　　　　　B. 汽油泵　　　　　C. 油压调节器　　　D. 输油管

129. 单级主减速器（　　）齿轮安装在差速器壳上。
A. 主动圆锥　　　　B. 从动圆锥　　　　C. 行星　　　　　　D. 半轴

130. 前驱动轿车的半轴上均安装（　　）万向节。
A. 普通　　　　　　B. 不等速　　　　　C. 准等速　　　　　D. 等速

131. 电子点火系统采用点火控制器取代传统点火系统中的（　　）。
A. 断电触点　　　　B. 配电器　　　　　C. 分电器　　　　　D. 点火线圈

132. 汽车起动机电磁开关在将起动机主电路接通前，活动铁心靠（　　）线圈产生的电磁力将起动机主电路接通。
A. 吸拉　　　　　　　　　　　　　　　B. 保持
C. 吸拉和保持　　　　　　　　　　　　D. 吸拉和保持都不是

133. 运动型轿车和方程式赛车多采用的布置形式是（　　）。

A. FF B. MR C. FR D. RR

134. 全支撑式曲轴的连杆轴颈数比主轴颈数（　　）。
A. 少一个 B. 少两个 C. 多一个 D. 多两个

135. 变速器的组成部分中用于传递转矩并改变转矩方向的是（　　）。
A. 壳体 B. 同步器
C. 变速传动机构 D. 变速操纵机构

136. 下列属于从动桥的是（　　）。
A. 驱动桥 B. 转向驱动桥 C. 支持桥 D. 后桥

137. （　　）的作用是减小断电器断开时的电火花，防止触点烧蚀，提高二次电压。
A. 配电器 B. 电容器 C. 断电器 D. 电阻器

138. 因磁脉冲式转速传感器的转子有 24 个凸齿，故分电器轴转一圈产生（　　）个脉冲信号。
A. 12 B. 24 C. 36 D. 48

139. 交流发电机的（　　）是产生磁场的。
A. 定子 B. 转子 C. 铁心 D. 线圈

140. （　　）的作用是将活塞的往复直线运动转变为曲轴的旋转运动对外输出做功。
A. 配气机构 B. 曲柄连杆机构 C. 起动系统 D. 点火系统

141. 当排量一定时，长行程发动机具有（　　）的结构特点。
A. 缸径较大 B. 缸径较小
C. 活塞较小 D. 缸径较大、缸径较小、活塞较小均不对

142. 解放 CA1092 型汽车采用的双级主减速器，其第二级为（　　）齿轮。
A. 锥齿轮 B. 斜齿圆柱齿轮 C. 人字齿轮 D. 曲齿轮

143. R12 制冷剂对大气臭氧层破坏作用最大，ODP 值为（　　），GWP 值达 3 左右。
A. 1 B. 2 C. 3 D. 4

144. （　　）是指燃料燃烧过程中实际供给的空气质量与理论上完全燃烧时所需的空气质量之比。
A. 空燃比 B. 可燃混合气
C. 过量空气系数 D. 空燃比、可燃混合气、过量空气系数都不对

145. 下列属于离合器主动部分的是（　　）。
A. 从动盘 B. 变速器输入轴 C. 离合器输出轴 D. 飞轮

146. 变速器操纵机构有变速器操纵杆、（　　）、拨叉轴、锁止装置和变速器盖等组成。
A. 拨叉 B. 输入轴 C. 变速器壳体 D. 控制系统

147. 汽车轮胎尺寸规格标记在胎侧，如 195/60 R14 85 H，其中 R 表示（　　）。
A. 无内胎轮胎 B. 普通斜交轮胎
C. 子午线轮胎 D. 混合花纹轮胎

148. 当四冲程柴油机在工作时，混合气体是（　　）的。
A. 点燃 B. 压燃
C. 点燃、压燃均可 D. 其他三个选项均不对

149. 变速器上的（　　）是用于防止自动脱档。

A. 变速杆　　　　　B. 拨叉　　　　　　C. 自锁装置　　　　D. 拨叉轴

150. (　　)的作用是控制点火线圈一次侧电路的通断,配合点火线圈完成升压任务。

A. 配电器　　　　　B. 电容器　　　　　C. 断电器　　　　　D. 电阻器

151. 对于 EQ1092F 型汽车,当发动机转速为 800r/min、气门间隙为 0.25mm 时,排气门滞后角为(　　)。

A. 10.5°　　　　　 B. 20.5°　　　　　 C. 30.5°　　　　　 D. 40.5°

152. 对于 EQ1092F 型汽车,发动机处于(　　)时,机油压力应不小于 0.3MPa。

A. 怠速　　　　　　B. 中速　　　　　　C. 加速　　　　　　D. 减速

153. (　　)用于测量发动机无负荷功率及转速。

A. 汽车无负荷测功表　　　　　　　　　B. 气缸压力表
C. 发动机转速表　　　　　　　　　　　D. 发动机分析仪

154. GB/T 8028—2010《汽油机油换油指标》规定:L-EQC 油铁的质量分数大于(　　)mg/kg。

A. 250　　　　　　 B. 300　　　　　　 C. 350　　　　　　 D. 400

155. 无轨电车属于(　　)。

A. 普通乘用车　　　B. 载货汽车　　　　C. 客车　　　　　　D. 乘用车

156. 轿车类别代号是(　　)。

A. 4　　　　　　　 B. 5　　　　　　　 C. 6　　　　　　　 D. 7

157. (　　)属于压燃式发动机。

A. 汽油机　　　　　　　　　　　　　　B. 煤气机
C. 柴油机　　　　　　　　　　　　　　D. 汽油机、煤气机、柴油机均不对

158. 当四冲程柴油机工作时,柴油在(　　)时进入气缸。

A. 进气行程　　　　　　　　　　　　　B. 接近压缩行程终了
C. 接近做功行程终了　　　　　　　　　D. 排气行程

159. 多缸发动机曲柄连杆机构的形式取决于(　　)。

A. 冲程数　　　　　　　　　　　　　　B. 燃料
C. 气缸数与气缸的布置形式　　　　　　D. 着火方式

160. 下列选项不属于可燃混合气供给和排出装置的是(　　)。

A. 进气歧管　　　　B. 排气歧管　　　　C. 排气消声器　　　D. 机油滤清器

161. 符号 4×2 表示汽车共有四个车轮,有(　　)个驱动轮。

A. 1　　　　　　　 B. 2　　　　　　　 C. 3　　　　　　　 D. 4

162. 汽车传动系统最终将发动机输出的动力传递给了(　　)。

A. 离合器　　　　　B. 变速器　　　　　C. 差速器　　　　　D. 驱动轮

163. 汽车上所使用的摩擦片式离合器基本结构组成是主动部分、从动部分、压紧部分和(　　)四部分。

A. 压盘　　　　　　B. 从动盘　　　　　C. 操纵机构　　　　D. 离合器盖

164. 起动系统的功用是将(　　)的电能转变为机械能,产生转矩,起动发动机。

A. 发电机　　　　　B. 蓄电池　　　　　C. 电容器　　　　　D. 点火线圈

165. 现代汽车较多采用的起动机是(　　)。

A. 直接操纵式　　　B. 惯性啮合式　　　C. 移动电枢啮合式　　D. 强制啮合式
166. 下列温度传感器中,用作进气温度传感器的是(　　)温度传感器。
A. 绕线电阻式　　　B. 热敏电阻式　　　C. 扩散电阻式　　　D. 半导体管式
167. (　　)空气流量传感器可分为主流量方式和旁通流量方式两种。
A. 翼子板式　　　　B. 热线式　　　　　C. 热膜式　　　　　D. 卡门涡旋式
168. 下列对乙基汽油有关说法不正确的是(　　)。
A. 有毒　　　　　　　　　　　　　　　B. 无毒
C. 在修理车间需通风　　　　　　　　　D. 避免人体接触
169. (　　)是汽车维修企业的生命线。
A. 维修计划　　　　B. 维修方法　　　　C. 维修质量　　　　D. 维修管理
170. 全面质量管理的基本方法就是(　　)。
A. PACD　　　　　　B. PADC　　　　　　C. PDCA　　　　　　D. PCDA
171. (　　)用于测量进气歧管的真空度。
A. 真空表　　　　　B. 万用表　　　　　C. 示波器　　　　　D. 试灯
172. (　　)的开启与关闭形成了发动机冷却系统大小循环。
A. 节温器　　　　　B. 散热器盖　　　　C. 放水塞　　　　　D. 冷却液温度开关
173. AJR 发动机机油泵安装在发动机的(　　)。
A. 前端　　　　　　B. 后端　　　　　　C. 侧面　　　　　　D. 下面
174. 风冷却系统为了更有效地利用空气流,加强冷却,一般都装有(　　)。
A. 导流罩　　　　　B. 散热片　　　　　C. 分流板　　　　　D. 鼓风机
175. 汽油机分电器中的(　　)由分火头和分电器盖组成。
A. 配电器　　　　　B. 断电器　　　　　C. 点火提前装置　　D. 电容器
176. 自动变速器内(　　)的作用是制动。
A. 单向离合器　　　B. 离合器　　　　　C. 制动器　　　　　D. 手动阀
177. 汽车万向传动装置的十字轴万向节主要由十字轴、万向节叉和(　　)组成。
A. 套筒　　　　　　B. 滚针　　　　　　C. 套筒和滚针　　　D. 双联叉
178. 东风 EQ1092 型汽车的车架类型属于(　　)。
A. 边梁式　　　　　B. 中梁式　　　　　C. 综合式　　　　　D. 无梁式
179. 对于独立悬架,弹簧的(　　)对乘员的舒适性起主要影响。
A. 强度　　　　　　B. 刚度　　　　　　C. 自由长度　　　　D. 压缩长度
180. (　　)的助力源是压缩空气与大气的压力差。
A. 真空助力器　　　B. 真空增压器　　　C. 空气增压器　　　D. 空气助力器
181. 重型汽车的制动传动装置多采用(　　)。
A. 真空助力式液压装置　　　　　　　　B. 空气增压装置
C. 真空增压式液压装置　　　　　　　　D. 助力式液压装置
182. 当解放 CA1091 型汽车发电机空转时,在转速不大于 1150r/min 的条件下,电压为(　　)V。
A. 11　　　　　　　B. 12　　　　　　　C. 13　　　　　　　D. 14
183. HCFC 类制冷剂包括 R22、R123 和(　　)等。

A. R133　　　　B. R143　　　　C. R153　　　　D. R163

184. 关于硅油风扇离合器检测，甲说：起动发动机，使其在冷状态下以中速运转1~2min，以便使工作腔内硅油返回储油室。乙说：在发动机停转之后，用手应能较轻松地拨动风扇叶片。对于以上说法(　　)。
　A. 甲正确　　　　　　　　　　　　　B. 乙正确
　C. 甲乙都正确　　　　　　　　　　　D. 甲乙都不正确

185. (　　)的作用是减小起动后点火线圈电流。
　A. 分火头　　　B. 断电器　　　C. 点火线圈　　　D. 附加电阻

186. 当汽车转弯时，差速器中的行星轮(　　)。
　A. 只公转　　　　　　　　　　　　　B. 只自转
　C. 既公转又自转　　　　　　　　　　D. 既不公转又不自转

187. 主减速器主、从动锥齿轮啮合印痕可通过(　　)来调整。
　A. 增减主动锥齿轮前端调整垫片　　　B. 增减主动锥齿轮后端调整垫片
　C. 增减从动锥齿轮前端调整垫片　　　D. 增减从动锥齿轮后端调整垫片

188. 下面不是盘式制动器优点的是(　　)。
　A. 散热能力强　B. 抗水衰退能力强　C. 制动平顺性好　D. 管路液压低

189. (　　)用于调节燃油压力。
　A. 油泵　　　　B. 喷油器　　　C. 油压调节器　　D. 油压缓冲器

190. (　　)不是电控燃油喷射系统中空气供给系统的组成构件。
　A. 进气管　　　　　　　　　　　　　B. 空气滤清器
　C. 急速旁通阀　　　　　　　　　　　D. 进气压力传感器

191. (　　)转向器采用齿轮齿条传动原理传递动力。
　A. 曲柄指销式　B. 循环球式　　　C. 蜗轮蜗杆式　　D. 齿轮齿条式

192. 在汽车制冷循环系统中，被吸入压缩机的制冷剂状态是(　　)。
　A. 低压液体　　B. 高压液体　　　C. 低压气体　　　D. 固体

193. (　　)用于将燃油喷入到进气道中。
　A. 油泵　　　　B. 喷油器　　　C. 油压调节器　　D. 油压缓冲器

194. 在汽车空调系统中，(　　)将系统的低压侧与高压侧分隔开。
　A. 空调压缩机　B. 储液干燥器　　C. 蒸发器　　　　D. 冷凝器

195. (　　)轻柴油适合于高寒地区严冬使用。
　A. -50号　　　B. -10号　　　　C. 0号　　　　　D. 10号

196. (　　)是用来打开或封闭气道的。
　A. 气门　　　　B. 气门导管　　　C. 气门座　　　　D. 气门弹簧

197. (　　)的作用是将两个不同步的齿轮连接起来使之同步。
　A. 同步器　　　B. 差速器　　　　C. 离合器　　　　D. 制动器

198. 自动变速器内离合器的作用是(　　)。
　A. 连接　　　　B. 固定　　　　　C. 锁止　　　　　D. 制动

199. 曲轴通过(　　)使水泵的叶轮旋转。
　A. 齿条　　　　B. 齿轮　　　　　C. 链轮　　　　　D. 带轮

200. （　　）用于检测发动机运转时吸入的进气量。
A. 空气流量传感器　　　　　　　　B. 节气门位置传感器
C. 进气温度传感器　　　　　　　　D. 发动机转速传感器

201. 热线式空气流量传感器的输出信号是（　　）。
A. 脉冲信号　　B. 数字信号　　C. 模拟信号　　D. 固定信号

202. （　　）的作用是建立足够的机油压力。
A. 机油泵　　　　　　　　　　　　B. 机油滤清器
C. 限压阀　　　　　　　　　　　　D. 机油压力感应塞

203. 汽车冷却系统中提高冷却液沸点的装置是（　　）。
A. 散热器盖　　B. 水泵　　C. 水套　　D. 发动机

204. （　　）控制点火线圈的次级绕组。
A. 点火器　　B. 分电器　　C. 电容器　　D. 断电器

205. 变速器自锁装置的主要作用是防止（　　）。
A. 变速器乱档　　B. 变速器跳档　　C. 变速器误挂倒档　　D. 挂档困难

206. 膜片弹簧离合器的膜片弹簧可兼起（　　）的作用。
A. 压紧机构　　B. 分离机构　　C. 分离杠杆　　D. 分离套

207. 变速器（　　）装置可防止同时挂上两个档。
A. 互锁　　B. 自锁　　C. 倒档锁　　D. 锁止销

208. 当作用力很容易地由转向盘经转向器传到转向摇臂，而转向摇臂所受路面冲击也比较容易地传到转向盘，这种转向器被称为（　　）转向器。
A. 可逆式　　B. 不可逆式　　C. 极限可逆式　　D. 齿轮齿条式

209. 汽车的装配基体是（　　）。
A. 车架　　B. 车身　　C. 车轮　　D. 车梁

210. 桑塔纳 2000 型轿车前悬架采用（　　）。
A. 双叉式　　B. 撑杆式　　C. 拖臂式　　D. 非独立式

211. 甲说：对减振器性能的检查应该在普通工具上进行。乙说：一般情况下可通过外观检查有无漏油的地方。你认为二者中正确的是（　　）。
A. 甲　　　　　　　　　　　　　　B. 乙
C. 二者都正确　　　　　　　　　　D. 二者都不正确

212. （　　）的作用是使汽车直线行驶时保持方向稳定，汽车转弯时前轮自动回正。
A. 主销后倾　　B. 主销内倾　　C. 前轮外倾　　D. 前轮前束

213. 盘式制动器制动盘固定在（　　）。
A. 轮毂上　　B. 万向节上　　C. 制动鼓上　　D. 活塞上

214. 真空增压制动传动装置比液压制动机构多装了一套真空增压系统，下列（　　）不是真空增压系统的组成部分。
A. 加力气室　　B. 辅助缸　　C. 控制阀　　D. 主缸

215. 空气助力器的助力源是（　　）的压力差。
A. 大气与真空　　B. 压缩空气与大气　　C. 压缩空气与真空　　D. 大气与空气

216. 一般技术状况良好的蓄电池，单格电压应在 1.5V 以上，并在（　　）s 内保持稳定。
A. 1　　　　　　　B. 3　　　　　　　C. 5　　　　　　　D. 7

217. 对储存期超过两年的干式铅蓄电池，使用前应补充充电，充电时间应在(　　)h。
A. 2~3　　　　　　B. 3~5　　　　　　C. 5~10　　　　　　D. 10

218. (　　)类制冷剂包括R11、R12、R13、R113、R114和R115等。
A. CFA　　　　　　B. CFB　　　　　　C. CFC　　　　　　D. CFD

219. (　　)对大气臭氧层破坏作用最大，ODP值为1，温室效应GWP值达3左右。
A. CFC10　　　　　B. CFC11　　　　　C. CFC12　　　　　D. CFC13

220. 汽车空调系统中，电磁离合器的作用是用来控制(　　)之间的动力传递。
A. 发动机与电磁离合器　　　　　　　　B. 发动机与压缩机
C. 压缩机与电磁离合器　　　　　　　　D. 压缩机与起动机

221. 当进行空调压缩机检查时，添加制冷剂的同时应补加(　　)g同类冷冻机油。
A. 10~20　　　　　B. 20~30　　　　　C. 30~40　　　　　D. 40~50

222. (　　)在汽车制冷系统中冷却吸热、冷凝放热起着极其重要的作用。
A. 制冷剂　　　　　B. 冷凝剂　　　　　C. 化学试剂　　　　D. 冷却液

223. 一般压缩比较高的发动机应选用(　　)的汽油。
A. 辛烷值较高　　　B. 辛烷值较低　　　C. 凝点较高　　　　D. 凝点较低

224. 机油牌号中，在数字后面带有"W"字母的表示(　　)。
A. 春季用机油　　　B. 夏季用机油　　　C. 秋季用机油　　　D. 冬季用机油

225. 在液压传动的基本回路中，平衡阀是由(　　)组成的复合阀。
A. 减压阀和溢流阀　　　　　　　　　　B. 单向阀和溢流阀
C. 单向阀和顺序阀　　　　　　　　　　D. 节流阀和顺序阀

226. 车用液压制动系统中控制制动蹄的液压元件是(　　)。
A. 制动总泵　　　　B. 制动分泵　　　　C. 制动踏板　　　　D. 推杆

237. 剪式举升器属于(　　)。
A. 手动式举升器　　　　　　　　　　　B. 电动式举升器
C. 固定式举升器　　　　　　　　　　　D. 移动式举升器

228. (　　)是一种专门用于拆装顶置式气门弹簧的工具。
A. 活塞环拆装钳　　B. 气缸套筒拉拔器　C. 气门弹簧拆装钳　D. 套筒

229. 汽车底盘由传动系统、行驶系统、转向系统和(　　)四大部分组成。
A. 起动系统　　　　B. 润滑系统　　　　C. 冷却系统　　　　D. 制动系统

230. 用曲轴转角表示的进、排气门开闭时刻和开启持续时间，称为(　　)。
A. 气门重叠角　　　B. 气门锥角　　　　C. 配气相位　　　　D. 气门迟闭角

231. 汽车发动机大多数使用(　　)水泵。
A. 齿轮式　　　　　　　　　　　　　　B. 柱塞式
C. 机械离心式　　　　　　　　　　　　D. 齿轮式、柱塞式、机械离心式均不对

232. 发动机机油泵通常用外啮合齿轮泵，其组成主要有齿轮、轴承、泵盖及(　　)等。
A. 叶片　　　　　　B. 柱塞　　　　　　C. 油管　　　　　　D. 传动轴

233. (　　)可以暂时切断发动机与传动系统的联系，便于变速器顺利换档。

A. 差速器　　　　　B. 主减速器　　　　C. 离合器　　　　　D. 半轴

234.（　　）在离合器处于接合状态时，可中断发动机与驱动轮之间的动力传递，以满足汽车短暂停车和滑行情况的需要。

A. 离合器　　　　　B. 变速器　　　　　C. 差速器　　　　　D. 主减速器

235. 下列选项不属于汽车普通变速器组成的是（　　）。

A. 液力变矩器　　　B. 拨叉　　　　　　C. 拨叉轴　　　　　D. 变速器盖

236.（　　）用来清除风窗玻璃上的雨水、雪或尘土，确保驾驶人能有良好的视线。

A. 电动刮水器　　　　　　　　　　　　B. 风窗玻璃清洗装置

C. 风窗除霜装置　　　　　　　　　　　D. 电动刮水器、风窗玻璃清洗装置、风窗除霜装置都不对

237. 在汽车空调的组成部件中，（　　）可以根据制冷负荷自动调节制冷剂的流量，达到控制车内温度的目的。

A. 压缩机　　　　　B. 冷凝器　　　　　C. 膨胀阀　　　　　D. 蒸发器

238. 东风 EQ1092 型汽车采用的是（　　）驻车制动器。

A. 盘式　　　　　　B. 鼓式　　　　　　C. 带式　　　　　　D. 自动增力式

239. 东风 EQ1092 型汽车双回路气压制动传动装置由（　　）和控制装置两部分组成。

A. 气泵　　　　　　B. 制动踏板　　　　C. 制动杆　　　　　D. 制动气室

240. 在（　　）中，空气助力气室制动时产生的推力，也同踏板力一样直接作用在制动主缸活塞推杆上。

A. 真空助力器　　　B. 真空增压器　　　C. 空气增压器　　　D. 空气助力器

241. 真空助力式液压制动传动装置，（　　）组成一个整体，叫作真空助力器。

A. 加力气室和控制阀　　　　　　　　　B. 加力气室和主缸

C. 主缸和控制阀　　　　　　　　　　　D. 真空单向阀和控制阀

242. 空气液压制动传动装置分为（　　）两种。

A. 助压式和增力式　　　　　　　　　　B. 增压式和助力式

C. 增压式和增力式　　　　　　　　　　D. 助压式和助力式

243.（　　）类制冷剂包括 R23、R32、R41、R125、R134、R143 和 R152 等。

A. HFA　　　　　　B. HFB　　　　　　C. HFC　　　　　　D. HFD

244. CFC12 对大气臭氧层破坏作用最大，ODP 值为 1，GWP 值达（　　）左右。

A. 1　　　　　　　B. 2　　　　　　　C. 3　　　　　　　D. 4

245. 下列选项为压力控制回路的是（　　）。

A. 调压回路　　　　B. 调速回路　　　　C. 换向回路　　　　D. 同步回路

246. 2.5t 以下的各种小轿车、面包车适宜选用（　　）进行举升。

A. 气动式举升器　　　　　　　　　　　B. 电动式举升器

C. 液压式举升器　　　　　　　　　　　D. 移动式举升器

247. 就车式平衡机按（　　）原理工作。

A. 静平衡　　　　　　　　　　　　　　B. 动平衡

C. 平衡块　　　　　　　　　　　　　　D. 静平衡、动平衡、平衡块均不对

248. 悬架属于（　　）的组成部分。

A. 传动系统　　　　B. 行驶系统　　　　C. 转向系统　　　　D. 制动系统

249. 利用机油的黏性，使机油附着在运动零件表面，以提高零件的密封效果，这是机油的（　）作用。
    A. 润滑　　　　　　B. 冷却　　　　　　C. 密封　　　　　　D. 清洁
250. 在发动机润滑系统中并联于润滑系统内，并能滤出润滑油中微小杂质的选项是（　）。
    A. 机油集滤器　　　B. 机油细滤器　　　C. 机油粗滤器　　　D. 机油散热器
251. （　）能在变速器的输出轴和驱动桥的输入轴之间有一定夹角和相对位置经常变化的两轴之间传递动力。
    A. 离合器　　　　　B. 差速器　　　　　C. 万向传动装置　　D. 主减速器
252. 前轮、前轴、万向节与（　）的相对安装位置，称为转向车轮定位。
    A. 悬架　　　　　　B. 半轴　　　　　　C. 车架　　　　　　D. 车桥
253. 汽车制动器的旋转元件固装在（　）上。
    A. 车桥　　　　　　B. 悬架　　　　　　C. 车轮　　　　　　D. 传动轴
254. 光耦合型车轮转速传感器装在（　）。
    A. 分电器内　　　　B. 凸轮轴前　　　　C. 飞轮上　　　　　D. 组合仪表内
255. 氧化锆型氧传感器的输出特性与（　）有关。
    A. 排气压力　　　　　　　　　　　　　B. 排气温度
    C. 气体中氧的质量分数　　　　　　　　D. 气体中二氧化碳的质量分数
256. 真空增压制动传动装置比液压制动机构多装了一套真空增压系统，下列（　）是真空增压系统的组成部分。
    A. 加力气室　　　　B. 进气总管　　　　C. 进气歧管　　　　D. 主缸
257. 东风 EQ1092 型汽车的空气压缩机由（　）驱动。
    A. 曲轴带轮　　　　B. 凸轮轴带轮　　　C. 发电机带轮　　　D. 飞轮
258. 采用（　）制动间隙的制动器可不需调整。
    A. 盘式　　　　　　B. 鼓式　　　　　　C. 带式　　　　　　D. 弹簧作用式
259. （　）类制冷剂包括 R22、R123 和 R133 等。
    A. HCFA　　　　　 B. HCFB　　　　　 C. HCFC　　　　　 D. HCFD
260. 进油路节流调速回路、回油路节流调速回路和旁油路节流调速回路属于（　）。
    A. 容积调速回路
    B. 节流调速回路
    C. 容积节流调速回路
    D. 容积调速回路、节流调速回路、容积节流调速回路均不对
261. 在汽车制动系统中，（　）将驾驶人或其他动力源的作用力传到制动器，同时控制制动器工作，以获得所需的制动力矩。
    A. 制动蹄　　　　　B. 制动鼓　　　　　C. 制动传动装置　　D. 制动缸
262. （　）制动器可以在行车制动装置失效后应急制动。
    A. 平衡式　　　　　B. 非平衡式　　　　C. 行车　　　　　　D. 驻车
263. 汽油的牌号越高说明（　）也越高。
    A. 密度　　　　　　B. 凝点　　　　　　C. 熔点　　　　　　D. 辛烷值
264. 汽油的辛烷值越高（　）性能就越好。

A. 清洁性　　　　　B. 抗爆性　　　　　C. 安定性　　　　　D. 耐蚀性

265. 一般压缩比较高的发动机应选用( )的汽油。
A. 辛烷值较高　　　B. 辛烷值较低　　　C. 凝点较高　　　　D. 凝点较低

266. 汽油的( )是指在正常的储存和使用条件下,避免氧化生胶的能力。
A. 蒸发性　　　　　B. 抗爆性　　　　　C. 安定性　　　　　D. 耐蚀性

267. 柴油的( )用十六烷值表示。
A. 黏性　　　　　　B. 蒸发性　　　　　C. 发火性　　　　　D. 安定性

268. 柴油的低温起动性、工作可靠性、燃料经济性均与柴油的( )有关。
A. 黏性　　　　　　B. 蒸发性　　　　　C. 发火性　　　　　D. 安定性

269. 机油牌号中,在数字后面带有"W"字母的表示( )。
A. 普通系列　　　　B. 一般系列　　　　C. 低温系列　　　　D. 高温系列

270. ( )是指发动机机油能抑制积炭、涂膜和油泥生成或将这些沉淀物清除的性能。
A. 黏度　　　　　　B. 黏温性能　　　　C. 清净分散性　　　D. 安定性

271. 目前机油的分类大多采用( )分类法和性能分类法两种。
A. 黏度　　　　　　B. 安定性　　　　　C. 清净分散性　　　D. 黏温性能

272. 国家标准规定把润滑脂的稠度规定为( )个等级。
A. 7　　　　　　　　B. 8　　　　　　　　C. 9　　　　　　　　D. 10

273. ( )是以动植物脂肪酸钠皂稠化矿物润滑油制成的耐高温但不耐水的普通润滑脂。
A. 钙基润滑脂　　　　　　　　　　　　B. 钠基润滑脂
C. 通用锂基润滑脂　　　　　　　　　　D. 石磨钙基润滑脂

274. ( )是指润滑脂受外力作用时,抵抗变形的程度。
A. 黏性　　　　　　B. 凝点　　　　　　C. 强度　　　　　　D. 稠度

275. 润滑脂的使用性能主要有低温性能、高温性能、抗水性和( )等。
A. 黏性　　　　　　B. 凝点　　　　　　C. 稠度　　　　　　D. 安定性

276. 制动液更换一般在汽车行驶( )km后。
A. 10 000~20 000　B. 20 000~30 000　C. 10 000~30 000　D. 20 000~40 000

277. ( )是汽车液压制动系统中传递压力的工作介质。
A. 燃油　　　　　　B. 机油　　　　　　C. 润滑油　　　　　D. 制动液

278. 在严冬季节应选用( )级制动液。
A. JG0　　　　　　B. JG1　　　　　　C. JG2　　　　　　D. JG3

279. 在车速不高的平原地区,除冬季外,可选( )级的制动液。
A. JG0　　　　　　B. JG1　　　　　　C. JG2　　　　　　D. JG3

280. 低压充气轮胎的胎压是( )MPa。
A. >0.5　　　　　　B. 0.5~0.7　　　　C. 0.15~0.45　　　D. <0.15

281. 高压充气轮胎的胎压是( )MPa。
A. >0.5　　　　　　B. 0.5~0.7　　　　C. 0.15~0.45　　　D. >0.1

282. ( )是外胎的骨架。
A. 胎面　　　　　　B. 帘布层　　　　　C. 缓冲层　　　　　D. 胎圈

283. 汽车轮胎尺寸规格标记在胎侧，如9.00 R 20，其中R表示（   ）。
   A. 无内胎轮胎　　　　　　　　　　B. 普通斜交轮胎
   C. 子午线轮胎　　　　　　　　　　D. 混合花纹轮胎
284. 充气轮胎的内胎尺寸应比外胎内壁尺寸（   ）。
   A. 略大　　　B. 略小　　　C. 相等　　　D. 无规定
285. （   ）是外胎帘布层的根基。
   A. 胎圈　　　B. 胎面　　　C. 胎肩　　　D. 缓冲层
286. 内胎充气轮胎由外胎、内胎和（   ）组成。
   A. 胎圈　　　B. 胎面　　　C. 垫带　　　D. 缓冲层
287. 球轴承的拆卸选用（   ）。
   A. 四爪拉拔器　　　　　　　　　　B. 球轴承拉拔器
   C. 通用拉拔器　　　　　　　　　　D. 半轴套筒拉拔器
288. 轮毂轴承螺栓、螺母的拆装适宜选用（   ）。
   A. 内六角扳手　　　　　　　　　　B. 方扳手
   C. 钩型扳手　　　　　　　　　　　D. 专用套筒扳手
289. 拆装油底壳、变速器等的放油螺栓通常选用（   ）。
   A. 内六角扳手　　B. 方扳手　　C. 钩型扳手　　D. 圆螺母扳手
290. （   ）平衡机按动平衡原理工作。
   A. 就车式　　　B. 离车式　　　C. 气压式　　　D. 液压式
291. （   ）平衡机按静平衡原理工作。
   A. 就车式　　　B. 离车式　　　C. 气压式　　　D. 液压式
292. 离车式平衡机按（   ）原理工作。
   A. 静平衡　　　　　　　　　　　　B. 动平衡
   C. 平衡块　　　　　　　　　　　　D. 以上说法均不对
293. 用于高寒地区冬季使用的清洗机是（   ）。
   A. 门式清洗机　　B. 盘式清洗机　　C. 常温高压清洗机　　D. 热水清洗机
294. 用于涂漆前、粘接前、电镀后等的清洗机一般选用（   ）。
   A. 门式清洗机　　　　　　　　　　B. 盘式清洗机
   C. 常温高压清洗机　　　　　　　　D. 低温低压清洗机
295. 一般清洗用的化学溶液可采用（   ）与热水的混合溶液。
   A. 中性肥皂　　B. 碱面　　C. 稀酸　　D. 酒精
296. 座位在9座（包括驾驶人座位在内）以下的小型载客汽车称为（   ）。
   A. 客车　　　B. 乘用车　　　C. 旅游客车　　　D. 长途客车
297. 载货汽车的类别代号是（   ）。
   A. 1　　　B. 2　　　C. 3　　　D. 4
298. 客车的类别代号是（   ）。
   A. 4　　　B. 5　　　C. 6　　　D. 7
299. （   ）是汽车装配与行驶的主体。
   A. 发动机　　　B. 底盘　　　C. 车身　　　D. 电器设备

300. 全轮驱动是( )所特有的布置形式。
A. 大载货汽车　　　B. 轿车　　　C. 客车　　　D. 越野车

301. 汽车最大总质量是( )。
A. 整车装备质量　　　　　　　　　B. 最大装载质量
C. 整车装备质量与最大装载质量之差　　　D. 整车装备质量与最大装载质量之和

302. 最小转弯半径是转向盘转至极限位置时( )中心平面移动轨迹的半径。
A. 车身　　　　　　　　B. 外侧转向轮
C. 内侧转向轮　　　　　D. 车身、外侧转向轮、内侧转向轮均不正确

303. 往复活塞式四冲程发动机，曲轴每转( )周，发动机完成一个工作循环。
A. 一　　　B. 四　　　C. 两　　　D. 三

304. 柴油机的组成中不包括( )。
A. 润滑系统　　　B. 冷却系统　　　C. 点火系统　　　D. 起动系统

305. 活塞行程 S 与曲柄半径 R 的关系是( )。
A. $S=1/2$　　　B. $S=R$　　　C. $S=2R$　　　D. $S=4R$

306. 气缸的排量等于( )。
A. 气缸的总容积　　　B. 气缸的工作容积　　　C. 气缸燃烧室容积　　　D. 气缸行程

307. 压缩比是( )。
A. 气缸总容积与燃烧室容积之比　　　B. 气缸总容积与气缸工作容积之比
C. 气缸工作容积与燃烧室容积之比　　　D. 气缸总容积与气缸排量之比

308. 对于四冲程汽油机，曲轴带动活塞由上止点向下止点移动的工作循环是( )。
A. 进气行程　　　B. 压缩行程　　　C. 做功行程　　　D. 排气行程

309. 四冲程发动机活塞由下止点向上止点移动可能是( )行程。
A. 进气或排气　　　B. 进气或压缩　　　C. 压缩或排气　　　D. 压缩或做功

310. 四冲程柴油机在进气行程时进入气缸内的是( )。
A. 空气　　　B. 柴油　　　C. 汽油　　　D. 可燃混合气

311. ( )的功用是将活塞连杆组传来的气体作用力转变为扭矩并输出动力。
A. 曲柄　　　B. 连杆　　　C. 活塞销　　　D. 飞轮

312. ( )的作用是将活塞承受的力传给曲轴，并使活塞的往复运动转变为曲轴的旋转运动。
A. 曲柄　　　B. 连杆　　　C. 活塞销　　　D. 飞轮

313. 曲柄连杆机构的零件按其机构特点和运动形式分为缸体曲轴箱、活塞连杆组和( )。
A. 曲轴组　　　B. 飞轮组　　　C. 曲柄组　　　D. 曲轴飞轮组

314. 汽车发动机一般采用多缸直列或( )发动机。
A. L型　　　B. H型　　　C. V型　　　D. 对置型

315. ( )的功用是保证气门进行往复运动时，使气门与气门座正确密合。
A. 气门弹簧　　　B. 气门座　　　C. 气门导管　　　D. 气门

316. 四冲程发动机凸轮轴正时齿轮齿数是曲轴正时齿轮的( )倍。
A. 1　　　B. 2　　　C. 3　　　D. 4

317. 通常排气门的气门间隙是( )mm。

A. 0.10~0.20　　　B. 0.25~0.30　　　C. 0.30~0.35　　　D. 0.35~0.40

318. 气门组主要包括气门、气门导管、（　　）及气门弹簧等。
A. 挺柱　　　B. 气门传动组　　　C. 推杆　　　D. 摇臂

319. 通常进气门的气门间隙是（　　）mm。
A. 0.10~0.20　　　B. 0.25~0.30　　　C. 0.30~0.35　　　D. 0.40~0.45

320. 过量空气系数 α（　　）时为浓混合气。
A. >1　　　B. <1　　　C. =1　　　D. =2

321. 通常将空燃比为（　　）的混合气称为标准混合气。
A. 5　　　B. 10　　　C. 15　　　D. 20

322. （　　）的功用是根据发动机各种不同工况要求，配制出一定数量和浓度的可燃混合气，供入气缸，并在燃烧做功后将废气排出。
A. 汽油机冷却系统　　　B. 汽油机润滑系统
C. 汽油机燃料系统　　　D. 汽油机传动系统

323. 怠速工况下，为保证发动机稳定工作，应供给（　　）的混合气。
A. 多而浓　　　B. 少而浓　　　C. 多而稀　　　D. 少而稀

324. 下列选项不属于汽油供给装置组成的是（　　）。
A. 汽油滤清器　　　B. 空气滤清器　　　C. 汽油泵　　　D. 输油管

325. 汽油泵属于（　　）。
A. 汽油供给装置　　　B. 可燃混合气供给装置
C. 混合气形成装置　　　D. 空气供给装置

326. 柴油机通过（　　）将柴油喷入燃烧室。
A. 喷油器　　　B. 输油管　　　C. 输油泵　　　D. 喷油泵

327. 柴油机以（　　）作为燃料。
A. 汽油　　　B. 柴油　　　C. 煤油　　　D. 空气

328. 柴油机工作时输油泵的供油量是喷油泵供油量的（　　）倍。
A. 1~2　　　B. 2~3　　　C. 3~4　　　D. 4~5

329. 柴油机混合气的形成和燃烧是在（　　）进行的。
A. 进气管　　　B. 输油泵　　　C. 燃烧室　　　D. 喷油器

330. （　　）燃烧室结构紧凑，热损失少，热效率较高。
A. 统一式　　　B. 分开式　　　C. 涡流室式　　　D. 预燃室式

331. 柴油机高压油路供给装置包括（　　）及喷油器等。
A. 输油泵　　　B. 喷油泵　　　C. 柴油箱　　　D. 滤清器

332. 下列选项属于柴油机低压油路供给装置的是（　　）。
A. 输油泵　　　B. 喷油泵　　　C. 喷油器　　　D. 高压油管

333. （　　）的功用是使转动中的发动机保持在最适宜的工作温度范围。
A. 润滑系统　　　B. 冷却系统　　　C. 燃料供给系统　　　D. 传动系统

334. 发动机冷却系统的组成部件中用来改变冷却液的循环路线及流量的是（　　）。
A. 节温器　　　B. 散热器　　　C. 水泵　　　D. 风扇

335. 发动机冷却系统的部件中能对冷却液加压使其循环的是（　　）。

A. 节温器 B. 散热器 C. 水泵 D. 风扇

336. 当冷却液温度低于（　　）℃时，节温器主阀门关闭，副阀门开启，冷却液在水泵与水套之间小范围内循环，促使冷却液温度迅速升高。
A. 26 B. 46 C. 76 D. 86

337. 曲轴通过（　　）使水泵的叶轮旋转。
A. 齿条 B. 齿轮 C. 链轮 D. 带轮

338. 当冷却液温度高于（　　）℃时，节温器主阀门全开，副阀门全关，冷却液在全部流经散热器进行水的大循环，使发动机保持正常工作温度。
A. 36 B. 56 C. 66 D. 86

339. 汽车发动机大多数使用（　　）水泵。
A. 齿轮式 B. 柱塞式
C. 机械离心式 D. 齿轮式、柱塞式、机械离心式均不对

340. 在运动零件表面形成油膜，以减少磨损和功率损失，这是机油的（　　）作用。
A. 润滑 B. 冷却 C. 密封 D. 清洁

341. 在大功率的发动机上由于热负荷大必须安装（　　）。
A. 机油泵 B. 过滤器 C. 汽油泵 D. 散热器

342. （　　）是将一定数量的机油从油底壳吸入泵腔，加压后送到零件的摩擦表面。
A. 机油集滤器 B. 机油泵 C. 柴油泵 D. 机油滤清器

343. 下列选项中（　　）安装在发动机机油泵进油口的前端。
A. 机油集滤器 B. 机油细滤器 C. 机油粗滤器 D. 机油散热器

344. 发动机润滑系统中用来储存润滑油的装置是（　　）。
A. 集滤器 B. 滤清器 C. 油底壳 D. 机油泵

345. 越野车传动系统一般采用（　　）。
A. 发动机前置后轮驱动 B. 发动机前置前轮驱动
C. 发动机后置后轮驱动 D. 四轮驱动

346. 汽车传动系统的传动形式中（　　）是一种最传统的布置形式，且主要用于大、中型载货汽车上。
A. 发动机前置后轮驱动 B. 发动机前置前轮驱动
C. 发动机后置后轮驱动 D. 四轮驱动

347. 通常汽车传动系统动力最后经过（　　）传递给驱动轮。
A. 离合器 B. 变速器 C. 主减速器 D. 半轴

348. 汽车传动系统在传递动力的过程中，变速器变速后经万向传动装置传给（　　）。
A. 离合器 B. 主减速器 C. 差速器 D. 半轴

349. 下列总成不属于汽车传动系统的是（　　）。
A. 离合器 B. 变速器 C. 半轴 D. 转向器

350. 驾驶人可以通过操纵离合器的（　　）使离合器分离，而后再使其柔和地接合。
A. 分离弹簧 B. 分离轴承 C. 操纵机构 D. 变速器

351. 离合器的功用不包括（　　）。
A. 保证汽车平稳起步 B. 便于顺利换档

C. 防止传动系统过载　　　　　　　　D. 承担整车的大部分载重

352. (　　)可使发动机与传动系统逐渐接合,保证汽车平稳起步。
A. 离合器　　　B. 变速器　　　C. 主减速器　　　D. 差速器

353. 离合器的从动部分不包括(　　)。
A. 从动盘　　　B. 变速器输入轴　　　C. 离合器输出轴　　　D. 飞轮

354. 汽车上所使用离合器的主动部分不包括(　　)。
A. 飞轮　　　　　　　　　　　　　B. 压盘
C. 离合器盖　　　　　　　　　　　D. 离合器输出轴

355. 汽车上所使用离合器的主动部分与发动机的(　　)相连。
A. 曲轴　　　B. 飞轮　　　C. 压盘　　　D. 拉杆

356. 变速器的组成部分中用于安装、保护齿轮传动和储存机油的是(　　)。
A. 壳体　　　B. 同步器　　　C. 齿轮传动机构　　　D. 操纵机构

357. (　　)具有扩大驱动轮转矩和转速的变化范围,以适应汽车经常变化的行驶条件。
A. 离合器　　　B. 变速器　　　C. 差速器　　　D. 主减速器

358. 自动变速器主要由液压泵、齿轮变速器、控制系统及(　　)等主要部分组成。
A. 拨叉　　　B. 拨叉轴　　　C. 锁止装置　　　D. 液力变矩器

359. 汽车万向传动装置一般由万向节、(　　)和中间支承组成。
A. 变矩器　　　B. 半轴　　　C. 传动轴　　　D. 拉杆

360. 变速器的输出轴线与驱动桥的输入轴线通常(　　)。
A. 在同一平面　　　B. 不在同一平面　　　C. 平行　　　D. 垂直

361. 汽车驱动桥不具有的功用是(　　)。
A. 降速增扭　　　　　　　　　　　B. 改变转矩的传递方向
C. 承担整车的大部分载重　　　　　D. 防止传动系统过载

362. 汽车驱动桥的主要组成不包括(　　)。
A. 主减速器　　　B. 差速器　　　C. 离合器　　　D. 半轴

363. 发动机纵向传出的转矩经驱动桥后,使其改变(　　)方向,横向传出。
A. 60°　　　B. 90°　　　C. 120°　　　D. 180°

364. 解放CA1092型汽车采用的双级主减速器,其第一级为(　　)。
A. 锥齿轮　　　B. 斜齿圆柱齿轮　　　C. 人字齿轮　　　D. 曲齿轮

365. 主减速器按参与减速传动的(　　)不同可分为单级主减速器和双级主减速器。
A. 齿轮个数　　　B. 传动轴个数　　　C. 轴承个数　　　D. 齿轮副数目

366. 大型载货汽车通常采用(　　)的主减速器。
A. 单级　　　　　　　　　　　　　B. 双级
C. 多级　　　　　　　　　　　　　D. 单级、双级、多级均不对

367. 中小型汽车上多用的(　　)主减速器,一般用一对大小不等的锥齿轮传动结构。
A. 单级　　　　　　　　　　　　　B. 双级
C. 多级　　　　　　　　　　　　　D. 单级、双级、多级均不对

368. 当汽车直线行驶时差速器(　　)。
A. 起减速作用　　　　　　　　　　B. 起加速作用

C. 起差速作用 D. 不起差速作用

369. 当汽车转弯时差速器（　　）。
A. 起减速作用 B. 起加速作用
C. 起差速作用 D. 不起差速作用

370. 当汽车正常行驶，差速器不起差速作用时，两半轴（　　）。
A. 转速相同 B. 差速 C. 速度趋于零 D. 速度等于零

371. 差速器的功用是在汽车转向过程中，允许（　　）以不同的转速旋转，以满足两驱动轮不等路程行驶的需要。
A. 两齿轮 B. 两半轴 C. 减速器 D. 变速器

372. 挂车上的车桥都是（　　）。
A. 转向桥 B. 驱动桥 C. 转向驱动桥 D. 支持桥

373. 根据（　　）不同车桥可分为整体式和断开式两种。
A. 车轮个数 B. 传动形式 C. 半轴 D. 悬架结构

374. 汽车车桥通过（　　）与车架相连。
A. 车轮 B. 悬架 C. 传动轴 D. 半轴

375. 当采用（　　）时，车桥都是断开式的。
A. 独立悬架 B. 非独立悬架
C. 单级主减速器 D. 双级主减速器

376. （　　）是车架与车桥之间一切传力连接装置的总成。
A. 车轮 B. 车身 C. 悬架 D. 减振器

377. （　　）的结构特点是两侧车轮由一根整体式车桥相连，车轮连同车桥一起通过弹性悬架在车架下面。
A. 独立悬架 B. 非独立悬架 C. 前桥 D. 后桥

378. 汽车的前束值一般都小于（　　）mm。
A. 5 B. 8 C. 10 D. 12

379. 一般主销内倾角不大于（　　）。
A. 5° B. 8° C. 10° D. 12°

380. 前轮定位包括（　　）、主销内倾、车轮外倾和前轮前束四个参数。
A. 主销前倾 B. 主销后倾 C. 主销外倾 D. 主销左倾

381. 下列选项中（　　）的功用是增大转向盘传到转向轮上的转向力矩，并改变力的传递方向。
A. 万向节 B. 转向传动轴 C. 转向横拉杆 D. 转向器

382. （　　）转向器具有结构简单、操作灵敏和维修方便等特点，且被现代轿车广泛应用。
A. 循环球式 B. 齿轮齿条式 C. 蜗杆指销式 D. 单销式

383. 循环球式转向器中一般有（　　）级传动副。
A. 1 B. 2 C. 3 D. 4

384. 转向系统按使用能源不同分为机械式转向系统和（　　）转向系统两种。
A. 电液式 B. 电控液压式

C. 动力式　　　　　　　　　　　　D. 电液式、电控液压式、动力式均不对

385. 转向时通过转向操纵机构最终使装在左、右（　　）上的两车轮同时偏转，实现汽车转向。
    A. 转向拉杆　　B. 转向器　　C. 万向节　　D. 梯形臂

386. 转向操纵机构由转向盘、转向轴、（　　）和转向传动轴等组成。
    A. 转向拉杆　　B. 万向节臂　　C. 转向万向节　　D. 梯形臂

387. 转向传动机构由转向垂臂、转向拉杆、（　　）、转向节和左右梯形臂等组成。
    A. 转向轴　　B. 转向盘　　C. 万向节　　D. 万向节臂

388. （　　）是连接汽车转向系统转向摇臂和万向节臂的杆件。
    A. 转向直拉杆　　B. 转向横拉杆　　C. 摇臂轴　　D. 万向节

389. 蜗杆指销式转向器按指销的数目不同可分为（　　）两种。
    A. 单销式和三销式　　　　　　　B. 双销式和三销式
    C. 单销式和双销式　　　　　　　D. 单销式和多销式

390. （　　）转向器主要由壳体、转向螺杆、摇臂轴和转向螺母等组成。
    A. 循环球式　　B. 齿轮齿条式　　C. 蜗杆指销式　　D. 双指销式

391. 循环球式转向器第一级传动副是（　　）传动副。
    A. 双螺杆　　B. 齿轮齿条　　C. 齿条齿扇　　D. 螺母螺杆

392. 循环球式转向器第二级传动副是（　　）传动副。
    A. 双螺杆　　B. 齿轮齿条　　C. 齿条齿扇　　D. 螺母螺杆

393. 汽车制动系统一般包括两套独立的制动装置，一套是行车制动装置，另一套是（　　）装置。
    A. 紧急制动　　B. 安全制动　　C. 发动机制动　　D. 驻车制动

394. （　　）装置通常由驾驶人用手操纵。
    A. 行车制动　　　　　　　　　　B. 驻车制动
    C. 发动机制动　　　　　　　　　D. 行车制动、驻车制动、发动机制动都不对

395. （　　）装置用于使停驶的汽车驻留在原位不动。
    A. 紧急制动　　B. 安全制动　　C. 行车制动　　D. 驻车制动

396. （　　）装置用于汽车行驶时减速或停车。
    A. 紧急制动　　B. 安全制动　　C. 行车制动　　D. 驻车制动

397. 在汽车制动系统中，（　　）制动器倒车时可以得到与前进制动时一样的制动效能。
    A. 简单非平衡式　　B. 单向助势平衡式　　C. 双向助势平衡式　　D. 自动增力式

398. 汽车制动器的制动蹄在不工作的原始位置时，其摩擦片与制动鼓之间应保持合适的间隙，其间隙一般为（　　）mm。
    A. 0~0.2　　B. 0~0.5　　C. 0~0.8　　D. 0~1.0

399. 汽车制动器的内张双蹄式鼓式制动器，以制动鼓的（　　）为工作表面。
    A. 内圆柱面　　　　　　　　　　B. 外圆柱面
    C. 端面　　　　　　　　　　　　D. 内圆柱面、外圆柱面、端面都不对

400. 汽车制动器的旋转元件固装在（　　）上。
    A. 车桥　　B. 悬架　　C. 车轮　　D. 传动轴

401. 制动传动装置按传动介质的不同可分为液压式制动传动装置和( )制动传动装置。
   A. 气压式　　　　B. 气体式　　　　C. 单管路　　　　D. 双管路

402. ( )制动传动装置具有所用构件少、灵敏度高和制动力较小的特点，常用于小型汽车。
   A. 气压式　　　　B. 液压式　　　　C. 单管路　　　　D. 双管路

403. 气压式制动传动装置的组成中，( )具有将压缩空气的压力转变为转动制动凸轮的机械力，使车轮制动器产生制动力矩。
   A. 制动控制阀　　B. 制动气室　　　C. 推杆　　　　　D. 平衡臂

404. 在汽车制动系统中，( )将驾驶人或其他动力源的作用力传到制动器，同时控制制动器工作，以获得所需的制动力矩。
   A. 制动蹄　　　　B. 制动鼓　　　　C. 制动传动装置　D. 制动缸

405. ( )制动器可以在行车制动装置失效后应急制动。
   A. 平衡式　　　　B. 非平衡式　　　C. 行车　　　　　D. 驻车

406. 驻车制动器多安装在( )或分动器之后。
   A. 离合器　　　　B. 变速器　　　　C. 差速器　　　　D. 主减速器

407. 驻车制动器可以配合( )进行紧急制动。
   A. 行车制动装置　B. 气压制动装置　C. 液压制动装置　D. 手动拉杆

408. ( )的功用是使汽车停放可靠，防止汽车滑溜，便于上坡起步。
   A. 行车制动器　　B. 驻车制动器　　C. 制动蹄　　　　D. 制动鼓

409. 汽车蓄电池与发电机并联，同属于汽车的( )。
   A. 高压电源　　　　　　　　　　　B. 低压电源
   C. 用电设备　　　　　　　　　　　D. 高压电源、低压电源、用电设备都不对

410. 当发动机起动时，蓄电池可向起动机提供高达( )A 的起动电流。
   A. 100～200　　　B. 100～300　　　C. 200～300　　　D. 200～600

411. 当发动机处于低速运转，发电机的端电压低于蓄电池电压时，由( )向用电设备供电。
   A. 发动机　　　　B. 发电机　　　　C. 起动机　　　　D. 蓄电池

412. 当发电机过载时，蓄电池和发电机( )向用电设备供电。
   A. 同时　　　　　　　　　　　　　B. 都不
   C. 两者之一　　　　　　　　　　　D. 同时、都不、两者之一都不对

413. 蓄电池的正极板为( )。
   A. 海绵状铅　　　B. 二氧化铅　　　C. 青灰色　　　　D. 红色

414. 蓄电池的电解液通常由专用的( )和蒸馏水配制而成。
   A. 盐酸　　　　　B. 硫酸　　　　　C. 醋酸　　　　　D. 强酸

415. ( )夹在相邻正、负极板之间，防止两者短路。
   A. 外壳　　　　　B. 连接条　　　　C. 隔板　　　　　D. 极桩

416. 蓄电池的负极板为( )。
   A. 海绵状铅　　　B. 二氧化铅　　　C. 深棕色　　　　D. 红色

417. 在发动机运转及汽车行驶的大部分时间里，由（　　）向用电设备供电。
   A. 电动机　　　　　B. 起动机　　　　　C. 点火线圈　　　　D. 交流发电机

418. 当交流发电机过载时，（　　）可协同发电机向用电设备供电。
   A. 分电器　　　　　B. 电动机　　　　　C. 蓄电池　　　　　D. 起动机

419. 当发动机高速运转时由（　　）向蓄电池充电。
   A. 分电器　　　　　B. 交流发电机　　　C. 电动机　　　　　D. 起动机

420. 汽车中除了蓄电池外另一个重要的电源是（　　）。
   A. 电动机　　　　　B. 起动机　　　　　C. 点火线圈　　　　D. 交流发电机

421. （　　）的作用是将定子绕组产生的三相交流电变为直流电。
   A. 转子总成　　　　B. 硅二极管　　　　C. 整流器　　　　　D. 电刷

422. 三相同步交流发电机的组成中（　　）用来产生三相交流电。
   A. 转子总成　　　　B. 定子总成　　　　C. 电刷　　　　　　D. 电刷架

423. 三相同步交流发电机的组成中（　　）又称为电枢。
   A. 定子总成　　　　B. 转子总成　　　　C. 电刷　　　　　　D. 电刷架

424. 现代汽车上广泛使用电子式调节器，根据与发电机配套励磁绕组的搭铁形式不同，可分为（　　）。
   A. 内搭铁式和外搭铁式　　　　　　　B. 晶体管式和集成电路式
   C. 单级式和双级式　　　　　　　　　D. 触点式和多级式

425. 触点式调节器可分为（　　）。
   A. 内搭铁式和外搭铁式　　　　　　　B. 晶体管式和集成电路式
   C. 单级式和双级式　　　　　　　　　D. 电子式和多级式

426. （　　）的作用是在发电机转速变化时，自动改变励磁电流的大小，使发电机输出电压保持不变。
   A. 整流器　　　　　B. 调节器　　　　　C. 蓄电池　　　　　D. 电容器

427. 电子调节器都是根据发电机端电压的变化，使（　　）及时地导通或截止，进一步控制大功率晶体管饱和与截止，使发电机端电压不变。
   A. 二极管　　　　　B. 稳压管　　　　　C. 电阻器　　　　　D. 电容器

428. 点火线圈的功用有两个，一是（　　），二是储能。
   A. 升压　　　　　　B. 降压　　　　　　C. 接通电路　　　　D. 切断电路

429. 起动机一般由（　　）、传动机构（单向离合器）和控制机构三大部分组成。
   A. 交流电动机　　　B. 直流串励式电动机　　C. 发电机　　　　　D. 电容器

430. 在起动机的组成中，（　　）是将蓄电池的电能转换为机械能，产生转矩，起动发动机。
   A. 单向离合器　　　B. 直流串励式电动机　　C. 控制装置　　　　D. 换向器

431. 在起动机的组成中，（　　）在发动机起动后使起动机驱动齿轮与飞轮起动齿环脱离，起保护作用。
   A. 单向离合器　　　B. 控制装置　　　　C. 电刷　　　　　　D. 电枢

432. 在使用过程中需靠人力或电磁力拉动拨叉，强制使传动小齿轮轴向移动进入啮合或推出啮合的起动机是（　　）。

A. 直接操纵式　　　B. 惯性啮合式　　　C. 移动电枢啮合式　　D. 强制啮合式

433. 在使用时靠起动机磁极的电磁吸力使电枢轴向移动而使传动小齿轮与飞轮齿环进入啮合的起动机是(　　)。

A. 直接操纵式　　　B. 惯性啮合式　　　C. 移动电枢啮合式　　D. 强制啮合式

434. (　　)起动机由驾驶人旋动点火开关或按下起动按钮,直接参与控制或通过起动继电器,控制电磁开关接通或切断起动机电路。

A. 电磁操纵式　　　　　　　　　　　　B. 直接操纵式
C. 惯性啮合式　　　　　　　　　　　　D. 移动电枢啮合式

435. 电喇叭是用(　　)控制金属膜片振动而发声的装置。

A. 电流　　　　　B. 电压　　　　　C. 电磁　　　　　D. 磁力

436. 通过控制电喇叭下(　　)的旋入和旋出来改变喇叭的音调。

A. 衔铁　　　　　B. 铁心　　　　　C. 弹簧　　　　　D. 膜片

437. 电喇叭上共鸣片、膜片、衔铁及(　　)刚性连为一体。

A. 上铁心　　　　B. 下铁心　　　　C. 弹簧　　　　　D. 按钮

438. 喇叭上的触点为(　　)式。

A. 常开　　　　　　　　　　　　　　　B. 常闭
C. 半开半闭　　　　　　　　　　　　　D. 处于任意状态

439. 电动刮水器一般由微型(　　)驱动。

A. 交流电动机　　B. 直流电动机　　C. 蓄电池　　　　D. 发动机

440. 双速刮水器的控制开关在(　　)位置时电动机转速较低。

A. "0"档　　　　B. "Ⅰ"档　　　　C. "Ⅱ"档　　　　D. 任何档位

441. 双速刮水器的控制开关在(　　)位置时电动机转速升高。

A. "0"档　　　　B. "Ⅰ"档　　　　C. "Ⅱ"档　　　　D. 任何档位

442. 在制冷系统中,用作热交换器的是(　　)。

A. 冷凝器　　　　B. 膨胀阀　　　　C. 储液干燥器　　D. 空调压缩机

443. 在汽车空调系统中,为制冷循环提供动力的部件是(　　)。

A. 冷凝器　　　　B. 压缩机　　　　C. 储液干燥器　　D. 蒸发器

444. 汽车驱动桥的主要组成不包括(　　)。

A. 主减速器　　　B. 差速器　　　　C. 离合器　　　　D. 半轴

445. 发动机冷却系统的组成部件中用来改变冷却液的循环路线及流量的是(　　)。

A. 节温器　　　　B. 散热器　　　　C. 水泵　　　　　D. 风扇

446. 当发动机工作时,曲轴正时齿轮带动(　　),使凸轮轴转动。

A. 凸轮轴带轮　　B. 凸轮轴正时齿轮　C. 发电机带轮　　D. V带轮

447. 某车的风窗玻璃刮水器,当刮水开关转到OFF档时,刮水臂会影响视线,这说明(　　)。

A. 复位开关的铜片烧毁　　　　　　　　B. 蜗杆变形过大
C. 机械连杆装置接头过于松弛　　　　　D. 刮水电动机有故障

第五章

汽车维护

理论鉴定要素细目表

考核内容		考核要点	重要程度
汽车维护	汽车定期维护	汽车日常维护	★★★
		汽车一级维护	★★★
		汽车二级维护	★★★
	汽车非定期维护	汽车走合期维护	★
		汽车换季维护	★

鉴定要求分析

本章内容涉及汽车维护方面的知识,由于每次考试中该部分的内容基本都会涉及,因此考生在复习备考的过程中,对这部分的知识也要掌握,特别是汽车的日常维护、一级维护和二级维护应是考生复习的重点内容,在考试中这部分的知识点出现的概率很高。

知识点阐述

第一节 汽车定期维护

汽车在运行中,由于机件磨损、自然腐蚀和其他原因,技术性能将有所下降,如长期缺乏必要的维护,不仅车本身的寿命会缩短,还会成为影响交通安全的一大隐患。

汽车维护就是指汽车使用一定的里程和间隔时间后,根据汽车维护技术标准,按规定的工艺流程、作业范围、作业项目和技术要求所进行的预防性作业。

根据交通部《汽车运输业车辆技术管理规定》，现代汽车维护应贯彻"预防为主、定期检测、强制维护"的原则。

汽车维护作业以清洁、检查、紧固、润滑、调整和补给为中心作业内容。

汽车维护分为定期维护和非定期维护，汽车定期维护又分为日常维护、一级维护和二级维护，汽车非定期维护又分为走合期维护和换季维护。

一、汽车日常维护

日常维护以清洁、补给和安全检视为中心作业内容，一般由驾驶人负责执行。日常维护作业可以概括为"三查""四防"和"五洁"。"三查"即行车前、行车中和行车后检查汽车的安全机构和各部件连接的紧固情况。"四防"即防止漏油、漏水、漏气和漏电。"五洁"即保持燃油、空气和机油滤清器、蓄电池和全车的清洁。

二、汽车一级维护

一级维护一般在汽车行驶到 2000～3000km 时进行。它以清洁、紧固和润滑为主，一般由汽车维修企业负责执行。其中心作业内容为：检查、紧固汽车外露部分松动的螺栓、螺母，按润滑表规定的润滑部位加润滑脂和添加各总成内的润滑油，清洗各滤清器。一级维护作业的项目如下：

1. 发动机部分

1）起动发动机，倾听发动机在怠速、中速和高速运转时有无杂音异响。

2）检查风扇传动带的松紧度，并进行调整。

3）检查、清洗、汽油泵、汽油滤清器和空气滤清器(视需要更换机油)。

4）检查气缸盖、进、排气歧管及消声器的连接紧固情况，检查并紧固发动机固定螺栓、螺母及飞轮壳螺栓。

5）清洁机油粗、细滤清器及滤芯，放出滤清器中的沉淀物，检查机油的多少和质量，检查润滑系统(接头)有无漏油现象，紧固油底壳螺栓。

6）检查空气压缩机的固定情况及管道有无漏油、漏气，排除储气筒内的油水及污物。

7）检查散热器、水泵固定情况及水管有无渗漏，检查百叶窗的效能及水泵轴加润滑脂的情况。

2. 离合器和传动部分

1）检查离合器效能及底盖螺栓，调整踏板自由行程，向踏板轴加注润滑脂。

2）检查变速器紧固情况，检查油面，检查有无漏油现象，根据需要添加齿轮油。

3）检查万向节、传动轴、伸缩套、中间轴承及支架、拖车钩等紧固及润滑情况。

4）检查驻车制动器工作情况，必要时调整工作行程，制动蹄销加注润滑脂。

5）检查主减速器壳有无漏油现象，检查油面，必要时加齿轮油。

3. 前桥部分

1）检查前制动鼓有无漏油现象，检查并调整前轮毂轴承的松紧度，检查万向节和主销工作情况，并加注润滑脂，紧固轮胎螺栓和螺母。

2）检查转向器，加注润滑脂，检查、调整转向盘的转动量和游隙，检查转向横、直拉杆，检查直拉杆臂及转向臂各接头的连接和紧固情况，并加注润滑脂。

3）检查减振器固定情况，检查钢板弹簧有无折断，钢板销加注润滑脂，检查U形螺栓与螺母的紧固情况。

4）紧固前保险杠、翼子板、发动机舱盖、脚踏板、驾驶室螺栓和螺母，检查制动器室连接情况并紧固螺栓、螺母，制动凸轮轴加注润滑脂。

5）检查前轴（工字梁）有无弯曲、断裂现象，检查和调整前束。

4. 后桥部分

1）检查后制动鼓有无漏油现象，检查调整后轮毂轴承松紧度，检查轴距，检查紧固半轴凸缘螺栓、螺母，轮胎螺栓、螺母，制动器室螺栓、螺母，制动凸轮轴加注润滑脂。

2）检查钢板弹簧有无折断，吊耳是否良好，钢板销加注润滑脂，检查U形螺栓、螺母的紧固情况。

3）检查、紧固油箱架螺栓、螺母，挡泥板螺栓、螺母等。

4）检查、紧固备胎架、工具箱。

5. 电器设备

1）检查蓄电池电解液液面，不足时加蒸馏水，冬季加水后需充电，以防冻结。电极柱头涂润滑脂，以防腐蚀，疏通盖上的通气孔。紧固蓄电池架。

2）检查喇叭、指示灯、制动灯、转向灯和前照灯等的照明设备，以及电气仪表的工作状况。

3）检查发动机、起动机的工作状况是否良好，并润滑轴承。

6. 轮胎部分

1）检查轮胎外表及气压情况，按标准充足气压并配齐胎嘴帽。

2）除去轮胎花纹里的石子等夹杂物。

3）检查轮胎与钢板弹簧、车厢、挡泥板或其他部分有无摩擦、刮碰现象。

7. 整车检验项目

检查汽车全部外表完好状态以及油漆情况，检查车架有无裂缝、铆钉有无松动现象，检查制动系统的工作效能及管路密封情况，检查转向系统的工作情况以及信号、照明设备的工作情况，按照"全车润滑图"中的规定检查润滑情况，如发现故障，应由有关工种及各工位调整修理。

经一级维护后，汽车应达到车容整洁、连接可靠，各滤清器应清洁畅通，各部分应不漏油、水、气、电，各润滑部位应得到充分润滑。

三、汽车二级维护

二级维护一般在汽车行驶 10 000~15 000km 时进行。二级维护以检查、调整为中心，对行驶一定里程的车辆进行一次较深入的技术状况检查和调整，其目的是为了保持车辆在以后较长时间内，能保持良好的运行性能。二级维护的作业较多，除进行一级维护的全部工作外，还必须消除一些维护工作中发现的故障和隐患，维护的时间较长，一般也是由汽车维修企业负责执行的。二级维护作业的项目如下：

1. 发动机部分

1）起动发动机，倾听发动机在急速、中速和高速运转时有无杂音异响。

2) 检验气缸压力或真空度，必要时清除燃烧室积炭及研磨气门、调整气门间隙，检查油封及曲轴后轴承有无漏油现象。

3) 根据情况拆检、汽油泵，必要时在试验台上试验、调整，使其符合标准；拆洗空气滤清器和更换机油，清理汽油滤清器，检查管道和接头。

4) 检查、紧固气缸盖，进、排气歧管及消声器的螺栓、螺母，检查发动机固定情况，检查飞轮壳与缸体的连接和紧固情况。

5) 清理机油粗、细滤清器（更换细滤芯），拆洗油底壳，清洗机油泵和机油集滤器，擦拭和检查气缸壁，检查轴瓦（必要时进行调整），装上油底壳并紧固，按规定加注对号的新机油至规定油面。

6) 检查空气压缩机的工作情况及管道密封性，调整传动带松紧度，排除储气筒内的油水及污物，检查气道。

7) 检查散热器及罩盖的固定情况，检查水泵工作情况，有无漏水，水泵轴加注润滑脂，检查百叶窗工作效能。

2. 离合器和传动部分

1) 检查离合器效能及底盖螺栓，调整踏板自由行程，向踏板轴加注润滑脂。

2) 检查变速器，放出齿轮油，清洗变速器及齿轮，检查齿轮、轴及变速机构的磨损及飞轮壳螺栓的紧固情况，装复变速器盖，加注对号的齿轮油至规定高度。

3) 检查万向节，根据情况调换十字轴的方向，检查传动轴、伸缩套的松旷情况，检查中间支承架及轴承，加注润滑脂，紧固拖车钩螺母。

4) 检查驻车制动器的工作情况，调整驻车制动部分，制动蹄销加注润滑脂。

5) 根据情况拆检主减速器和差速器，检查齿轮的啮合情况，调整轴承的松紧度，添加或更换齿轮油，疏通通气孔，检查是否漏油，紧固螺栓、螺母。

3. 前桥部分

1) 检查前制动鼓、制动蹄、弹簧、轴承、油封、蹄片轴和凸轮的磨损情况，调整制动蹄片间隙及前轮毂轴承的松紧度，补充或更换润滑脂，紧固轮胎螺栓、螺母。

2) 检查、调整转向器，加注润滑脂，检查、调整转向盘的转动量及游隙，紧固固定螺栓、螺母，拆检转向横、直拉杆，检查直拉杆臂、转向臂球头及弹簧等，调整松紧度，紧固并加注润滑脂。

3) 检查减振器固定情况及作用，根据情况补充减振器油液，检查钢板弹簧、钢板销、支架和吊耳、夹子、U形螺栓螺母的技术状况，加注润滑脂，装复并紧固。

4) 紧固前保险杠、前拖钩、翼子板、发动机舱盖、脚踏板、驾驶室的固定螺栓螺母等，检查制动器室的工作情况并紧固螺栓、螺母，制动凸轮轴加注润滑脂。

5) 检查前轴（工字梁）有无弯曲、断裂现象，检查并调整前束，拆检转向横拉杆球头，加注润滑脂，并调整紧固。

4. 后桥部分

1) 检查后制动鼓、制动蹄片、弹簧、轴承、油封、足乍轴和凸轮的磨损情况，调整制动蹄间隙及后轮毂轴承松紧度，补充或更换润滑脂，检查轴距，根据情况进行半轴换位，紧固半轴凸缘螺栓、螺母，紧固轮胎螺栓、螺母和制动器室螺栓、螺母，制动凸轮轴加注润滑脂。

2) 检查主副钢板弹簧、钢板销、支架和吊耳、夹子、U形螺栓螺母的技术状况，加注润滑脂，进行装复和紧固。

3) 检查、紧固油箱架螺栓、螺母，车厢挡板，后门挡板，车厢固定螺栓、螺母，挡泥板螺栓、螺母等。

4) 检查和紧固备胎架、工具箱。

5. 电器设备

1) 检查蓄电池电解液比重，视情况加注电解液或蒸馏水并充电，电桩头涂凡士林，以防腐蚀，疏通盖上的通气孔，检查起动电路，紧固蓄电池支架。

2) 检查汽车全部电器设备及完好状况，检查调整喇叭、指示灯、制动灯、转向灯、前照灯等以及电气仪表的工作状况，拆检、清理和润滑分电器，检验离心块弹簧拉力和真空调节器的工作情况，检验电容器和点火线圈的工作性能。

3) 检查、清理和润滑发电机、调节器和起动机，试验其工作性能，每行驶6000~8000km（可根据具体情况适当增减）又进行二级保养时，必须对发电机、起动机解体进行预防性检查，消除隐患。

6. 轮胎部分

1) 清除轮胎花纹里的石子等夹杂物，检查外胎有无鼓泡、脱层、裂伤和老化等故障。

2) 拆卸轮胎，对轮辋进行除锈，检查内胎和垫带有无损伤或褶皱现象，按规定气压充气，进行轮胎翻边或换位。

3) 检查轮胎与翼子板、车厢底板、钢板弹簧、挡泥板等有无摩擦、刮碰现象。

7. 整车检验项目

检查汽车全部外表完好状况及油漆情况，检查车架有无裂缝、铆钉有无松动，检查制动系统工作效能及管路密封情况，检查转向系统的工作情况以及信号、照明设备的工作情况，按照"全车润滑图"中的规定检查润滑情况，如发现有故障或不符合要求时，分别由有关工种及工位调整修理。进行汽车路试，倾听发动机在加速时的运转情况，有无不正常的响声，底盘部分有无不正常的响声，在各种不同速度下试验制动器的制动性能，应无跑偏及制动不灵现象和不正常的响声，汽车停在陡坡上，将驻车制动器拉紧，应停住不动。路试一段距离后，检查变速器壳、后桥主减速器壳和各制动鼓等处是否过热。路试后，发现有不正常现象，应立即予以检查、调整和排除。

第二节　汽车非定期维护

一、汽车走合期维护

汽车走合期是指新车或大修后的初运行阶段，一般为1000~1500km，有的车型为2000~2500km。汽车走合期的特点是机件磨损快、故障相对较多、机油易变质、耗油量相对较大及紧固件易松动。

针对上述情况的出现，在走合期内应注意：

（1）限速　减速30%。

（2）限载　减载30%。

(3) 加强维护　选用优质机油，严格控制冷却液温度和油温。
(4) 合理操作　起动时，慢起步，慢加油，适时换档，慢制动。

汽车走合期满应更换机油，拆除限速片，进行全面调整、紧固，使车辆达到正常技术状态。

二、汽车换季维护

我国地理和天气的差别很大，汽车在这些情况下使用，其各部件或总成的工作状况有显著的变化，使汽车性能变坏。因此，应掌握气温变化的特点并采取相应的措施，以改善汽车使用性能，减少机件磨损，防止机件损坏，确保行车安全，做到在恶劣条件下合理使用。

1. 换季维护的内容

凡全年最低气温在0℃以下地区，在入夏和入冬前需要进行季节性维护。换季维护一般是由驾驶人负责完成的，其作业中心内容为更换符合季节温度要求的机油、冷却液，调整燃油供给系统和充电系统，检查冷却系统、取暖或制冷系统的工作情况。换季维护的内容如下：

（1）换油作业　如果汽车使用的是单级油(只适应夏天或冬天)，在换季维护时，必须更换符合季节温度要求的机油；如果使用的是适应冬夏的多级油，只需要根据换油间隔更换机油即可。

（2）更换冷却液　将冷却液按照生产厂商的规定调制成符合要求的冷却液，加注到发动机中。

（3）彻底清洁燃油系统　进入冬季前，应对燃油系统做一次彻底的清洁工作。在换季保养时，应彻底清洗所有滤网，清洗或更换燃油滤芯，放出油水分离器的污水并进行清洗，消除可能发生故障的隐患。

（4）蓄电池的维护　当进入冬季前的换季维护时，应对蓄电池进行清洁并补充蒸馏水。由于低温使蓄电池容量降低，如果蓄电池使用时间较长，应将蓄电池送到修理厂进行一次充电，使蓄电池保持良好的使用状态。

（5）对全车进行调整、紧固和清洁　由于冬季天冷，作业困难，因此有些可能要在冬季里进行的维护作业，可以在换季时提前进行，如对全车各部位的调整、紧固和清洁工作。

2. 由冬季进入夏季的维护

（1）冷却液　清洗发动机冷却系统，使用长效冷却液，同时清扫散热器的外侧和堵塞的地方，保持冷却系统良好的工作性能。

（2）风扇传动带　若风扇传动带松弛，则不能很好地带动风扇和水泵工作。应经常检查风扇传动带是否保持规定的张紧力(张力)。

（3）使用优质机油　使用适合环境气温较高的机油可以有效地应对发动机温度过高时的恶劣工况，保证正常润滑。

3. 由夏季进入冬季的维护

对汽车来说，冬季是苛刻的季节。当气温下降后，冷却液可能会结冰，发动机机油黏度增大，道路上的冰雪会使车轮打滑失去控制，因此在入冬前应做好充分准备。

（1）使用长效冷却液　当冬季来临时，对未使用冷却液的发动机加注长效冷却液，并根据当地可预测的最低气温调整冷却液的冰点温度。

(2) 使用耐寒机油　有些发动机没有使用多级油(冬夏通用)，在冬季来临时，应将发动机机油更换成多级油或冬季用机油。否则在气温低的情况下，会出现发动机起动困难和润滑不良的故障。

(3) 蓄电池的调整　蓄电池最怕低温。在冬季来临之前，应补充蓄电池的电解液，调整好密度并检查蓄电池的存电情况。在温暖地方正常使用的蓄电池，到了寒冷的天气后，蓄电池会突然失灵(没有电)。

(4) 使用冬季防滑轮胎　经常行驶在冰雪路较多的地区，应使用冬季防滑轮胎。防滑轮胎的花纹磨损到花纹深度的50%~60%时，会失去防滑的性能，应及时更换。

真题分析

一、判断题

1.(　　)汽车二级维护的行驶里程为2000~3000km。

【分析】　汽车二级维护的行驶里程应为10 000~15 000km，因此本题的说法是错误的。【答案】×。

2.(　　)汽车日常维护的行驶里程为2000~3000km。

【分析】　本题考核的知识点是"汽车日常维护的含义"，汽车日常维护顾名思义就是指汽车每次在行车前、行车中、行车后对其进行的维护作业，很显然，本题的命题是错误的。【答案】×。

二、单项选择题

1.以下属于二级维护内容的是(　　)。
A. 检查、调整万向节　　　　　　B. 更换活塞环
C. 更换活塞销　　　　　　　　　D. 检查曲轴轴向间隙

【分析】　本题考核的知识点是"二级维护的作业内容"，二级维护主要以检查和调整为中心作业内容。【答案】A。

2.(　　)由维修企业进行，以清洁、紧固和润滑为中心内容。
A. 日常维护　　　B. 一级维护　　　C. 二级维护　　　D. 三级维护

【分析】　本题考核的知识点是"二级维护的作业内容"，除日常维护作业由驾驶人负责执行外，汽车一级、二级维护都是在汽车维修企业中进行的。其中，汽车一级维护主要以清洁、紧固和润滑为中心作业内容。【答案】B。

模拟试题

一、判断题

1.(　　)日常维护由维修企业进行，以清洁、紧固和润滑为中心内容。

2.(　　)汽车一级维护的行驶里程一般为2000~3000km。

第五章 汽车维护

3. （　　）汽车二级维护的行驶里程为 2000～3000km。
4. （　　）一级维护由维修企业进行，以检查、调整为中心内容。
5. （　　）日常维护属于预防性维护作业。
6. （　　）一级维护属于预防性维护作业。
7. （　　）汽车走合期的行驶里程一般为 1000～1500km。
8. （　　）汽车走合期应进行走合期维护。
9. （　　）汽车定期维护分为走合期维护和换季维护。
10. （　　）现代汽车维护应贯彻"预防为主、强制检测、定期维护"的原则。
11. （　　）二级维护由维修企业进行，以清洁、紧固和润滑为中心内容。

二、选择题（下列各题的 4 个选项中，只有 1 个是正确的，请将其代号填在括号内）

1. 二级维护的中心作业内容是（　　）。
   A. 检查、调整　　　　　　　　　　B. 清洁、润滑、紧固
   C. 清洁、补给和安全检视　　　　　D. 以上都不对
2. 汽车行驶里程为 10 000～15 000km 时进行的维护为（　　）。
   A. 日常维护　　　B. 一级维护　　　C. 二级维护　　　D. 三级维护
3. 汽车行驶里程为 2000～3000km 时进行的维护为（　　）。
   A. 日常维护　　　B. 一级维护　　　C. 二级维护　　　D. 三级维护
4. 汽车二级维护的行驶里程一般为（　　）km。
   A. 5000～10000　　B. 10 000～15 000　　C. 20 000～30 000　　D. 30 000～40 000
5. 汽车一级维护的行驶里程一般为（　　）km。
   A. 500～1000　　B. 1000～2000　　C. 2000～3000　　D. 3000～4000
6. 汽车走合期的行驶里程一般为（　　）km。
   A. 1000～1500　　B. 2000～3000　　C. 7000～8000　　D. 10 000～15 000
7. 由维修企业进行，以清洁、紧固和润滑为中心作业内容的是（　　）。
   A. 日常维护　　　B. 一级维护　　　C. 二级维护　　　D. 三级维护
8. 由维修企业进行，以检查、调整为中心作业内容的是（　　）。
   A. 日常维护　　　B. 一级维护　　　C. 二级维护　　　D. 三级维护
9. 由驾驶人进行，以清洁、补给和安全检视为中心作业内容的是（　　）。
   A. 日常维护　　　B. 一级维护　　　C. 二级维护　　　D. 三级维护
10. 属于预防性维护作业的是（　　）。
    A. 日常维护　　　B. 一级维护　　　C. 二级维护　　　D. 三级维护
11. 以下属于二级维护内容的是（　　）。
    A. 检查、调整万向节　　　　　　B. 更换活塞环
    C. 更换活塞销　　　　　　　　　D. 检查曲轴轴向间隙
12. 一般夏季行驶（　　）天，应检查电解液的液面高度。
    A. 5～6　　　B. 10～12　　　C. 12～14　　　D. 14～14
13. 一般每行驶（　　）km 或冬季行驶 10～15 天，夏季行驶 5～6 天，应检查电解液的液面高度。
    A. 200　　　B. 500　　　C. 1000　　　D. 1500

第六章 汽车修理

理论鉴定要素细目表

考核内容		考核要点	重要程度
汽车修理	汽车零件检测的分类	测量的基本知识	★★
		汽车零件检测方法的分类	★★
		汽车零件几何误差的检测	★★★
		汽车零件隐蔽缺陷的检测	★
		汽车零件平衡的检测	★★
	汽车总成部件的检修	汽车发动机部分总成部件的检修	★★★
		汽车底盘部分总成部件的检修	★★★
		汽车电器部分总成部件的检修	★★
	汽车总成大修	曲柄连杆机构的装配	★★★
		配气机构的装配	★★★
		发动机磨合试验	★★★
		汽车底盘总成装配	★★★
		国标对部分汽车零部件修理的技术条件	★★★
	汽车总成竣工验收	GB 7258—2017 机动车运行安全技术条件	★★★
		发动机竣工验收	★★
		变速器竣工验收	★★★
		发电机竣工验收	★★★
		起动机竣工验收	★★★
		汽油发动机废气分析仪的使用方法和废气测定	★★★
		柴油发动机烟度计的使用方法和烟度测定	★★★
		GB/T 8028—2010 汽油机油换油指标	★★
	汽车总成异响的诊断与排除	发动机异响的诊断与排除	★★★
		手动变速器异响的诊断与排除	★★★
		离合器异响的诊断与排除	★★★

第六章 汽车修理

> **鉴定要求分析**
>
> 本章内容涉及汽车修理的专业知识，其主要内容包括汽车零件检测的分类、汽车总成部件的检修、汽车总成大修、汽车总成竣工验收、汽车总成异响的诊断与排除五个部分。本章在理论知识考试和实操技能考核中涉及的知识都较多，复习时应在理解的基础上识记，部分知识点的掌握要与实际操作相结合，只有这样，才能达到事半功倍的效果。

知识点阐述

第一节　汽车零件检测的分类

一、测量的基本知识

1. 测量的含义及其要素

测量是以确定被测对象的量值为目的的全部操作。在这一操作过程中，将被测对象与复现测量单位的标准量进行比较，并以被测量与单位量的比值及其准确度表达测量结果。任何测量过程都包含测量对象、计量单位、测量方法和测量误差四个要素。

2. 测量方法的分类

根据测量角度的不同，测量方法可分为：

（1）直接测量和间接测量　从测量器具的读数装置上直接得到被测量的数值或对标准值的偏差称为直接测量，如用游标卡尺、外径千分尺测量轴径等。通过测量与被测量有一定函数关系的量，根据已知的函数关系式求得被测量的测量称为间接测量，如通过测量一圆弧相应的弓高和弦长而得到其圆弧半径的实际值。

（2）绝对测量和相对测量　测量器具的示值直接反映被测量量值的测量为绝对测量。用游标卡尺、外径千分尺测量轴径就是绝对测量。将被测量与一个标准量值进行比较得到两者差值的测量为相对测量，如用内径百分表测量孔径为相对测量。

（3）接触测量和非接触测量　测量器具的测头与被测件表面接触，并有机械作用的测力存在的测量为接触测量。测量器具的测头与被测件表面不直接接触的测量称为非接触测量，如用光切法显微镜测量表面粗糙度，用投影仪测量工件的尺寸。

（4）单项测量和综合测量　对个别的、彼此没有联系的某一单项参数的测量称为单项测量。同时测量单个零件的多个参数及其综合效应的测量称为综合测量。用测量器具分别测出螺纹的中径、半角及螺距属于单项测量，而用螺纹量规的通端检测螺纹则属于综合测量。

（5）被动测量和主动测量　产品加工完成后的测量为被动测量，正在加工过程中的测量为主动测量。被动测量只能发现和挑出不合格品，而主动测量可通过其测得值的反馈，控制设备的加工过程，预防和杜绝不合格品的产生。

223

3. 测量误差

由于测量过程的不完善而产生的测量误差,将导致测得值的分散而不确定。因此,在测量过程中,正确分析测量误差的性质及其产生的原因,对测得值进行必要的数据处理,获得满足一定要求置信水平的测量结果,是十分重要的。

(1) 测量误差定义　测量误差是指被测量的测得值 X 与其真值之差,即

$$\Delta = X - X_0$$

真值是不可能确切获得的,因而上述善于测量误差的定义也是理想概念。在实际工作中将比被测量值的可信度(精度)更高的值,作为其当前测量值的"真值"。

(2) 误差来源　测量误差主要由测量器具、测量方法、测量环境和测量人员等方面因素产生。

1) 测量器具。测量器具设计中存在的原理误差,如杠杆机构误差等。制造和装配过程中的误差也会引起其示值误差的产生,如刻线尺的制造误差、量块制造与检定误差、表盘的刻制与装配偏心、光学系统的放大倍数误差和齿轮分度误差等,其中最重要的是基准件的误差,如刻线尺和量块的误差,它是测量器具误差的主要来源。

2) 测量方法。间接测量法中因采用近似的函数关系原理而产生的误差或多个数据经过计算后的误差累积。

3) 测量环境。测量环境主要包括温度、气压、湿度、振动和空气质量等因素。在一般测量过程中,温度是最重要的因素。测量温度对标准温度(+20℃)的偏离、测量过程中温度的变化以及测量器具与被测件的温差等都将产生测量误差。

4) 测量人员。测量人员引起的误差主要有视差、估读误差和调整误差等,它的大小取决于测量人员的操作技术和其他主观因素。

(3) 误差分类　测量误差按其产生的原因、出现的规律以及其对测量结果的影响,可以分为系统误差、随机误差和粗大误差。

1) 系统误差。在规定条件下,绝对值和符号保持不变或按某一确定规律变化的误差,称为系统误差。其中绝对值和符号不变的系统误差为定值系统误差,按一定规律变化的系统误差为变值系统误差,如量块的误差、刻线尺的误差和刻度盘偏心的误差。系统误差大部分能通过修正值或找出其变化规律后加以消除。

2) 随机误差。在规定条件下,绝对值和符号以不可预知的方式变化的误差,称为随机误差。就某一次测量而言,随机误差的出现无规律可循,因而无法消除。但若进行多次等精度重复测量,则与其他随机事件一样具有统计规律的基本特性,可以通过分析,估算出随机误差值的范围。随机误差主要由温度波动、测量力变化、测量器具传动机构不稳和视差等各种随机因素造成,虽然无法消除,但只要认真、仔细地分析产生的原因,还是能减少其对测量结果的影响。

3) 粗大误差。明显超出规定条件下预期的误差,称为粗大误差。粗大误差是由某种非正常的原因造成的,如读数错误、温度的突然大幅度变动和记录错误等。该误差可根据误差理论,按一定规则予以排除。

4. 基本测量原则

在实际测量中,对于同一被测量可以采用多种测量方法。为减小测量不确定度,应尽可能遵守以下基本测量原则:

（1）阿贝原则　阿贝原则是要求在测量过程中被测长度与基准长度应安置在同一直线上的原则。若被测长度与基准长度并排放置，在测量比较过程中由于制造误差的存在，移动方向的偏移，两长度之间出现夹角而产生较大的误差。误差的大小除与两长度之间夹角大小有关外，还与其之间距离大小有关，距离越大，误差也越大。

（2）基准统一原则　测量基准要与加工基准和使用基准统一，即工序测量应以工艺基准作为测量基准，终检测量应以设计基准作为测量基准。

（3）最短链原则　在间接测量中，与被测量具有函数关系的其他量与被测量形成测量链。形成测量链的环节越多，被测量的不确定度越大，因此，应尽可能减少测量链的环节数，以保证测量精度，称为最短链原则。应该以最少数目的量块组成所需尺寸的量块组，就是最短链原则的一种实际应用。

（4）最小变形原则　测量器具与被测零件都会因实际温度偏离标准温度和受力（重力和测量力）而产生变形，形成测量误差。在测量过程中，控制测量温度及其变动、保证测量器具与被测零件有足够的等温时间、选用与被测零件线胀系数相近的测量器具、选用适当的测量力并保持其稳定、选择适当的支承点等，都是实现最小变形原则的有效措施。

5. 测量器具的主要技术性能指标

（1）量具的标称值　标注在量具上用以标明其特性或指导其使用的量值，如标在量块上的尺寸，标在刻线尺上的尺寸等。

（2）刻度　在测量器具上指示出不同量值刻线标记的组合称为刻度。

（3）刻度间距　沿着刻线尺（标尺）长度方向所测得的两个相邻刻线标记中心之间的距离称为刻度间距，也称为标尺间距。

（4）分度值　两相邻刻线所代表的量值之差称为仪器的分度值。它是一台仪器所能读出的最小单位量值。一般来说，分度值越小，测量器具的精度越高。数字式量仪没有标尺或刻度盘，而与其相对应的为分辨率。分辨率是仪器显示的最末位数字间隔所代表的被测量值。

（5）示值范围　测量器具所显示或指示的最低值到最高值的范围称为示值范围。

（6）测量范围　在允许不确定度内，测量器具所能测量的被测量值的下限值至上限值的范围。

测量范围与示值范围的区别在于：测量范围既包括示值范围又包括仪器某些部件的调整范围，如外径千分尺的测量范围有 0~25mm、25~50mm 和 50~75mm 等，其示值范围则均为 25mm。示值范围与标尺有关，测量范围取决于结构。

（7）量程　测量范围的上限值和下限值之差称为量程。量程大的仪器使用起来比较方便，但仪器的线性误差将随之变大，使仪器的准确度下降。

（8）灵敏度　测量器具对被测量值变化的反应能力称为灵敏度。对于一般长度测量器具，灵敏度等于标尺间距 a 与分度值 I 之比，又称为放大比或放大位数 K，即

$$K=\frac{a}{I}$$

（9）测量力　测量力是指当采用接触法测量时，测量器具的传感器与被测零件表面之间的接触力。测量力及其变动会影响测量结果的精度。因此，绝大多数采用接触测量法的测量器具，都具有测量力稳定机构。

（10）示值误差　示值误差是指测量器具的示值与被测量的真值之差，如用百分尺测量轴的直径得读数值为31.675mm，而其真值为31.678mm，则百分尺的示值误差为-0.003mm。

显然，测量器具在不同示值处的示值误差一般是各不相同的。目前，测量器具的精度大多仍用示值极限误差来表示测量器具示值误差的界限值。

（11）回程误差　回程误差是指在相同条件下，被测量值不变，测量器具行程方向不同时，两示值之差的绝对值。该项误差是由于测量器具中测量系统的间隙、变形和摩擦等原因引起的。当要求测量值的显示呈连续的往返性变化时（有连续的正、负值变化），则应选用回程误差较小的测量器具。

（12）测量不确定度　测量不确定度是在测量结果中表达被测量值分散性的参数。由于测量过程的不完善，测得值对真值总是有所偏离，这种偏离又是不确定的，表达这种不确定程度的参数，就称为不确定度。

（13）修正值　修正值是指为修正某一测量器具的示值误差而在其检定证书上注明的特定值。它的大小与示值误差的绝对值相等，符号相反。在测量结果中加入相应的修正值后，可提高测量精度。

6. 测量器具的选择

过去，大部分工厂是根据经验来选择计量器具的。通常选择计量器具的测量极限误差占工件公差的1/5~1/3或1/10~1/3。对一些高精度工件，甚至有取1/2的。总之，就没有一个统一的标准，因人因厂而异。不仅如此，而且大多数工厂用计量器具检测工件时，均按图样上标注的极限尺寸作为验收极限。这种验收极限与工件的极限尺寸重合的方法，由于计量器具内在误差及测量条件的影响，导致"误收"和"误废"，造成不少质量问题及不应有的损失。所谓"误收"，就是把不合格的产品，误判为合格予以接收；所谓"误废"，就是把本来合格的产品，误判为不合格予以拒收。

合理选择计量器具对保证产品质量，提高测量效率和降低费用具有重要意义。一般说来，器具的选择主要取决于被测工件的精度要求，在保证精度要求的前提下，也要考虑尺寸大小、结构形状、材料与被测表面的位置，同时也要考虑工件批量、生产方式和生产成本等因素。

二、汽车零件检测方法的分类

汽车零件的检测方法可根据检测的技术要求不同，分为外观检测、几何误差的检测和零件隐伤的检测等。

零件的外观检测主要检视零件的外部，看外部是否有明显的破裂、较大的划痕或锈蚀，零件是否有显著的裂纹、变形或磨损。

零件因磨损引起尺寸的改变及因变形引起几何误差的变化，需运用通用或专用的测量量具进行测量，通过测量来确定零件的技术状况是零件检测的重点。

零件隐伤的检测是对零件的内部有隐蔽缺陷的检测，必须采用专用的方法进行检测，一般有磁力探伤法、荧光探伤法和水压试验法等。

高速旋转的组件会由于磨损、变形或拆装不当而破坏其平衡状态，维修时应重新平衡，需用专用平衡仪检测。

三、汽车零件几何误差的检测

零件几何误差的检验是汽车修理技术检验中的重要项目,关系到汽车的维修质量和使用寿命,必须认真做好。

1. 圆度与圆柱度的检测

以同一横截面上测得的最大与最小直径差的一半作为圆度误差值。

圆柱度误差的测量,在汽车维修中常以沿轴线长度上任意方位和任意截面测得的最大最小直径差的一半为圆柱度误差值。

圆度和圆柱度的测量通常用于孔类和轴类零件,如发动机的气缸承孔或气缸磨损的检测,曲轴轴径磨损的检测,凸轮轴轴径磨损的检测等。

2. 圆跳动的检测

圆跳动的检测包括径向圆跳动的检测和轴向圆跳动的检测。前者的测量方向与基准轴线垂直且相交,测量面为垂直于基准轴线的同一正截面;后者的测量方向与基准轴线平行,测量面是与基准轴线同轴的圆柱面。图 6-1 所示为曲轴飞轮凸缘的径向圆跳动和轴向圆跳动的检测。其检测基准为两检测端主轴颈的公共轴线。

检测时将曲轴两端主轴颈支撑在置于平板上的两块 V 形架中,并使曲轴在轴向定位。被测曲轴回转一周的过程中,百分表 1 读数的最大差值即为待测的飞轮凸缘径向圆跳动值,百分表 2 读数的最大差值则为待测的飞轮凸缘外端面轴向圆跳动值。在测轴向圆跳动时,若未

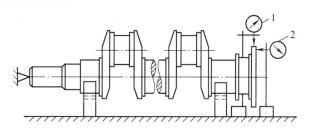

图 6-1　曲轴飞轮凸缘的径向圆跳动和轴向圆跳动的检测

指定测量半径,则可将百分表的测头置于所测端面的最大回转半径处测量。

3. 轴线直线度误差的检测

轴线的直线度是指轴线中心要素的形状误差。在实际的检测中,轴线的直线度误差常用简单的径向圆跳动来代替,只需要将测得的径向圆跳动数值的一半作为轴线的直线度即可。这样获得的检测结果是近似的,但是在汽车维修检测中,已经能够满足技术要求的精确度。

直线度的检测多用于轴类零件或孔类零件的检测,特别是在工作时受力易于产生弯曲变形的零件上,如发动机的曲轴弯曲变形、凸轮轴的弯曲变形、气缸体的曲轴轴承孔的轴线变形和底盘传动轴的弯曲变形等。

4. 平面度误差的检测

零件的平面度表示实际平面的不平程度,是零件表面的形状公差。汽车零件上许多重要的平面,如发动机气缸体的上、下平面,气缸盖的下平面,变速器壳体的上平面等,由于工作条件和性能等方面的原因都有平面度要求。

在汽车修理过程中,比较实用的平面度误差的检测方法如图 6-2 所示。测量时,可取一长度等于或略大于被测平面最大尺寸的刀口形直尺或检验光轴置于平面上,用塞尺检测被测平面与刀口形直尺的刃口,或检验光轴素线之间的间隙大小。按图 6-3 所示各检测位置所测得的间隙最大值,即可作为整个平面的平面度误差。

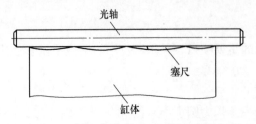

图 6-2　比较实用的平面度误差的检测方法　　　　图 6-3　平面度误差测量位置

当利用上述方法检测时,对于中凹或中凸平面,刀口形直尺或检验光轴与被测平面间将呈不同的接触状态。对前者,接触部位在两端,自然形成稳定接触,检测时不需调整;而后者,接触部位在中间,形成不稳定接触,检测时应将两端间隙调成等值方可进行测量,否则将会使误差大幅度增加。

50mm×50mm 局部范围内的平面度,应用专用平面度检验仪检验,也可用长 70mm 的刀口形直尺、塞尺在该范围内任意方向检测,取其最大间隙值作为该局部的平面度误差。

5. 同轴度误差的检测

同轴度的公差带是以基准轴线为轴线,直径等于公差值的圆柱体。同轴度误差在数值上等于被测轴线相对于基准轴线最大偏离量的两倍。在汽车维修生产中,同轴度要求及其误差的检测一般都以径向圆跳动要求检验基准。对各种外圆跳动的检测,一般在平板上用百分表检测;对内圆跳动的检测,一般需使用专用检验仪。

图 6-4 所示为曲轴轴承孔同轴度误差检测仪。该检测仪由本体、百分表、等臂杠杆和心轴等组成。用本体将检验仪支承在心轴上,通过一块快速装夹结构将其与心轴固定在一起。在本体上安装着百分表和等臂杠杆。等臂杠杆的一端用球形套测头与被测轴承孔表面接触,另一测头与被测轴承孔表面接触,另一端则与百分表的测头接触。等臂杠杆的中间用一销轴支承测头与被测轴承孔表面接触,另一端则与百分表的测头接触。等臂杠杆的中间用一销轴支承在

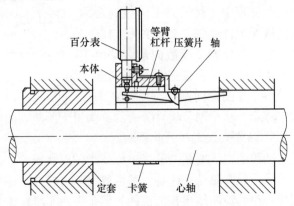

图 6-4　曲轴轴承孔同轴度误差检测仪

本体上,从而可将测头所测得的误差值等值地传递给百分表。心轴的作用则是用来模拟作为检测基准的两端曲轴轴承孔公共轴线。

检测时缸体底面朝上,并安装心轴和各道主轴承盖,在心轴位于两轴承孔之间的部位,安装检验仪,如图 6-4 所示,然后使测头分别位于轴承孔的不同测量截面上。再转动心轴,测量其径向圆跳动值,并取各测量截面中的最大径向圆跳动值为该道主轴承孔轴线对两端主轴承孔公共轴线的同轴度误差。然后,取下检测仪,改变其在心轴上的安装部位,对不同的主轴承孔重复上述操作,便可获得所有主轴承孔的同轴度误差。

6. 平行度误差和垂直度误差的检测

平行度误差和垂直度误差均属于位置误差。位置误差检测的要素为关联要素,其误差都

是相对于基准要素而言的。不同的位置公差,含有不同的基准,而不同的基准又会有不同的测量方法。因此,在所有位置误差测量中,确定基准是很重要的。作为基准使用的要素(如平面和直线),按理应排除其形状误差的影响,但具体测量时一般不需排除被测要素形状误差的影响,这时测量可直接在被测要素上进行。

汽车维修中对平行度误差和垂直度误差常用通用仪表、量具及其专用仪器等方法检测。

四、汽车零件隐蔽缺陷的检测

检测汽车零件隐伤的方法有磁力探伤法、荧光探伤法和水压试验法等。

1. 磁力探伤法

在汽车维修中的待探零部件主要是用钢铁材料制成的,探伤的目的主要是探查有无表面和近表面裂纹。磁力探伤对铁磁质零部件的表面和近表面探伤灵敏度都比较高,且无毒,对零部件的形状、表面要求和技术要求及投资要求都较低,而且直观方便。因此,在汽车维修的无损探伤方法中,目前采用磁力探伤法比较多。

(1) 磁力探伤原理及方法 磁力探伤是利用电磁原理来检验金属零件的隐蔽缺陷,适用于能被磁化的金属零件隐伤的检测。其原理是当磁通量通过被检零件时,若零件内部有裂纹,则在裂纹部位会由于磁力线的外泄形成局部磁极,产生一对有S、N极的局部磁场,如图6-5所示,若在零件表面上喷洒磁性铁粉,或将铁粉与油的混合液通过零件表面,铁粉就被磁化并吸附在裂纹处,从而显现出裂纹的位置和大小及裂纹方向。

当用磁力探伤法检查零件时,根据裂纹可能产生的位置和方向,可采用纵向磁化法及周向磁化法和联合磁化法。

(2) 磁力探伤工艺 磁力探伤的工序包括预处理、磁化、施加磁粉(或磁悬液)、检查、退磁和后处理等。探伤前零件的预处理工作主要是消除零件表面的油污、铁锈等。干法探伤时,零件表面应充分干燥;使用磁悬液时,零件上不应有水分;有非

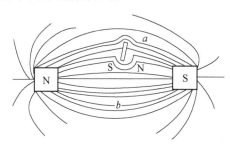

图6-5 磁场在缺陷边缘的分布和磁极的形成
a—横切磁力线的缺陷 b—平行于磁力线的缺陷

导电覆盖层(如油漆层)的零件必须通电磁化时,应将其清除干净。零件经磁化检验后,必须进行退磁,否则,会因有磁性吸附铁屑,导致零件在使用中产生磨损。

退磁方法有直流退磁法和交流退磁法。直流退磁法适用于直流磁化的零件,它是利用原直流磁场不断改变其磁场方向,并逐渐将磁化电流降低到零;交流退磁法是将零件从交变磁场中慢慢退出或者将零件放在交变磁场中,逐渐减少磁场电流,直至电流为零。

零件探伤完毕应进行后处理,如用磁悬液检查的零件,可用汽油或煤油等溶剂去掉零件上残存的磁粉。

2. 荧光探伤法

荧光探伤是利用渗透到缺陷内的荧光物质,在紫外线激发后发出可见光,将零件表面上的缺陷显示出来。

荧光探伤适用于从表面开始的裂纹,不但能检测能被磁化的金属零件,还能检测不能被磁化的其他金属零件以及非金属零件。

当检测零件表面缺陷时，在零件表面涂一层渗透性好的荧光剂，它能渗透到零件表面细微的裂纹中，保持10~20min，再经过293~313K的水冲洗，然后在358K温度下快速烘干1~2min后，在零件表面上均匀地撒上一层氧化镁干粉，10~15min后，用压缩空气吹掉多余的粉末，再用紫外线灯进行照射，就可以显现裂纹的部位、大小和方向。

3. 水压试验法

发动机缸体、缸盖和散热器等零件裂纹的检验，通常采用水压试验的方法进行，图6-6所示为缸体检验。其方法是：将气缸盖及气缸衬垫装在气缸体上，将水压机的出水管接头与气缸前端水泵入口处连接好，堵住其他水道口，然后将水压入水套，在300~400kPa的压力下，保持5min，观察气缸体和

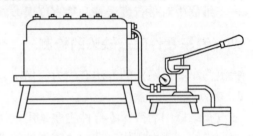

图6-6 缸体检验

气缸盖有无渗漏。如果发现气缸体和气缸盖由里向外有水珠渗出，表明该处有裂纹。

五、汽车零件平衡的检测

造成零件和组合件产生不平衡的原因有：零件的尺寸误差大；零件的材料质量不均匀；装配误差，使零件的旋转中心或轴线发生偏移；零件磨损或加工使同轴度误差加大；使用不当，导致零件弯曲、凹陷或破裂等。汽车的平衡分为静平衡和动平衡。

1. 汽车零件静平衡及检测

静不平衡是由于零件的质心偏离了其旋转轴线而引起的。汽车零件的静平衡要求一般是针对径向尺寸较大而轴向尺寸较小的盘形零件(如飞轮、离合器从动盘和制动盘等)提出的。零件的静不平衡检测在一个专门的检验台架上进行。

2. 汽车零件动平衡及检测

动不平衡是由于零件的质心偏离了其旋转轴线或零件的惯性主轴与其旋转轴线不重合而引起的。汽车零件的动平衡要求一般是针对轴向尺寸较大而径向尺寸较小的轴类零件(如发动机曲轴、底盘传动系统的传动轴等)提出的，还有质量较大的轮胎。

应该指出，即使是完全处于静平衡状态的零件，仍有可能是动不平衡的。

在汽车修理作业中，动不平衡程度的检测一般是在专用的检测装置(如曲轴动平衡机、传动轴动平衡机)上进行的。

第二节 汽车总成部件的检修

汽车总成部件的检修主要包括发动机、底盘及汽车电器部分总成部件的检修。

一、汽车发动机部分总成部件的检修

1. 气缸盖的检修

(1) 气缸盖变形的检修 气缸盖的变形主要表现为翘曲。其变形程度可通过检测气缸盖下平面的平面度误差获得，其具体的检测方法如下：

1) 将所测缸盖倒放在检测平台上。

2）如图6-7所示，将钢直尺或刀口形直尺沿两条对角线和纵轴线贴靠在缸盖下平面上。

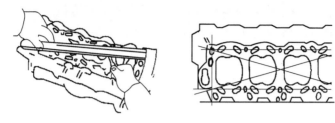

图6-7 用钢直尺或刀口形直尺检查气缸盖的下平面

3）如图6-8所示，在钢直尺或刀口形直尺与缸盖下平面间的缝隙处，插入塞尺。塞尺所测数值即为缸盖的变形量。

4）气缸盖下平面的平面度误差，一般每50mm×50mm均应不大于0.05mm，在整个平面上不大于0.20mm。EQ6100发动机气缸盖下平面全长平面度误差不大于0.10mm；在100mm长度上不大于0.03mm。桑塔纳轿车气缸盖最大平面度误差不得大于0.10mm。

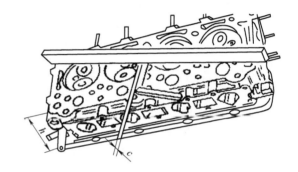

图6-8 气缸盖变形量的检测

当变形较小时，用手工刮磨修复；当缸盖变形量小于1mm时，常用刨铣的方法加以修理。

（2）气缸盖裂纹的检修　气缸盖裂纹的检查方法是采取水压试验或气压试验，方法如下：

1）将气缸盖、气缸体和气缸垫按要求装合在一起。

2）将水压机水管接在气缸体进水口处，并将其他水口封住。

3）用水压机将水压入水套，压力在0.2～0.4MPa时，保持5min，若气缸盖表面、燃烧室等部位无水珠出现，表明无裂纹。

在受力和受热不大的部位若出现裂纹，采用环氧树脂黏结法修复。受力较大的部位出现裂纹时，应采用焊接法修复。

注意：气缸盖裂纹的检查也可以采用染色渗透法，包括检查进、排气管与各个接触安装平面等是否有裂纹。

（3）燃烧室容积的检测

1）装上气缸盖上的全部火花塞，并将待测气缸盖倒放在检测平台上，使其保持水平。

2）用量杯向燃烧室注入80%（体积分数）的煤油和20%（体积分数）的机油的混合液。

3）当加入量约为燃烧室容积的95%时，停止加注。用中间带有圆孔的玻璃板盖在燃烧室平面上。

4）再用注射器或滴管注入混合油，直至液面与玻璃板相接触。

5）总注入量即为燃烧室容积。若活塞顶部有凹坑，还应测量凹坑的容积。

技术要求如下：

1）气缸盖经加工修整后燃烧室容积的减少不得小于额定容积的5%。

2）同一台发动机各燃烧室容积相差不应大于平均值的4%。

3）EQ6100各缸燃烧室容积差不大于4mL。

同时满足以上三个条件的气缸盖燃烧室容积才符合技术要求。若不符合技术要求，应进行如下处理：

1）容积过大的燃烧室，则应进行点焊。

2）容积过小的燃烧室，则应进行铣削，注意应在缸壁厚的地方进行修整。

（4）气缸盖厚度的检测

1）将待测气缸盖平放在检测平台上。

2）用游标高度尺测量缸盖的厚度。

3）气缸盖厚度仍在规定范围内，可对气缸盖进行修磨；若厚度过小应更换。

（5）气缸盖与进排气歧管接合平面平面度（侧平面）的检测　气缸盖与进排气歧管接合平面平面度的检测方法与气缸盖下平面平面度误差的检测相同，超过后应修磨。当修磨量>1.0mm时应更换气缸盖。

2. 气缸体的检修

（1）气缸体上平面平面度的检修　气缸体上平面平面度误差的检测方法和气缸盖相同，如图6-9所示。

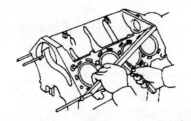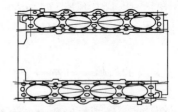

图6-9　气缸体上平面平面度误差的检测

当气缸体上平面的平面度误差超过规定的技术要求，但又小于允许的修整量时，可对平面进行修磨修复。

（2）气缸体裂纹的检修　气缸体裂纹的检修方法和气缸盖相同。

（3）气缸磨损的检测及修理

1）测量部位。选用适当量程的内径百分表，按图6-10所示的部位和要求进行测量。在气缸体上部距气缸上平面10mm处、气缸中部，以及气缸下部距缸套下部10mm处，各取三点，按①、②两个方向分别测量气缸的直径。

2）磨损程度衡量指标。一般车型的磨损程度用圆度、圆柱度误差两个指标衡量。轿车采用标准尺寸与气缸最大尺寸的差值来衡量。

3）测量气缸的方法。

① 气缸圆度的测量。选择合适的测量杆，并使其压缩1~2mm，以留出测量余量。将测量杆伸入气缸中，微微摆动表杆，使测量杆与气缸中心线垂直，内径百分表指示最小读数，即为正确的气缸直径。用内径百分表在部位①向（垂直于曲轴方向）测量，旋转表盘，使"0"刻度对准大表针；然后，将测量杆在此横截面上旋转90°，此时表针所指刻度与"0"

位刻度之差的1/2,即为该缸的圆度误差。

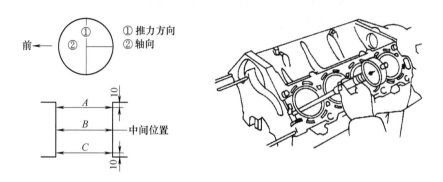

图6-10 气缸内径测量部位示意图

② 气缸圆柱度的测量。用内径百分表在 A 部位①向测量,并找出正确直径位置。旋转表盘,使"0"刻度对准大指针。然后,依次测出其他五个数值,取六个数值中最大差值的一半作为该气缸的圆柱度误差。

③ 气缸磨损尺寸的测量。一般发动机最大磨损尺寸在前后两缸的上部,应重点测量这两缸。测量时,用内径百分表在 A 部位①向测量,并找出正确气缸直径的位置。旋转表盘,使"0"刻度对准大指针,并注意观察小指针所处位置。取出内径百分表,将测量杆放置于外径千分尺的两测头之间。旋转外径千分尺的活动测头,使内径百分表的大指针指向"0",且小指针处于原来的位置(在气缸中所指示的位置)。此时,外径千分尺的尺寸即为气缸的磨损尺寸。按此找出该发动机气缸的最大磨损尺寸。

4) 气缸磨损的修理方法。当气缸磨损后,其圆度或圆柱度误差超过允许的限度时,通过磨削或镗削加工方法加大气缸直径,恢复气缸正确的几何形状和配合要求,这种方法称为修理尺寸法。气缸的修理尺寸通常分为六级,它是在气缸标准直径的基础上,每加大0.25mm为一级,逐级递增到1.5mm。

当气缸直径超过最大修理尺寸时,可对气缸进行圆整加工,用过盈配合的方式镶上新的气缸套,然后按原厂标准尺寸镗缸或磨缸,达到气缸标准技术要求,这种方法称为镶套修复法。

3. 凸轮轴的检修

凸轮轴经长期使用后,会出现凸轮轴弯曲、轴颈和凸轮的磨损、齿轮磨损或损坏。

(1) 凸轮轴的弯曲检查 可将凸轮轴安装于车床两顶尖间,或以V形架安放在平板上以两端轴颈为支点,用百分表检查各中间轴颈的偏差。如果最大弯曲量大于0.025mm时,应进行冷压校正修复。

(2) 凸轮凸角的检修 凸轮凸角的检验,可用标准样板测量。当凸轮顶端的磨损量大于1mm时(柴油机1.2mm),应堆焊修复或更换凸轮轴。

凸轮的表面如有击痕、毛刺及不均匀的磨损时,应用凸轮轴专用磨床进行修整,或根据标准样板予以细致的修理。当凸轮高度因磨损减少至一定限度时,可进行合金焊条堆焊,然后进行光磨恢复原来的几何形状。

(3) 凸轮轴颈的检修 用外径千分尺检测凸轮轴颈的圆度及圆柱度的误差应不大于

0.03mm，轴颈磨损量应不大于1mm。在修理时，可用磨小轴颈尺寸和配用相应尺寸的凸轮轴承；或用镀铬加大，再磨至与之配合的修理尺寸或标准尺寸。

（4）正时齿轮的检修 凸轮轴装正时齿轮固定螺母的螺纹有损伤，应堆焊修复。正时齿轮键与键槽需吻合，否则应换新键。

（5）机油泵驱动齿轮的检修 机油泵驱动齿轮其磨损量应不大于0.5mm；偏心轮表面磨损量应不大于0.5mm，当大于时应予堆焊修复。

（6）凸轮轴驱动齿轮的检修 当驱动齿轮磨损过大时，则应更换凸轮轴。

4. 电动汽油泵的检测

电动汽油泵的类型较多，其控制方式也各式各样，但其检测方法基本是相同的，下面以桑塔纳2000GLi电动汽油泵为例介绍其检测方法。

桑塔纳2000GLi轿车装的是AFE电控汽油喷射发动机，其电动汽油泵装在油箱内。该油泵由电动机和滚柱式油泵组成，电动汽油泵的工作受控于其继电器和ECU。

（1）电动汽油泵的工作过程 桑塔纳2000GLi轿车电动汽油泵控制电路如图6-11所示。电动汽油泵的工作过程如下：

1）当点火开关置于ON，未起动发动机时，由于ECU没有检测到发动机转速信号，所以只控制电动汽油泵继电器线圈通电3~5s，这时电动汽油泵继电器触点闭合，油泵工作3~5s，以保证油路中有较充足的燃油压力。

2）当起动发动机时，ECU从点火线圈一侧末端检测到发动机转速信号，于是将ECU的"3"端置于低电平（搭铁），也就是使电动汽油泵继电器线圈端搭铁，电动汽油泵正常供油。

3）当发动机熄火时，点火开关置于OFF，电动汽油泵继电器"85"端断电，电动汽油泵停止转动不再泵油。

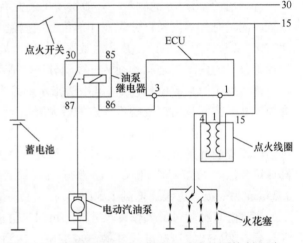

图6-11 桑塔纳2000GLi轿车电动汽油泵控制电路

（2）电动汽油泵的检测

1）电动汽油泵电阻值的检测。拔下电动汽油泵导线插接器的插头，用数字万用表测量电动汽油泵的电阻值应为2~7Ω（此值与温度有关）。若所测阻值远小于2Ω，则说明电动汽油泵电动机线圈短路；若阻值稍大于7Ω，则为电动机电刷接触不良；若所测阻值为无穷大，则说明电动机线圈断路。

2）电动汽油泵供电电压的检测。拔下电动汽油泵导线插接器的插头，将点火开关置于ON，测量导线插接器插头上黑色线对应端子与搭铁之间的电压，应有12V，若无电压则应检查F2熔丝是否熔断。

3）电动汽油泵继电器的检测。从中央电路板上拔下2号继电器（即电动汽油泵继电器），给其"85" "86"端加12V电压，若能听到触点的吸合声，则表明电动汽油泵继电器良好，否则应更换。

4）电动汽油泵泵油量的检测。将点火开关置于 OFF，拆掉汽油滤清器接口，将电动汽油泵继电器"30""87"端短路，观察泵油量及泵油压力，该种电动汽油泵的泵油量为（550～650）mL/30s，泵油压力为 330～350kPa。

二、汽车底盘部分总成部件的检修

1. 离合器的检修

（1）离合器的分解　膜片弹簧式离合器的分解：分解前应做出装配标记，以便装合时辨别，保持原有的平衡状态。分解时应用专用工具压紧拆卸。在拆卸变速器后，拆卸离合器盖和离合器盘；将每个螺栓稍微拧松一圈，直到弹簧所受的压力完全消失为止，以避免外壳变形；当拆卸最后一个螺栓时，要用手扶着离合器，慢慢旋出螺栓，取下离合器盖及从动盘等；最后从变速器上拆下分离轴承、轴承套和分离叉。

（2）离合器零件的检修。

1）从动盘的检修。摩擦片有轻微的油污，可用汽油清洗后用喷灯火焰烘干；有轻微硬化、烧损，可用砂布打磨；当磨损严重，铆钉头埋入深度一般不小于 0.5mm（桑塔纳轿车为 0.30mm），或有裂纹、脱落、严重烧损或油污时，应予更换。在半径为 120～150mm 处测量，从动盘的翘曲量不大于 0.80mm，各铆钉不得松动，从动盘花键毂与变速器第一轴的配合间隙不大于 0.60mm。

2）压盘的检修。当压盘工作平面烧蚀、龟裂和划伤不严重时，可用磨石打磨光滑。沟槽深度超过 0.50mm 或平面度超过 0.20mm 时应磨削修复，但磨削总量不超过限度，一般为 1～1.5mm。磨削后的压盘应重新进行平衡。

3）离合器盖的检修。离合器盖的端面平面度误差超过 0.50mm，应予以校正。裂纹应焊修，磨损出现台阶可堆焊。

4）膜片弹簧的检修。膜片弹簧内端与分离轴承接触处磨损深度不超过规定（桑塔纳轿车为 0.60mm）。膜片弹簧内端应在同一个平面，最大高度差不超过 0.50mm。可在平板上用游标卡尺测量。超过时用扳钳校正。

5）分离件的检查与修理。当分离轴承内孔磨损超过 0.03mm 或轴向间隙超过 0.60mm 时，应更换。当离合器踏板轴与衬套磨损、松旷超过 0.50mm 时，应更换衬套。分离杠杆内端磨损超过规定应焊修。

（3）离合器的装配　装配时摩擦片要清洁；装配时应用专用工具，以防离合器变形；为保证从动盘与曲轴的同轴度和便于安装变速器，离合器安装时可用该车型的另一变速器第一轴或专用导向轴插入从动盘，并用曲轴后端导向轴承孔定位。

（4）离合器的调整。离合器踏板自由行程应符合规定值（如桑塔纳轿车为 15～25mm），否则应进行调整。

2. 变速器一、二轴的拆检

手动变速器按轴数的不同，分为二轴和三轴式变速器两种，下面以桑塔纳 2000 系列轿车五档手动变速器为例进行介绍：

（1）变速器一、二轴的拆装

1）输入轴的拆卸和安装（图 6-12）。

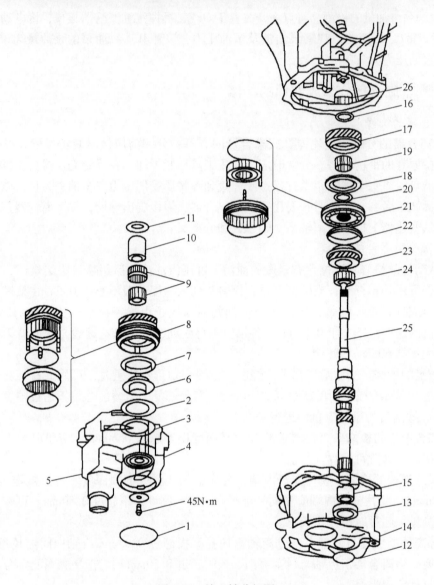

图 6-12 输入轴分解图

1—后轴承的罩盖 2—挡油器 3、12、20—锁环 4—输入轴后轴承 5—变速器后盖
6—五档同步器套管 7—五档同步环 8—五档同步器和齿轮 9—五档齿轮滚针轴承
10—五档齿轮滚针轴承内圈 11—固定垫圈 13—中间轴承 14—轴承支座
15—中间轴承内圈 16—有齿的挡环 17—四档齿轮 18—四档同步环 19—四档齿轮滚针轴承
21—三档和四档同步器 22—三档同步环 23—三档齿轮
24—三档齿轮滚针轴承 25—输入轴 26—输入轴滚针轴承

① 拆下四档齿轮的有齿锁环,取下四档齿轮、同步环和滚针轴承。
② 拆下同步器锁环。
③ 拆下三、四档同步器,三档同步环和齿轮,取下三档齿轮的滚针轴承。
④ 拆下中间轴承内圈。
⑤ 输入轴的安装顺序与拆卸顺序相反。

2) 输出轴的拆卸和安装(图6-13)。

① 拆下输出轴后轴承和一档齿轮,取下滚针轴承和一档同步环。

② 拆下滚针轴承的内圈、同步环和二档齿轮,取下二档齿轮的滚针轴承。

③ 拆下三档齿轮的锁环、三档齿轮。

④ 拆下四档齿轮的锁环、四档齿轮。

⑤ 拆下输出轴的前轴承。

⑥ 输出轴的安装顺序与拆卸顺序相反。

(2) 变速器一、二轴主件的检修

1) 变速器一、二轴及齿轮的检修。

① 变速器输入轴、输出轴不得有裂纹出现,各轴颈磨损不得超过0.03mm。输入轴前端花键齿磨损应不大于0.10mm,或与离合器从动盘花键毂键槽的配合间隙不大于0.20mm。与轴制成一体的齿轮应无裂纹,齿面疲劳剥落及腐蚀斑点面积应不超过1/10,沿齿高方向不得超过1/5,主动锥齿轮损伤齿数不多于2个,而且受损伤的齿不能相邻,否则,应更换相应的齿轮轴。

② 用百分表测量输入轴与输出轴的径向圆跳动误差应不大于0.05mm,否则,应予校正或更换。

③ 变速器输入轴及输出轴上各圆柱齿轮的检修与上述齿轮轴上齿轮基本相同,出现轮齿断裂、齿厚磨损超过0.20mm、齿面疲劳剥落超过15%或两齿轮的啮合间隙大于0.45mm时,均应更换齿轮。

2) 轴承的检查。齿轮轴支承轴承内圈与轴颈的配合间隙大于0.02mm,滚道及滚动体表面出现疲劳剥落及烧蚀现象,输入轴后轴承的轴向及径向间隙过大,各轴承运转卡滞或发响等,均应予以更换。各滚针轴承出现疲劳剥落及断裂,轴承磨损使齿轮与轴的径向间隙大于0.15mm,应更换滚针轴承。

3) 同步器的检查。

① 将锁环压靠到相应换档齿轮的锥面上时,用手转动锁环应稍有阻力感。用塞尺沿周长多点测量,锁环与齿轮端面之间的间隙a应不小于0.50mm(新标准值:一、二档同步器为1.1~1.7mm,三、四档同步器为1.35~1.90mm)。不

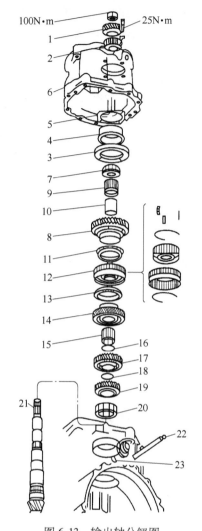

图6-13 输出轴分解图

1—五档齿轮 2—输出轴外后轴承 3—轴承保持架
4—后轴承外圈 5—调整垫片 6—轴承支座
7—输出轴内后轴承 8—一档齿轮
9—一档齿轮滚针轴承 10—一档齿轮滚针轴承内圈
11—一档同步环 12—一档和二档同步器
13—二档同步环 14—二档齿轮 15—二档齿轮滚针轴承
16—挡环(厚度应用测量薄板用的样板测定,
可以使用的厚度为1.5mm和1.6mm)
17—三档齿轮(凸缘应转向四档齿轮) 18—挡环
19—四档齿轮(凸缘应转向锥主动齿轮)
20—输出轴前轴承 21—输出轴 22—圆柱销
23—输出轴前轴承外圈

符合上述要求的，应更换同步器锁环。

② 同步器齿圈锁止面磨损严重，滑块磨损严重，滑块弹簧弹力减弱或折断，键齿磨损使接合套与花键毂键齿的配合间隙超过 0.50mm 等，均应换用新件。

3. 转向器的检修

汽车转向器的类型很多，按其结构形式可分为循环球式、齿轮齿条式转向器等，在这里以循环球式转向器为例介绍其拆装及检修方法。

(1) 循环球式转向器的拆卸

1) 拆下放油螺塞，放出转向器内的机油。

2) 转动转向螺杆，使转向螺母处于转向螺杆的中间位置，然后拧下转向器侧盖上的紧固螺栓，用橡胶槌（或铜棒）轻轻敲击转向摇臂轴外端，拆下侧盖和转向摇臂轴总成。

3) 拧下转向器底盖上的紧固螺栓，用橡胶槌（或铜棒）轻轻敲击转向螺杆上端，拆下底盖和调整垫片，如图 6-14 所示。

4) 从壳体中取出转向螺杆和转向螺母总成，如图 6-15 所示。

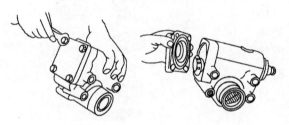

图 6-14 拆下转向器底盖

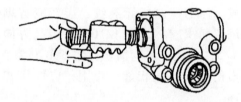

图 6-15 拆下转向螺杆和转向螺母总成

5) 转向螺杆与转向螺母总成符合技术要求，无异常情况，则尽量不解体转向螺杆与转向螺母总成。如必须解体时，先拆下导管夹，取下钢球导管，最后握住螺母，慢慢地转动转向螺杆，取出全部钢球，如图 6-16 所示。

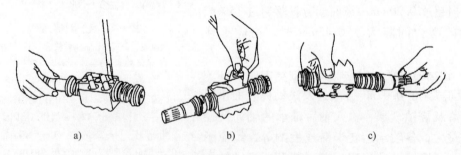

a)　　　　　　　　b)　　　　　　　　c)

图 6-16 转向螺杆及转向螺母总成的分解

(2) 循环球式转向器零件的检修

1) 壳体的检修。用检视法检查是否有裂纹，如果有裂纹，则需更换。

2) 转向摇臂轴的检修。摇臂轴不得有裂纹，齿扇不能有剥落和变形。

3) 转向螺杆与转向螺母总成的检修。检查滚道是否磨损严重，循环球是否有剥落、斑点和变形。转向螺母与转向螺杆的配合间隙不得大于 0.05mm。超过极限，更换所有钢球。

4) 轴承的检修。轴承不得有变形、剥落和碎裂，否则成套更换。

5)油封的检修。检查油封是否老化、损伤,如有则需更换。
(3)循环球式转向器的装配和调整　装配的过程与拆卸的过程相反。
1)转向螺杆及转向螺母总成的装复。
① 将转向螺母套在转向螺杆上,并置于转向螺杆的一端。
② 将钢球放入转向螺母的滚道孔中,边转动转向螺杆边放入钢球。
③ 用螺钉固定导管。检查转向螺母转动是否灵活,如图 6-17 所示。

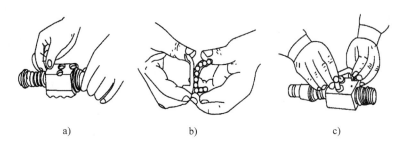

图 6-17　装复钢球

a)把钢球装入滚道　b)把钢球装在导管内　c)把装满钢球的导管插入转向螺母

2)把装有轴承内圈的转向螺杆及转向螺母总成放入装有轴承外圈的壳体中,再将底盖装到壳体上。
① 检查并调整轴承预紧度。
② 涂密封胶,固定底盖。
3)转向摇臂轴总成的装复(图 6-18、图 6-19)。

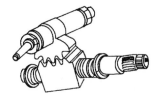
图 6-18　齿扇与齿条的啮合情况

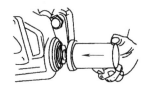
图 6-19　装配油封

① 把螺母转到中间位置,装入摇臂轴总成,并对称拧紧螺钉。
② 用专用工具装入转向螺杆油封和转向摇臂轴油封。
③ 调整齿条和齿扇的啮合间隙。调整螺钉顺时针转动,啮合间隙减小;反之则增大。调整合适后,拧紧调整螺母的锁紧螺母。
4)从加油孔加入 0.9L 新的 80W/90 中等负荷齿轮油。

4. 鼓式车轮制动器的检修

(1)鼓式车轮制动器拆装要点

1)汽车前轮鼓式制动器分解时先支起前桥,用轮胎螺母拆装机拆去轮胎螺母,拆下前轮;再拆去前轮毂盖,剃平锁紧螺母锁片,拧下锁紧螺母,取下锁片及锁止垫圈;然后拧出轮毂轴承预紧度调整螺母,用拉拔器从万向节上拉下轮毂及制动鼓。

2)再用拉簧钩拆下制动蹄回位弹簧,取下支承销的垫板,拆下支承销、制动凸轮、调整臂总成及制动气室。

3）最后拆下制动底板。鼓式车轮制动器的分解图如图6-20所示。鼓式车轮制动器的装配按上述相反顺序装复。**注意**：装复过程中，两制动蹄的位置不能互换，其上端面要与凸轮工作面完全贴合，支承销端部的标记朝内相对，如图6-21所示。后轮制动器的拆装基本与前轮相同。

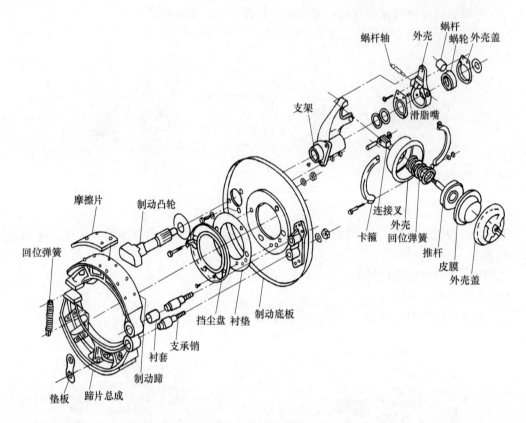

图6-20　鼓式车轮制动器的分解图

（2）鼓式车轮制动器检修

1）制动鼓的检修。

① 用直观法及敲击检查制动鼓应无裂纹，否则换用新件。

② 用弓形内径规或百分表检测制动鼓的磨损和圆度误差，制动鼓内圆面的圆度误差不得大于0.125mm，且无明显的沟槽，否则，应对制动鼓在专用镗鼓机上进行镗削加工，镗削后制动鼓内径不得大于424mm，也不得超过允许的最大修理尺寸，且同一轿车上左、右制动鼓的内径尺寸差应小于1mm。若制动鼓内径超过使用极限时，一律换用新件。

图6-21　制动蹄支承销端部标记

2）制动蹄及摩擦片的检修。

① 用直观法及敲击检查，制动蹄及其摩擦片应无裂纹，制动蹄按样板检查，若弯曲、扭曲或变形较小，可冷压校正。

② 用游标卡尺深度尺测量摩擦片铆钉头距摩擦片表面一般应不小于0.50mm,否则,换用新衬片或制动蹄总成。

③ 若摩擦片油污较轻,衬片只有少量磨损,可用汽油清洗油污,清洗后必须加温烘干,然后用锉刀和粗砂布修磨平整,再与制动鼓表面试测贴合面积,需达到技术标准,允许继续使用。

(3) 鼓式车轮制动器的调整

1) 车轮制动器的局部调整。车轮制动器局部调整是在制动摩擦片磨损后,制动气室推杆行程超过40mm情况下或二级维护时,所进行的调整作业,现以CA1092型汽车前轮为例说明调整过程。

① 支起需要调整的车轮。

② 取下调整臂的防尘罩,推进锁止套,露出蜗杆轴的六方头。

③ 用扳手转动蜗杆轴,并转动制动鼓,从制动检视孔中插入塞尺,在距制动蹄两端20~30mm处测量,制动蹄摩擦片与制动鼓的间隙应达到技术标准(凸轮轴端0.4~0.7mm,蹄轴端0.2~0.5mm)。

④ 调好后退出锁止套,套上防尘罩,放好车轮。

注意:局部调整时,切不可转动制动蹄轴,一旦转动,应进行全面调整。

2) 车轮制动器的全面调整。在制动鼓与制动蹄摩擦片严重磨损时,需更换制动鼓或摩擦片,制动蹄轴和制动凸轮安装位置会发生变化,为确保制动蹄摩擦片与制动鼓间的正常间隙必须进行车轮制动器的全面调整。其调整必须在轮毂轴承调好后进行,现以CA1092型汽车后轮为例,说明调整过程。

① 支起调整车轮,取下制动鼓上检视孔的盖片。

② 用扳手拧松制动蹄轴的固定螺母和制动凸轮轴支架的固定螺栓、螺母。

③ 转动制动蹄轴,使两个轴端的标记朝内相对。

④ 反复拧转制动蹄轴和调整臂蜗杆轴,使制动蹄摩擦片与制动鼓完全贴合,用手转动制动鼓,应不能转动。

⑤ 拧紧凸轮轴支架,再用扳手紧固制动蹄轴固定螺母。紧固时,需保持制动蹄轴和凸轮轴支架的位置不变。

⑥ 将调整蜗杆轴拧松3~4声响(约退回1/2~2/3圈)。这时用手转动制动鼓应能自由转动且与摩擦片无碰撞现象,但允许有轻微的摩擦"沙沙"声。

⑦ 用塞尺检查制动鼓与制动蹄摩擦片间隙,应符合技术标准。同一端两蹄之差不大于0.1mm。通入压缩空气后,制动气室推杆的行程为(25±5)mm,否则应重新调整。

⑧ 最后,装回制动鼓检视孔盖片。

5. 盘式车轮制动器的检修

(1) 盘式车轮制动器拆装要点 现以上海桑塔纳LX型轿车前轮钳盘式制动器说明,其结构如图6-22所示。

1) 拆卸要点。

① 首先用扳手松开车轮螺栓、螺母,取下车轮。卸下定位弹簧及定位螺栓(图6-23),拆下制动钳体(图6-24)。

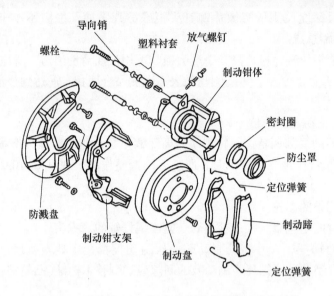

图 6-22 桑塔纳 LX 型轿车前轮钳盘式制动器的结构

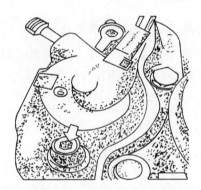

图 6-23 拆卸制动钳定位螺栓

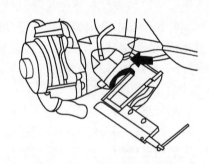

图 6-24 拆下制动钳体

② 用绳或钢丝吊于车身上,用压具将活塞压回。**注意**:将活塞压回活塞缸内之前,必须先抽出储液罐中的制动液,防止制动液外溢。

③ 从制动盘两侧,从制动钳支架上取下两片制动摩擦片。如果更换新摩擦片,可将新摩擦片装在制动钳支架上,最后拆下制动盘。

2) 装复要点。先装上制动盘,并放好制动摩擦片,摩擦片表面不得有任何油污,再装复制动钳体,按规定扭矩拧紧定位螺栓及螺母,并安装上、下定位弹簧,最后安装车轮等部件。装复完毕后,应用力踩制动踏板数次,使制动器自动将间隙调整到正确位置。

(2) 盘式车轮制动器的检修

1) 用百分表检测制动盘的轴向圆跳动误差大于 0.06mm,制动盘表面具有明显的磨损台阶及拉伤沟槽,可进行加工修复。

2) 检查制动盘的磨损极限厚度为 8mm,厚度过小时应换用新件。

3) 检查制动蹄摩擦片厚度小于 7mm(包括底板)时,必须更换摩擦片,且左、右轮必须成套更换(4 片摩擦片、4 片弹簧片)。

4) 检查制动钳体,若发现有漏油之处,应换用新的活塞密封圈。

（3）盘式制动器制动间隙的自动调整　以上海桑塔纳的乘用车前轮为例介绍，盘式制动器制动间隙是利用密封圈的弹性变形来实现自动调整的。

6. 液压制动主缸的检修

（1）制动主缸的拆解　串联式双腔制动主缸的分解图如图6-25所示。

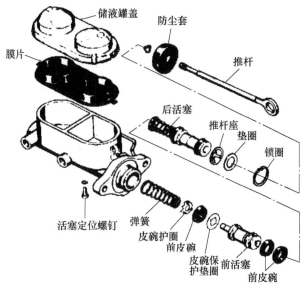

图6-25　串联式双腔制动主缸的分解图

1）打开储油罐放出制动液。

2）拆下制动开关等附件。

3）将主缸夹在台虎钳上，用旋具顶住后活塞，拆下弹簧挡圈，然后慢慢放松旋具依次取出前皮碗、后活塞、皮碗及后活塞弹簧。

4）旋下限位螺钉，用压缩空气吹出前活塞，依次取出皮碗及弹簧。

5）用清洗液将解体后的制动主缸内孔及活塞等零件洗干净。

注意：制动主缸零件不得用石油产品清洗，否则会导致橡胶皮碗和O形密封圈损坏。

（2）制动主缸的检修

1）检查储液罐是否破损，出现破损应更换。

2）制动主缸和活塞的检查如图6-26所示，检查制动主缸泵体内孔和主缸活塞表面，其表面不得有划伤和腐蚀；用内径百分表检查泵体内孔的直径 B，用千分尺检查活塞的外径 C，并计算出内孔与活塞之间的间隙值，其标准值为0.04~0.106mm，使用极限为0.15mm，超过极限应更换。

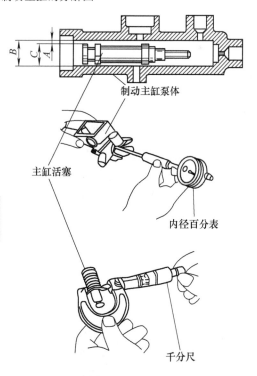

图6-26　制动主缸和活塞的检查

3) 检查制动主缸皮碗、密封圈是否老化、损坏与磨损,否则应更换。

(3) 制动主缸的装配　在制动主缸泵体内孔和活塞、密封圈及皮碗上涂上制动油液,使前腔活塞的回位弹簧小端朝向活塞,注意各皮碗的刃口方向,将前活塞装入制动主缸的内孔,并旋入限位螺钉。当装入后活塞组件时,最后装上止推垫圈、挡圈和防尘罩。

三、汽车电器部分总成部件的检修

1. 发电机的检修

(1) 硅整流交流发电机的拆解　硅整流交流发电机的拆解步骤如下(以丰田系列40A型为例):

1) 拆下带轮。
2) 拧下"B"端子上的固定螺母并取下绝缘套管。
3) 拆下后端盖罩。
4) 拧下电刷架和IC调节器的固定螺钉,取下电刷架和IC调节器。**注意**:电刷要轻取。
5) 将与整流器相连接的三相绕组引线及中性点引线的联接螺钉用十字螺钉旋具拧下,取下整流器。
6) 拆卸整流器端座。
7) 从驱动端盖里取出转子,用棉纱蘸适量清洗剂擦洗转子绕组、定子绕组、电刷及其他机件。硅整流交流发电机的分解图如图6-27所示。

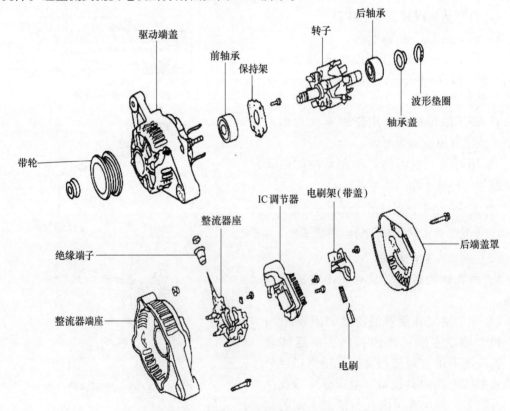

图6-27　硅整流交流发电机的分解图

(2) 硅整流交流发电机的检查

1) 转子的检查。

① 转子绕组短路与断路的检查。用数字万用表的低电阻档检测两集电环之间的电阻，应符合技术标准。若阻值为"∞"，则说明断路；若阻值过小，则说明短路。一般，阻值约为 3.5~6Ω，如图 6-28 所示。

② 转子绕组绝缘检查。检查转子绕组与铁心（或转子轴）之间的绝缘情况。用万用表导通档检测两集电环与铁心（或转子轴）之间的导通情况。若为零且表发出响声，说明有搭铁故障，正常应为"∞"，如图 6-29 所示。

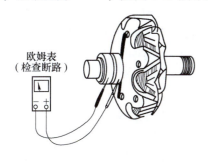

图 6-28　转子绕组断路及短路检查

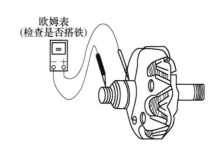

图 6-29　转子绕组绝缘检查

③ 集电环的检查。集电环表面应平整光滑，无明显烧损，否则用 00 号砂布打磨。两集电环间隙处应无积污。集电环圆度误差不超过 0.025mm，厚度不小于 1.5mm。

④ 转子轴检查。用百分表检查轴的弯曲，如图 6-30 所示，弯曲度不超过 0.05mm（径向圆跳动公差不超过 0.1mm），否则应予以校正。爪形磁极在转子轴上应固定牢靠，间距相等。

2) 定子的检查。

① 定子绕组短路与断路的检查。用数字万用表的低电阻档位检测定子绕组三个接线端，两两相测，如图 6-31 所示。正常值时，阻值小于 1Ω 且相等。阻值为"∞"，说明断路；阻值为零，说明短路。

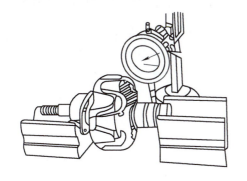

图 6-30　转子轴弯曲的检查

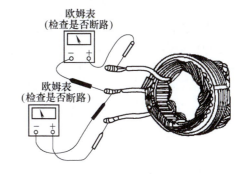

图 6-31　定子绕组断路及短路检查

② 定子绕组绝缘检查。检查定子绕组与定子铁心间绝缘情况。用数字万用表导通档检测定子绕组接线端与铁心间的电阻，若电阻过小（表内发出响声），说明有绝缘不良故障。正常应指示"∞"，如图 6-32 所示。

3) 整流器的检查(主要是整流二极管)。

① 检测正极管。用数字万用表的导通档位,黑表笔接整流器端子"B",红表笔分别接整流器各接线柱,万用表均应导通,否则说明该二极管断路,应更换整流器总成;调换两表笔进行测试,此时万用表均应不导通,否则说明二极管短路,也应更换整流器总成。

② 检测负极管。用数字万用表的导通档位,红表笔接整流器的端子"E",黑表笔分别接整流器各接线柱,万用表均应导通,否则说明该二极管断路,应更换整流器总成;调换两表笔进行测试,此时万用表均应不导通,否则说明二极管短路,也应更换整流器总成。

③ 在不分解发电机的情况下检测二极管。用万用表的导通档位,黑表笔接发电机电枢"B"接线柱,红表笔接发电机端盖。若阻值在 $40\sim50\Omega$ 范围内,说明无故障;若阻值在 10Ω 左右,说明有失效的二极管需拆检;若阻值为0,说明有不同极性的二极管击穿。

4) 电刷组件的检查。电刷表面不得有油污,且应在电刷架中活动自如,电刷磨损不得超过标准长度的 1/2(标准长度为 10.5mm);当电刷从电刷架中露出 2mm 时,电刷弹簧力一般为 $2\sim3N$;电刷架应无烧损、破裂或变形。

5) IC 集成电路电压调节器的检测。当进行 IC 集成电路电压调节器的检测时,可按图 6-33 所示方法连接电路。

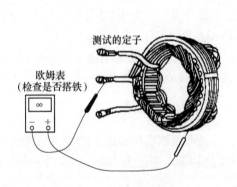

图 6-32 定子绕组绝缘检查

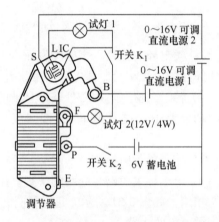

图 6-33 IC 集成电路电压调节器检测接线图

① 检查时,在调节器 B、S 与 E 接点间各接一只 $0\sim16V$ 的可调直流电源,B 与 F 接点间接一只 12V/4W 的直流灯泡(代替交流发电机磁场绕组),L 与 IG 间接一只 12V/4W(代替充电指示灯)的仪表灯泡,并在 IG 与 B 间接一只开关 K_1。当开关 K_1 闭合时,试灯 1、2 应点亮。

② 在 P 与 E 间接一只 6V 蓄电池和一只开关 K_2,当开关 K_2 闭合时试灯 1 应熄灭,当开关 K_2 断开时试灯 1 应点亮。

③ 调节可调直流电源 1,当电压升高到 $15.0\sim15.5V$ 时,试灯 2 应熄灭,当电压下降到 13.5V 以下时,试灯 2 应又点亮。

④ 调节可调直流电源 2,当电压下降到 13.5V 以下时,试灯 1 应又点亮。若结果不符合上述要求,表明 IC 集成电路电压调节器损坏。

上述为典型内置式 IC 集成电路电压调节器的检测方法,其他类似调节器可参照相同方法进行检查。

（3）硅整流交流发电机按拆解的相反顺序装复　装复后，转动发电机带轮，转子转动平顺，无摩擦及碰击声。

2. 起动机的检修

（1）起动机的解体　起动机的分解图（以丰田系列常规式起动机为例说明）如图6-34所示。解体步骤如下：

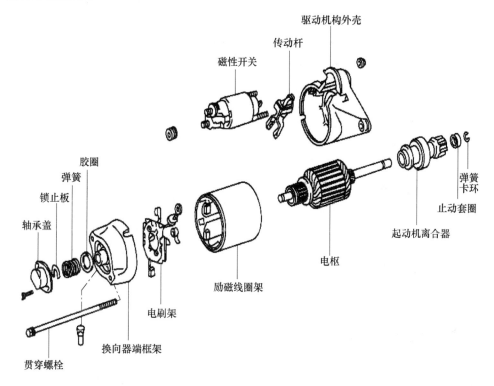

图6-34　起动机的分解图

1）从电磁开关处断开引线。

2）拧出将电磁开关固定在驱动机构外壳上的两个螺母，将电磁开关取下。

3）拧出后轴承盖的两个螺钉，将轴承盖取下。

4）用一字螺钉旋具将锁止板撬开，取出弹簧和胶圈。

5）拧出两个贯穿螺栓，将换向器端框架拆下。

6）用钢丝钩将四个电刷取出，同时电刷架也拆下。

7）将励磁线圈架和电枢等一并取下。

8）用一字螺钉旋具轻轻敲入前端止动圈套，撬出弹簧卡环，从电枢轴上拆下止动圈套和单向离合器。解体后，清洗擦拭各零件。金属零件用煤油或汽油，绝缘零件用浸了汽油的布擦拭。

（2）起动机各主要零件的检修

1）转子总成的检修。

① 电枢轴。用游标卡尺检测轴颈外径与衬套内径，配合间隙应为0.035~0.077mm，极限值不超过0.15mm，间隙过大应更换衬套并重新铰配。电枢轴弯曲可用百分表检测，其径向圆跳动应不大于0.15mm，否则应予以校正。

② 换向器。检查换向器表面有无烧蚀和失圆。轻微烧蚀用 00 号砂纸打磨，严重时应车削，换向器与电枢轴的同轴度不大于 0.03mm，否则在车床上修整。换向器直径不小于标准值 1.10mm，换向片高出云母片 0.40~0.80mm。

③ 电枢。

a. 电枢线圈搭铁的检查。当用万用表检查时，其表针分别搭在换向器和铁心（或电枢轴）上，阻值应为无穷大，若阻值为零，则为搭铁，如图 6-35 所示。

b. 电枢线圈短路的检查。把电枢放在万能试验台检验器上，接通电源，将锯片放在检验器上并转动电枢。锯片不振动表明电枢线圈无短路，否则为电枢线圈短路，应予以修理或更换，如图 6-36 所示。

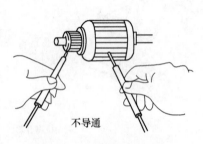

图 6-35 电枢线圈搭铁的检查

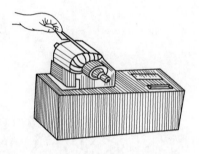

图 6-36 电枢线圈短路的检查

c. 电枢线圈断路的检查。检视电枢线圈的导线是否甩出或脱焊。用万用表两表针分别依次与相邻换向器接触，其读数应一致，否则说明电枢线圈断路。

2) 定子绕组的检验。

① 励磁线圈搭铁的检验。用万用表的两表针分别接励磁线圈接线柱和外壳，若阻值为无穷大，则正常；若阻值为零，则为搭铁故障，如图 6-37 所示。

② 用 12V 蓄电池检查定子绕组短路和断路。蓄电池正极接起动机接线柱，负极接正电刷，将旋具放在每个磁极上迅速检查磁极对旋具的吸力，吸力应相同。磁极吸力弱的为匝间短路，各磁极均无吸力为断路。将万用表置于导通档，测接线柱与正电刷的导通情况。如不导通，也为断路，如图 6-38 所示。

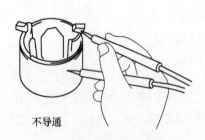

图 6-37 励磁线圈搭铁的检查

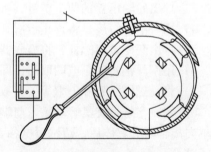

图 6-38 励磁线圈短路和断路的检查

3) 电刷总成的检修。

① 电刷高度的检查。电刷磨损后的高度不应小于电刷原高度的一半，一般不小于 10mm，电刷在架内活动自如，无卡滞，电刷与换向器的接触面不低于 80%。

② 电刷架的检查。用万用表的导通档位测两绝缘电刷架与电刷架座盖，阻值应为无穷

大，否则说明绝缘体损坏；相同方法测两搭铁电刷架与电刷架座盖，阻值应为零，否则说明电刷架松动搭铁不良。

③ 电刷弹簧的检查。用弹簧秤检查弹簧的弹力，应为 11.76～14.7N，过弱应更换。

4) 单向离合器的检查。按顺时针转动驱动齿轮，应自由转动；逆时针转动时应该被锁住。

5) 电磁开关的检查（用万用表的低电阻档位测量）。将两表针分别接于励磁线圈接线柱和电磁开关外壳，若有电阻，说明保持线圈良好；若电阻为零，则为短路；若电阻无穷大，则为断路，如图 6-39 所示。

① 两表针分别接于励磁线圈接线柱和起动机接线柱，如图 6-40 所示。若有电阻，说明吸拉线圈良好；若电阻为零，则为短路；若电阻无穷大，则为断路。

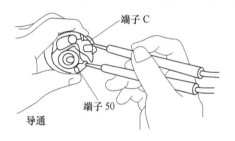
图 6-39 保持线圈的检查

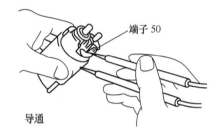
图 6-40 吸拉线圈的检查

② 用手将接触盘铁心压住，让电磁开关上的电源接线柱与起动机接线柱连通，测量两接线柱间的电阻应为零，否则为接触不良。

（3）起动机的装复　按分解的相反顺序装复起动机各零件。装复后应转动灵活，电枢轴的轴向间隙应为 0.05～1.00mm。

3. 汽车空调制冷系统的检查及制冷剂的充注

汽车空调制冷效果能否达到要求，需对汽车空调制冷系统进行性能测试。测试时，系统至少要运行 15min 左右，使其有充分时间让各部件有稳定的工作点，然后可通过以下四个方面来评定：

1) 从观察窗看制冷剂流量，以确定系统制冷剂是否正常。方法是：将风量开关开至最高档，温度控制旋钮置于最大冷却位置（COOL），注视观察窗有无气泡。有气泡，制冷剂不足。无气泡，正常。如没有观察窗，就要通过检查系统的正常工作压力来判断。

2) 系统正常工作压力。制冷系统的正常高压压力为 1.37～1.57MPa，低压压力为 0.15～0.25MPa（外界气温在 30～35℃）。系统压力根据环境温度变化而变化，环境温度高压力偏高，环境温度低压力偏低。

3) 车内与车外温差来评定。一般情况下，开启空调 30min 后，车内外温度相差 7～8℃为合适。若温差较小，表示系统制冷量不够。

4) 用于感觉管路的温度来评定。制冷剂在系统循环过程中，压力、温度和形态是不断交替变化的，即高温、低温、高压、低压、液态和气体的变化，从高压区到低压区，温度的变化可大致判断系统工作的情况。

从压缩机出口至冷凝器、干燥过滤器、膨胀阀为高压高温区，温度约为 50～70℃；从膨胀阀至蒸发器、压缩机入口为低压低温区，温度约为 0～5℃。

（1）汽车空调制冷系统压力的检查　要了解汽车空调制冷系统工作循环进行的情况，

必须测量制冷系统工作时高压侧和低压侧的压力,空调系统压力是否异常一般可通过歧管压力表组件检测,其检测步骤如下:

1) 卸掉系统高、低压管路上的检修阀护帽。

2) 歧管压力表组件高、低压侧手动阀都关闭,蓝色的低压侧软管接低压检修阀,红色的高压侧软管接高压检修阀。

3) 起动发动机,调整发动机转速至1500~2000r/min,起动空调系统,将风机开关置于高速状态,温度控制开关置于最冷位置,按需要使发动机温度正常(约运行5min)后,进行检测。

4) 从歧管压力表组件读出高、低压侧的压力。制冷系统高压侧的压力一般为1.37~1.57MPa,低压侧的压力一般为0.15~0.25MPa,其压力会因车型和环境温度不同而有所不同。

5) 检测完后,关闭发动机,卸掉歧管压力表组件,把检修阀的护帽旋回。

(2) 汽车空调制冷系统的放空　利用表阀等装置安全地将制冷剂由制冷系统排放到外部,称为放空。放空时需要持一个容器,以收集制冷剂和冷冻机油。汽车空调制冷系统放空的具体步骤如下:

1) 装上歧管压力表,在中央的排放软管处罩上一块干净布,不要起动发动机。

2) 关闭歧管压力表的高低压手动阀,将高压软管连接到高压检测阀,低压软管连接到低压检测阀。

3) 慢慢打开高压手动阀(不要开得太快、太大,否则大量冷冻机油将随制冷剂流出),当高压表的压力降到345kPa再慢慢打开大低压表阀,注意开度不要太大。

4) 当压力表下降到0时,放空结束,此时应关闭高低压手动阀。

测量收集到的冷冻机油,如果油量不超过14.2g,则不需补加。

(3) 汽车空调制冷系统的抽真空　抽真空的目的是排除制冷系统内残留的空气和水分,同时也可进一步检查系统的密闭性,为向系统内充注制冷剂做好准备。实际上,抽真空并不能直接把水分抽出制冷系统,而是压力降低后水的沸点也降低了,水汽化成水蒸气抽出系统外。抽真空管路连接如图6-41所示。

具体操作过程如下:

1) 将歧管压力表的两根高、低压软管分别接在高、低压侧气门阀上,将其中间软管与真空泵相连接。

2) 打开歧管压力表上的高、低压手动阀,连接抽真空管路,启动真空泵,观察低压表(连程表)的指针,应该有真空显示。

3) 连续抽5min后,低压表应达到0.03MPa(真空度),高压表略低于零,如果高压表不能低于"0"刻度,表明系统内有堵塞,应停止,修复后,再抽真空。

4) 真空泵工作15min后,低压表指针应在0.01~0.02MPa范围内。如果达不到此数值,这时应关闭高、低压手动阀,观察低压表的指针,如果指针上升,说明真空有损失,系统有漏点,应停止,修复后才能继续抽真空。

5) 当系统压力接近于真空时,关闭高、低压手

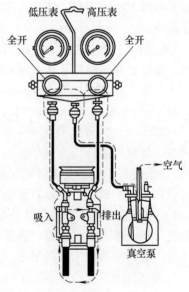

图6-41　抽真空管路连接

动阀,保压 5~10min。如低压表指针不动,则打开高、低压手动阀开启真空泵,继续抽真空,抽真空的时间不得少于 30min,如时间允许,可再长些。

6）当抽真空结束时,先关闭高、低压手动阀,再关闭真空阀,其目的是防止空气进入制冷系统。这样,就可以向系统中加注冷冻机油或充注制冷剂。

（4）汽车空调制冷剂的充注　汽车空调制冷剂的充注方法主要有两种：一种是从高压端充注,另一种是从低压端充注。

1）高压端充注法。高压端充注是从压缩机排气阀的旁通孔加注,充入的是液体。特点是安全、快速,适用于制冷系统的第一次加注,即经检漏、抽真空后的系统加注。汽车空调制冷剂高压端充注的管路连接如图 6-42 所示,其具体的操作步骤如下：

① 将歧管压力表组与系统检修阀、制冷剂罐连接好。

② 用制冷剂排除连接软管内的空气,具体方法是：先关闭高、低压手动阀,拆开高压端检修阀和软管的连接,然后打开高压手动阀,最后打开制冷剂瓶罐上的阀门。当软管排出制冷剂气体后,迅速将软管与检修阀连接,并关闭高压手动阀。用同样的方法清除低压端连接软管内的空气,然后关闭好高、低压手动阀及制冷剂瓶罐上的阀门。

③ 将制冷剂瓶罐倾斜倒置于磅秤上,并记录起始质量。

④ 打开制冷剂瓶罐上阀门,然后缓慢打开高压手动阀,制冷剂注入系统内,当磅秤指示到达规定质量时,迅速关闭制冷剂阀门。

⑤ 关闭高压手动阀,充注结束。

注意：当高压端充注制冷剂时,严禁开启空调系统,也不可打开低压手动阀。

2）低压端充注法。低压端加注是从压缩机吸气阀的旁通孔加注,充入的是气体。特点是速度慢,可在系统补充制冷剂的情况下使用。汽车空调制冷剂低压端充注的管路连接如图 6-43 所示,其具体的操作步骤如下：

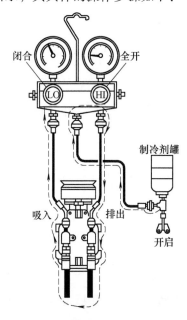

图 6-42　汽车空调制冷剂高压端充注的管路连接

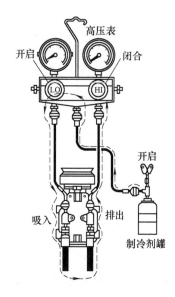

图 6-43　汽车空调制冷剂低压端充注的管路连接

① 将歧管压力表组与系统检修阀、制冷剂罐连接好。
② 用制冷剂排除连接软管内的空气。
③ 将制冷剂罐直立于磅秤上，并记录起始质量。
④ 打开制冷剂罐阀门，然后打开低压手动阀，向系统充注气态制冷剂。
⑤ 起动发动机并将其转速调整在 1250~1500r/min，接通空调开关，把风机开关和温度控制开关开至最大。
⑥ 当制冷剂充至规定质量时，先关闭低压手动阀，然后关闭制冷剂阀门。
⑦ 关闭空调开关，停止发动机运转，迅速将高、低压软管从检修阀上拆下。
注意： 当低压端充注时，瓶罐为直立，高压手动阀处于关闭位置。

第三节　汽车总成大修

一、曲柄连杆机构的装配

曲柄连杆机构的装配质量直接关系到发动机的工作性能，因此，装合时需注意下列事项：

1) 各零部件应彻底清洗，用压缩空气吹干，油道孔保持畅通。
2) 对于一些配合工作面(如气缸壁、活塞、活塞环、轴颈和轴承、挺杆等)，装合前要涂以机油。
3) 对于有位置、方向和平衡要求的机件，必须注意装配记号和平衡记号，确保安装关系正确和动平衡要求，如正时链条、链轮、活塞、飞轮和离合器总成等。
4) 螺栓、螺母必须按规定的力矩分次按序拧紧。螺栓、螺母和垫片等应齐全，以满足其完整性和完好性。
5) 使用专用工具。

曲柄连杆机构的安装顺序一般和拆卸顺序相反，在此以桑塔纳轿车为例介绍其具体的装配过程。

1. 活塞连杆组的装合

1) 将同一缸号的活塞和连杆放在一起，如连杆无缸号标记，应在连杆杆身上标示所属缸号。
2) 将活塞顶部的朝前"箭头"标记和连杆身上的朝前"浇铸"标记对准。
3) 将涂有机油的活塞销，用大拇指压入活塞销孔和连杆铜套中，如压不进去，可用热装合法装配。
4) 活塞销装上后，要保证其与铜套的配合间隙为 0.003~0.008mm，经验检验法是用手晃动活塞销与销孔铜套应无间隙感，活塞销垂直向下时又不会从销孔或铜套中滑出(**注意：** 铜套与连杆油孔对正)。
5) 安装活塞销卡环。
6) 用活塞环专用工具安装活塞环，先装油环，再装第二道环，最后装第一道环，环的上下面不能装错，标记"TOP"朝活塞顶。
7) 检查活塞环的侧隙、端隙。

2. 曲轴的安装

1) 将有油槽的上轴瓦装入缸体，使轴承上油槽与缸体上轴承座上的油道口对正。**注意**：上、下轴承不能装反，第三道轴承为推力轴承，要将各道轴承涂上少许机油。

2) 将曲轴平稳地放入缸体轴承孔。

3) 插入半圆推力环(曲轴第三道环主轴颈上)。**注意**：上、下环不能装错，有开口的用于气缸体且开口必须朝轴承。

4) 按轴承盖上打印的1、2、3、4、5标记，由前向后顺序安装。

5) 曲轴轴承盖螺栓应由中间向两边交叉、对称，分三次拧紧，最后紧固力矩为65N·m。轴承盖紧固后，曲轴转动应平滑自如，其3号轴承轴向间隙应为0.07~0.17mm，径向间隙应为0.030~0.080mm。

6) 安装带轮端曲轴油封和飞轮端曲轴油封。

7) 装入中间轴，检查其轴向间隙应小于0.25mm，径向间隙0.025~0.066mm为合格。

8) 安装飞轮，使用涂有D6防松胶的螺栓紧固，紧固力矩为75N·m。

3. 活塞连杆组装入气缸

1) 将活塞环开口错开120°。

2) 用活塞环卡箍收紧各道活塞环，将活塞连杆组平稳、小心地捅入气缸，装配时注意活塞顶部的箭头应朝向发动机前端。

3) 安装轴承及轴承盖。轴承安装时应注意其定位及安装位置；连杆盖安装时应注意安装标记和缸号不能装错，然后交替拧紧连杆螺栓，紧固力矩为30N·m，紧固后再转动180°。

4) 检查连杆大端的轴向间隙，应在0.08~0.24mm范围内。

4. 气缸盖的安装

1) 安装气门、凸轮轴和油封等。

2) 当安放气缸盖衬垫时，应检查其技术状况。**注意**：安装方向，标有"OPEN TOP"的字样应朝向气缸盖。

3) 将定位螺栓旋入第8号和第10号孔。

4) 放好气缸盖，用手拧入其余8个螺栓，再旋出两个定位螺栓，最后再旋入8号和10号螺栓。

5) 按顺序由中间向两边对称分四次拧紧，第一次是40N·m，第二次是60N·m，第三次是75N·m；第四次用扳手连续拧1/4圈(90°)。

6) 当安装缸盖时，曲轴不可置于上止点(否则可能会损伤气门或活塞顶部)，应在曲轴任何一个连杆轴颈处于上止点后，再倒转1/4转。

7) 安装气门罩盖，其紧固力矩为10N·m。

二、配气机构的装配

1. 顶置气门上置凸轮轴式配气机构的装配

桑塔纳轿车采用的是顶置气门上置凸轮轴式配气机构，下面以桑塔纳轿车为例介绍其具体的装配方法。

(1) 安装气门 安装气门前应检查气门和导管的配合间隙为0.035~0.070mm。气门导管装上新的气门油封。当安装气门油封时,要套上塑料管,再用专用工具压入。然后装上气门弹簧座,在气门杆部涂以机油,插入气门导管(**注意**:不要损伤油封),最后装上气门弹簧(弹簧旋向相反)和锁片,锁片装好后,用塑料槌轻敲几下,以确保锁止可靠。

(2)安装凸轮轴和油封

1)安装好桶式液力挺柱,装好凸轮半圆键,将凸轮轴颈涂少许机油放入缸盖各轴承座上。

2)当安装凸轮时,第一缸的凸轮必须朝上。

3)当安装凸轮轴轴承盖时,注意轴孔上下两半对准。

4)先对角交替拧紧4、2轴承盖,然后再交替拧紧5、3、1轴承盖,拧紧力矩为20N·m。

5)凸轮轴与支承孔间隙为0.06~0.08mm,轴向间隙应小于0.15mm。

6)在密封圈唇边和外圈涂油,将密封圈平压入。**注意**:不要压到底,否则会堵塞油道。

7)放入半圆键,安装凸轮轴正时齿轮,并用80N·m的转矩加以紧固。

注意:当安装凸轮轴时,第一缸的凸轮必须朝上;当凸轮轴转动时,曲轴不可置于上止点,否则会损坏气门或活塞顶部。

(3)正时齿形带和齿轮的装配 先把齿形带套在曲轴和中间轴正时齿轮上,装上带轮,使凸轮轴正时齿形带轮上的标记"O"与左侧(向前看)气门室盖平面对齐(桑塔纳2000型轿车发动机齿形带轮上"OT"标记与气室护板上"↓"对齐),使正时带上的上止点记号和中间轴齿形带轮上的记号对齐(桑塔纳2000型轿车发动机中间齿形带轮上"OT"标记与气室护板上"↓"对齐),然后将齿形带也套在凸轮轴正时带轮上;顺时针转动张紧轮,以张紧正时带,用手指捏在齿形带中间(齿轮轴正时齿带轮和中间轴正时齿带轮中间)刚好可翻转90°为止;用45N·m的转矩紧固张紧轮固定螺母,然后转动曲轴两圈,检查调整是否正确;最后装上正时齿带轮护罩。

2. 顶置气门下置凸轮轴式配气机构的装配

EQ6100-1型发动机采用的是顶置气门下置凸轮轴配气机构,下面以EQ6100-1型发动机为例介绍其装配方法。

(1)顶置气门下置凸轮轴式配气机构的安装

1)安装前各零部件应保持清洁并按顺序放好。

2)安装凸轮轴。先装上正时齿轮室盖板,润滑凸轮轴轴颈和轴承,转动曲轴,在第一缸压缩上止点时,对准凸轮轴正时齿轮和曲轴正时齿轮上的啮合记号,平稳地将凸轮轴装入轴承孔内;紧固止推凸缘螺钉,再转动曲轴,复查正时齿轮啮合情况并检查凸轮轴轴向间隙;最后堵上凸轮轴轴承座孔后端的堵塞(堵塞外圆柱面应均匀涂以密封胶)。

3)安装气门挺柱。当安装挺柱时,挺柱上应涂以机油并对号入座。挺柱装入后,应能在挺柱孔内均匀自由地上下移动和转动。

4)装复正时齿轮室盖、曲轴带轮及起动爪。

5)装复机油泵及其附件,装复油底壳。

6)气门组的装配。润滑气门杆,按记号将气门分别装入气门导管内。然后翻转缸盖,装上气门弹簧、挡油罩和弹簧座。用气门弹簧钳分别压紧气门弹簧,装上锁片(锁片装入后应落入弹簧座孔中,并使两瓣高度一致,固定可靠)。

7) 安装气缸盖。

8) 摇臂机构的装配。摇臂机构的安装步骤及注意事项如下:

① 对摇臂、摇臂轴和摇臂轴支座等要清洗干净,并检查这些机件的油孔是否畅通。

② 将摇臂轴涂以机油,按规定次序将摇臂轴支座、摇臂和定位弹簧等装在摇臂轴上。安装时,EQ6100-1 型发动机摇臂轴上的油槽要向下,出油孔向上偏发动机左侧,即进排气道一侧,如装反则摇臂机构润滑不良。

③ 将推杆放入挺柱凹座内,摇臂上的气门间隙调整螺栓拧松,以免固定支座螺栓时把推杆压弯。然后固定摇臂机构,自中间向两端均匀固定,达到规定的拧紧力矩。EQ6100-1 型发动机摇臂轴支座的拧紧力矩为 29~39N·m;CA6102 型发动机摇臂轴支座的拧紧力矩中间为 29~30N·m,两端为 20~30N·m。

④ 支座固定后,摇臂应能转动灵活。

9) 装复汽油泵、分电器等发动机外部有关机件。

(2) 检查和调整气门间隙 不同的发动机气门间隙是不同的,EQ6100-1 型发动机进气门间隙为 0.20~0.30mm,排气门间隙为 0.25~0.35mm(冷态)。调整气门间隙有逐缸调整和二次调整两种方法,目前广泛采用的是二次调整法。当检查调整气门间隙时,必须使被检查和调整的气门处于完全关闭状态,即挺柱底面落在凸轮的基圆上时,才能进行。其步骤如下:

1) 将发动机摇转至第一缸活塞压缩行程上止点。

2) 根据"双排不进法",检查此时可调气门的间隙并逐个做好记录。如不正常,随即予以调整。

3) 调整时,先松开锁紧螺母,用旋具旋动调整螺钉,将规定厚度的塞尺插入气门杆端部与摇臂之间。当抽动塞尺时有阻力感,拧紧锁紧螺母,再复查一次,符合规定值即可。

4) 将曲轴摇转 360°,再检查调整其余气门。

三、发动机磨合试验

发动机在修理和装配的过程中,各零件间的摩擦表面,必然具有或多或少微观及宏观缺陷,为了使互相摩擦的零件降低表面粗糙度值和得到更好的配合,同时也为了便于检验修理质量和消除在修理或装配中隐藏的某些缺陷,在发动机装复后,应进行发动机的磨合试验。

根据发动机磨合过程中转速和负荷的组合不同,发动机的磨合通常分为冷磨合和热磨合。磨合规范中包括磨合转速、磨合时间和负荷大小。

1. **发动机冷磨合**

冷磨合是将装配好等待磨合的发动机,安装固定在磨合试验台上,利用外来动力(如电动机加变速器,或磨合好的发动机)带动发动机,以不同的速度转动,对气缸壁、活塞环和曲轴轴承等主要配合零件表面进行磨合。发动机冷磨合规范及注意事项如下:

1) 冷磨合的发动机要加足机油。通常用 20 号机械油作为发动机机油,机油要保持正常的机油压力,以便有利于散热和冲洗摩擦面。

2) 冷磨合时,一般不装火花塞(汽油机)或喷油器(柴油机),燃油供给系统也应停止供油,以减轻发动机运动部件的负荷,有利于发动机运动部件初始阶段的磨合。

3) 冷磨合的发动机,不接通水冷却循环系统。靠外界水循环冷却,冷却液温度控制在

70℃左右。

4) 冷磨合起始转速一般为(400~600)r/min，然后以(200~400)r/min 的级差逐级增加转速，冷磨合终了转速一般为(1000~1200)r/min。冷磨合的总时间一般为1.5~2h，具体磨合时间应根据零件加工质量和装配情况确定。

5) 发动机在冷磨合过程中，应进行以下检验：

① 顶置气门式发动机，应打开摇臂室罩盖，检查摇臂的润滑飞溅情况和有无金属摩擦声。如听到"叽叽"的干摩擦声，则说明摇臂衬套润滑不良，应查明原因并排除。

② 检查有无漏水、漏油现象。

③ 检查发动机各运转磨合部位，发现异响，应查明原因，予以调整和排除。

④ 检查活塞环有无泵油、喷油现象(火花塞孔不应有喷油现象)。将白纸放至火花塞的上面片刻，查看纸面上有无油渍。

⑤ 观察发动机运转是否平稳。如有严重抖动，应检查发动机运动件的平衡状况，旋转件的同轴度等。

⑥ 发动机冷磨合完成后，应放出全部机油，加入清洗油(90%的柴油加10%的车用机油)，再运转5min，放出清洗油，并清洗各油道，必要时，将各主要零件解体清洗检查。

2. 发动机的热磨合

热磨合是在冷磨合的基础上，以发动机自身发出的动力进行运转磨合试验的过程，通常称为热试。它是为了检查发动机是否达到了应有的装配性能，同时为发动机做汽车行驶前的走合，以保证发动机的正常使用和竣工验收。热磨合分为无负荷热磨合和有负荷热磨合两种。

(1) 无负荷热磨合　无负荷热磨合的目的除进一步磨合外，还要对发动机的油路、电路进行必要的检查和调整，排除故障。其磨合规范及注意事项如下：

1) 采用该发动机冬季用机油。

2) 按规定程序起动发动机，在空载情况下，以规定转速(800~1000)r/min 运转1h。

3) 调整润滑系统、燃料系统、冷却系统和点火正时等，使其符合标准和达到最佳状态。

4) 检查机油压力是否正常，如不正常，应立即停机排除故障。

5) 检查发动机的冷却液温度、机油温度是否正常，否则应检查排除。

6) 若发现异响，特别是当发动机运转阻力增大时，应立即停机检查，及时排除故障。

7) 当发动机热磨合时，各部位应无漏水、漏油、漏气和漏电等现象，否则应查找原因并排除。

(2) 有负荷热磨合　有负荷热磨合是用试验台的加载装置对发动机加载增速进行磨合。一般增加的载荷约为发动机额定负荷的10%~15%。有负荷热磨合的目的是进一步改善摩擦副工作表面的微观不平度，检验新修发动机的功率恢复情况。进行有负荷热磨合时应注意如下：

1) 观察冷却液温度、油压和油温符合原厂规定。

2) 发动机在各种工况(负荷)下应运转平稳、无异响。发现故障及时排除。

3) 及时调整点火提前角至最佳值。

发动机热磨合结束后，还必须拆检主要机件。检查气缸压力（或真空度）应符合大修规定；抽出活塞连杆组，检查气缸有无拉伤和偏磨；检查活塞裙部的接触面是否磨合正常，活塞环的外表面与气缸的磨合痕迹应不小于外表面积的90%，环的开口间隙不大于装配间隙的25%；检查主轴承和连杆轴承的磨合情况；拆除凸轮轴，检查轴承、凸轮及挺杆等各摩擦副的配合情况。经过检查，若发现不正常的现象，应进行排除，必要时重新磨合。

四、汽车底盘总成装配

1. 离合器的装配

桑塔纳轿车采用的离合器为膜片弹簧式离合器，在此以桑塔纳轿车为例介绍其装配方法。

（1）离合器的装配过程

1）将从动盘装在发动机飞轮上，用导向定位器或变速器输入轴定位。从动盘上减振弹簧凸出的一面朝外。

2）装上压板组件，用扭力扳手间隔拧紧螺栓，力矩为25N·m。

3）用专用工具将分离叉轴套压入变速器壳上。

4）将分离叉轴的左端装上回位弹簧，先穿入变速器壳左边的孔中，再将分离叉轴的右端装入右边的衬套孔中，然后再装入左边的分离叉轴衬套和分离叉轴衬套座，将衬垫及导向套涂上密封胶，装到变速器壳前面，旋紧螺栓，力矩为15N·m。

5）在变速器的后面旋紧螺栓，力矩为15N·m，将分离叉轴锁住；检查分离叉轴应能灵活转动，但不能左右移动。

6）用专用工具将分离轴承压入分离轴承座内。

（2）离合器的调整

1）离合器踏板自由行程标准为15~25mm，调整方法为螺母调整，改变拉索长度。

2）离合器踏板总行程标准为(150±5)mm，调整方法为驱动臂调整。

2. 手动变速器的装配

以桑塔纳轿车采用的手动变速器为例介绍其装配方法。

（1）变速器变速传动机构的组装（组装时按分解的逆顺序进行）

1）压入输出轴总成。当压入输出轴总成时，要将变速杆与第一、二档换档拨叉和输出轴总成一起装入后壳体，然后再压入后轴承。压入时，请注意第一、二档换档滑杆的活动间隙，必要时，轻轻敲击以免卡住。

2）安装一、二档拨块，压入弹性销，安装倒档齿轮，压入轴。

3）当安装输入轴时，要拉回二、四档拨叉能够装入滑动齿套为止，同时应位于空档位置，并用弹性销固定好拨叉。

4）放好新的密封环，将输入轴和输出轴及后壳体一起与壳体用M8×45mm的螺栓来联接。紧固力矩为25N·m。

5）使用支撑桥将输入轴支撑住。

6）压入输入轴的向心轴承或组合式轴承。向心轴承保持架密封面对着后壳体，而组合式轴承的滚柱对着后壳体。

7）安装三、四档拨叉轴上的小止动块，拧紧输出轴螺母力矩为100N·m。将换档叉轴置于空档位置。**注意：** 变速器不能拉出太远，否则同步器内的止动块可能弹出来。变速滑杆可能不能再压回到空档位置。这种情况下需重新拆卸变速器，将三个锁块压到同步器齿套内并推入滑动套筒。

8) 安装差速器。

(2) 变速器后盖的安装

1) 由于输出轴本身是主减速器的主动齿轮，因此后盖上的垫片要合理选择。

2) 安装壳体后盖。将所选用的垫片放入后盖，将异型弹簧放到内变速杆上，压紧后与内变速杆一起向内推，直到弹簧的另一端弯头支撑在后盖和调整垫片上为止。再按顺时针方向旋转内变速杆，直至异型弹簧滑进正确位置为止。

3) 以 25N·m 的力矩拧紧螺钉。

(3) 注意事项

1) 严格按照拆装程序并注意操作安全。

2) 注意各零件、部件的清洗和润滑。

3) 分解变速器时不能用锤子直接敲击零件，必须采用铜棒或硬木垫进行冲击。

3. 驱动桥的装配

汽车驱动桥主要由主减速器、差速器和半轴等组成，在这里主要介绍桑塔纳轿车主减速器和差速器的装配方法。

(1) 主减速器的拆卸与检查

1) 拆下主传动盖的固定螺栓，拆下差速器总成。

2) 用专用拉拔器拉出主传动盖上的轴承外圈，取下调控垫圈，并记下 S_1 的厚度。

3) 从齿轮箱壳上拉下另一个轴承外圈，取下调整垫片 S_2，并记下 S_2 的厚度。

(2) 主减速器和差速器的装配

1) 行星轮和半轴齿轮的安装。

① 用齿轮油润滑，安装复合式止推垫片。

② 通过螺纹套和半轴来安装半轴齿轮，用六角头螺栓来拧紧。

③ 将两个行星轮错开 180°。转动半轴，使其向内摆动，使行星轮、复合式止推垫片和差速器罩壳对准。

④ 推入行星轮轴并用锁销或轴向弹性挡圈锁紧。

⑤ 检查行星轮与半轴齿轮间的间隙应为 0.05~0.20mm，如超过限度，则应当重新选取复合式止推垫片。

2) 从动锥齿轮的安装。将从动锥齿轮加热到 100℃ 左右，用定心销导向，迅速安装好，用螺栓对称进行紧固。

3) 滚柱轴承加热到 100℃ 左右放好并压紧。

4) 压入车速表主动齿轮，压入深度为 1.4mm。其方法为：选好一个厚度和深度(1.4mm)一样尺寸的垫圈，放在压紧套筒上进行下压，压平即可保证规定深度。

5) 用专用工具(VW295 和 30-205)将变速器壳内和主传动器盖上的轴承外座圈及调整垫圈压入，压入前应考虑到其间调整垫圈的厚薄尺寸，尽量使用原装调整垫圈。

6) 差速器总成的安装。将差速器总成和主传动盖一起装入变速器壳内，用拉索进行紧固,将车速表驱动齿轮装入主传动器盖中,装配时要参阅调整部分。

(3) 主减速器的调整

1) 主动、被动齿轮的调整项目如下:

① 差速器轴承预紧度的调整。

② 主动齿轮轴承预紧度(本车无须调整)的调整。

③ 主动、被动齿轮间隙(0.08~0.12mm)和印痕的调整。

2) 原厂规定的调整方法如下:

① 求出调整垫片 S_1 和 S_2 的总厚度 $S_总$。

② 调整主动齿轮垫片 S (使用专用工具),确定调整垫片 S_3 的厚度并安装好,主动齿轮在轴向上的位置应这样确定,从盆形齿轮的中心到主动齿轮顶的尺寸应与生产时测量出的安装尺寸"R"一致。

③ 调整齿轮的啮合间隙(改变 S_1 和 S_2 的厚度,保证 $S_总$ 不变)。这些调整是通过改变调整垫片实现的。

(4) 注意事项

> 1) 严格按照拆装顺序,注意操作安全。
> 2) 对各调整部位的调整垫片要点清放好做记号,不能乱换弄错。
> 3) 对有预紧力规定的螺栓、螺母要按正确操作方法进行紧固。

五、部分汽车零部件修理的技术要求

1) 汽车发动机气缸体与气缸盖修理技术要求:

气缸体上平面50mm×50mm测量范围内平面度误差不大于0.05mm;燃烧室容积不小于原设计最小极限值的95%;气门导管与承孔的配合过盈量在0.02~0.06mm范围内;气缸套上端面不得高于气缸体上平面0.10mm;气缸套承孔内径修理尺寸分为3个级别,级差为0.5mm。

2) 汽车发动机曲轴修理技术要求:

曲轴磨损后,曲轴修理尺寸分为13个级别,级差为0.25mm,常用的是前8个级别;主轴轴颈补偿修复可采用金属丝喷涂、电振动堆焊、镀铁和镀铬等方法;中间各主轴颈的径向圆跳动公差为0.05mm;飞轮凸缘的径向圆跳动公差为0.04mm。

3) 汽车发动机凸轮轴修理技术要求:

凸轮轴中间各轴颈的径向圆跳动公差为0.025mm,圆柱度公差为0.005mm,修理尺寸分为6个级别,级差为0.1mm,凸轮表面累积磨损量不超过0.8mm。

4) 汽车车架修理技术要求:

纵梁侧面对车架上平面的垂直度公差为纵梁高度的千分之一;车架主要横梁对纵梁的垂直度公差不大于横梁长度的千分之二;车架按要求分段检查时,各段对角线长度差不大于5mm;修理竣工车架所增加的质量不超过原设计质量的10%,且进行防锈处理。

5) 汽车变速器修理技术要求:

变速器壳体上平面长度大于250mm,平面度公差为0.20mm;变速器壳体上承孔轴线的平行度公差允许比原设计规定增加0.02mm;各齿轮的啮合印痕应在轮齿啮合面中部,且不小于啮合面的60%；变速叉端面对变速叉轴孔轴线的垂直度公差为0.20mm；第一轴的轴向间隙不大于0.15mm，其他各轴的轴向间隙不大于0.30mm。

6）汽车前桥及转向系修理技术要求：

前轴主销孔端面修理后，厚度减少量不得大于2mm；钢板弹簧座上"U"形螺栓承孔及定位孔的磨损量不得大于1mm；转向节各部位螺纹的损伤不得超过2牙；前轴与转向节装配应适度，转动转向节的力一般不大于10N。

7）汽车传动轴修理技术要求：

传动轴轴管、花键齿、万向节叉和万向节十字轴均不得有裂纹，十字轴各轴颈表面不得有金属剥落，传动轴轴管表面不得有明显凹痕。传动轴轴管与轴管叉凸肩及与花键轴凸肩的配合应符合原设计规定。传动轴修理后花键轴轴端到轴管叉轴承孔轴线的距离（L），不得大于原设计尺寸，比原设计公称尺寸的缩短量不得大于10mm。轴管全长的径向全跳动公差应符合表6-1的规定（对于轿车，此径向全跳动公差应比表列值相应地减少0.2mm）。传动轴与中间支承轴承接合的圆柱面以及花键轴外表面的径向圆跳动公差为0.15mm。

表6-1 轴管全长的径向全跳动公差　　　　　　　　　　（单位：mm）

轴管长 L	≤600	600~1000	>1000
径向全跳动公差	0.6	0.8	1.0

万向节叉两轴承孔公共轴线对传动轴轴线的垂直度公差：瓦盖式万向节为0.20mm，其他应符合表6-2的规定。

表6-2 万向节叉两轴承孔公共轴线对传动轴轴线的垂直度公差　　　（单位：mm）

万向节叉两轴承孔外端面距离	≤75	75~90	90~105	>105
垂直度公差	0.10	0.20	0.25	0.30

安装滑动叉后，应保证同一传动轴两端万向节叉轴承孔轴线位于同一平面内，其位置度公差应符合原设计规定。

传动轴花键与滑动叉和凸缘键槽的侧隙：轿车应不大于0.15mm，其他车型应不大于0.30mm，装配后应能滑动自如。

万向节轴承与十字轴轴颈的最小配合间隙应符合原设计规定，最大间隙应符合表6-3的规定。

表6-3 万向节轴承与十字轴轴颈允许的最大间隙　　　　　（单位：mm）

十字轴轴颈直径	≤18	18~23	>23
允许最大间隙	符合原设计规定	0.10	0.14

万向节轴承与万向节叉轴承孔为过渡配合，最大配合间隙应符合表6-4的规定。

表6-4 万向节轴承与万向节叉承孔允许的最大间隙　　　　（单位：mm）

原设计规定的最大间隙	≤0.008	0.008~0.041	>0.041
允许最大间隙	0.010	0.050	0.080

十字轴、万向节轴承及万向节叉装合后的轴向间隙:瓦盖式万向节为 0.10~0.50mm,轿车为 0~0.05mm,其他为 0.02~0.25mm。

传动轴装上万向节后,应进行动平衡试验。任一端的动不平衡量:轿车应不大于 10g/cm,其他车型应不大于表 6-5 的规定。在传动轴轴管两端上所焊的平衡片,每端不得多于三片。

表 6-5　传动轴允许的动不平衡量

传动轴轴管外径/mm	≤58	58~80	>80
允许动不平衡量/(g/cm)	30	50	100

传动轴中间支承轴承与轴颈的配合为-0.020~0.020mm。

传动轴凸缘叉凸肩与变速器端或驱动桥端凸缘承孔的配合间隙为 0~0.18mm。

传动轴应装备齐全可靠,防尘罩必须完好并用卡子紧固,两只卡子的锁扣应装在传动轴径向相对位置上。

8) 汽车驱动桥修理技术要求:

钢板弹簧座厚度减少不大于 2.00mm;圆锥主动、从动齿轮啮合间隙在 0.15~0.50mm 范围内,接触痕迹的长度不小于齿长的 50%;圆锥主动齿轮花键与凸缘键槽的侧隙不大于 0.20mm;半轴花键与半轴齿轮及凸缘键槽的侧隙不大于原设计规定 0.15mm;差速器壳承孔与半轴齿轮轴颈的配合间隙在 0.05~0.25mm 范围内。

第四节　汽车总成竣工验收

一、GB 7258—2017 机动车运行安全技术条件

1. 发动机

1) 发动机应动力性能良好,运转平稳,怠速稳定,无异响,机油压力正常。发动机功率不低于原标定功率的 75%。

2) 发动机应具有良好的起动性能。汽车发动机应能由驾驶人在座位上起动。

3) 发动机不得有"回火""放炮"的现象。

4) 柴油机停机装置必须灵活有效。

5) 发动机点火系统、燃料供给系统、润滑系统、冷却系统和排气系统的机件应齐全,性能良好。

2. 转向系

1) 机动车的转向盘不得设置于右侧,其中汽车、无轨电车和四轮农用运输车的转向盘必须设置于左侧;特殊作业的机动车按需要可设置左右两个转向盘。

2) 机动车转向盘应转动灵活,操作方便,无阻滞现象。机动车应设置转向限位装置。车轮转向过程中,不得与其他机件有干涉现象。

3) 汽车和四轮农用运输车应具有适当的不足转向特性,以使车辆具有正常的操纵稳定性。

4) 机动车转向轮转向后应能自动回正,以使机动车具有稳定的直线行驶能力。

5)机动车转向盘的最大自由转动量必须符合下列条件：

① 最大设计车速小于或等于100km/h的机动车不得大于15°。

② 最大设计车速大于100km/h的机动车(三轮农用运输车除外)不得大于20°。

6)机动车在平坦、硬实、干燥和清洁的水泥或沥青道路上行驶，以10km/h的速度在5s之内沿螺旋线从直线行驶过渡到直径为24m的圆周行驶，施加于转向盘外缘的最大切向力不得大于245N。

7)当机动车转向桥轴载质量大于4000kg时，必须采用转向助力装置。装有转向助力装置的车辆，当转向助力器失效后，仍具有用转向盘控制车辆的能力。

8)机动车的最小转弯直径，以前外轮轨迹中心线为基线测量其值不得大于24m。

9)机动车前轮定位值应符合该车有关技术条件。

10)机动车(摩托车、轻便摩托车和三轮农用运输车除外)转向轮的横向侧滑量，用侧滑仪(包括双板和单板侧滑仪)检测时，侧滑量值应不大于5m/km。

11)转向节及臂，转向横、直拉杆及球销应无裂纹和损伤，并且球销不得松旷。当对车辆进行改装或修理时，横、直拉杆不得拼焊。

12)摩托车和三轮农用运输车的前减振器，上、下联板和方向把不得有变形和裂损。

3. 制动系统

机动车应设置足以使其减速、停车和驻车的制动系统。

1)机动车(两轮、三轮摩托车和轻便摩托车除外)应具有驻车制动功能。

2)汽车行车制动、应急制动和驻车制动的各系统以某种方式相连，它们应保证当其中一个或两个系统操纵机构的任何部件失效时(行车制动的操纵踏板、操纵连接杆件或制动阀的失效除外)仍具有应急制动功能。

3)制动系统应经久耐用，不能因振动或冲击而损坏。

4)行车制动必须使驾驶人能控制车辆行驶，使其安全、有效地减速和停车。

4. 行驶系统

1)轮胎要求。

① 轮胎的磨损：轿车、摩托车、轻便摩托车和挂车轮胎胎冠上花纹深度不得小于1.6mm，其他机动车转向轮的胎冠花纹深度不得小于3.2mm，其余轮胎胎冠花纹深度不得小于1.6mm。

② 轮胎胎面不得因局部磨损而暴露出轮胎帘布层。

③ 轮胎的胎面和胎壁上不得有长度超过25mm或深度足以暴露出轮胎帘布层的破裂和割伤。

④ 同一轴上的轮胎型号和花纹应相同，轮胎型号应符合机动车出厂时的规定。

⑤ 机动车转向轮不得装用翻新的轮胎。

⑥ 机动车所装用的轮胎应与其最大设计车速相适应。

2)轮胎负荷不应超过该轮胎的额定负荷，轮胎的充气压力应符合该轮胎承受负荷时规定的压力。

3)车轮总成的横向摆动量和径向圆跳动量。总质量小于或等于4.5t的汽车不得大于5mm，摩托车和轻便摩托车不得大于3mm，其他车辆不得大于8mm。

4)轮胎螺母和半轴螺母应完整齐全，并应按规定力矩紧固。

5) 钢板弹簧不得有裂纹和断片现象，其弹簧形式和规格应符合产品使用说明书中的规定。中心螺栓和 U 形螺栓应紧固。

6) 减振器应齐全有效。

7) 车架不得有变形、锈蚀和裂纹，螺栓和铆钉不得缺少或松动。

8) 前、后桥不得有变形和裂纹。

9) 车桥与悬架之间的各种拉杆和导杆不得变形，各接头和衬套不得松旷和移位。

5. 传动系统

(1) 离合器

1) 机动车的离合器应接合平稳。

2) 踏板自由行程应符合整车技术条件的有关规定。

3) 踏板力应不大于 300N。

(2) 变速器

1) 换档时齿轮啮合灵便，互锁和自锁装置有效，不得有乱档和自行跳档现象；运行中无异响；换档时变速杆不得与其他部件干涉。

2) 在变速杆上必须有驾驶人在驾驶座位上容易识别变速器档位的标志。若变速杆上难以布置，则应布置在变速杆附近的易见部位。

(3) 传动轴 传动轴在运转时不得发生抖动和异响，中间轴承和万向节不得有裂纹和松旷现象。

(4) 驱动桥 驱动桥工作应正常且无异响。

6. 燃油系统的安全保护

1) 燃油箱及燃油管路应坚固并固定牢靠，不致因振动和冲击而发生损坏和漏油现象。

2) 燃油箱的加油口及通气口应保证在车辆晃动时不漏油。

3) 机动车的燃油系统不得用重力或虹吸方法直接向喷油器供油，摩托车、轻便摩托车和装单缸柴油机的机动车除外。

4) 燃油箱的加油口和通气口不允许对着排气管的开口方向，且应距排气管的出气口端 300mm 以上，否则应设置有效的隔热装置；燃油箱的加油口和通气口应距裸露的电气插头及电气开关 200mm 以上。

5) 车长大于 6m 的客车燃油箱距客车前端面应不小于 600mm，距客车后端面应不小于 300mm。不允许用户加装油箱。

6) 燃油箱的通气口和加油口不得在有站席和坐席的车厢内开口(摩托车和三轮农用运输车除外)。

7. 机动车排气污染物排放控制

1) 汽车排气污染物排放应符合 GB 18352.5—2013 的要求。

2) 摩托车排气污染物排放应符合 CB 14622—2016 的要求。

3) 机动车噪声控制。

① 客车车内噪声应不大于 82dB(A)，其检验方法按 GB 1495—2002 执行。

② 汽车驾驶人耳旁噪声应不大于 90dB(A)。

二、发动机竣工验收

发动机大修后，经过冷磨合、热磨合，试验检测合格，即可进行竣工验收。发动机验收必须按汽车修理技术标准中的有关规定执行。发动机修竣后各项技术要求应符合 GB/T 15746—2011 各项规定，其基本要求如下：

1）发动机装备齐全有效，装配符合有关规定。

2）进气歧管的真空度在发动机怠速运转时应在 57~70kPa 范围内，当进气歧管真空度的波动在发动机怠速运转时，六缸汽油机不超过 3kPa，四缸汽油机不超过 5kPa。

3）发动机气缸压缩压力应符合原厂设计值，各缸压缩压力差：汽油机不大于 8%，柴油机不大于 10%。

4）发动机应有良好的起动性能，在发动机正常工作温度下 5s 内能起动。

5）发动机运转良好，各种转速过渡平稳，怠速不超过原厂规定值±50r/min，发动机突然加速或减速时不得有爆燃声，不得断火、回火和放炮。

6）发动机工作无异响，冷却液温度正常，机油压力符合原厂规定。

7）发动机动力性能良好，最大功率和最大转矩不低于原厂标定的发动机最大功率和最大转矩的 90%。

8）发动机最低燃油消耗率应不高于原设计要求。

9）发动机排放值应符合 GB 18352.5—2013 的规定。

10）发动机机油压力、油温和冷却液温度应符合原设计规定。

11）发动机机油规格、数量应符合原设计规定。

12）发动机应无漏油、漏水、漏气和漏电现象。

13）柴油机停机装置必须灵活有效。

14）发动机应按规定加装限速片或限速装置。

发动机验收合格后，应按规定填写总成大修合格证，作为质量保修凭证。

三、变速器竣工验收

1. 变速器竣工验收的步骤

1）加注清洁机油。

2）变速器磨合试验。变速器磨合试验分为无负荷和有负荷磨合试验两个阶段。变速器各档空载磨合的时间为 20min 左右，加载磨合的时间为 15min 左右，所加负载为传递最大转矩的 30% 左右。磨合试验的转速各车型规定不同，第一轴转速一般为（1000~2000）r/min。磨合试验一般在试验台上进行，驱动装置可用电动机或车用发动机；加载装置按产生制动力矩的方式不同有液力加载式、电涡轮制动器、电力制动器和机械式制动器等。

3）用普通声级计测定变速器各个档位的噪声。

4）检查变速器的密封情况。

5）检查机油的温度。

6）磨合试验结束后，将齿轮油放干净并进行清洗，按规定加注齿轮油。

2. 技术标准

1）当磨合试验换档时，各档到位、灵活轻便，变速杆不抖，不自行脱档、跳档和乱档。

2）当磨合试验时，密封部位不得漏油，机油温度不得高于室温 40℃。

3）各档在工作中不允许有异常声响，各档噪声一般均不得高于 88dB。

4）磨合试验结束后，应放掉齿轮油，用煤油、柴油各50%的混合油清洗干净。

四、发电机竣工验收

1. 发电机竣工验收步骤

发电机修理竣工后，应进行空转试验和负载试验，以判别发电机的技术状况。发动机的试验一般在汽车电器万能试验台上进行。

（1）电路接线　电路接线图如图6-44所示。

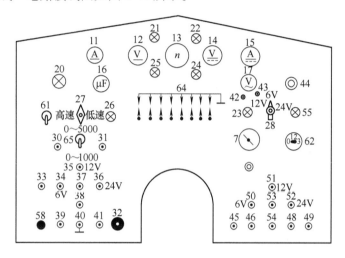

图6-44　电路接线图

（2）空转试验

1）接通蓄电池开关S_1，电压表指示蓄电池电压，电流表指示放电流。

2）起动电动机，发电机开始旋转，逐渐提高发电机转速，当电压表指示开始增加或电流表指示值逐渐减小到零时，立即切断开关S_1，继续提高转速，记录电压表指示值达到额定值（12V发电机为14V，24V发电机为28V）时的转速，即空转转速。

（3）负载试验

1）与空转试验相同，先接通开关S_1，起动电动机，并逐渐提高发电机转速，当电压指示值开始增加时，切断蓄电池开关S_1，接通负载开关Q，发电机开始负载运行。

2）调节负载电阻R，使发电机电压保持恒定（12V发电机电压为14V，24V发电机电压为28V）。

3）继续提高转速，并不断地调节负载电阻R，保持电压恒定。当输出电流达到额定值时，记录发电机转速。

2. 技术标准

1）转子端隙应不大于0.20mm，转子磁爪外表面与定子间隙为0.21~0.50mm。

2）外壳温度不得超过70℃，轴承温度不超过45℃，轴承无松旷，弹簧压力正常。

3）空转试验应符合出厂规定。解放CA1091型汽车、东风EQ1090型汽车空转时在转速不大于1150r/min的条件下，电压为14V。

4）负载试验应符合出厂规定。解放CA1091型汽车、东风EQ1090型汽车满载时在转速不大于2500r/min的条件下，电压为14V，输出电流为36A。

五、起动机竣工验收

1. 起动机竣工验收方法

起动机修理竣工后,应进行验收,以判断起动机各方面的技术状况。起动机竣工验收应进行空载试验和全制动试验,起动机试验与发电机一样,一般也是在汽车电器万能试验台进行。

(1) 起动机空载试验

1) 按图 6-45 所示的电路接线。

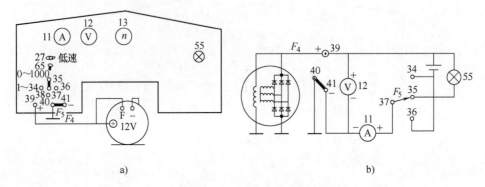

图 6-45 起动机空载试验
a) 接通指示图 b) 接通电路图

2) 接通起动开关使起动机运转并迅速测量记录起动机转速、电流表和电压表的数值。试验不超过 1min。

(2) 起动机全制动试验

1) 按图 6-46 所示的电路接线并将杠杆的一端夹住驱动齿轮,另一端挂在弹簧秤上。

2) 接通起动开关,立即读出电流表、电压表及弹簧秤的数值。每次试验时间不得超过 5s。

2. 起动机竣工验收技术标准

1) 空转试验中,起动机转速、电流表和电压表的数值应符合出厂规定。当东风 EQ1090 型汽车空转时,转速不低于 5000r/min,电流不大于 90A,电压为 12V。

2) 全制动试验时,电流表、电压表和弹簧秤的数值应符合出厂规定。当 EQ1090 型汽车全制动时,电流不大于 650A,电压为 8V,弹簧秤转矩不小于 29.4N·m。

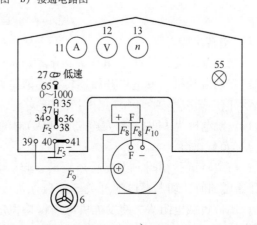

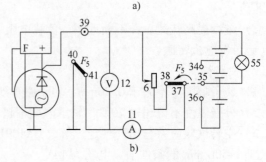

图 6-46 起动机全制动试验
a) 接通指示图 b) 接通电路图

3)轴承无松旷,运转无异响,驱动齿轮与止推垫之间的间隙应为 1~4mm。

4)电枢绕组及励磁绕组无短路、断路及搭铁现象。

5)电枢轴上螺旋花键无明显磨损,电枢轴径向圆跳动不大于 0.10mm,与两端衬套的配合间隙不大于 0.18mm,整流器表面无烧蚀、拉毛及偏磨,云母下陷深度为 0.40~0.80mm。

6)电刷长度不小于新件的 1/2,电刷弹簧的弹力应为 10~13N,绝缘电刷架无搭铁现象。

7)单向离合器无打滑现象。

8)起动机空载及全制动试验符合要求。

六、汽油发动机废气分析仪的使用方法和废气测定

汽油车的排气测定方法分为工况法、等速工况法和怠速法。怠速法中包括了单怠速法和双怠速法,检测站主要以单怠速法测量汽油车的排气污染物,其实怠速法并不能具体反映车辆的实际情况,但是由于其操作简单,并且限制条件较少,故在检测站广泛采用。

1. 测定前的准备工作

在进行汽车排放污染物检测时必须做好测定前的准备工作,包括测量仪器的准备和被测车辆的准备。

(1)仪器的准备 仪器使用前,先接通电源,预热 30min 以上,然后按表 6-6 规定的部位进行检查。

表 6-6 汽油车排气检测前的仪器检查

时间	检查部位	检查要领	备 注
使用前	指示计	在不输入电源的状态下,检查指针的机械零点	偏离时,调节零点校准螺钉,直至合格
	流量传感器	从气体入口取下导管,右手遮住进气口,检查动作状态	当发现不能正常动作时,应由专业厂家修理
	探测器和导管	检查是否有压扁、割坏、堵塞和污染等情况	发现已压扁、割坏时应换新件,有污染和堵塞时,用布和压缩空气清扫
	滤清器	检查脏污程度	脏污时应更换
	水分离器	检查存水量	发现有存水时,取下排尽、清扫
使用前	校正装置 1. 标准气体校正 2. 简易校正装置	接通电源进行必要的预热,吸进清净空气,检查零点调整能否进行。关闭泵开关(校正,测定转换开关,放在校正侧)注入标准气体,(调整频率根据制造厂的规定)打开简易校正开关。检查动作状态和指示针的指针位置,即刻度板的调整位置	当不能调整时,应由专业厂家修理。HC 测定器的标准气体是丙烷,所以应通过下式求: 校正的基准值=标准气体浓度×换算系数 当发现不能调整时,应送专业厂家修理
	接线	检查有无损伤和接触不良的地方	如发现有接触不良和断线处,应更换新线

接着从仪器上取出采样导管按图 6-47 所示进行校正:吸进清洁空气,用零点调整旋钮调整零位,再把测定器附属的标准气体从标准气体注入口注入,用标准气体校正旋钮,使指示值符合校正基准值。**注意:**当注入标准气体时,应关闭仪器上的泵开关。

CO 测定器是以标准气体储气瓶里的 CO 浓度作为校正基准值,而 HC 测定器由于在标准气体里采用丙烷(C_3H_8)气体,所以需通过下式求出正己烷(C_3H_{14})换算值来作为校正基准:

$$校正基准值 = 标准气体(丙烷)浓度 \times 换算系数(正己烷换算值)$$

例:换算系数 0.530,标准气体丙烷浓度 700×10^{-6}

$$校正基准值 = 700 \times 10^{-6} \times 0.530 = 371 \times 10^{-6}$$

接通图 6-48 所示的简易校正开关,对于有校正位置刻度线的仪器,可用标准调整旋钮把仪表指针调到标准刻度线位置;对于没有标准刻度线的仪器,要在标准气校正后立即进行简易校正,使仪器指针与标准气校正后的指示值重合。检查采样探头和导管内是否有残留 HC。如果管内壁吸附残留 HC 过多,仪表指针偏离零点太多,要用压缩空气或布条等清洁采样探头和导管。

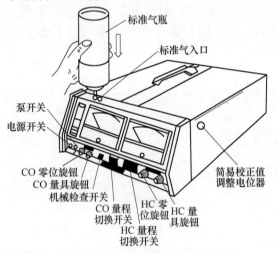

图 6-47 废气分析仪

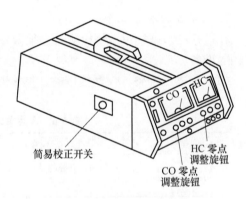

图 6-48 简易校正开关的位置

(2)车辆准备

1)排气系统不得有泄漏。

2)应保证取样探头插入排气管的深度不小于 300mm,否则排气管应加接管,但应保证接口不漏气。

3)发动机应达到规定的热状态。

4)按汽车制造厂使用说明书规定的调整法,调至规定的怠速和点火正时。

2. 检测方法

1)发动机由怠速加速到中等转速,维持 5s 以上,再降至怠速状态。

2)把指示仪表的读数转换开关打到最高量程档位。

3)将取样探头插入汽车排气管中,深度不小于 300mm。

4)一边观看指示仪表,另一边用读数转换开关选择适于废气浓度的量程档位,待指针稳定后,读数取最大值。若为多排气管时,则取各管测量值的算术平均值。

5)检测工作结束后,把取样探头从排气管里取出来,让它吸入新鲜空气工作 5min,待仪器指针回到零点后再关掉电源,如图 6-49 所示。

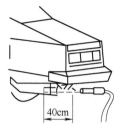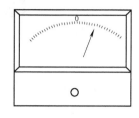

图 6-49 检测方法

3. 测试注意事项

1）汽油车怠速污染物的检测一定要把发动机怠速和温度控制在规定范围内。
2）取样探头、导管分为低浓度用和高浓度用两种，两者要分别使用。
3）检测时导管不要发生弯折现象。
4）当多部车辆连续检测时，一定要把取样探头从排气管里抽出并待仪表指针回到零点后，再进行下一部车的测量。
5）不要在有油或有有机溶剂的地方进行检测。
6）要注意检测地点、室内通风换气，以防人员中毒。
7）检测结束后，要立即把取样探头从排气管里抽出来。
8）取样探头不用时要垂直吊挂，不要平放，以防管内的积水腐蚀取样探头。
9）分析仪不要放置在湿度大、温度变化大、振动大或有倾斜的地方。
10）分析仪要定时保养，以确保使用精度。
11）校准用的校准气样是有毒的，要注意保管。

七、柴油发动机烟度计的使用方法和烟度测定

GB 3847—2005 规定，当柴油车排气烟度检测时，应采用滤纸式烟度计，并对检测工况和测量程序进行了具体规定。

1. 滤纸式烟度计的结构与基本检测原理

滤纸式烟度计是应用最广泛的烟度计之一，其结构是由废气取样装置、染黑度检测与指示装置和控制装置等组成的，如图 6-50 所示。

滤纸式烟度计的测量原理是，用一个活塞式抽气泵，从柴油机排气管中抽取一定容积的废气，使它通过一张一定面积的白色滤纸，废气中的碳烟存留在滤纸上，使其染黑。用检测装置测定滤纸的染黑度，再由指示装置指示出来。该染黑度即代表柴油车的排气烟度。

2. 柴油车自由加速烟度的检测方法

GB 3847—2005 规定，柴油车自由加速烟度的检测应在自由加速工况下，采用滤纸式烟度计，按测量规程进行。

（1）仪器准备

1）通电前，检查指示仪表指针是否在机械零点上，否则用零点调整螺钉使指针与"10"的刻度重合。
2）接通电源，仪器进行预热。打开测量开关，在检测装置上垫 10 张全白滤纸，调节粗调及微调电位器，使表头指针与"0"的刻度重合。

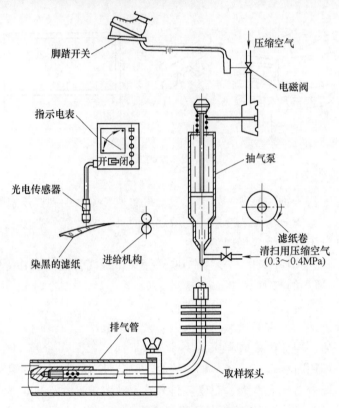

图 6-50 滤纸式烟度计示意图

3）在 10 张全白滤纸上放上标准烟样，并对准检测装置，仪表指针应指在标准烟样的染黑度数值上，否则应进行调节。

4）检查取样装置和控制装置中各部机件的工作情况，特别要检查脚踏开关与活塞抽气泵动作是否同步。

5）检查控制用压缩空气和清洗用压缩空气的压力是否符合要求。

6）检查滤纸进给机构的工作情况是否正常。检查滤纸是否合格，应洁白无污。

（2）受检车辆准备

1）进气系统应装有空气滤清器，排气系统应装有消声器并且不得有泄漏。

2）柴油应符合国家规定，不得使用燃油添加剂。

3）测量时发动机的冷却液和机油温度应达到汽车使用说明书所规定的热状态。

4）自 1995 年 7 月 1 日起新生产的车用柴油机，应保证起动加浓装置在非起动工况不再起作用。

（3）测量程序

1）用压力为 0.3~0.4MPa 的压缩空气清洗取样管路。

2）把抽气泵置于待抽气位置，将洁白的滤纸置于待取样位置，将滤纸夹紧。

3）将取样探头固定于排气管内，插入深度不小于 300mm，并使其轴线与排气管轴线平行。

4）将脚踏开关引入汽车驾驶室内，但暂不固定在加速踏板上。

5）按照自由加速工况的规定加速三次，以清除排气系统中的积存物。然后，把脚踏开关固定在加速踏板上，进行实测。

6) 测量取样，按照自由加速工况的规定和图6-51所示自由加速烟度测量规程，将加速踏板与脚踏开关一并迅速踩到底，持续4s后立刻松开，维持怠速运转，循环测量4次，取后3个循环烟度读数的算术平均值作为所测烟度值。

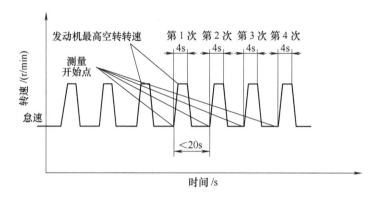

图6-51 自由加速烟度测量规程

7) 当汽车发动机出现黑烟冒出排气管的时间与抽气泵开始抽气的时间不同步现象时，应取最大烟度值作为所测烟度值。

8) 在被染黑的滤纸上记下试验序号、试验工况和试验日期等，以便保存。

9) 检测结束，及时关闭电源和气源。

八、车用汽油机油换油指标

汽油机油换油指标见表6-7。

表6-7 汽油机油换油指标（GB/T 8028—2010）

项　目		换油指标		试验方法
运动黏度，100℃变化率（%）	（超过）	±25		GB/T 265—1988
水的质量分数（%）	（大于）	0.2		GB/T 260—2016
闪点（开口）/℃	（低于）	单级油	多级油	
		165	150	
酸值/（mg KOH/g）增加值	（大于）	2.0		SY2454
铁的质量分数/10^{-6}	（大于）	250		SY2662
正戊烷不溶物（%）	（大于）	2.0		GB/T 8026—2014

注：1. 黏度变化率（%）=［（待测油黏度实测值-新油黏度实测值）/新油黏度实测值］×100%。
　　2. 铁的质量分数测定，允许用原子吸收光谱和直读发射光谱测定。
　　　达到其中一项指标即应换油。

第五节　汽车总成异响的诊断与排除

一、发动机异响的诊断与排除

良好的发动机在刚急加速运行瞬间，应听到微小和平均的发动机响声，排气管有轻微的排气响声，当发动机高速运转时，出现平稳的爆鸣声，加速过程节奏平稳，随着加油量的增加而反应灵敏，转速圆滑过渡。如果发动机运转中出现不正常的响声，如间歇或连续发出的金属敲击声，或者金属干摩擦声等，即属异响。

1. 影响发动机异响的因素

发动机的异响与配合间隙、润滑条件、温度、负荷和速转等因素有关。

（1）配合间隙　当润滑、温度、负荷和速度等一定时，异响是随配合间隙的增大而变得明显的。如活塞与缸套的配合间隙越大，响声也越明显。

（2）润滑条件　品质好的机油和适宜的压力就能产生较好的润滑油膜。润滑油膜越厚，机械冲击就越小，噪声也就越小，异响就不易发生。

（3）温度　金属零部件受到高温作用引起几何形状变化，这种变形又影响到配合间隙变化，机油在高温下易变质和变稀（机油黏度下降），使润滑油膜由厚变薄，润滑性能变差。

（4）负荷　根据异响随负荷变化的规律和特点就可判定故障的性质和位置。例如：发动机稳定在急速运转，就可听到清晰的活塞敲缸响；而不严重的连杆轴承响需要急抖节气门才能听到；活塞敲缸响和连杆轴承响都有在单缸断火后异响减弱或消失的特点，利用这一特点不仅能确定故障的性质，而且还能找出故障的位置。

（5）转速　发动机所以出现异响，是因为每种异响都有其特定的振动频率，当运动速度的频率是异响频率的整数倍时，会产生共振现象，于是异响加剧，即每种异响在其响声最明显时都对应一个运动速度段（速度范围）。如活塞敲缸响在发动机的低速段最明显；连杆轴承响在发动机的中速段最明显，传动轴不平衡响在汽车中速以上行驶时最突出，随着车速的升高，传动轴的振动也随之加剧。

（6）部位　异响部位一般离故障位置较近，据此可以判定是什么机构、总成或系统出现故障，从而缩小诊断故障的范围，如异响在气门室处明显，说明气门机构有故障；在曲轴箱内异响明显，说明活塞、活塞销、连杆或曲轴轴承有故障等。

2. 发动机异响的诊断方法

根据响声的大小、发出的部位、声响的特征、振动的程度、出现的时机以及声响变化的规律等因素初步诊断。然后，排气烟色与烟量的观察，发动机温度、机油压力的变化及使用中的其他相关情况等做全面分析与推断。在诊断中还要借助断缸法与简单的诊断仪器辅助法，使异响的诊断更准确。

3. 发动机常见异响的诊断与排除

（1）曲轴主轴承响

1）故障现象。发动机稳定运转时声响不明显，急加速或负荷较大时，发出较沉重、有力、有节奏的"镗镗"金属敲击声，严重时机体抖动。

2）故障原因。

① 因曲轴主轴颈磨损失圆造成的主轴承配合间隙过大或配合不良。

② 润滑不良。

③ 曲轴主轴承盖螺栓松动，轴承合金脱落、烧损和轴承破裂等。

④ 曲轴弯曲。

3）故障诊断。

① 改变发动机转速，转速增高，响声增大，中速向高速过渡时响声明显，急加速时异响明显。低速时，用手微微抖动并反复加大节气门，同时仔细察听异响，如响声随转速升高

第六章 汽车修理

而增大,抖动节气门时在加速的瞬间响声较明显,一般是主轴承松旷;如在怠速或低速时响声较明显,高速时杂乱,可能是曲轴弯曲;如在高速时有较大振动,油压显著降低,一般是曲轴主轴承松旷严重、烧损或减摩合金脱落。

② 负荷增大,响声加大,负荷变化时响声较明显。

③ 当发动机温度变化时,异响变化不明显。

④ 当单缸断火时,响声不变(末道主轴承响,响声减弱);当相邻两缸均断火时,响声明显减弱。

⑤ 发动机跳火一次,发响两次,即每工作循环响两次。

⑥ 当润滑不良时,响声加重,一般有明显的油压降低现象。

⑦ 反复抖动节气门,从加机油口(或曲轴箱通风管口)处听诊,可听到明显沉重有力的金属敲击声。或用听诊器触在油底壳或曲轴箱与曲轴轴线齐平的位置上听诊,响声最强的部位即为发出异响的主轴承。

⑧ 伴随现象。主轴承异响会伴随有油压降低现象,严重时发动机抖动,尤其是在高速或大负荷时。

(2) 连杆轴承响

1) 故障现象。发动机怠速运转时无异响或响声较小,急加速时有较重且短促的"当当"明显连续的敲击声。这是连杆轴承响的主要特征,严重时怠速也能听到明显响声。连杆轴承响比主轴承响清脆、缓和和短促。

2) 故障原因。

① 连杆轴承或轴颈磨损,使配合间隙过大或配合不良。

② 油压过低,或机油变质,或连杆轴颈油道堵塞,致使润滑不良。

③ 连杆轴承盖螺栓松动或折断。

④ 连杆轴承尺寸不符,引起转动或断裂。

⑤ 连杆轴承减摩合金脱落或烧毁。

3) 故障诊断。

① 改变发动机转速,怠速时声响较小,中速时较为明显,稍稍加大节气门有连续的敲击声,急加速时敲击声随之增加,高速时因其他杂音干扰而不明显。诊断时使发动机怠速运转,然后由怠速向低速、由低速向中速、再由中速向高速加大节气门进行试验,同时结合单缸断火法,并在加机油口处听诊,响声随转速的升高而增大,抖动节气门时,在加油的瞬间异响突出。当响声严重时,在任何转速下均可听到清晰、明显的敲击声。

② 负荷增大,响声加剧。

③ 当发动机温度变化时,响声通常不变,但有时也受机油温度的影响。

④ 单缸断火,响声明显减弱或消失,但复火时又能立即出现,即响声上缸。但当连杆轴承松旷过甚时,单缸断火时声响无明显变化。

⑤ 点火一次,发响两次,即每工作循环响两次。

⑥ 连杆轴承响声在油底壳侧面较大。如用听诊器触在机体上听诊,响声不十分清晰,但在加机油口处或曲轴箱通风管口处直接察听,可清楚听到连杆轴承敲击声。

⑦ 伴随现象。连杆轴承响伴随有油压明显降低现象,严重时机体抖动,这有别于活塞销响和活塞敲缸响。可用手将螺钉旋具或听诊器抵住缸体下部或油底壳处,当触及相应的故

273

障缸位时有明显振动感。

(3) 活塞敲缸响　活塞敲缸指活塞上下运动时在气缸内摆动或窜动，其头部或裙部与气缸壁、气缸盖碰撞发出的响声。通常专指活塞与气缸壁间隙较大，活塞上下运动时撞击气缸壁发出的响声。

1) 故障现象。当发动机怠速或低速运转时，在气缸的上部发出清晰而明显的、有节奏的"嗒嗒嗒"连续不断的金属敲击声，严重时响声变沉重，即为"当当当"声响。

2) 故障原因。

① 活塞与气缸壁配合间隙过大。

② 活塞裙部腐蚀，或气缸磨损过大。

③ 油压过低，气缸壁润滑不良。

3) 故障诊断。

① 怠速或低速时比较清晰，中速以上运转时，异响减弱或消失。

② 负荷加大，响声加大。

③ 一般冷车时响声明显，热车后响声减弱或消失，即冷敲缸，严重时冷热均敲缸，并伴有抖动。

④ 将发动机置于异响明显的转速下，进行单缸断火试验，响声明显减弱或消失。

⑤ 曲轴转一圈，发响一次，且有节奏性，转速提高响声加快。

⑥ 润滑不良响声加重。

⑦ 将听诊器或听诊杆触在机体上部两侧进行听诊。若响声较强并稍有振动，再结合断火试验，即可确定出异响气缸。

⑧ 伴随现象。排气管排蓝烟、缸压降低等。用手将螺钉旋具或听诊器在气缸侧部触试，有明显振动感。

(4) 活塞销响

1) 故障现象。在怠速、低速和从怠速向低速抖动节气门时，发出响亮、尖脆而有节奏的"嘎嘎嘎"金属敲击声，类似两个钢球相碰的声音，呈上下双响。略将点火时间提前，声响加剧，在同样转速下比活塞敲缸响连续而尖锐。

2) 故障原因。

① 活塞销与销孔、连杆衬套磨损严重，配合间隙过大。

② 活塞销卡环松旷、脱落。

③ 润滑不良等。

④ 活塞销断裂。

3) 故障诊断。

① 当转速变化时，响声也随之周期性变化，加速时声响更大，在发动机转速稍高于怠速时比较明显，比轴承响清脆。抖动节气门，从怠速向低速加速时，响声能随转速的变化而变化，且在转速升高的瞬间，发出清脆、连续而有节奏的响声。

② 温度上升，响声没有减弱，甚至更明显。有时冷车时响声小，热车时响声大。

③ 当单缸断火时，响声减弱或消失。复火时响声会明显出现一响或连续两响。严重时，在响声较大的转速下进行断火试验，响声不消失且变得杂乱。

④ 用螺钉旋具或听诊器抵触在发动机上侧部或气缸盖上察听，同时变换转速，在气缸

壁上部听诊比在下部明显。若响声不明显，可略将点火时间提前，这时响声会较前明显，特点是上下双响，声音较脆。

⑤ 根据不同征兆具体诊断如下：

a. 若转速越高，响声越大，单缸断火时响声反而杂乱，则故障为活塞销与衬套间隙过大。

b. 当怠速运转时，出现有节奏而较沉重的响声，提高转速声响不减，同时伴有机体轻微抖动，断火试验响声加重，则说明活塞销自由窜动。

c. 若急加速时声响尖锐而清晰，断火试验响声减轻或消失，则很可能是活塞销折断。

(5) 气门脚响

1）故障现象。怠速时，在气门室处发出连续不断有节奏的"嗒嗒"声，响声清脆有节奏，易区分。若有多只气门脚响，则声音杂乱，且断火试验响声无变化。

2）故障原因。

① 气门脚润滑不良，或因磨损、调整不当造成气门间隙过大。

② 气门间隙处两接触面不平。

③ 气门杆与气门导管配合间隙过大。

④ 摇臂与摇臂轴配合松旷。

3）故障诊断。

① 转速增高响声增大，节奏加快。怠速、低速时响声明显，中速以上变得模糊杂乱。

② 负荷、温度和缸位对气门脚响无影响，断火试验异响无变化。

③ 怠速时在气门室或气门罩处听诊异响非常明显，气门脚响清脆有节奏，在发动机周围就能听到较为清晰的响声。

④ 将气门室盖拆下，在怠速时用适当厚度的塞尺插入气门间隙处，若响声消失或减弱即可确诊为该气门间隙过大。也可用塞尺检查或用手晃试气门间隙，间隙最大的往往是最响的气门。为进一步确诊是气门脚响还是气门落座响，可在气门间隙处滴入少许机油，如瞬间响声减弱或消失，说明是气门脚响；如响声无变化，说明是气门落座响。

(6) 凸轮轴响

1）故障现象。

① 当发动机中速时，从缸体凸轮轴一侧发出钝重的声响。高速时声响杂乱不清。

② 单缸断火试验时声响不变。

③ 凸轮轴轴承附近伴有振动。

④ 异响的部位在缸体凸轮轴一侧。

2）故障原因。

① 凸轮轴轴承与轴颈配合间隙过大、松旷。

② 凸轮轴轴承合金烧蚀、剥落或磨损过度，轴承松旷。

③ 凸轮轴轴向间隙过大。

④ 凸轮轴弯曲。

3）故障诊断与排除。

① 使发动机在声响最强的转速下运转，用螺钉旋具在气缸体外部接触在各节轴承附近部位听诊，若某处声响较强并伴有振动，则可诊断为该节轴承发响。更换该节轴承。

② 做断火试验，声响无变化可缓慢变换节气门，若怠速时声响清晰，中速时声响明显，高速时声响由杂乱变得减弱，则可诊断为凸轮轴轴向间隙过大或轴承转动。更换凸轮轴轴承。

(7) 正时齿轮响

1) 故障现象。

① 当发动机怠速运转或转速改变时，在正时齿轮室盖处发出杂乱而轻微的"嘎啦"声，转速提高后声响消失，急减速时声响随即出现。

② 单缸断火试验时声响无变化。

③ 声响有时受温度影响，高温时声响明显。

④ 有时声响出现时并伴有正时齿轮室盖振动现象。

⑤ 异响的部位在正时齿轮盖处。

2) 故障原因。

① 正时齿轮磨损或装配不当，使啮合间隙过大或过小。

② 曲轴和凸轮轴中心线不平行。

③ 齿轮润滑不良。

④ 凸轮轴正时齿轮松动。

⑤ 凸轮轴正时齿轮折断，或齿轮径向破裂。

3) 故障诊断与排除。

① 发动机怠速运转时发出有节奏的"嘎啦、嘎啦"声，中速时较明显，高速时杂乱。用旋具触及正时齿轮盖部位听诊，若声响更明显，则可诊断为正时齿轮啮合间隙过大。更换磨损过大的正时齿轮。

② 声响随发动机转速变化而变化，且声响类似于"呼啸"声，则表明齿轮啮合不良。成对更换正时齿轮。

③ 当发动机怠速运转时，发出有节奏的"哽、哽"声响，且随发动机转速提高，声响也随之加大，则表明齿轮啮合不均匀。成对更换正时齿轮。

④ 将发动机转速逐渐提高，若突然发出强烈而杂乱的声响，然后急减速，同样会发出一声的"嘎"声响(正时齿轮盖有振动感觉)，然后消失，则可诊断为凸轮轴正时齿轮松动。更换凸轮轴正时齿轮。

⑤ 若新车或更换正时齿轮后出现连续不断的"呜、呜"声，转速越高越明显，则表明齿轮啮合间隙过小。修磨正时齿轮。

二、手动变速器异响的诊断与排除

1. 故障现象

当变速器工作时，发出不正常声响，如金属的干摩擦声，不均匀的碰撞声等。

2. 故障原因

1) 变速器操纵机构各连接处松动，拨叉变形或磨损松旷。

2) 变速器与发动机安装时曲轴与变速器第一轴轴线不同心，或变速器壳体变形。

3) 壳体轴承孔修复后，轴线发生变动或使两轴线不同心，变速器壳体前端面与第一、二轴轴线垂直度或第一、二轴与曲轴同轴度超差。

4) 轴承缺油、磨损松旷、疲劳剥落或轴承滚动体破裂。

第六章 汽车修理

5）第二轴、中间轴弯曲或花键与滑动花键毂磨损松旷。
6）齿轮磨损严重,齿侧间隙太大,齿面有金属疲劳剥落或个别齿损坏折断等。
7）齿轮制造精度差或齿轮副不匹配,维修中未成对更换相啮合的两齿轮。
8）变速器缺油、机油过稀、过稠或质量变坏。
9）变速器内掉入异物或某些紧固螺栓松动。

3. 故障诊断与排除

（1）诊断方法 当发动机怠速运转时,使变速杆处于空档位置,检查接合和分离离合器过程中有无异响,如离合器接合时发生异响,离合器分离时异响消失,说明异响发生在变速器,也可进行实车行驶,检查在变速档位时有无异响。此时,应区别驱动时与怠速时的异响。

（2）排除方法 在排除变速器异响时,要根据响声的特点、出现响声的时机和发响的部位判断响声的原因,然后予以排除。

1）当变速器换入某一档位时,响声明显,应检查该档齿轮和同步器的磨损及齿轮啮合情况,若磨损严重予以更换。齿轮接触不良,酌情更换一对新齿轮。
2）发动机怠速运转,变速器空档时发响,多为常啮合齿轮响,应酌情修理或更换。
3）变速器各档均有异响,多为基础件、轴、齿轮、花键磨损使形位误差超限,应酌情修理或更换。
4）变速器运转时有金属干摩擦声,多为变速器内机油有问题,应检查油面高度和油的质量。
5）变速器工作时有周期性撞击声,则为齿轮个别齿损坏,应更换该齿轮。
6）变速器工作时有间断性的异响,可能为变速器内掉入异物所引起。

三、离合器异响的诊断与排除

1. 故障现象

发动机怠速运转时踩下离合器踏板有异响,放松踏板异响声消失;或者不论踩下或抬起离合器踏板均有异响。

2. 故障原因

1）分离轴承损坏或润滑不良。
2）从动盘减振弹簧折断或松旷,摩擦片破裂,铆钉松动或外露,花键毂铆钉松动。
3）分离杠杆与离合器盖连接松旷或分离杠杆支撑弹簧疲劳、折断或脱落。
4）分离杠杆或支架销及孔磨损松旷。
5）离合器踏板回位弹簧与分离轴承座回位弹簧过软、折断或脱落。
6）分离轴承与分离杠杆内端没有间隙。
7）离合器操纵机构连接部位松动。分离拨叉或传动部分有卡滞现象。
8）离合器盖上的驱动窗孔与压盘上的凸块配合松旷。
9）离合器压盘与离合器盖连接松旷或双片离合器的中间压盘销孔与传动销磨损松旷。
10）离合器踏板无自由行程。
11）变速器第一轴前轴承或衬套磨损松旷。

3. 故障诊断与排除

1）检查离合器操纵机构各连接部位的紧固件有无松动。如有松动，应予以紧固。

2）如无松动，连续踩、抬离合器踏板，检查分离拨叉和传动部分有无卡滞现象，如有卡滞现象，应予以排除。

3）让发动机怠速运转，离合器处于接合状况，用脚或用手拉离合器踏板，观察踏板是否有回程。若有回程且响声消失，说明离合器踏板回位弹簧弹力不足或折断、脱落，应更换或装复。

4）检查离合器踏板的自由行程是否符合标准。若过小，应按要求调整；若正常，应检查分离轴承的技术状况。在发动机转速变化时，发出间歇的撞击声和摩擦声，说明离合器分离轴承座回位弹簧过软、折断或脱落，应更换或装复。

5）起动发动机并在怠速下运转，轻轻踩下离合器踏板，使分离轴承与分离杠杆内端刚好接触；若此时发出"沙沙"声，说明分离轴承润滑不良或损坏，应加注机油或更换新件。

6）将离合器踏板踩到底，若听到"哗哗"的金属滑磨声，则拆下离合器底盖查看。若分离轴承不转，甚至有火花，说明分离轴承损坏，应检查分离轴承的技术状况。

7）在踩下离合器踏板的过程中并无响声，但踩到底时发出"咔啦、咔啦"声，且随着发动机转速的升高而加重，中速稳定时响声明显减弱，抬起踏板后响声消失，说明离合器压盘与离合器盖连接松旷，双片离合器中的压盘销孔与传动销磨损松旷，应拆下离合器修复或更换新件。

8）汽车在行驶中，当离合器在接合或分离的瞬间，发出一种"咔"或"吭"的响声，特别是重载车起步时尤为明显，说明从动盘花键与变速器第一轴配合松旷或从动盘减振弹簧折断或松旷，应视情更换从动盘或变速器第一轴。

9）刚调整分离杠杆的离合器后，在发动机运转时便听到有节奏的"嗒、嗒"响声，且随着发动机转速的升高而加重，说明分离杠杆调整螺栓过长而碰撞分离杠杆，可用手砂轮磨去过长的部分。

10）当刚踩下或刚抬起离合器踏板时，即离合器处于刚要分离或刚要接合的时候，若听到有"咔嗒"的碰击声，说明从动盘摩擦片或从动盘与花键毂的铆钉松旷，应更换从动盘；若听到有金属刮磨声，说明从动盘摩擦片的铆钉外露，应更换从动盘。

11）从动盘完好，应分解离合器总成，检查压盘弹簧、减振弹簧和传动片等有无折断，如果折断应予以更换。

真题分析

一、判断题

（　　）GB/T 8028—2010《汽油机油换油指标》规定：L-EQB 水的质量分数大于 0.1%。

【分析】 本题考核的知识点是："汽油机油换油指标"，GB/T 8028—2010《汽油机油换油指标》规定：水的质量分数大于 0.2%。【答案】×。

二、单项选择题

1. 根据汽车驱动桥修理技术要求，圆锥主动、从动齿轮（　　）为 0.15~0.50mm。

A. 长度　　　　　B. 宽度　　　　　C. 厚度　　　　　D. 啮合间隙

2. 根据汽车驱动桥修理技术要求，圆锥主动、从动齿轮接触痕迹的长度不小于齿长的（　　）%。

A. 50　　　　　B. 60　　　　　C. 70　　　　　D. 75

3. 根据汽车驱动桥修理技术要求，圆锥（　　）齿轮与凸缘键槽的侧隙应不大于 0.20mm。

A. 从动　　　　　B. 主动　　　　　C. 锥　　　　　D. 双曲线

【分析】　上述三题考核的知识点均是"汽车修理技术标准"，其中，汽车驱动桥修理技术要求规定："钢板弹簧座厚度减少不大于 2.00mm；圆锥主动、从动齿轮啮合间隙在 0.15~0.50mm 范围内，接触痕迹的长度不小于齿长的 50%；圆锥主动齿轮花键与凸缘键槽的侧隙不大于 0.20mm；半轴花键与半轴齿轮及凸缘键槽的侧隙不大于原设计规定 0.15mm；差速器壳承孔与半轴齿轮轴颈的配合间隙在 0.05~0.25mm 范围内。"若考生对上述技术标准比较熟练，则容易选择相关的答案。【答案】D、A、B。

模拟试题

一、判断题（下列判断正确的在括号里打"√"，错误的打"×"）

1. （　　）汽车在良好的路面上出现侧滑，应检查车轮定位。

2. （　　）对于 EQ1092F 型汽车，发动机处于怠速运转转速为 500~600r/min 时，真空度波动值应不大于 5kPa。

3. （　　）发动机气缸盖翘曲不可用敲击法修复。

4. （　　）汽油滤清器堵塞不会引起发动机怠速不稳。

5. （　　）EQ1092F 汽车前轮外倾角为 1°。

6. （　　）EQ1092F 汽车转向盘自由行程应为 15°~20°。

7. （　　）二级维护前检测桑塔纳 LX 型轿车，车轮动不平衡量应为 0。

8. （　　）当液压行车制动系统在达到规定的制动效能时，对于座位数大于 9 的载客汽车，制动踏板行程应不超过 120mm。

9. （　　）总质量不大于 3500kg 的低速载货汽车在 30km/h 的初速度下采用行车制动系统制动，满载检验时制动距离应≤9m。

10. （　　）客车在 30km/h 的初速度下采用应急制动系统制动时制动距离应≤40m。

11. （　　）制动分泵的皮碗应用酒精清洗。

12. （　　）钳盘式制动器的制动间隙由制动轮缸活塞上的橡胶密封圈实现。

13. （　　）当汽车拖带挂车时，解除挂车制动时，要早于主车制动。

14. （　　）转向器转向轴弯曲或管柱凹瘪相互摩擦是转向沉重的原因之一。

15. （　　）制动阀调整不当是气压制动系统制动不良的原因之一。

16. （　　）进行汽车二级维护前，检测分电器重叠角，国家标准规定分电器重叠角应不大于 9°。

17. （　　）起动机的电刷在电刷架内应滑动自如。

18. （　　）起动机电枢轴弯曲与磁极碰擦导致起动机运转无力。

19. (   ) 电动后视镜熔断器故障能导致所有电动后视镜都不能动。
20. (   ) 前排乘客侧门锁开关导线断路导致前排乘客侧电动门锁不能锁定。
21. (   ) 测量误差通过改善测量方法可以消除。
22. (   ) 装配时气缸盖螺栓拧紧力不均匀会导致气缸盖翘曲变形。
23. (   ) 凸轮轴轴颈擦伤可能是由于机油不清洁造成的。
24. (   ) 用正时灯检查发动机点火提前角，应将正时记号对正上止点前 11°~13° 的地方。
25. (   ) 电控发动机汽油泵工作电压应该用数字式万用表检测。
26. (   ) 汽车制动系统的踏板自由行程越大越好。
27. (   ) 检查传动轴、花键轴与滑动叉花键的配合间隙，最大不得超过 0.40mm。
28. (   ) EQ1092 型汽车蹄鼓间隙值支承端比凸轮端小。
29. (   ) 流量控制阀卡住是动力转向方向发飘或跑偏的原因之一。
30. (   ) 总泵皮碗、密封胶圈老化、发胀或翻转是液压制动系统制动不良的原因之一。
31. (   ) 进行汽车二级维护前，检查发动机的转速为 1200r/min，发动机单缸断火时转速下降应不小于 90r/min。
32. (   ) 当进行空调系统检修时，抽真空之前，应进行泄漏检查。
33. (   ) 一般技术状况良好的蓄电池，单格电压应在 1.5V 以上，并在 5s 内保持稳定。
34. (   ) 发电机内部定子或转子线圈某处有断路或短路将导致发电机充电电流不稳。
35. (   ) 喇叭触点经常烧坏的原因可能是喇叭线圈匝间短路。
36. (   ) 电磁离合器传动带盘与压力板接合面磨损严重而打滑将导致空调压缩机不运转故障。
37. (   ) 百分表不仅能进行相对测量，也能进行绝对测量。
38. (   ) 对于 EQ1092F 型汽车，发动机转速为 800r/min，气门间隙为 0.25mm 时，排气门提前角为 18.5°。
39. (   ) 对于 EQ1092F 型汽车，发动机转速为 2000r/min 时，曲轴箱窜气量应不大于 70L/min。
40. (   ) 单侧悬架弹簧弹力不足是制动跑偏、甩尾的原因之一。
41. (   ) 电枢绕组或磁场绕组短路将导致起动机运转无力。
42. (   ) 空调调节器故障会导致空调压缩机不运转故障。
43. (   ) 有熄火征兆或着火后又逐渐熄火的一般是发动机油路故障。
44. (   ) 检测发电机整流器的性能应选用万用表的"二极管"档。
45. (   ) 有的汽车诊断仪都配备外置测试卡。
46. (   ) 发动机的点火提前角一般在 6°~12° 范围内。
47. (   ) 用脚施加于驻车制动操纵装置上的力，对于座位数小于 9 的载客汽车应不大于 600N。
48. (   ) 对于允许挂接挂车的汽车，其驻车制动装置必须能使汽车在满载状态下时能停在坡度 12% 的坡道上。

49. （　　）单侧悬架弹簧弹力不足是车身倾斜的原因之一。
50. （　　）发现空调压缩机排气压力过高,不能正常制冷,冷凝器导管外部有结霜、结冰现象,说明冷凝器导管内部脏堵。
51. （　　）高压无火故障的原因可能是火花塞工作不良。
52. （　　）起动机异响故障的原因主要在起动机的操纵和控制部分。
53. （　　）GB/T 8028—2010《汽油机油换油指标》规定:L-EQB 水的质量分数大于0.1%时应更换机油。
54. （　　）气门座圈承孔的圆度误差应小于0.06mm。
55. （　　）同一活塞环上漏光弧长所对应的圆心角总和不超过30°。
56. （　　）汽油车废气排放检测采用自由加速的方法。
57. （　　）在满载状态下,驻车制动装置应能保证机动车在坡度为20%,轮胎与路面间的附着系数不小于0.7的坡道上正、反两个方向保持固定不动,其时间不应少于5min。
58. （　　）如汽车制动跑偏,说明汽车某一侧车轮制动间隙过大。
59. （　　）半轴花键与半轴齿轮及凸缘键槽的侧隙应不大于原设计规定0.30mm。
60. （　　）转向操纵机构应转动灵活、无卡滞现象、装配齐全、紧固可靠。
61. （　　）两前轮胎气压差过大或磨损程度不一致是汽车行驶跑偏的原因之一。
62. （　　）分配阀的滑阀偏离中间位置是汽车动力转向左右转向力不一致的原因之一。
63. （　　）前悬架移位只是汽车行驶跑偏的原因。
64. （　　）液压制动的汽车由于温度过高制动液汽化而产生气阻会造成制动不良。
65. （　　）为确保安装牢固,在安装爆燃传感器时,应在爆燃传感器与气缸体之间垫上衬垫。
66. （　　）当装复蒸发器时,膨胀阀和感温包要敷好保温材料,蒸发器内要加注一定量的冷冻机油。
67. （　　）高压无火故障的原因可能是分电器盖中心炭极脱落。
68. （　　）对于 EQ1092F 型汽车,发动机处于中速时,机油压力应不小于0.3MPa。
69. （　　）连杆轴颈与连杆轴承的配合间隙应符合汽车修理厂规定。
70. （　　）检查发动机曲轴轴向间隙时应先将曲轴用撬棒撬至一端,再用塞尺测量第4道曲柄与止推轴承之间的间隙。
71. （　　）将柴油机喷油泵供油自动提前角向右旋转可以减小供油提前角。
72. （　　）曲轴的修理尺寸共计分为13个级别,常用的是前8个级别。
73. （　　）电控汽油喷射发动机回火是指汽车运行中,发动机动力不足,排气消声器有放炮声。
74. （　　）在电控汽车车身上进行焊修时,应先断开 ECU 电源。
75. （　　）变速器常啮合齿轮齿厚磨损不得超过0.25mm。
76. （　　）如果制冷系统制冷剂泄漏速度很慢,对冷冻机油泄漏影响不大。
77. （　　）一般技术状况良好的蓄电池,单格电压应在1.5V 以上,并在5s 内保持稳定。若5s 内下降至1.7V,说明存电量足。
78. （　　）磁感应式点火系统点火信号发生器转子与定子爪极间隙应为0.4mm。
79. （　　）低速断火故障的原因可能是电容器工作不良。

80. (　　)用质量为 0.25kg 的锤子沿曲轴轴向轻轻敲击连杆，连杆能沿轴向移动，且连杆大头两端与曲柄的间隙为 0.17~0.35mm。

81. (　　)发动机气缸体纵向变形的规律是呈两端低、中间高的弧形。

82. (　　)混合气过浓会导致发动机油耗过高。

83. (　　)机动车转向盘的最大自由转动量对于最大设计车速大于 100km/h 的机动车不得大于 20°。

84. (　　)膜片弹簧离合器在高速旋转时，压盘的压紧力不会产生变化。

85. (　　)离合器压盘产生裂纹应焊修。

86. (　　)对于 EQ1092F 型汽车，发动机处于怠速时，机油压力应不小于 0.1MPa。

87. (　　)桑塔纳发动机火花塞电极间隙应为 0.7~0.8mm。

88. (　　)桑塔纳 2000 型轿车制动鼓内径磨损不得超过 1mm。

89. (　　)当更换汽车空调压缩机时，空调压缩机传动带要同时进行更换。

90. (　　)活塞环端面平整，装入环槽内应能转动灵活，不卡滞。

91. (　　)若修理后，仅力学性能不能恢复的零件应定为报废件。

92. (　　)发动机缸壁间隙过小会导致连杆弯曲和拉伤缸壁。

93. (　　)凸轮轴轴颈表面的烧伤可能是由于轴颈与轴承之间间隙过小等原因造成的。

94. (　　)发动机缸盖裂纹发生在受力较大或温度较高的部位，可用焊补法修复。

95. (　　)半轴花键与半轴齿轮及凸缘键槽的侧隙不大于原设计规定 0.15mm。

96. (　　)对于 EQ1092F 型汽车，气缸漏气量检验仪指示的气压值应不大于 0.25MPa。

97. (　　)汽车发动机电气性能测试仪用于测量进气歧管的真空度。

98. (　　)气门座圈承孔的表面粗糙度值应小于 1.25μm。

99. (　　)气门工作面磨损的检修主要是在气门光磨机上进行。

100. (　　)校正后的发动机凸轮轴弯曲度应不大于 0.03mm。

101. (　　)连杆轴承应与轴承座及轴承盖密合，凸点完好，轴瓦两端的挤压高度值不小于 0.03mm。

102. (　　)发出较大清脆的"当当"金属敲击声是连杆轴承异响的特征之一。

103. (　　)东风 EQ1092 型汽车制动蹄与制动鼓的制动间隙为 0.35mm。

104. (　　)鼓式车轮制动器均装有间隙自调机构，不需要专门调整。

105. (　　)对于 EQ1092F 型汽车，发动机处于怠速运转转速为 500~600r/min 时，真空度应为 50~70kPa。

106. (　　)制动凸轮轴与底板支座承孔的配合间隙应不得大于 0.05mm。

107. (　　)汽车维修质量可以通过质量指标来评价。

108. (　　)对于 EQ1092F 型汽车，发动机转速为 800r/min，气门间隙为 0.25mm 时，排气门滞后角为 10.5°。

109. (　　)工业纤维内窥镜用于观察气缸内有无异物及气缸壁、活塞顶部表面技术状况。

110. (　　)GB/T 8028—2010《汽油机油换油指标》规定：L-EQC 水的质量分数大于 0.2%。

111. (　　)GB/T 8028—94《汽油机油换油指标》规定：L-EQB 水的质量分数大于 0.1%。

112. (　　)桑塔纳发动机曲轴轴向间隙是靠第3道主轴承的止推垫片来保证的。
113. (　　)当进行连杆轴承间隙的调整时，如间隙超过极限时，则应更换连杆轴承。
114. (　　)六缸柴油机喷油泵各缸供油时间可按 1—5—3—6—2—4 的顺序和喷油间隔角 60°进行检查调整。
115. (　　)当进行柴油机喷油器密封试验时，喷油器允许有微量的滴油现象。
116. (　　)柴油机喷油器试验器用油应为沉淀后的"0"号重柴油。
117. (　　)柴油机喷油器试验器用油应为沉淀后的"0"号轻柴油。
118. (　　)当进行柴油机喷油器密封试验时，喷油器不允许有微量的滴油现象。
119. (　　)几何公差研究构成零件几何特征的点、线、面等几何要素。
120. (　　)形状公差和位置公差简称为形位偏差。
121. (　　)零件仅因磨损到使用极限，可确定为待修件。
122. (　　)发动机曲轴轴承间隙过大，会使轴瓦的冲击负荷增大，导致轴瓦损坏。
123. (　　)当发动机活塞在上止点时，第一道活塞环所对应的缸壁位置磨损量最大。
124. (　　)发动机进气门对面略偏向排气门一侧的缸壁磨损量较大的原因是排气门温度较高导致润滑差。
125. (　　)发动机液压挺杆因为能自动补偿气门间隙，所以不再需要人工调整气门间隙。
126. (　　)气缸盖工作时受热不均匀会导致气缸盖翘曲变形。
127. (　　)装配时气缸盖螺栓拧紧力不均匀会导致气缸体翘曲变形。
128. (　　)气缸体工作时受热不均匀会导致气缸体变形。
129. (　　)气缸盖主要变形的形式是扭曲。
130. (　　)曲轴轴颈擦伤是由于机油不清洁或发动机内残存有金属屑等坚硬杂物造成的。
131. (　　)曲轴轴颈表面的烧伤是由于机油压力不足或轴颈与轴承之间间隙过小等原因造成的。
132. (　　)对发动机气缸体进行水压试验时的压力，未修补的缸体为 400~500kPa，已修补的缸体为 300~400kPa。
133. (　　)在测量发动机气缸体孔径时，必须在每个缸上、中、下三个位置进行测量，其中下端位置是指活塞在下止点时，第一道环所对的缸壁位置。
134. (　　)发动机曲轴裂纹检查的最简单方法是用敲击法来判断。
135. (　　)发动机曲轴弯曲校正一般可采用压床热压校正，这种方法可省去时效处理。
136. (　　)当检测发动机凸轮轴时，必须测量凸轮的圆度和圆柱度。
137. (　　)通过检测发动机凸轮轴凸轮的高度可判断气门升程的变化。
138. (　　)发动机气缸体所有接合平面可以有明显轻微的凸出、凹陷和划痕。
139. (　　)发动机气缸套承孔内径修理尺寸的级差为 0.5mm，共三个级别。
140. (　　)修复后的曲轴油道应清洁畅通，油孔应有倒角。
141. (　　)将气门放入相配的气门座中，用汽油或煤油浇在气门顶面上，观察其有无渗漏现象。如无渗漏表明密封良好。
142. (　　)校正后的发动机凸轮轴弯曲度应不大于 0.03mm。

二、选择题(下列各题的4个选项中,只有1个是正确的,请将其代号填在括号内)

1. GB/T 8028—2010《汽油机油换油指标》规定:L-EQC 水的质量分数大于( )%时应更换机油。

   A. 0.1　　　　　　B. 0.2　　　　　　C. 0.3　　　　　　D. 0.4

2. 用手工刮削的轴承要求接触面积不小于轴承内部面积的( )%。

   A. 45　　　　　　 B. 60　　　　　　 C. 75　　　　　　 D. 90

3. 同一活塞环上单处漏光弧长所对应的圆心角不超过25°,总共漏光弧长所对应的圆心角不超过( )。

   A. 15°　　　　　　B. 25°　　　　　　C. 45°　　　　　　D. 60°

4. 待修件是指具有较好( )的零件。

   A. 修理工艺　　　　B. 修理价值　　　　C. 使用价值　　　　D. 几何形状

5. 汽车离合器( )会造成离合器压盘及飞轮表面烧蚀。

   A. 打滑　　　　　　B. 分离不彻底　　　C. 动平衡破坏　　　D. 踏板自由行程过大

6. 当确定发动机曲轴修理尺寸时,除根据测量的圆柱度、圆度进行计算外,还应考虑( )对修理尺寸的影响。

   A. 裂纹　　　　　　B. 弯曲　　　　　　C. 连杆　　　　　　D. 轴瓦

7. 发动机曲轴和凸轮轴轴颈磨损后,主要产生( )误差。

   A. 圆度　　　　　　B. 圆柱度　　　　　C. 圆跳动　　　　　D. 圆度和圆柱度

8. 当铰削 EQ6100-1 气门座时,应选用75°铰刀铰削( )的上斜面。

   A. 45°　　　　　　B. 75°　　　　　　C. 15°　　　　　　D. 25°

9. 当铰削 EQ6100-1 气门座时,应选用15°铰刀铰削( )的下斜面。

   A. 45°　　　　　　B. 75°　　　　　　C. 15°　　　　　　D. 25°

10. 汽油泵盖和泵体接合面的平面度误差应不大于( )mm。

    A. 0.10　　　　　 B. 0.15　　　　　 C. 0.12　　　　　 D. 0.20

11. 关于火花塞检测,甲说:定期或在对某缸火花塞性能有怀疑时,可进行单缸断火试验。乙说:根据发动机运转情况判断火花塞的好坏,若性能不良或有明显损坏时,一般应予更换。对于以上说法( )。

    A. 甲正确　　　　　　　　　　　　　B. 乙正确

    C. 甲乙都正确　　　　　　　　　　　D. 甲乙都不正确

12. 下列( )不是因蓄电池"自行放电"而造成没电的原因。

    A. 电解液不纯　　　B. 蓄电池长期存放　C. 正负极柱导通　　D. 电解液不足

13. ( )是汽油发动机起动困难的现象之一。

    A. 有着火征兆　　　B. 无着火征兆　　　C. 不能起动　　　　D. 顺利起动

14. 当起动发动机时,无着火征兆,油路故障是( )。

    A. 混合气浓　　　　B. 混合气稀　　　　C. 不来油　　　　　D. 来油不畅

15. 六缸发动机怠速运转不稳,拔下第二缸高压线后,发动机运转状况有显著变化,则故障不在( )。

    A. 第二缸　　　　　B. 相邻缸　　　　　C. 中央高压线　　　D. 化油器

16. 下列（　　）不是连杆轴承异响的特征。
   A. 温度升高，声音变化不大　　　　　B. 随发动机转速增加，声音加大
   C. 尖脆的"嗒嗒"声　　　　　　　　D. 发出较大清脆的"当当"金属敲击声
17. 下列（　　）会导致活塞销产生异响。
   A. 活塞销松旷　　　　　　　　　　　B. 活塞磨损过大
   C. 气缸磨损过大　　　　　　　　　　D. 发动机压缩比过大
18. 下列（　　）会导致发动机温度过高。
   A. 发动机散热风扇转速过高　　　　　B. 发动机散热风扇转速过低
   C. 发动机冷却系统始终处于大循环　　D. 发动机负荷过小
19. 对于前端装止推垫片的发动机，曲轴轴向间隙因磨损而增大时，应在保证前止推垫片为标准厚度的情况下，加厚（　　）止推垫片的厚度，以满足车辆曲轴轴向间隙的要求。
   A. 前　　　　B. 后　　　　C. 第一道　　　　D. 第二道
20. 汽油发动机在检测排放前，应调好（　　）。
   A. 怠速　　　　　　　　　　　　　　B. 点火正时
   C. 供油量　　　　　　　　　　　　　D. 怠速和点火正时
21. 电控汽油喷射发动机运转不稳是指发动机转速处于（　　）情况，发动机运转都不稳定，有抖动现象。
   A. 怠速　　　B. 任一转速　　　C. 中速　　　D. 加速
22. 用（　　）检查电控燃油汽油机各缸是否工作。
   A. 数字式万用表　B. 单缸断火法　C. 模拟式万用表　D. 双缸断火法
23. 用（　　）检测柴油车废气中有害气体的含量。
   A. 烟度计　　B. 废气分析仪　　C. 示波器　　　D. 万用表
24. 当用汽车万用表测量空调出风口湿度时，温度传感器应放在（　　）。
   A. 驾驶室内　B. 驾驶室外　　C. 高压管路内　D. 风道内
25. 当电控燃油喷射发动机燃油压力检测时，将油压表接在燃油总管和（　　）之间。
   A. 汽油泵　　B. 汽油滤清器　　C. 燃油分配管　D. 喷油器
26. 关于行车制动性能的要求，甲说：汽车行车制动、应急制动和驻车制动各系统应以某种方式相连；乙说：各种制动系统在其中之一失效时，汽车应能正常制动。对于以上说法（　　）。
   A. 甲正确　　　　　　　　　　　　　B. 乙正确
   C. 甲乙都正确　　　　　　　　　　　D. 甲乙都不正确
27. 对于允许挂接挂车的汽车，其驻车制动装置必须能使汽车在满载状态时能停在坡度（　　）%的坡道上。
   A. 2　　　　　B. 8　　　　　C. 0　　　　　D. 12
28. 解放CA1092型汽车制动蹄支承销与制动蹄销孔的配合间隙应为（　　）mm。
   A. 0.02~0.085　B. 0.02~0.08　C. 0.05~0.10　D. 0.15~0.25
29. 膜片弹簧离合器的压盘（　　），热容量大，不易产生过热。
   A. 较大　　　B. 较小　　　　C. 较薄　　　　D. 较厚
30. 下列属于离合器发抖原因的是（　　）。

A. 离合器分离杠杆内端面不在同一平面内　　B. 压紧弹簧弹力均匀
C. 摩擦片表面清洁　　　　　　　　　　　　D. 从动盘表面平整

31. 根据汽车变速器修理技术要求，变速器壳上各承孔轴线的平行度公差不超过（　　）mm。
A. 0.01　　　　　B. 0.02　　　　　C. 0.03　　　　　D. 0.04

32. 当自动变速器失速试验时，时间不得超过（　　）s。
A. 5　　　　　　B. 10　　　　　　C. 15　　　　　　D. 60

33. 根据汽车驱动桥修理技术要求，圆锥主动齿轮与凸缘键槽的侧隙应不大于（　　）mm。
A. 0.10　　　　　B. 0.20　　　　　C. 0.25　　　　　D. 0.30

34. 根据汽车驱动桥修理技术要求，圆锥主动、从动齿轮（　　）为0.15～0.50mm。
A. 长度　　　　　B. 宽度　　　　　C. 厚度　　　　　D. 啮合间隙

35. 万向节各部位螺纹的损伤不得超过（　　）。
A. 一牙　　　　　B. 二牙　　　　　C. 三牙　　　　　D. 四牙

36. 鼓式制动器的蹄鼓间隙过大，将会导致汽车（　　）。
A. 行驶跑偏　　　　　　　　　　　　B. 制动不良
C. 制动时间变短　　　　　　　　　　D. 制动距离变短

37. 当汽车正常行驶时，总是偏向行驶方向的左侧或右侧，这种现象称为（　　）。
A. 行驶跑偏　　　B. 制动跑偏　　　C. 制动甩尾　　　D. 车轮回正

38. 当汽车制动时，总是偏向行驶方向的左侧或右侧，这种现象称为（　　）。
A. 行驶跑偏　　　B. 制动跑偏　　　C. 制动甩尾　　　D. 车轮回正

39. 动力转向液压助力系统转向助力泵损坏会导致（　　）。
A. 不能转向　　　B. 转向沉重　　　C. 制动跑偏　　　D. 行驶跑偏

40. （　　）是装备动力转向系统汽车方向发飘的原因。
A. 油泵磨损　　　　　　　　　　　　B. 缺液压油或滤清器堵塞
C. 油路中有气泡　　　　　　　　　　D. 分配阀反作用弹簧过软或损坏

41. （　　）是汽车动力转向左右转向力不一致的原因。
A. 分配阀反作用弹簧过软或损坏　　　B. 缺液压油或滤油器堵塞
C. 滑阀内有脏物阻滞　　　　　　　　D. 油泵磨损

42. 下列（　　）不是导致汽车钢板弹簧损坏的主要原因。
A. 汽车长期超载　　　　　　　　　　B. 材质不符合要求
C. 装配不符合要求　　　　　　　　　D. 未按要求对轮胎进行换位

43. 下列（　　）不是造成车身倾斜的原因。
A. 车架轻微变形　　　　　　　　　　B. 单侧悬架弹簧弹力不足
C. 减振器损坏　　　　　　　　　　　D. 轮胎气压不平衡

44. 下列（　　）不是造成汽车行驶中有撞击声或异响的原因。
A. 弹簧折断　　　　　　　　　　　　B. 单侧悬架弹簧弹力不足
C. 连接销松动　　　　　　　　　　　D. 减振器损坏

45. 汽车车架变形会导致汽车（　　）。

A. 制动跑偏　　　　B. 行驶跑偏　　　　C. 制动甩尾　　　　D. 轮胎变形

46. 下列（　　）是造成气压低引起气压制动系统制动失效的原因。
A. 车轮制动器失效　　　　　　　　B. 制动阀、进气阀打不开
C. 制动器室膜片破裂　　　　　　　D. 空气压缩机传动带打滑

47. （　　）导致气压制动系统制动失效。
A. 空气压缩机润滑不良　　　　　　B. 制动踏板行程过小
C. 制动踏板自由行程过小　　　　　D. 空气压缩机传动带打滑

48. 两前轮车轮制动器间隙不一致会导致汽车（　　）。
A. 制动失效　　　　　　　　　　　B. 制动跑偏
C. 制动过热　　　　　　　　　　　D. 轮胎异常磨损

49. 制动踏板轴卡滞会导致汽车（　　）。
A. 制动拖滞　　B. 制动甩尾　　C. 制动失效　　D. 制动过迟

50. 下列（　　）是造成液压制动系统制动不良的原因。
A. 总泵旁通孔或回油孔堵塞　　　　B. 制动蹄回位弹簧过软、折断
C. 液压制动系统中有空气　　　　　D. 制动管路凹瘪堵塞

51. 下列（　　）是造成液压制动系统卡死的原因。
A. 总泵皮碗、密封胶圈老化、发胀或翻转　　B. 制动蹄摩擦片与制动鼓间隙过小
C. 总泵旁通孔或回油孔堵塞　　　　D. 制动管路凹瘪或老化、堵塞

52. 下列因素造成变速器乱档原因之一的是（　　）。
A. 轮齿磨成锥形　　B. 自锁装置失效　　C. 互锁装置失效　　D. 倒档锁失效

53. （　　）会造成汽车液压制动、个别车轮制动拖滞的故障。
A. 制动液太脏或黏度过大　　　　　B. 制动踏板自由行程过小
C. 制动蹄片与制动鼓间隙过小　　　D. 制动主缸旁通孔堵塞

54. 关于充电电流不稳故障的原因，甲说充电电流不稳的原因可能是发电机内部定子或转子线圈某处有断路或短路，乙说充电电流不稳的原因可能是电压调节器有关电路板松动或搭铁不良。你认为以上观点（　　）。
A. 甲正确　　　　　　　　　　　　B. 乙正确
C. 甲乙都正确　　　　　　　　　　D. 甲乙都不正确

55. 关于高压无火故障，甲说高压无火故障的原因可能是分电器盖中心炭极脱落，乙说高压无火故障的原因可能是火花塞工作不良。你认为以上观点（　　）。
A. 甲正确　　　　　　　　　　　　B. 乙正确
C. 甲乙都正确　　　　　　　　　　D. 甲乙都不正确

56. 下列（　　）可导致发电机异响。
A. 转子与定子之间碰擦　　　　　　B. 电刷过短
C. 定子短路　　　　　　　　　　　D. 转子短路

57. 关于起动机不能与飞轮接合故障，甲说故障的原因主要在起动机的控制部分，乙说故障的原因主要在主回路接触盘的行程过小。你认为以上观点（　　）。
A. 甲正确　　　　　　　　　　　　B. 乙正确
C. 甲乙都正确　　　　　　　　　　D. 甲乙都不正确

58. 关于喇叭声响不正常故障，甲说喇叭声响不正常故障的原因可能是喇叭支架松动，乙说喇叭声响不正常故障的原因可能是喇叭电路电阻过大。你认为以上观点（　　）。
   A. 甲正确　　　　　　　　　　　　　B. 乙正确
   C. 甲乙都正确　　　　　　　　　　　D. 甲乙都不正确

59. 关于喇叭长鸣故障，甲说喇叭长鸣故障的原因可能是喇叭按钮回位弹簧过弱，乙说喇叭长鸣故障的原因可能是喇叭按钮短路。你认为以上观点（　　）。
   A. 甲正确　　　　　　　　　　　　　B. 乙正确
   C. 甲乙都正确　　　　　　　　　　　D. 甲乙都不正确

60. 关于空调压缩机不运转故障，甲说空调压缩机不运转故障的原因可能是空调系统内无制冷剂，乙说空调压缩机不运转故障的原因可能是传动带过松。你认为以上观点（　　）。
   A. 甲正确　　　　　　　　　　　　　B. 乙正确
   C. 甲乙都正确　　　　　　　　　　　D. 甲乙都不正确

61. 气门座圈轴承孔的表面粗糙度值应不大于（　　）μm。
   A. 1.25　　　　B. 1.50　　　　C. 1.75　　　　D. 2.00

62. 当检查连杆轴承间隙时，在轴承表面上涂以清洁的机油，将轴承装在连杆轴颈上，按规定拧紧螺母，将连杆放平，以杆身的重量徐徐下垂，用手握住连杆小端，沿（　　）向扳动时应无松旷感。
   A. 轴　　　　　B. 径　　　　　C. 前后　　　　D. 水平

63. 活塞环漏光处的缝隙应不大于（　　）mm。
   A. 0.01　　　　B. 0.03　　　　C. 0.05　　　　D. 0.07

64. 同一活塞环上漏光弧长所对应的圆心角总和不超过（　　）。
   A. 15°　　　　B. 25°　　　　C. 45°　　　　D. 60°

65. 同一活塞环上单处漏光弧长所对应的圆心角不超过（　　）。
   A. 15°　　　　B. 25°　　　　C. 45°　　　　D. 60°

66. 活塞环开口处（　　）范围内不允许漏光。
   A. 15°　　　　B. 25°　　　　C. 30°　　　　D. 60°

67. 同一活塞环上漏光总共不超过（　　）处。
   A. 一　　　　　B. 二　　　　　C. 三　　　　　D. 四

68. 捷达发动机曲轴的轴向间隙为0.07~0.17mm，磨损极限为（　　）mm。
   A. 0.10　　　　B. 0.15　　　　C. 0.20　　　　D. 0.25

69. 发动机气缸体上平面翘曲后，应采用（　　）修理。
   A. 刨削　　　　B. 磨削　　　　C. 冷压校正　　D. 加热校正

70. （　　）属于曲轴轴承螺纹损伤的原因。
   A. 装配时螺栓没有拧正　　　　　　　B. 异物碰撞
   C. 工具使用不当　　　　　　　　　　D. 螺栓重复使用

71. 在测量发动机气缸磨损程度时，为了保证准确，应在气缸上、中、下的位置和不同方向共测出至少（　　）个值。
   A. 2　　　　　B. 4　　　　　C. 6　　　　　D. 8

72. 发动机曲轴各轴颈的圆度和圆柱度误差一般用（　　）来测量。

A. 游标卡尺　　　　B. 百分表　　　　C. 外径千分尺　　　　D. 内径分厘卡

73. 发动机凸轮轴变形的主要形式是(　　)。
A. 弯曲　　　　B. 扭曲　　　　C. 弯曲和扭曲　　　　D. 圆度误差

74. 发动机曲轴变形的主要形式是(　　)。
A. 弯曲　　　　B. 扭曲　　　　C. 弯曲和扭曲　　　　D. 圆度误差

75. 根据汽车发动机气缸体与气缸盖修理技术要求，气缸套上端面应高于气缸体上平面，也不高出(　　)mm。
A. 0.10　　　　B. 0.075　　　　C. 0.05　　　　D. 0.25

76. 关于硅油风扇离合器检测，甲说：起动发动机，使其在冷状态下以中速运转1～2min，以便使工作腔内硅油返回储油室。乙说：在发动机停转之后，用手应能较轻松地拨动风扇叶片。对于以上说法(　　)。
A. 甲正确　　　　　　　　　　　　B. 乙正确
C. 甲乙都正确　　　　　　　　　　D. 甲乙都不正确

77. 检查分电器轴与衬套之间的配合间隙应为(　　)mm，最大不得超过0.07mm。
A. 0.01～0.02　　　B. 0.02～0.04　　　C. 0.04～0.06　　　D. 0.06～0.08

78. 在实际工作中，常采用模拟信号发生器的(　　)来断定模拟信号发生器的好坏。
A. 电流　　　　B. 电压　　　　C. 电阻　　　　D. 动作

79. 发动机起动困难，大多发生在(　　)。
A. 起动系统　　　　　　　　　　　B. 点火系统
C. 燃料系统　　　　　　　　　　　D. 起动系统、点火系统、燃料系统

80. (　　)可导致发动机回火。
A. 混合气过稀　　　　　　　　　　B. 混合气过浓
C. 点火电压过高　　　　　　　　　D. 点火电压过低

81. 关于爆燃的可能原因，甲说：可能是燃油辛烷值过低，乙说：可能是发动机温度过高。对于以上说法(　　)。
A. 甲正确　　　　　　　　　　　　B. 乙正确
C. 甲乙都正确　　　　　　　　　　D. 甲乙都不正确

82. (　　)不是活塞销松旷造成异响的特征。
A. 发出尖脆的"嗒嗒"声
B. 温度升高，声音减弱或消失
C. 怠速或低速较明显
D. 当单缸断油时，声音减弱或消失，恢复工作时声音明显或连续响两声

83. (　　)属于正时齿轮异响的特征。
A. 发动机转速升高，声音随之变小　　B. 声音与发动机温度有关
C. 发动机转速升高，声音随之加大　　D. 清脆的"嗒嗒"声

84. 关于发动机温度过高的主要原因，甲认为：就是点火提前角过大或过小造成的。乙认为：可能是风扇传动带松紧度过松造成的。丙认为：可能是节温器损坏造成的。认为正确的是(　　)。
A. 甲和丙　　　　B. 乙和丙　　　　C. 甲和乙　　　　D. 均是

85. 下列( )是导致发动机缺火的原因。
    A. 火花塞损坏   B. 点火器失效
    C. 点火线圈失效   D. 点火开关失效
86. 柴油车废气排放检测的是( )。
    A. CO   B. HC   C. CO、HC   D. 烟度值
87. 电控汽油喷射发动机回火会造成发动机动力( )。
    A. 明显下降   B. 不变   C. 有所下降   D. 下降或不变
88. 电控发动机需用( )检查发动机 ECU 是否有故障。
    A. 万用表   B. 数字式万用表
    C. 模拟式万用表   D. 试灯或万用表
89. 当用诊断仪读取故障码时，应选择( )。
    A. 故障诊断   B. 数据流   C. 执行元件测试   D. 基本设定
90. 以下( )属于混合气过浓引发的故障。
    A. 发动机油耗高   B. 发动机怠速不稳
    C. 发动机加速不良   D. 发动机减速不良
91. EQ1092F 汽车转向盘的( ) 行程应为 15°~30°。
    A. 最小   B. 自由   C. 最大   D. 极限
92. 二级维护前检测桑塔纳 LX 型轿车，轮胎气压应符合规定：前轮( )kPa，后轮 190kPa，车轮动平衡量为 0。
    A. 180   B. 200   C. 300   D. 400
93. 二级维护前检测桑塔纳 LX 型轿车，轮胎气压应符合规定：前轮 180kPa，后轮( )kPa，车轮动平衡量为 0。
    A. 180   B. 190   C. 300   D. 400
94. 二级维护前检测桑塔纳 LX 型轿车，轮胎气压应符合规定：前轮 180kPa，后轮 190kPa，车轮动平衡量为( )。
    A. 0   B. 5   C. 10   D. 15
95. 用脚施加于驻车制动操纵装置上的力，对于座位数小于或等于 9 的载客汽车应不大于( )N。
    A. 100   B. 200   C. 500   D. 700
96. 用脚施加于驻车制动操纵装置上的力，对于座位数大于 9 的载客汽车应不大于( )N。
    A. 100   B. 200   C. 500   D. 700
97. 用手施加于驻车制动操纵装置上的力，对于座位数小于或等于 9 的载客汽车应不大于( )N。
    A. 100   B. 200   C. 400   D. 600
98. 液压行车制动系统在达到规定的制动效能时，对于座位数大于 9 的载客汽车制动踏板行程应不大于( )mm。
    A. 80   B. 100   C. 120   D. 150
99. 液压行车制动系统在达到规定的制动效能时，对于座位数小于或等于 9 的载客汽车制动踏板行程应不大于( )mm。

A. 80   B. 100   C. 120   D. 150

100. 采用气压制动系统的机动车,发动机在75%的标定功率转速下,( )min 内气压表的指示气压应从零开始升至起步气压。

A. 1   B. 2   C. 3   D. 4

101. 机动车转向盘的最大自由行程对于最大设计车速小于 100km/h 的机动车不得大于( )°。

A. 5   B. 10   C. 15   D. 30

102. 机动车转向盘的最大自由行程对于最大设计车速大于 100km/h 的机动车不得大于( )°。

A. 5   B. 10   C. 15   D. 20

103. 在空载状态下,驻车制动装置应能保证机动车在坡度为 20%,轮胎与路面间的附着系数不小于0.7的坡道上正、反两个方向保持固定不动,其时间应不少于( )min。

A. 2   B. 3   C. 4   D. 5

104. 在空载状态下,驻车制动装置应能保证机动车在坡度为( )%,轮胎与路面间的附着系数不小于0.7的坡道上正、反两个方向保持固定不动,其时间应不少于 5min。

A. 10   B. 15   C. 20   D. 25

105. 在空载状态下,驻车制动装置应能保证机动车在坡度为 20%,轮胎与路面间的附着系数不小于( )的坡道上正、反两个方向保持固定不动,其时间应不少于 5min。

A. 0.5   B. 0.6   C. 0.7   D. 0.8

106. 采用气压制动的机动车,当气压升至 600kPa 且不使用制动的情况下,停止空气压缩机( )min 后,其气压的下降值应不大于 10kPa。

A. 1   B. 3   C. 5   D. 7

107. 采用气压制动的机动车,当气压升至( )kPa 且不使用制动的情况下,停止空气压缩机 3min 后,其气压的降低值应不大于 10kPa。

A. 200   B. 400   C. 600   D. 800

108. 采用气压制动的机动车,当气压升至 600kPa 且不使用制动的情况下,停止空气压缩机 3min 后,其气压的降低值应不大于( )kPa。

A. 10   B. 15   C. 20   D. 25

109. 解放 CA1092 型汽车制动鼓工作表面的粗糙度值为( )μm。

A. 10~15   B. 5~10   C. 10~12   D. 2~5

110. 桑塔纳轿车的离合器踏板自由行程为( )mm。

A. 15~25   B. 25~35   C. 35~45   D. 45~55

111. 用百分表测量变速器输出轴的径向圆跳动量应不大于( )mm,使用极限为 0.06mm。

A. 0.020   B. 0.025   C. 0.030   D. 0.035

112. 一般齿长磨损不得超过原齿长的( )%。

A. 20   B. 25   C. 30   D. 35

113. 根据汽车变速器修理技术要求,变速叉端面对变速叉轴孔轴线的垂直度公差为( )mm。

A. 0.20　　　　　B. 0.15　　　　　C. 0.10　　　　　D. 0.08

114. 主减速器主动、从动锥齿轮啮合印痕可通过(　　)来调整。

A. 增减主动锥齿轮前端调整垫片　　　　B. 增减主动锥齿轮后端调整垫片

C. 增减从动锥齿轮前端调整垫片　　　　D. 增减从动锥齿轮后端调整垫片

115. 根据汽车驱动桥修理技术要求，主动、从动圆锥齿轮的啮合间隙为(　　)mm。

A. 0.15~0.25　　　B. 0.15~0.35　　　C. 0.15~0.45　　　D. 0.15~0.50

116. 安装好制动凸轮轴后，应使两轴轴向间隙不大于(　　)mm。

A. 0.6　　　　　B. 0.7　　　　　C. 0.65　　　　　D. 0.5

117. 制动钳体缸筒的(　　)误差应不大于0.02mm。

A. 圆度　　　　　B. 圆柱度　　　　C. 平面度　　　　D. 表面粗糙度值

118. 用质量为0.25kg的锤子沿曲轴轴向轻轻敲击连杆，连杆能沿轴向移动，且连杆大头两端与曲柄臂的间隙应为(　　)mm。

A. 0.17~0.35　　　B. 0.35~0.52　　　C. 0.52~0.69　　　D. 0.69~0.86

119. 下列(　　)是导致汽车转向沉重的主要原因。

A. 转向轮轮胎气压过高　　　　　　B. 转向轮轮胎气压过低

C. 汽车空气阻力过大　　　　　　　D. 汽车坡道阻力过大

120. 下列(　　)不是引起汽车高速打摆现象的主要原因。

A. 前轮胎修补、前轮辋变形、前轮毂螺栓短缺引起动不平衡

B. 减振器失效，前钢板弹力不一致

C. 车架变形或铆钉松动

D. 前束过大，车轮外倾角、主销后倾角变小

121. 汽车动力转向系统转向器滑阀内有脏物阻滞会导致汽车(　　)。

A. 不能转向　　　B. 左右转向力不一致　　C. 转向沉重　　　D. 转向发飘

122. 下列(　　)不是悬架系统损坏引起的常见故障。

A. 轮胎异常磨损　　　　　　　　　B. 后桥异响

C. 车身倾斜　　　　　　　　　　　D. 汽车行驶跑偏

123. (　　)是车身倾斜的原因。

A. 后桥异响　　　　　　　　　　　B. 主销变形

C. 车架轻微变形　　　　　　　　　D. 单侧悬架弹簧弹力不足

124. 下列(　　)会造成汽车在行驶中发生异响。

A. 减振器性能减弱　　　　　　　　B. 前悬架移位

C. 单侧悬架弹簧弹力不足　　　　　D. 弹簧折断

125. 下列(　　)是造成汽车制动甩尾的原因。

A. 前悬架弹簧弹力不足　　　　　　B. 轮胎异常磨损

C. 减振器性能减弱　　　　　　　　D. 单侧悬架弹簧弹力不足

126. 下列(　　)不是造成气压制动系统制动不良的原因。

A. 制动总泵、制动踏板行程调整不当

B. 空气压缩机传动带打滑

C. 制动阀调整不当

D. 制动蹄摩擦片沾有油污、水，表面结焦碳化或摩擦片碎裂、磨损过大

127. ( )是液压制动系统卡死的原因。
A. 液压制动系统中有空气　　　　　　B. 总泵旁通孔或回油孔堵塞
C. 总泵皮碗、密封胶圈老化、发胀或翻转　　D. 制动蹄片磨损过量

128. YC6105QC 型柴油机各缸喷油间隔角误差应为( )。
A. ±0.5°　　　　B. 0.5°　　　　C. ±0.6°　　　　D. 0.6°

129. 当气缸拉缸后，确定了某级修理尺寸，以下相应的零件可不报废的是( )。
A. 活塞　　　　B. 连杆　　　　C. 活塞销　　　　D. 活塞环

130. 铝合金发动机气缸盖的水道容易被腐蚀，轻者可( )修复。
A. 堆焊　　　　　　　　　　　　　B. 镶补
C. 环氧树脂粘补　　　　　　　　　D. 堆焊、镶补、环氧树脂粘补均可

131. 桑塔纳 2000 型轿车 AFE 发动机装复后，气缸压缩压力应不小于( )MPa，各缸压力差应小于( )MPa。
A. 0.70，0.3　　B. 0.75，0.25　　C. 0.75，0.3　　D. 0.70，0.25

132. 起动发动机，使发动机温度接近( )℃时，用手拨动风扇叶片，感觉较费力为正常。
A. 60~65　　　B. 70~75　　　C. 80~85　　　D. 90~95

133. 当安装汽油泵时，泵壳体与缸体间衬垫厚度要( )。
A. 加厚　　　　　　　　　　　　　B. 减小
C. 适当　　　　　　　　　　　　　D. 加厚、减小、适当均可

134. 当离心点火提前装置在分电器轴固定不动时，使凸轮向其( )转至极限，放松时应立即回原位。
A. 工作方向　　B. 正向　　　　C. 反向　　　　D. 侧向

135. 关于连杆轴承异响。甲认为：发出较大清脆的"当当"金属敲击声，乙认为：随发动机转速增加，声音加大，丙认为：发动机温度升高，声音减弱或消失。看法正确的是( )。
A. 甲和乙　　　B. 乙和丙　　　C. 丙和甲　　　D. 均正确

136. 下列( )不是正时齿轮异响的特征。
A. 间隙小，发出"嗡嗡"声，间隙大，发出散乱撞击声
B. 发动机转速升高，声音随之加大
C. 声音与发动机温度无关
D. 发动机转速升高，声音随之变小

137. 汽油车应在( )状态下检测排放。
A. 中速　　　　B. 低速　　　　C. 急速　　　　D. 加速

138. 电控汽油喷射发动机( )是指发动机进气歧管处有可燃混合气燃烧，从而产生异响的现象。
A. 回火　　　　B. 放炮　　　　C. 行驶无力　　　D. 失速

139. 桑塔纳 2000GLS 型轿车 JV 型发动机点火提前角的检测，发动机冷却液温度至少达到( )℃，油温达到 60℃。

A. 60   B. 70   C. 80   D. 90

140. 桑塔纳 2000GLS 型轿车 JV 型发动机，可用数字式万用表的（　　）点火控制器端子，查看电压大小是否符合技术要求。

 A. 红笔搭铁，黑笔搭接   B. 黑笔搭铁，红笔搭接
 C. 红笔搭接   D. 黑笔搭接

141. 行车制动在产生最大制动作用时的踏板力，对于座位数大于 9 的载客汽车应不大于（　　）N。

 A. 100   B. 200   C. 500   D. 700

142. 行车制动在产生最大制动作用时的踏板力，对于座位数小于或等于 9 的载客汽车应不大于（　　）N。

 A. 100   B. 200   C. 500   D. 700

143. 行车制动在产生最大制动作用时的踏板力，对于座位数小于或等于（　　）的载客汽车应不大于 500N。

 A. 5   B. 6   C. 9   D. 11

144. 总质量不大于 3500kg 的低速载货汽车在 30km/h 的初速度下采用行车制动系统制动时，满载检验时制动距离应不超过（　　）m。

 A. 9   B. 19   C. 29   D. 39

145. 总质量不大于 3500kg 的低速载货汽车在 30km/h 的初速度下采用行车制动系统制动时，空载检验时制动距离应不超过（　　）m。

 A. 8   B. 18   C. 28   D. 38

146. （　　）在 30km/h 的初速度下采用应急制动系统制动时，制动距离应不大于 20m。

 A. 载货汽车   B. 客车   C. 乘用车   D. 特种车

147. 当变速器竣工验收时，各档噪声一般不得高于（　　）dB。

 A. 83   B. 85   C. 88   D. 90

148. 变速器常啮合齿轮齿厚磨损一般不得超过（　　）mm。

 A. 0.20   B. 0.25   C. 0.30   D. 0.35

149. 汽车后桥壳上钢板弹簧中定位孔磨损偏移量不得超过（　　）mm。

 A. 1   B. 2   C. 3   D. 5

150. 主减速器主动、从动锥齿轮啮合印痕应位于（　　）。

 A. 齿长方向偏向大端，齿高方向偏向顶端
 B. 齿长方向偏向小端，齿高方向偏向顶端
 C. 齿长方向偏向大端，齿高方向偏向底端
 D. 齿长方向偏向小端，齿高方向偏向底端

151. 根据汽车驱动桥修理技术要求，圆锥主动、从动齿轮接触痕迹的长度不小于齿长的（　　）%。

 A. 50   B. 60   C. 70   D. 75

152. 根据汽车驱动桥修理技术要求，圆锥（　　）齿轮与凸缘键槽的侧隙应不大于 0.20mm。

 A. 从动   B. 主动   C. 锥   D. 双曲线

153. 当传动轴装配时,十字轴轴颈如有压痕,压痕不严重且不在传力面时,可将十字轴由原装配位置旋转(　　)装复。
   A. 30°　　　　　B. 60°　　　　　C. 80°　　　　　D. 90°

154. 当检查制动器回位弹簧时,用(　　)测量,其弹力不得小于规定值。
   A. 弹簧秤　　　　B. 地磅　　　　C. 角尺　　　　D. 张紧计

155. 充氟试漏是向系统充注氟利昂蒸气,使系统压力高达0.35MPa,然后用(　　)检漏仪检漏。
   A. 二极管　　　　B. 卤素灯　　　C. 白炽灯　　　D. 荧光灯

156. 对于EQ1092F型汽车,发动机功率应不小于(　　)的80%。
   A. 规定值　　　　B. 最大值　　　C. 最小值　　　D. 额定值

157. 对于EQ1092F型汽车,发动机处于怠速运转转速为(　　)r/min时,真空度应为50~70kPa。
   A. 300~400　　　B. 400~500　　C. 500~600　　D. 600~700

158. 柴油机喷油器密封性试验,以每秒(　　)次的速度均匀地掀动手油泵柄,直到开始喷油。
   A. 1　　　　　　B. 2　　　　　　C. 3　　　　　　D. 4

159. 根据汽车发动机气缸体与气缸盖修理技术要求,燃烧室容积不小于原设计(　　)值的95%。
   A. 最小尺寸　　　B. 最小极限　　C. 最大尺寸　　D. 最大极限

160. 断电器触点有轻微烧蚀,可用(　　)号砂纸打磨。
   A. 00　　　　　B. 100　　　　C. 200　　　　D. 500

161. 下列属于汽油发动机不能起动的原因是(　　)。
   A. 低压电路断路　　B. 供油不足　　C. 混合气过稀　　D. 混合气过浓

162. 以下(　　)不属于发动机回火的原因。
   A. 汽油滤清器堵塞或汽油中有水,或发生气阻　　B. 汽油泵滤网过脏或滤杯漏气
   C. 汽油泵进、出油阀贴合不严　　　　　　　　D. 汽油泵泵油量过大

163. (　　)会导致连杆轴承产生异响。
   A. 连杆轴承间隙过小　　　　　　B. 连杆材质不符合要求
   C. 润滑系统压力过大　　　　　　D. 连杆轴承间隙过大

164. 下列(　　)不是正时齿轮异响的原因。
   A. 正时齿轮间隙过小　　　　　　B. 正时齿轮间隙过大
   C. 正时齿轮磨损　　　　　　　　D. 正时齿轮断齿

165. 关于发动机缺火,甲说:发动机分电器失效可导致发动机缺火,乙说:发动机点火器损坏可导致发动机缺火。二人中正确的是(　　)。
   A. 甲　　　　　　　　　　　　　B. 乙
   C. 二者都正确　　　　　　　　　D. 二者都不正确

166. 变速器倒档轴的径向圆跳动量应不大于(　　)mm,使用极限为0.06mm。
   A. 0.020　　　　B. 0.025　　　C. 0.030　　　D. 0.035

167. 齿轮的工作面腐蚀斑点及剥落面积超过齿面的(　　),或齿轮出现裂纹,应予

更换。

  A. 1/8   B. 1/4   C. 3/8   D. 1/2

168. 根据汽车变速器修理技术要求，各齿轮的啮合印痕应在轮齿啮合面的中部，且不小于啮合面的( )。

  A. 55%   B. 60%   C. 70%   D. 75%

169. 桑塔纳2000型轿车主减速器的主动、从动锥齿轮的啮合间隙应为( )mm。

  A. 0.15   B. 0.20   C. 0.25   D. 0.30

170. 根据汽车驱动桥修理技术要求，圆锥主动齿轮与凸缘键槽的侧隙应不大于( )mm。

  A. 0.10   B. 0.20   C. 0.25   D. 0.30

171. 对传动轴总成进行动平衡，要求在传动轴两端的最大不平衡量应不大于( )g·cm。

  A. 4   B. 6   C. 8   D. 10

172. 制动蹄与制动鼓之间的间隙过大，将会导致( )。

  A. 车辆行驶跑偏   B. 制动不良   C. 制动时间变短   D. 制动距离变短

173. 桑塔纳2000型轿车后轮制动器制动蹄摩擦片的标准厚度为5mm，磨损极限为( )mm。

  A. 0.30   B. 0.25   C. 0.35   D. 0.2

174. 解放CA1092型汽车制动蹄支承销与制动底板的配合间隙应不大于( )mm。

  A. 0.25   B. 0.20   C. 0.15   D. 0.30

175. 汽车车轮轮毂轴承螺栓、螺母的拆装适宜选用( )。

  A. 内六角扳手   B. 方扳手
  C. 钩型扳手   D. 专用套筒扳手

176. 调整喷油泵各缸供油时间，应以第一缸为基准，根据喷油泵的( )调整其余各缸。

  A. 供油顺序   B. 间隔角
  C. 供油顺序和间隔角   D. 点火顺序和间隔角

177. 下列( )是活塞销松旷造成的异响特征。

  A. 当单缸断油时，声音减弱或消失，恢复工作时，声音明显或连续响两声
  B. 温度升高，声音减弱或消失
  C. 较沉闷连续的"当当"金属敲击声
  D. 随发动机转速增加，声音加大

178. 制动主缸装配前，用( )洗缸壁。

  A. 酒精   B. 汽油   C. 柴油   D. 冷却液

179. 当膜片弹簧式离合器的从动盘磨损，压盘前移，膜片弹簧对压盘的压力将( )。

  A. 减小   B. 增大   C. 不变   D. 消失

180. 膜片弹簧式离合器的膜片弹簧内端的高度差不得大于( )mm。

  A. 0.1   B. 0.3   C. 0.5   D. 0.7

181. 离合器踏板自由行程太大，离合器将出现( )的故障。

  A. 打滑   B. 分离不彻底   C. 发抖   D. 异响

182. 离合器踏板自由行程太小，离合器将出现(　　)的故障。
　　A. 打滑　　　　　　B. 分离不彻底　　　C. 发抖　　　　　　D. 异响

183. 当汽车在行驶中后桥出现连续的"嗷嗷"声响，车速加快声响也加大，滑行时稍有减弱，说明(　　)。
　　A. 圆锥主从动齿轮啮合间隙过小　　　　B. 圆锥主从动齿啮合间隙过大
　　C. 圆锥主从动齿啮合轮齿折断　　　　　D. 半轴花键损坏

184. 关于调整膨胀阀调节螺钉，甲说顺时针方向拧，内弹簧减弱，开度增大；反之，开度减小。乙说拧一圈，温度变化1℃，一般在1/2圈范围内微调，切忌乱拧。你认为以上观点(　　)。
　　A. 甲正确　　　　　　　　　　　　　　B. 乙正确
　　C. 甲乙都正确　　　　　　　　　　　　D. 甲乙都不正确

185. EQ6100-1型发动机气缸有(　　)级修理尺寸。
　　A. 2　　　　　　　　B. 4　　　　　　　C. 5　　　　　　　D. 6

186. 当传动轴中间支承的轴向间隙大于(　　)mm时，应解体中间支承总成。
　　A. 0.1　　　　　　　B. 0.3　　　　　　C. 0.5　　　　　　D. 0.7

187. 用深度游标卡尺测量摩擦衬片铆钉头距摩擦衬片表面的深度应不小于0.80mm，衬片厚度应不小于(　　)mm。
　　A. 3　　　　　　　　B. 5　　　　　　　C. 7　　　　　　　D. 9

188. 用深度游标卡尺测量摩擦衬片铆钉头距摩擦衬片表面应不小于(　　)mm，摩擦衬片厚度应不小于9mm。
　　A. 0.20　　　　　　　B. 0.30　　　　　　C. 0.40　　　　　　D. 0.80

189. 根据汽车发动机气缸体与气缸盖修理技术要求，气门导管与承孔的配合过盈量一般在(　　)mm范围内。
　　A. 0.01~0.04　　　　B. 0.01~0.06　　　C. 0.02~0.04　　　D. 0.02~0.06

190. 当液压行车制动系统在达到规定的制动效能时，制动踏板行程不得超过全行程的(　　)。
　　A. 1/4　　　　　　　B. 1/2　　　　　　C. 3/4　　　　　　D. 7/8

191. 当液压行车制动系统在达到规定的制动效能时，对于制动器装有自动调整间隙装置车辆的制动踏板行程不得超过全行程的(　　)。
　　A. 1/4　　　　　　　B. 1/2　　　　　　C. 3/4　　　　　　D. 4/5

192. 液压制动总泵的安装程序是：安装真空助力器、制动主缸、(　　)和制动踏板。
　　A. 制动传动装置　　　B. 拉杆　　　　　　C. 制动分泵　　　　D. 制动软管

193. 变速器验收时各密封部位不得漏油，机油温度不得超过室温(　　)℃。
　　A. 40　　　　　　　　B. 60　　　　　　　C. 80　　　　　　　D. 90

194. 桑塔纳轿车的离合器踏板自由行程为(　　)mm。
　　A. 45~55　　　　　　B. 25~35　　　　　　C. 35~45　　　　　　D. 15~25

195. 从动盘摩擦片上的铆钉头距离其外平面不得小于(　　)mm。
　　A. 0.1　　　　　　　B. 0.2　　　　　　C. 0.3　　　　　　D. 0.4

196. 当检测汽油车废气时，应清除取样探头上残留的(　　)，以保证检测的准确性。

A. CO　　　　　　　B. HC　　　　　　　C. CO 和 HC　　　　D. NO

197. 前轴与万向节装配应适度，转动万向节的力一般不大于(　　)N。
A. 20　　　　　　　B. 15　　　　　　　C. 10　　　　　　　D. 5

198. 制动钳体缸筒与活塞的(　　)配合间隙应小于 0.15mm。
A. 极限　　　　　　B. 理想　　　　　　C. 最小　　　　　　D. 理论

199. 根据汽车发动机曲轴技术要求，飞轮凸缘的径向圆跳动公差为(　　)mm。
A. 0.02　　　　　　B. 0.04　　　　　　C. 0.06　　　　　　D. 0.08

200. 当起动机换向器径向圆跳动量超过 0.05mm 时，应在(　　)上修复。
A. 车床　　　　　　B. 压力机　　　　　C. 磨床　　　　　　D. 铣床

201. 当验收发电机时，检查其有无机械和电路故障，可采取(　　)试验。
A. 负载　　　　　　B. 起动　　　　　　C. 空转　　　　　　D. 手动

202. 根据汽车发动机曲轴技术要求，补偿修复主轴轴颈时不可采用(　　)方法。
A. 金属丝喷涂　　　B. 气焊　　　　　　C. 镀铬　　　　　　D. 镀铁

203. 桑塔纳 2000 型轿车离合器踏板自由行程为(　　)mm。
A. 5~15　　　　　　B. 15~20　　　　　C. 30~40　　　　　D. 40~45

204. 汽车离合器液压操纵系统漏油或有空气，会引起(　　)。
A. 离合器打滑　　　　　　　　　　　　B. 离合器分离不彻底
C. 离合器异响　　　　　　　　　　　　D. 离合器接合不柔和

205. 当汽车制动解除时，若排气缓慢或不排气而造成全车制动鼓发热，应检查(　　)。
A. 制动气室　　　　B. 制动蹄回位弹簧　C. 制动操纵机构　　D. 储气筒

206. 制动蹄与制动鼓之间的间隙过大，应调整(　　)。
A. 制动踏板高度　　　　　　　　　　　B. 制动气室压力
C. 储气筒压力　　　　　　　　　　　　D. 制动底板上的偏心支承销

207. 当检查汽车空调压缩机性能时，应使发动机转速达到(　　)r/min。
A. 1000　　　　　　B. 1500　　　　　　C. 1600　　　　　　D. 2000

208. 对于 EQ1092F 型汽车，当发动机转速为 800r/min，气门间隙为 0.25mm 时，排气门滞后角为(　　)。
A. 10.5°　　　　　　B. 20.5°　　　　　　C. 30.5°　　　　　　D. 40.5°

209. 对于 EQ1092F 型汽车，当发动机转速为 800r/min，气门间隙为 0.25mm 时，进气门提前角为(　　)。
A. 20°　　　　　　　B. 30°　　　　　　　C. 40°　　　　　　　D. 50°

210. 对于 EQ1092F 型汽车，当发动机转速为 800r/min，气门间隙为 0.25mm 时，排气门提前角为(　　)。
A. 18.5°　　　　　　B. 28.5°　　　　　　C. 38.5°　　　　　　D. 48.5°

211. 对于 EQ1092F 型汽车，当发动机转速为 800r/min，气门间隙为 0.25mm 时，进气门滞后角为(　　)。
A. 26°　　　　　　　B. 36°　　　　　　　C. 46°　　　　　　　D. 56°

212. 对于 EQ1092F 型汽车，发动机功率应不小于(　　)的 80%。
A. 规定值　　　　　B. 最大值　　　　　C. 最小值　　　　　D. 额定值

213. 对于EQ1092F型汽车,所测气缸压力各缸压力差应不大于( )%。
A. 10　　　　　　　B. 20　　　　　　　C. 30　　　　　　　D. 40

214. 对于EQ1092F型汽车,发动机功率应不小于额定值的( )%。
A. 60　　　　　　　B. 70　　　　　　　C. 80　　　　　　　D. 90

214. 对于EQ1092F型汽车,所测气缸压力应不小于规定值的( )%。
A. 65　　　　　　　B. 75　　　　　　　C. 85　　　　　　　D. 95

216. 对于EQ1092F型汽车,发动机处于怠速运转转速为( )r/min时,真空度应为50~70kPa。
A. 300~400　　　　B. 400~500　　　　C. 500~600　　　　D. 600~700

217. 对于EQ1092F型汽车,发动机处于怠速运转转速为(500~600)r/min时,真空度波动值应不大于( )kPa。
A. 5　　　　　　　B. 10　　　　　　　C. 15　　　　　　　D. 20

218. 对于EQ1092F型汽车,发动机处于怠速运转转速为( )r/min时,真空度波动值应不大于5kPa。
A. 300~400　　　　B. 400~500　　　　C. 500~600　　　　D. 600~700

219. 对于EQ1092F型汽车,发动机处于怠速运转转速为(500~600)r/min时,真空度应为( )kPa。
A. 50~70　　　　　B. 70~90　　　　　C. 90~110　　　　D. 110~130

220. 对于EQ1092F型汽车,当发动机处于怠速时,机油压力应不小于( )MPa。
A. 0.1　　　　　　B. 0.2　　　　　　C. 0.3　　　　　　D. 0.4

221. 对于EQ1092F型汽车,当发动机处于( )时,机油压力应不小于0.3MPa。
A. 怠速　　　　　　B. 中速　　　　　　C. 加速　　　　　　D. 减速

222. 对于EQ1092F型汽车,当发动机处于中速时,机油压力应不小于( )MPa。
A. 0.1　　　　　　B. 0.2　　　　　　C. 0.3　　　　　　D. 0.4

223. 对于EQ1092F型汽车,当发动机处于( )时,机油压力应不小于0.1MPa。
A. 怠速　　　　　　B. 中速　　　　　　C. 加速　　　　　　D. 减速

224. ( )用于测量发动机无负荷功率及转速。
A. 汽车无负荷测功表　　　　　　B. 气缸压力表
C. 发动机转速表　　　　　　　　D. 发动机分析仪

225. ( )用于测量进气歧管的真空度。
A. 真空表　　　　　B. 万用表　　　　　C. 示波器　　　　　D. 试灯

226. ( )用于发动机机油快速检测。
A. 机油质量分析仪　　B. 油压表　　　　　C. 发动机分析仪　　D. 尾气分析仪

227. ( )用于诊断发动机气缸及进、排气门的密封状况。
A. 气缸漏气量检测仪　B. 真空表　　　　　C. 发动机分析仪　　D. 尾气分析仪

228. 气门座圈承孔的表面粗糙度值应小于( )μm。
A. 1.25　　　　　　B. 1.50　　　　　　C. 1.75　　　　　　D. 2.00

229. 气门座圈承孔的圆度误差应小于( )mm。
A. 0.02　　　　　　B. 0.04　　　　　　C. 0.06　　　　　　D. 0.08

230. 气门座圈承孔的圆柱度误差应小于(　　)mm。
A. 0.05　　　　　　B. 0.10　　　　　　C. 0.15　　　　　　D. 0.20

231. 气门座圈工作面应低于气缸盖平面(　　)mm。
A. 0.5　　　　　　B. 1.0　　　　　　C. 1.5　　　　　　D. 2.0

232. 连杆轴承应与轴承座及轴承盖密合, 凸点完好, 轴瓦两端的挤压高度值不小于(　　)mm。
A. 0.01　　　　　　B. 0.03　　　　　　C. 0.05　　　　　　D. 0.07

233. 当检查连杆轴承间隙时, 在轴承表面上涂以清洁的机油, 将轴承装在连杆轴颈上, 按规定拧紧螺母, 将连杆放平, 以杆身的重量徐徐下垂, 用手握住连杆小端, 沿(　　)扳动时应无松旷感。
A. 轴向　　　　　　B. 径向　　　　　　C. 前后　　　　　　D. 水平

234. 当进行曲轴轴承松紧度的检查时, 在轴承上涂一层机油后, 应将轴承螺栓(　　)。
A. 按规定力矩拧紧　　　　　　B. 轻轻拧上
C. 拧紧　　　　　　D. 按规定力矩拧紧、轻轻拧上、拧紧都不正确

235. 活塞环外围开口处之外部位每处的漏光弧长所对应的圆心角不得超过(　　)。
A. 15°　　　　　　B. 25°　　　　　　C. 45°　　　　　　D. 60°

236. 活塞环漏光处的缝隙应不大于(　　)mm。
A. 0.01　　　　　　B. 0.03　　　　　　C. 0.05　　　　　　D. 0.07

237. 一般要求活塞环外围工作面在开口处(　　)范围内不许漏光。
A. 15°　　　　　　B. 30°　　　　　　C. 45°　　　　　　D. 60°

238. 桑塔纳发动机曲轴轴向间隙是靠第(　　)道主轴承的止推垫片来保证的。
A. 1　　　　　　B. 2　　　　　　C. 3　　　　　　D. 4

239. 当进行桑塔纳发动机曲轴轴向间隙检查时, 应先将曲轴用撬棒撬至一端, 再用塞尺测量第(　　)道曲柄与止推轴承之间的间隙。
A. 1　　　　　　B. 2　　　　　　C. 3　　　　　　D. 4

240. 用质量为0.25kg的锤子沿曲轴轴向轻轻敲击连杆, 连杆能沿轴向移动, 且连杆大头两端与曲柄的间隙为(　　)mm。
A. 0.17~0.35　　　　B. 0.35~0.52　　　　C. 0.52~0.69　　　　D. 0.69~0.86

241. 进行连杆轴承间隙检查时, 用手(　　)推动连杆, 应无间隙感觉。
A. 轴向　　　　　　B. 径向　　　　　　C. 侧面　　　　　　D. 前后

242. 用质量为0.25kg的锤子沿曲轴(　　)轻轻敲击连杆, 连杆能沿轴向移动, 且连杆大头两端与曲柄的间隙为0.17~0.35mm。
A. 轴向　　　　　　B. 径向　　　　　　C. 侧面　　　　　　D. 前后

243. 当进行连杆轴承间隙检查时, 摇转曲轴, 使被检连杆位于(　　)位置。
A. 最低　　　　　　B. 最高
C. 中央　　　　　　D. 靠近最低位置

244. 调整喷油泵各缸供油时间, 应以第一缸为基准, 根据喷油泵的(　　)调整其余各缸。
A. 喷油顺序　　　　　　B. 间隔角

C. 喷油顺序和间隔角　　　　　　　　　　D. 点火顺序和间隔角

245. YC6105QC 型柴油机供油提前角为（　　）。
A. 12°～14°　　B. 14°～16°　　C. 16°～20°　　D. 18°～22°

246. 用溢流法检测柴油机喷油提前角需在（　　）上进行。
A. 喷油器试验器　　　　　　　　　　B. 喷油泵试验台
C. 台架　　　　　　　　　　　　　　D. 喷油泵试验台或台架

247. YC6105QC 型柴油机各缸喷油间隔角误差为（　　）。
A. ±0.5°　　B. 0.5°　　C. ±0.6°　　D. 0.6°

248. 喷油器试验器用油应为沉淀后的（　　）。
A. "0"号轻柴油　　B. 煤油　　C. 液压油　　D. 机械油

249. YC6105QC 型柴油机所用的 CKBL68S001 型喷油器的喷油压力应为（　　）MPa。
A. 20.0±5　　B. 23.0±5　　C. 25.0±5　　D. 26.0±5

250. 喷油器未调试前，应做好（　　）使用准备工作。
A. 喷油泵试验台　　B. 喷油器试验器　　C. 喷油器清洗器　　D. 压力表

251. YC6105QC 型柴油机所用的 CKBL68S001 型喷油器的（　　）压力应为（23.0±5）MPa。
A. 泵油　　B. 喷油　　C. 回油　　D. 输油

252. 某零件经过修理后可完全恢复技术要求的标准，但修理成本非常高，该件应定为（　　）。
A. 报废件　　B. 待修件　　C. 可用件　　D. 需修件

253. 将报废件定为可用件将影响汽车的修理质量；如果将可用件定为报废件，将影响汽车的修理（　　）。
A. 质量　　B. 工艺　　C. 成本　　D. 技术要求

254. 汽车离合器压盘及飞轮表面烧蚀的主要原因是离合器（　　）。
A. 打滑　　　　　　　　　　　　　B. 分离不彻底
C. 动平衡破坏　　　　　　　　　　D. 踏板自由行程过大

255. 发动机的活塞产生烧顶的原因之一是（　　）。
A. 冷却液温度过高　　B. 烧机油　　C. 活塞顶有积炭　　D. 混合气过浓

256. 汽车半轴套管折断的原因之一是（　　）。
A. 高速行驶　　　　　　　　　　　B. 传动系统过载
C. 严重超载　　　　　　　　　　　D. 轮毂轴承润滑不良

257. 当活塞开口间隙过小时，会导致活塞环（　　）。
A. 对口　　B. 折断　　C. 泵油　　D. 变形

258. 发动机气缸沿径向的磨损呈不规则的（　　）。
A. 圆形　　B. 圆柱形　　C. 圆锥形　　D. 椭圆形

259. 发动机气缸轴线方向磨损量最大部位是在活塞上止点时（　　）所对应的缸壁。
A. 活塞顶　　　　　　　　　　　　B. 第一道活塞环
C. 活塞销　　　　　　　　　　　　D. 第二道活塞环

260. 发动机气缸径向的磨损量最大的位置一般在进气门（　　）略偏向排气门一侧。

A. 侧面　　　　　　B. 后面　　　　　　C. 对面　　　　　　D. 下面

261. 发动机气缸沿轴线方向磨损呈（　　）的特点。

A. 上大下小　　　　B. 上小下大　　　　C. 上下相同　　　　D. 中间大

262. 以下不属于气缸盖裂纹主要原因的是（　　）。

A. 车辆在严寒季节，停车后没有及时放净发动机水道和散热器内的冷却液

B. 当发动机过热时，突然添加冷水

C. 气缸盖铸造时残余应力的影响及气缸盖在生产中壁厚过薄，强度不足

D. 气缸盖螺栓拧紧力矩过大

263. 以下（　　）属于气缸盖损伤的原因。

A. 冷却液过多　　　　　　　　　　B. 异物碰撞

C. 机油压力过高　　　　　　　　　D. 机油达不到要求

264. 以下（　　）属于气缸盖腐蚀的主要原因。

A. 冷却液加注过多　　　　　　　　B. 使用了不符合要求的冷却液

C. 汽车工作条件恶劣　　　　　　　D. 汽车超时间超负荷工作

265. 以下（　　）属于气缸盖螺纹损伤的原因。

A. 装配时螺栓没有拧正　　　　　　B. 异物碰撞

C. 工具使用不当　　　　　　　　　D. 气缸盖过小

266. 以下（　　）属于气缸体损伤的原因。

A. 冷却液过多　　　　　　　　　　B. 异物碰撞

C. 机油压力过高　　　　　　　　　D. 机油达不到要求

267. 以下（　　）属于气缸体腐蚀的主要原因。

A. 冷却液加注过多　　　　　　　　B. 使用了不符合要求的冷却液

C. 汽车工作条件恶劣　　　　　　　D. 汽车超时间超负荷工作

268. 以下（　　）属于气缸体螺纹损伤的原因。

A. 装配时螺栓没有拧正　　　　　　B. 异物碰撞

C. 工具使用不当　　　　　　　　　D. 气缸盖过小

269. 汽车基础件产生变形的主要原因是受到（　　）应力作用而导致的。

A. 内　　　　　　　B. 外　　　　　　　C. 内、外　　　　　D. 其他

270. 对于具有6个气缸的发动机，（　　）缸磨损最大。

A. 1　　　　　　　　B. 2　　　　　　　　C. 3　　　　　　　　D. 5

271. 以下（　　）不属于曲轴变形的主要原因。

A. 曲轴受到冲击　　　　　　　　　B. 按规定力矩拧紧螺栓力矩

C. 未按规定力矩拧紧螺栓　　　　　D. 材料缺陷

272. 以下（　　）不属于曲轴产生裂纹的主要原因。

A. 材料缺陷　　　　　　　　　　　B. 应力集中

C. 制造缺陷　　　　　　　　　　　D. 螺栓拧紧力矩过大

273. 以下（　　）属于曲轴轴承螺纹损伤的原因。

A. 装配时螺栓没有拧正　　　　　　B. 异物碰撞

C. 工具使用不当　　　　　　　　　D. 螺栓重复使用

274. 以下( )属于曲轴变形的主要原因。
   A. 机油压力过高　　　　　　　　　　B. 按规定力矩拧紧螺栓力矩
   C. 未按规定力矩拧紧螺栓　　　　　　D. 曲轴轴承磨损
275. 以下( )属于凸轮轴轴承螺纹损伤的原因。
   A. 装配时螺栓没有拧正　　　　　　　B. 异物碰撞
   C. 工具使用不当　　　　　　　　　　D. 螺栓重复使用
276. 以下( )不属于凸轮轴变形的主要原因。
   A. 曲轴受到冲击　　　　　　　　　　B. 按规定力矩拧紧螺栓力矩
   C. 未按规定力矩拧紧螺栓　　　　　　D. 材料缺陷
277. 以下( )属于凸轮轴变形的主要原因。
   A. 机油压力过高　　　　　　　　　　B. 按规定力矩拧紧螺栓力矩
   C. 未按规定力矩拧紧螺栓　　　　　　D. 凸轮轴轴承磨损
278. EQ6100-1型发动机气缸有( )级修理尺寸。
   A. 2　　　　　B. 4　　　　　C. 5　　　　　D. 6
279. 桑塔纳2000型轿车的缸盖平面翘曲不大于( )mm。
   A. 0.10　　　B. 0.15　　　C. 0.20　　　D. 0.05
280. 气缸盖平面翘曲变形用( )进行检测。
   A. 钢直尺　　　　　　　　　　　　　B. 塞尺
   C. 千分尺　　　　　　　　　　　　　D. 钢直尺和塞尺
281. 发动机气缸体裂纹和破损检测最常用的方法是( )法。
   A. 磁力探伤　　B. 荧光探伤　　C. 敲击　　　　D. 水压试验
282. 发动机镗缸后的气缸圆度和圆柱度误差应小于( )mm。
   A. 0.0005　　B. 0.005　　　C. 0.05　　　　D. 0.5
283. 当确定发动机曲轴修理尺寸时,除根据测量的圆柱度、圆度进行计算外,还应考虑( )对修理尺寸的影响。
   A. 裂纹　　　　B. 弯曲　　　　C. 连杆　　　　D. 轴瓦
284. 发动机曲轴裂纹易发生在轴颈与曲柄的连接处及( )周围。
   A. 曲拐　　　　B. 配重　　　　C. 机油眼　　　D. 主油道
285. 发动机曲轴轴颈主要的检测项目是( )。
   A. 弯曲变形　　　　　　　　　　　　B. 圆度误差
   C. 圆柱度误差　　　　　　　　　　　D. 圆度和圆柱度误差
286. 发动机凸轮轴轴颈磨损后,主要产生( )差。
   A. 圆度　　　　　　　　　　　　　　B. 圆柱度
   C. 圆跳动　　　　　　　　　　　　　D. 圆度和圆柱度
287. 用( )检测发动机凸轮轴凸轮的轮廓变化,来判断凸轮的磨损情况。
   A. 游标卡尺　　B. 百分表　　　C. 外径分厘卡　D. 标准样板
288. 将发动机凸轮轴支于平台上的V形架上,用( )检测凸轮轴的弯曲程度。
   A. 钢直尺和塞尺　B. 高度尺　　　C. 百分表　　　D. 游标卡尺
289. 自动变速器内( )的作用是制动。

A. 单向离合器　　　　B. 离合器　　　　　C. 制动器　　　　　D. 手动阀

290. 根据汽车发动机气缸体与气缸盖修理技术要求，气缸体上平面50mm×50mm测量范围内平面度误差应不大于(　　)mm。
A. 0.01　　　　　　B. 0.04　　　　　　C. 0.05　　　　　　D. 0.10

291. 根据汽车发动机曲轴技术要求，曲轴各中间各主轴颈的径向圆跳动公差为(　　)mm。
A. 0.025　　　　　B. 0.05　　　　　　C. 0.075　　　　　D. 0.10

292. 根据汽车发动机曲轴技术要求，曲轴修理尺寸共分为(　　)个级别。
A. 6　　　　　　　B. 8　　　　　　　C. 12　　　　　　　D. 13

293. 弯曲度超过0.03mm，摆差超过(　　)mm，应予冷压校直。
A. 0.02　　　　　　B. 0.05　　　　　　C. 0.06　　　　　　D. 0.08

294. 门杆磨损用(　　)测量。
A. 外径千分尺　　　B. 内径千分尺　　　C. 钢直尺　　　　　D. 刀口形直尺

295. 气门高度用(　　)测量。
A. 外径千分尺　　　B. 内径千分尺　　　C. 钢直尺　　　　　D. 刀口形直尺

296. 气门弹簧自由长度用(　　)测量。
A. 外径千分尺　　　B. 内径千分尺　　　C. 钢直尺　　　　　D. 刀口形直尺

297. 发动机气门座圈与座圈孔应为(　　)。
A. 过渡配合　　　　　　　　　　　　　B. 过盈配合
C. 间隙配合　　　　　　　　　　　　　D. 过渡配合、过盈配合、间隙配合均可

298. 当铰削EQ6100-1气门座时，应选用(　　)铰刀铰削15°上斜面。
A. 45°　　　　　　B. 75°　　　　　　C. 15°　　　　　　D. 25°

299. 在安装发动机新凸轮轴油封时，应先涂一层(　　)。
A. 密封胶　　　　　B. 机油　　　　　　C. 凡士林　　　　　D. 齿轮油

300. 调整发动机气门间隙时应在(　　)、气门挺杆落至最终位置进行。
A. 进气门完全关闭　　　　　　　　　　B. 排气门完全关闭
C. 进、排气门完全关闭　　　　　　　　D. 进、排气门不需关闭

301. (　　)不是连杆轴承异响的特征。
A. 温度升高，声音变化不大　　　　　　B. 随发动机转速增加，声音加大
C. 尖脆的"嗒嗒"声　　　　　　　　　D. 发出较大清脆的"当当"金属敲击声

302. (　　)用于检测柴油车废气中有害气体的含量。
A. 烟度计　　　　　B. 废气分析仪　　　C. 示波器　　　　　D. 万用表

303. 全面质量管理的基本工作方法中(　　)阶段指的是总结阶段。
A. A　　　　　　　B. C　　　　　　　C. D　　　　　　　D. P

304. (　　)会导致连杆轴承产生异响。
A. 连杆轴承间隙过小　　　　　　　　　B. 连杆材质不符合要求
C. 润滑系统压力过大　　　　　　　　　D. 连杆轴承间隙过大

305. 通常排气门的气门间隙是(　　)mm。
A. 0.10~0.20　　　B. 0.25~0.30　　　C. 0.30~0.35　　　D. 0.35~0.40

306. 汽车万向传动装置一般由万向节、（　　）和中间支承组成。
　　A. 变矩器　　　　B. 半轴　　　　C. 传动轴　　　　D. 拉杆
307. （　　）是保证和提高维修质量的先决条件。
　　A. 加强教育　　　　　　　　　　B. 抓技术管理
　　C. 应用新技术　　　　　　　　　D. 推行管理新经验
308. （　　）是连杆轴承异响的特征。
　　A. 较沉闷连续的"当当"金属敲击声　　B. 发出较大清脆的"当当"金属敲击声
　　C. 尖脆的"嗒嗒"声　　　　　　　　　D. 发出散乱撞击声
309. 从动盘摩擦片上的铆钉头至其外平面距离不得小于（　　）mm。
　　A. 0.1　　　　B. 0.2　　　　C. 0.3　　　　D. 0.4
310. 制动蹄与制动鼓之间的间隙过大，将导致（　　）。
　　A. 车辆行驶跑偏　　　　　　　　B. 制动不良
　　C. 制动时间变短　　　　　　　　D. 制动距离变短
311. 汽车起动机电磁开关将起动机主电路接通后，活动铁心靠（　　）线圈产生的电磁力保持在吸合位置上。
　　A. 吸拉　　　B. 保持　　　C. 吸拉和保持　　　D. 吸拉和保持都不是
312. 关于起动机运转无力故障的原因，甲说：起动机运转无力的原因可能是起动机电枢轴弯曲与磁极碰擦，乙说：起动机运转无力的原因可能是电枢绕组或磁场绕组短路。你认为以上观点（　　）。
　　A. 甲正确　　　　　　　　　　　B. 乙正确
　　C. 甲乙都正确　　　　　　　　　D. 甲乙都不正确
313. 关于低速断火故障，甲说：低速断火故障的原因可能是可燃混合气过浓，乙说：低速断火故障的原因可能是电容器断路。你认为以上观点（　　）。
　　A. 甲正确　　　　　　　　　　　B. 乙正确
　　C. 甲乙都正确　　　　　　　　　D. 甲乙都不正确
314. 液压行车制动系统在达到规定的制动效能时，对于制动器装有自动调整间隙装置车辆的踏板行程不得超过踏板全行程的（　　）。
　　A. 1/4　　　　B. 1/2　　　　C. 3/4　　　　D. 4/5
315. 变速器不常接合齿轮齿厚磨损不得超过（　　）mm。
　　A. 0.20　　　B. 0.25　　　C. 0.30　　　D. 0.40
316. 汽油泵的摇臂行程磨损不应超过（　　）mm。
　　A. 0.10　　　B. 0.20　　　C. 0.30　　　D. 0.40
317. 分电器轴与衬套的正常配合间隙为0.02~0.04mm，最大不得超过（　　）mm。
　　A. 0.02　　　B. 0.05　　　C. 0.07　　　D. 0.09
318. 当汽油车检测排放时，发动机应处于（　　）状态。
　　A. 中速　　　B. 低速　　　C. 急速　　　D. 加速
319. EQ1092F 汽车的转向盘自由转动量应为（　　）。
　　A. 1°~15°　　B. 15°~30°　　C. 30°~45°　　D. 45°~60°
320. 当乘用车在50km/h的初速度下采用行车制动系统制动时，空载检验时制动距离要求≤( )m。

　A. 9　　　　　　　B. 19　　　　　　　C. 29　　　　　　　D. 39

321. 当载货汽车在 30km/h 的初速度下采用应急制动系统制动时，制动距离要求≤( )m。

　A. 10　　　　　　　B. 20　　　　　　　C. 30　　　　　　　D. 40

322. 变速器自锁装置的主要作用是防止( )。

　A. 变速器乱档　　　B. 变速器跳档　　　C. 变速器误挂倒档　D. 挂档困难

323. 当变速器竣工验收时，应进行( )试验。

　A. 有负荷　　　　　　　　　　　　　　　B. 无负荷

　C. 热磨合　　　　　　　　　　　　　　　D. 无负荷和有负荷

324. 膜片弹簧离合器的膜片弹簧可兼起( )的作用。

　A. 压紧机构　　　B. 分离机构　　　C. 分离杠杆　　　D. 分离套

325. 变速器( )装置可防止同时挂上两个档。

　A. 互锁　　　　　　B. 自锁　　　　　　C. 倒档锁　　　　　D. 锁止销

326. 用百分表测量变速器输入轴的径向圆跳动量要求不大于( )mm，使用极限为 0.06mm。

　A. 0.020　　　　　B. 0.025　　　　　C. 0.030　　　　　D. 0.035

327. 差速器具有转矩平均分配的特点，因此当左轮打滑时，右轮获得的转矩( )。

　A. 大于左轮转矩　B. 小于左轮转矩　C. 等于左轮转矩　D. 等于零

328. 根据汽车驱动桥修理技术要求，驱动桥钢板弹簧座( )减少不大于 2.0mm。

　A. 长度　　　　　　B. 宽度　　　　　　C. 厚度　　　　　　D. 表面粗糙度值

329. 根据汽车前桥及转向系修理技术要求，前轴钢板弹簧座上 U 形螺栓承孔及定位孔的磨损量不得大于( )mm。

　A. 0.5　　　　　　B. 1　　　　　　　C. 1.5　　　　　　D. 2

330. 国家检验标准规定最高车速小于 100km/h 的汽车转向盘向左向右的自由转角不得大于( )。

　A. 30°　　　　　　B. 40°　　　　　　C. 15°　　　　　　D. 35°

331. 制动钳体缸筒圆柱度误差应不大于( )mm。

　A. 0.01　　　　　　B. 0.02　　　　　　C. 0.03　　　　　　D. 0.04

332. 起动机广泛使用的是( )式离合器。

　A. 滚柱　　　　　　B. 摩擦片　　　　　C. 弹簧　　　　　　D. 带式

333. 当起动机电枢轴弯曲超过( )mm 时，应进行校正。

　A. 0.05　　　　　　B. 0.10　　　　　　C. 0.15　　　　　　D. 0.25

334. 起动机的空转试验不得超过( )min。

　A. 0.5　　　　　　B. 1　　　　　　　C. 1.5　　　　　　D. 2

335. 全面质量管理的基本工作方法中( )阶段指的是计划阶段。

　A. A　　　　　　　B. C　　　　　　　C. D　　　　　　　D. P

336. 汽车在修理过程中，其维修质量取决于汽车修理的( )。

　A. 工艺规程　　　　　　　　　　　　　B. 工艺设备

C. 工作人员的工作素质　　　　D. 工艺规程、工艺设备、工作人员的工作素质都对

337. 桑塔纳 2000 型轿车制动踏板总行程不小于( )mm。
A. 180　　　　　B. 150　　　　　C. 135　　　　　D. 120

338. 解放 CA1092 型汽车制动鼓工作面的圆度误差不大于( )mm。
A. 0.02　　　　B. 0.025　　　　C. 0.03　　　　D. 0.035

339. 当变速器无负荷试验时，( )轴的转速应在 1000~1400r/min 范围内。
A. 第一　　　　B. 第二　　　　C. 中间　　　　D. 倒档

340. 汽车万向传动装置中，单个普通刚性万向节在有夹角的情况下，不能传递( )运动。
A. 等圆周　　　B. 等转速　　　C. 等角速　　　D. 等速

341. 根据汽车前桥及转向系修理技术要求，前轴主销孔端面修理后，厚度减少量不得大于( )mm。
A. 1.0　　　　　B. 1.5　　　　　C. 2.0　　　　　D. 2.5

342. 东风 EQ1092 型汽车转向盘由中间位置向左向右转动的自由量不得超过( )。
A. 15°　　　　　B. 25°　　　　　C. 30°　　　　　D. 20°

343. 发动机曲轴轴颈主要的检测项目是( )。
A. 弯曲变形　　　　　　　　　B. 圆度误差
C. 圆柱度误差　　　　　　　　D. 圆度和圆柱度误差

344. 东风 EQ1092 型汽车的空气压缩机由( )驱动。
A. 曲轴带轮　　B. 凸轮轴带轮　C. 发电机带轮　D. 飞轮

345. 制动蹄与制动鼓之间的间隙过小，不应调整( )。
A. 制动踏板高度　　　　　　　B. 制动气室压力
C. 储气筒压力　　　　　　　　D. 制动踏板高度、制动气室压力、储气筒压力都对

346. 表面粗糙度是一种( )。
A. 尺寸误差　　B. 形状误差　　C. 位置误差　　D. 形状公差

347. 百分表中的短指针转动一格为( )mm。
A. 0.1　　　　　B. 0.2　　　　　C. 1　　　　　　D. 2

348. 当客车在 30km 的初速度下采用应急制动系统制动时，制动距离要求( )m。
A. 18　　　　　B. 28　　　　　C. 38　　　　　D. 48

349. 当机油压力低于( )MPa 以上时，机油压力过低，警告灯报警开关触点闭合，警告灯亮。
A. 0.15　　　　B. 0.30　　　　C. 0.45　　　　D. 0.60

350. 用百分表测量变速器输出轴的径向圆跳动量要求不大于( )mm，使用极限为 0.06mm。
A. 0.020　　　B. 0.025　　　C. 0.030　　　D. 0.035

第二部分　实操技能考核指导

实操技能考核复习提要

一、中级汽车维修工(四级)实操技能考核复习的基本依据

中级汽车维修工(四级)实操技能考核复习的基本依据是中级汽车维修工操作技能考核试题,即第7章~第9章技能鉴定要素细目表中"考核要点"涉及的试题。在2019版〔标准〕中,以《人力资源和社会保障部关于公布国家职业资格目录的通知》(人社发〔2017〕68号)及《中华人民共和国职业大典(2015版)》为依据,将汽车领域的"汽车机械维修工、汽车电器维修工"等7个工种合并至"汽车修理工"这一岗位中,并调整了权重,故原有工种的一些实例项目并入考试内容中。

二、中级汽车维修工(四级)实操技能考核复习的基本内容

中级汽车维修工(四级)操作技能考核复习的基本内容主要包括汽车维护、汽车修理和汽车故障诊断与排除三部分。

汽车维护包括汽车诊断参数的检测与汽车维护的操作两大部分。

汽车修理技能考核的主要内容包括汽车发动机、汽车底盘、汽车电器等主要总成部件的拆装、检测、调整及修理方法。

汽车故障诊断与排除操作技能考核的主要内容包括汽车发动机、汽车底盘及汽车电器中典型故障的故障现象、故障原因分析及故障诊断与排除方法。

三、中级汽车维修工(四级)实操技能考核试卷的构成

中级汽车维修工操作技能考核试卷由以下三部分组成:

1. 中级汽车维修工操作技能考核准备通知单

通知单内容包括材料准备、设备准备、仪器仪表、工量具和考场准备,供鉴定所和应试者进行准备用。

2. 中级汽车维修工操作技能考核试卷

试卷主要包括试题名称、试题所占的权重、考核时间和形式、具体考核要求和否定项说明。

中级汽车维修工操作技能考核设3个考核项目,汽车维护、汽车修理和汽车故障诊断与排除,每个项目各设一个考核题目,都采取百分制,但所占的权重不同,其中,汽车维护、汽车修理各占30%,而汽车故障诊断与排除考核项目分值所占的权重为40%。

3. 中级汽车维修工操作技能考核评分标准和记录表

内容是试题各项目的评分标准和记录表,供考评员使用。

第七章 汽车维护技能鉴定

理论鉴定要素细目表

考核内容		考核要点	重要程度
汽车维护	汽车诊断参数的检测	检测气缸压缩压力	★★★
		检测与调整气门间隙	★★★
		检测进气管真空度	★★★
		检测汽油机燃油压力	★★★
		检查曲轴轴向间隙	★★★
		检查连杆轴承间隙	★★★
		检查与调整柴油机供油正时	★★★
		检查与调整前轮侧滑量	★★★
	汽车维护的操作	更换活塞环	★★★
		拆装变速器盖	★★★
		用解码器读取故障码	★★★

鉴定要求分析

本章内容涉及汽车维护技能操作,其主要内容包括汽车诊断参数的检测和汽车维护的操作两大部分内容。

汽车诊断参数是供诊断用的,表征汽车、总成及机构技术状况的量。其中气缸的压缩压力、进气管真空度、汽油机燃油压力、曲轴轴向间隙、连杆轴承间隙、柴油机供油正时、前轮侧滑量等参数对于判断汽车的技术状况,确定相关的修理工艺起到决定性的作用。技能考核的重点是能否掌握运用相关的仪器正确检测出汽车的诊断参数,并能根据诊断参数对汽车的技术状况进行评估分析。

汽车维护操作的重点是操作流程的规范性。

这两部分内容均以现场操作为主,并针对操作应对考官的相关提问。

知识点阐述

第一节 汽车诊断参数的检测

参数是表明某一种重要性质的量。汽车诊断参数是供诊断用的，表征汽车、总成及机构技术的量。

汽车维修工(四级)汽车维护技能考核中，涉及的汽车诊断参数分别有气缸的压缩压力、进气歧管真空度、汽油机燃油压力、曲轴轴向间隙、连杆轴承间隙、柴油机供油正时和前轮侧滑量七个参数。虽然故障码跟汽车的结构参数无关，但故障码能在一定程度上反映汽车的故障情况，故收录于本节内容一并讨论。

一、检测气缸压缩压力

气缸密封性与气缸体、气缸盖、气缸垫、活塞、活塞环和进排气门等零件的技术状况有关。在发动机使用过程中，由于这些零件磨损、烧蚀、结焦或积炭，导致气缸密封性下降，使发动机功率下降，燃油消耗率增加，使用寿命大大缩短。气缸密封性是表征发动机技术状况的重要参数。

在不解体的条件下，检测气缸密封性的常用方法有：检测气缸压缩压力，检测曲轴箱窜气量，检测气缸漏气量或气缸漏气率，检测进气管真空度等。在就车检测时，只要进行其中的一项或两项，就能确定气缸密封性的好坏。

本小节的重点在于逐缸检查气缸压缩压力。

活塞到达压缩上止点时气缸压缩压力的大小可表征气缸的密封性的。由于用气缸压力表检测气缸压缩压力具有价格低廉、仪表轻巧、实用性强和检测方便等优点，因而在汽车维修企业中应用十分广泛。气缸压力表如图7-1所示。

1. 检测方法

以电控汽油发动机为例介绍气缸压缩压力的检测方法，其具体的检测过程如下：

1) 发动机正常运转，使冷却液温度达到75℃以上。

2) 停机后，拆下空气滤清器，用压缩空气吹净火花塞周围的灰尘和脏物，然后卸下全部火花塞，并按气缸次序放置，同时将所有喷油器的插头拔下。**注意**：还应把分电器中央高压线或各缸高压线(无分电器电控点火)拔下并可靠搭铁，以防止电击和着火。

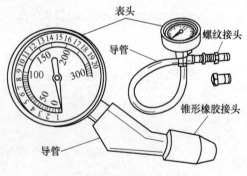

图7-1 气缸压力表

3) 然后把气缸压力表的橡胶接头插在被测缸的火花塞孔内，扶正压紧。

4) 节气门置于全开位置，用起动机转动曲轴3~5s(不少于四个压缩行程)，待压力表头指针指示并保持最大压力后停止转动。取下气缸压力表，记下读数，按下单向阀使压力表指针回零。

5）按上述方法依次测量各缸，每缸测量次数应不少于两次，取其平均值。

2. 技术要求

气缸压缩压力标准值一般由各制造厂提供。其测量值应符合原设计规定，每缸压力与各缸平均压力的差，汽油机不超过8%，柴油机不超过10%。

二、检测与调整气门间隙

1. 气门间隙的调整部位取决于配气机构的结构形式

有摇臂的配气机构，其气门间隙是用摇臂推杆一端的调节螺钉进行调整，如图7-2a所示。调整时，先松开锁紧螺母和调整螺钉，将与气门间隙规定值相同厚度的塞尺插入所调气门脚与摇臂之间的间隙中，通过旋转调整螺钉调整气门间隙，并来回拉动塞尺，当感觉塞尺有轻微阻力时即可。拧紧锁紧螺母后还要复查，如间隙有变化均需重新进行调整。

没有摇臂的上置凸轮轴式发动机，其气门间隙通常是通过更换挺柱上不同厚度的垫片来调整的，如图7-2b所示。

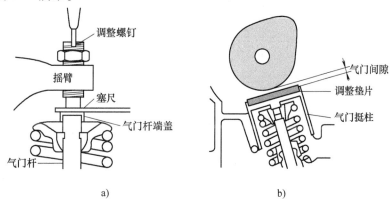

图7-2 气门间隙调整

2. 调整方法

气门间隙的大小一般由发动机制造厂根据试验确定。在冷机状态时，进气门的间隙一般为0.25~0.3mm，排气门的间隙一般为0.3~0.35mm。间隙过大，进、排气门开启延迟后，会缩短进气和排气的时间，降低气门的开启高度，改变正常的配气相位，使发动机因进气不足、排气不净而导致功率下降。间隙过小，发动机工作后，零件受热膨胀，会将气门推开，致使气门关闭不严，造成漏气，发动机功率下降，并使气门的密封表面严重积炭或烧坏，甚至撞击活塞。因此，发动机维修过后安装气门时需要对气门间隙进行调整。

（1）逐缸法 根据气缸点火顺序，确定某缸活塞在压缩上止点位置后，可对此缸进、排气门间隙进行调整；调好后转动曲轴，逐步调整其他各缸气门间隙。以气缸点火次序1—3—4—2为例：调至一缸活塞位于压缩上止点位置后（此时一缸进排气门处于完全关闭），可对此缸进、排气门间隙进行调整；摇转曲轴180°使三缸位于压缩上止点，调节三缸进、排气门间隙；再摇转曲轴180°使四缸位于压缩上止点，再调节四缸进、排气门间隙；再摇转曲轴180°使二缸位于压缩上止点，再调节二缸进、排气门间隙。

（2）二次调整法 只需通过将发动机曲轴转动两次，就能将多缸发动机所有气门全部调整一遍。根据气缸点火次序1—3—4—2为例：调至一缸活塞位于压缩上止点位置时，各缸气门位置状态见表7-1和表7-2。

表7-1 曲轴转动一次时各缸气门位置状态

曲轴位置	第一缸压缩上止点	第二缸做功上止点	第三缸进气上止点	第四缸排气上止点
进气门开、闭情况	闭	闭	开	开
排气门开、闭情况	闭	开	闭	开

根据各缸气门位置将处于闭合的气门按要求调节好，再把曲轴摇转360°到达四缸压缩上止点位置进行二次调整。

表7-2 曲轴转动两次时各缸气门位置状态

曲轴位置	第一缸排气上止点	第二缸进气上止点	第三缸做功上止点	第四缸压缩上止点
进气门开、闭情况	开	开	闭	闭
排气门开、闭情况	开	闭	开	闭

三、检测进气管真空度

发动机进气管真空度随气缸密封性的变化而变化，因此，汽油机进气管真空度可以表征气缸的密封性。在技能考核当中，此项操作的重点在于能够使用真空表正确地检测真空度，并能通过真空度分析发动机的技术状况。真空表由表头和软管组成。真空表如图7-3所示。

1. 检测前的准备

1）当检测进气管真空度时，首先将发动机预热到正常工作温度，同时检查发动机的燃料系统、润滑系统、冷却系统、电气系统及外观状况，进行着车前的准备。

2）真空表要安装在节气门的后方。将真空表的软管同发动机进气管测压孔接头相连接。

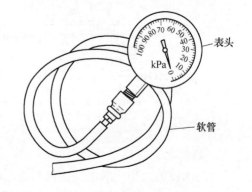

图7-3 真空表

2. 检测方法

1）变速器处于空档位置，发动机怠速运转。

2）检查真空表和进气管连接软管及各接头部位，均不得有泄漏。

3）在怠速、加速和减速等各种工况下读取真空表上的读数。考虑到进气管真空度随海拔增加而降低，海拔每升高1000m，真空度将减少10kPa左右。因此，在测定真空度时，应根据所在海拔修正真空度标准值。

真空度单位用kPa表示。真空表的量程为0~101.325kPa，旧式表头的量程为0~760mmHg(1mmHg≈0.133kPa)。

3. 技术要求

1）当发动机的点火系统、配气机构和密封性能等各部分良好且发动机温度正常时，在相当于海平面高度的条件下，发动机怠速运转时，真空度在57.33~71.66kPa范围内，且较稳定，表示气缸密封性正常。

2）发动机在怠速工况下，迅速开启、关闭节气门时，真空度应在6.66~84.66kPa范围内随之摆动,且变化较灵敏,则进一步说明气缸组技术状况良好。

4. 检测结果分析

1) 怠速时,若指针低于正常值,主要是活塞环、进气管漏气造成的,也可能与点火过迟或配气过迟有关。在此情况下,节气门若突然开启,指针会回落到0;若节气门突然关闭,指针也回跳不到84.66kPa。

2) 怠速时,指针时时跌落至13.33kPa左右,说明某进气门口处有结焦。

3) 怠速时,指针有规律在下跌某一数值,表明某气门烧毁。

4) 怠速时,指针跌落6.66kPa左右,表明气门与气门座不密合。

5) 怠速时,指针很快地在46.66~60kPa范围内摆动,升速时指针反而稳定,表示进气门杆与其导管磨损松旷。

6) 怠速时,指针在33.33~74.66kPa范围内缓慢摆动,且随发动机转速升高摆动加剧,表明气门弹簧弹力不足或气缸衬垫泄漏。

7) 怠速时,指针停留在26.66~50.66kPa范围内,表明气门机构失调,气门开启过迟。

8) 怠速时,指针跌落在46.66~57.33kPa范围内,表明点火时刻过迟。

9) 怠速时,指针在46.66~53.33kPa范围内缓慢摆动,表明火花塞间隙太小。

10) 怠速时,指针在17.33kPa以下,表明进气管漏气。

11) 怠速时,指针在17.33~64kPa范围内大幅度摆动,说明气缸衬垫漏气。

12) 表针最初指示较高,怠速时逐渐跌落到0,表明排气消声器或排气系统堵塞。

四、检测汽油机燃油压力

1. 检测前的准备工作

(1) 泄掉燃油系统残余油压 泄掉燃油系统残余油压有以下两种方法:

1) 发动机运转法。拔掉汽油泵熔断丝(使电动汽油泵停止工作),起动发动机,利用发动机的运转消耗掉燃油系统的残余燃油。对于有些汽车而言,电动汽油泵与喷油器、点火模块等共用一个熔断丝,用该方法无法卸压,此时可以用先拔下汽油泵电插头,再起动发动机的方法来卸压。

2) 直接释放法(注意防火)。用棉纱包住汽油滤清器的油管接头,用工具慢慢松开油管接头,利用棉纱吸收从油管接头渗出的燃油,直至燃油系统的残余油压被完全释放,然后再拧紧油管接头。

(2) 接油压表 用三通油管接头将油压表接入汽油滤清器后的燃油总管和燃油分配管中或直接用油压表接入燃油分配管上的燃油压力检测口。

2. 燃油压力的检测

(1) 检测静态油压 装回汽油泵熔断丝,接通点火开关,但不起动发动机,此时,油泵会工作2~3s,建立静态油压,燃油压力表的读数应为0.3MPa左右(具体数据查阅维修手册)。若读数过大,则说明油压调节器有故障;若读数为0,则说明电动汽油泵没运转,应检查电动汽油泵及其控制电路;若读数过小,则说明电动汽油泵供油不足或油压调节器回油过量。

(2) 检测怠速工况油压 当正常怠速工况时,燃油压力表的读数应在0.196~0.235MPa。当读数过大时,检查油压调节器的真空管有无破裂、漏气或阻塞,真空管正常则更换油压调节器；当读数过小时，检查发动机的空气滤清器是否严重阻塞。

（3）检测正常运行时的油压　慢慢踩下加速踏板，发动机逐渐加速，燃油压力表的读数应在怠速工况油压的基础上逐步升高到 0.265~0.304MPa。若情况不相符时，应检查油压调节器的真空管及发动机空气滤清器的情况。

（4）检测最高油压　夹住回油管，燃油压力表的读数应达到 0.392MPa 左右。若达不到该油压，则说明电动汽油泵的性能已经下降，应更换电动汽油泵。

（5）检测残余油压　断开点火开关，燃油压力表的读数应为 0.28MPa 左右，且 30s 内不下降。若读数持续下降，则说明油路中有泄漏点。

五、检查曲轴轴向间隙

曲轴留有适当的轴向间隙是为了防止机件在使用中因热膨胀而卡滞。曲轴轴颈两边的止推轴承被逐渐磨损，磨损到一定程度后，将使曲轴的轴向间隙过大，曲轴发生轴向窜动，影响发动机的正常工作和使用寿命。因此，在修理发动机时，应检查此间隙是否符合标准，并进行调整。

1. 检查方法

（1）发动机不解体情况下的检查

1）把带磁力底座的百分表固定在发动机前面或者后面的缸体上。

2）把百分表杆部平行于曲轴中心线放置，调整表针。

3）前后撬动曲轴，观察百分表读数。其最大值与最小值之差即为曲轴的轴向间隙，如图 7-4a 所示。

（2）发动机解体情况下的检查　曲轴轴向间隙也可用另一方法进行检查：将曲轴定位轴肩和轴承的承推端面的一面靠合，用撬棒将曲轴挤向后端，然后用塞尺在曲轴臂与止推轴瓦或止推垫圈之间测得，如图 7-4b 所示。

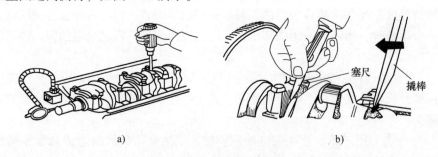

图 7-4　检查曲轴轴向间隙

2. 调整方法

曲轴轴向间隙一般为 0.05~0.20mm。如果轴向间隙过小，会使机件膨胀而卡着；如果轴向间隙过大，易形成轴向窜动，则给活塞连杆组的机件带来不正常的磨损。因此，当轴向间隙值超过极限时，则更换或修整止推轴瓦或止推垫圈。

六、检查连杆轴承间隙

连杆轴承间隙的检查包括径向和轴向间隙的检查。

1. 连杆轴承径向间隙的检测

1）拆下连杆轴承盖，清洗轴承和连杆轴径。

2）如图7-5所示，将塑料间隙规沿轴向放置在连杆轴径或连杆轴承上。

3）装上连杆轴承盖，以规定的力矩拧紧，此时不得转动曲轴。

4）重新拆下连杆轴承盖。

5）将轴承盖与轴径间被压扁的塑料间隙规取出，将其压扁的宽度与印制刻度相比较，就可得出连杆轴承的径向间隙值。塑料塞尺的标识尺寸见表7-3。若超过规定值，应更换连杆轴承。

表7-3 塑料塞尺的标识尺寸

测量范围	色别	型号
0.025~0.076mm	绿	PG-1
0.050~0.150mm	红	PR-1
0.100~0.230mm	蓝	PB-1

2. 连杆轴承轴向间隙的检测

将连杆轴承盖按正常顺序装配到曲轴上，用磁座百分表或塞尺测量连杆轴承盖的侧面与曲柄之间的间隙，如图7-6所示。最大应不超过使用极限，否则应更换连杆总成。

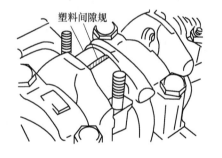

图7-5 塑料间隙规的放置

图7-6 连杆轴承轴向间隙的检查

七、检查与调整柴油机供油正时

喷油泵固定在柴油机上，可能因为各种情况造成供油正时不准，这时就需要检查供油正时。

1. 检查供油正时的方法

1）一人摇转曲轴使1缸活塞处于压缩行程（即1缸进、排气门都出现间隙）时，当固定标记正好对准飞轮或曲轴胶带轮上的供油提前角记号时，停止摇转曲轴。

2）对于有喷油泵第一分泵开始供油正时标记的，检查万向节（或自动提前器）上的定时刻线标记是否与泵壳前端上的刻线记号对上。若两记号正好对上，则说明供油正时正确；若万向节上的标记还未到泵壳刻线记号，则说明供油时间过晚；若万向节上的标记已超过泵壳刻线记号，则说明供油时间过早。

3）对于万向节和泵壳前端无刻线记号的，此时就应该拆下喷油泵1缸高压油管，一人摇转曲轴,当快要到达1缸供油提前角位置时,要缓慢摇转曲轴,另一人凝视一缸出油阀的出油口油面,当油面刚刚向上动时,停止摇转曲轴,检查飞轮或曲轴胶带轮上的供油提前角刻线是否与其对应的指针对上(为以后检查方便,这时可在万向节和泵壳上补做一对正时记号)。

2. 装机校准供油正时

当柴油机大修和喷油泵检修后重新安装时,必须检查供油正时。

1) 顺时针摇转曲轴,使第1缸活塞处于压缩行程上止点前规定的供油开始位置,即固定标记对准飞轮或曲轴胶带轮上的供油提前角记号。

2) 转动喷油泵凸轮轴,使喷油泵万向节(或自动提前器)上的定时刻线标记与泵壳前端上的刻线记号对准。

3) 向前推入喷油泵,使从动凸缘盘的凸块插入万向节并与之接合,在拧紧主动凸缘盘和中间凸缘盘的两个螺钉时,应使两凸缘盘上的"0"标记对准,这样,即可保证柴油机的供油提前角符合要求。

3. 调整供油正时的方法

在检查供油正时时,如果发现供油提前角过小或过大,就要进行调整,常用的调整方法如下:

(1) 转动泵体调整　用正时齿轮和花键轴头直接插入驱动喷油泵,大多用三角固定板或法兰盘与机体相连。三角固定板和法兰盘上分别有三个或四个弧形长孔。采用上述方法固定喷油泵,如果检查的供油正时不准,只需松开相应的三个或四个固定螺栓,通过弧形长孔适当转动泵体来调整供油提前角即可。

调整时,将泵体逆着驱动轮的旋向转动一个角度,就可使供油提前角增大;如将泵体顺着驱动轮旋向转动,则可使供油提前角减小。

(2) 转动泵轴调整　用万向节驱动的喷油泵,在连接盘上的有两个弧形长孔。当调整供油提前角时,可松开连接盘上的两个固定螺栓,将喷油泵凸轮轴顺旋向转动一个角度,便可增大供油提前角;逆旋向转动一个角度,则可减小供油提前角。调整完后,拧紧连接盘上的两个固定螺栓即可。

八、检查与调整前轮侧滑量

侧滑是指由于前束与车轮外倾角配合不当,在汽车行驶过程中,车轮与地面之间产生一种相互作用力,这种作用力垂直于汽车行驶方向,使轮胎处于边滚边滑的状态,它使汽车的操纵稳定性变差,增加油耗和加速轮胎的磨损。

如果让汽车驶过可以横向自由滑动的滑板,由于存在上述作用力,将使滑板产生侧向滑动。检测汽车的侧滑量,可以判断汽车前轮前束和外倾这两个参数配合是否恰当,而并不测量这两个参数的具体数值。

1. 前轮侧滑量的检测

汽车前轮侧滑量的检测通常是在侧滑试验台上进行的,按照 GB 7258—2017《机动车运行安全技术条件》中的有关规定进行判断,要求车辆前轮侧滑量不大于 5m/km。

(1) 检测前的准备

1) 检查轮胎气压及花纹,使其符合规定。

2）清除轮胎上的油污、水或花纹沟槽内嵌入的小石子，使轮胎干净。

（2）检测步骤

1）打开侧滑试验台的滑板锁止装置，接通电源。

2）汽车以 3~5km/h 的速度平稳前进，垂直驶过侧滑板，在汽车通过侧滑板时严禁转向和制动。

3）待汽车从侧滑板上完全通过后，记下仪表的显示值，注意数值的正负号。

4）检测结束后，将滑板锁止，切断电源。

（3）检测注意事项

1）不允许超过试验台额定负荷的汽车开到试验台上。

2）不允许汽车在试验台滑板上转向和制动。

3）不允许在试验台上停放任何车辆。

4）注意经常保持试验台内外的清洁。

（4）检测分析　当前轮通过侧滑检测仪时，滑板向外移动（侧滑为正），表明车轮前束太大或负外倾太大；若滑板向内移动（侧滑为负），表明车轮外倾太大或负前束太大；若滑板不移动，表明车轮没有侧滑量，则前束与外倾配合恰到好处。

2. 前轮侧滑量的调整

若测得的前轮侧滑量超过 5km/h，则可视情况调整前轮前束和前轮外倾角。调整完毕，再次检查前轮侧滑量。

第二节　汽车维护的操作

一、更换活塞环

活塞环在工作时，由于受高温、润滑条件差的影响，其磨损失效要比气缸的磨损极限速度快。随着活塞环磨损的加剧，活塞环的弹力将逐渐减弱，端隙、侧隙的增大，会使密封性能变差，降低发动机的动力性和经济性。

活塞环除磨损失效外，还有一种常见的断裂损坏。由于活塞环脆性较大，如果在安装时方法不当，或活塞环侧隙、端隙过小和发动机突爆、大负荷的撞击都会造成活塞环断裂。因此，应正确选配和安装活塞环。

1. 活塞环的选配

对活塞环选配的要求是：与气缸、活塞的修理尺寸一致；具有规定的弹力，以保证气缸的密封性；活塞环的漏光度、端隙、侧隙和背隙应符合设计规定。

2. 活塞环的拆卸

以丰田 5A-FE 发动机为例介绍活塞环的拆卸过程。

1）转动曲轴将一、四缸的活塞位于下止点。

2）拆下一、四缸连杆大头的连杆轴承盖，逐缸将活塞连杆组总成取下；用同样的方法将二、三缸活塞连杆组拆下。

注意：拆下活塞连杆组时应观察活塞或连杆上有无记号，若无则应做记号。

3）用活塞环拆装钳将活塞连杆组上的活塞环拆下。

3. 活塞连杆组的装配

以丰田 5A-FE 发动机为例介绍活塞连杆组的装配过程。

1) 将活塞环正确装于活塞环槽中。

注意：检查、调整各道活塞环的开口方向。第一道活塞环开口应朝向侧压力小的一面，第二道与第一道开口对置；油环开口也要相互错开，如图 7-7 所示。

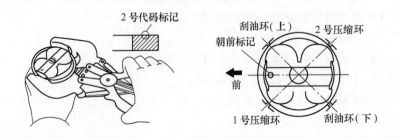

图 7-7 活塞环开口错开安装

2) 对每一道活塞环的间隙进行检查，如图 7-8 所示。

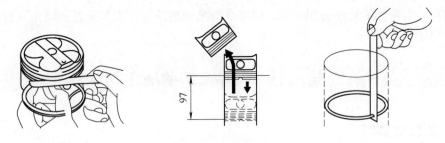

图 7-8 活塞环间隙的检查

① 侧隙测量。第一道环的侧隙为 0.04~0.08mm，第二道环的侧隙为 0.03~0.07mm。

② 开口端隙测量。第一道环的端隙为 0.25~0.45mm，第二道环的端隙为 0.35~0.45mm，油环的端隙为 0.15~0.50mm。

③ 如果间隙超过最大值，则更换活塞。

3) 用干净清洁的机油涂在将要安装的气缸壁与该缸相应的活塞及曲轴的连杆轴径上。

4) 转动曲轴到一、四缸的下止点，将活塞连杆组总成安装到相应的气缸中，如图 7-9 所示。

注意：如果要安装二、三缸的活塞，则应将曲轴转动到二、三缸下止点位置。

注意：在将活塞装入气缸之前，应用短软管套在连杆螺栓上，保护曲轴不受损伤。

5) 将该缸的连杆轴承盖与连杆相连，并按一定的力矩分次上紧。

注意：各道轴承盖之间不能弄乱，且每一道轴承盖也有朝向的方向（凸点朝前），如图 7-10 所示。

注意：上紧的力矩第一次为 29N·m，第二次转过 90°。

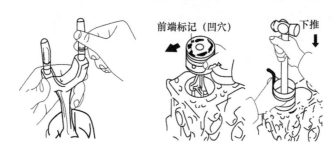

图 7-9 活塞连杆组的安装

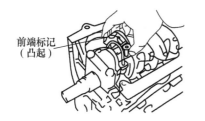 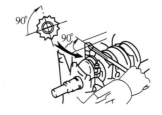

图 7-10 连杆轴承盖的安装

二、拆装变速器盖

1. 拆卸

1）把变速杆置入空档位置。

2）旋下防转销，拆下顶盖，取出锥形弹簧和变速杆。

3）把变速器盖翻过来夹在台虎钳上或拆装架上，拆下各叉轴上导动块、变速叉上的钢丝及固定螺栓。

4）按一定顺序分别抽出一档、倒档、二档、三档及四档、五档叉轴，并取出导动块、变速叉和所有的定位钢球、定位弹簧、互锁销和互锁钢球。

2. 装配

1）把盖翻过来夹在台虎钳上，按顺序分别装入一档、倒档叉轴及定位弹簧、定位钢球和导动块；二档、三档叉轴及定位弹簧、定位钢球和导动块；四档、五档叉轴及定位弹簧、定位钢球、导动块和互锁钢球及互锁销，每装入一根叉轴放入空档后再装入另一根叉轴。

2）装入变速杆与顶盖。先把变速杆装入顶盖内，再装入锥形弹簧并拧入防转销，变速杆在座孔内只能前、后摆动，而不能转动，将顶盖装入上盖，使变速杆球头在各叉轴导动块缺口的中间位置为空档。

3）拨动变速杆分别挂入各档位进行检查，应轻便灵活、定位、互锁符合要求，否则应重新装配。

4）用钢丝将导动块和变速叉上的固定螺栓锁牢。

三、用解码器读取故障码

1. 解码器的结构

解码器主要由主机、电源、测试插头和测试线四部分组成。

（1）主机　主机上布置有 0~9 数字键和若干个功能按键，用户可通过按键操作来实现人机对话。测试结果显示在主机屏幕上。

（2）电源　我国的产品一般采用汽车电源作为供电设备（直接连接蓄电池或通过点烟器连接电源），国外部分产品采用内装式锂电池作为电源。

（3）测试插头　每种车系可能有不同接口的自诊断座（DLC），所以在测试不同的车系前，必须选用对应的测试插头。

（4）测试线　测试线是连接测试插头和主机的连接线。

主机、电源、测试插头和测试线间的电路连接情况如图 7-11 所示。

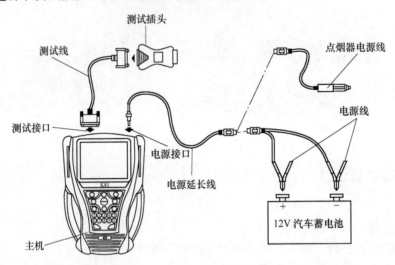

图 7-11　主机、电源、测试插头和测试线间的电路连接情况

2. 解码器的功能

解码器的功能包括读取故障码、消除故障码、动态数据流测试、静态数据流测试、执行元件测试、基本设定和控制单元的编码等。

解码器的功能随车型、车系不同而异。而对同一车型、车系的测试，不同型号解码器，其测试功能也不尽相同。对于车辆的测试范围，不同型号的解码器也各不相同。有的只能检测一个系统，有的则可检测多个系统，包括发动机、A/T、ABS、SRS、防盗系统、巡航、A/C、悬架、仪表和 TCS（牵引力控制系统）等。

3. 使用解码器读取故障码

以金德 K81 解码器为例介绍读取故障码的方法。

1）根据被测车型和该测试车的诊断座形式选择合适的测试插头，用测试线将解码器、测试插头和测试车诊断座连接。

2）按［POWER］键，解码器将进行自检，自检结束后按［ENTER］键，进入开机等待画面。等待 20s 或者直接按［ENTER］键进入主菜单界面，如图 7-12 所示，可选项有汽车检测、示波器、辅助功能和升级系统。

3）选择汽车检测功能，按［ENTER］键进入，显示屏显示故障测试、设备自检、测试演示和音响解码，如图 7-13 所示。

图7-12 解码器屏幕截图(一)

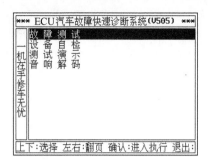

图7-13 解码器屏幕截图(二)

4）选择故障测试功能，按[ENTER]键进入车系选择菜单，如图7-14所示。

5）选择车系，按[ENTER]键进入车型选择菜单，如图7-15所示。

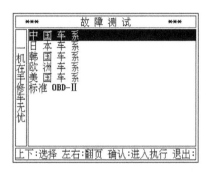

图7-14 解码器屏幕截图(三)

图7-15 解码器屏幕截图(四)

6）在车系界面上选择车型，按[ENTER]键进入检测项目选择菜单，如图7-16所示。

7）在检测项目选择菜单上选择系统，按[ENTER]键进入，屏幕显示如图7-17所示。仔细阅读，确信测试插头选择和设备连接无误。

图7-16 解码器屏幕截图(五)

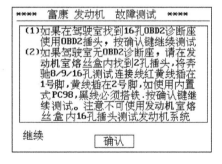

图7-17 解码器屏幕截图(六)

8）确认设备连接无误后，按[ENTER]键进入系统功能选择菜单，如图7-18所示。

9）选择读取故障码功能，按[ENTER]键诊断，屏幕即显示故障码测试结果，如果测试时电控系统元件或电路有故障，或者储存器中以前储存的故障码还没有清除，则屏幕会很快将这些故障码以及相应的故障说明显示出来，如图7-19所示。

10）按[EXIT]键回到上一级菜单。

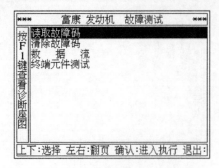

图 7-18 解码器屏幕截图(七)

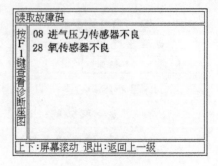

图 7-19 解码器屏幕截图(八)

第八章

汽车修理技能鉴定

理论鉴定要素细目表

考核内容		考核要点	重要程度
汽车修理	汽车发动机部分总成部件的检修	检修凸轮轴	★★★
		拆装与检查正时带	★★★
		检测曲轴主轴颈与连杆轴颈	★★★
		检测汽油机喷油器	★★★
		检测怠速控制装置	★★★
		检测空气流量传感器	★★★
		检测进气温度传感器	★★★
		检测节气门位置传感器	★★★
		检测调整气门间隙（垫片调整式）	★★★
	汽车底盘部分总成部件的检修	检测自动变速器油压	★★★
		检修万向传动装置	★★★
		检修前轴	★★★
		检修鼓式车轮制动器	★★★
		手动变速器档位动力传递路线	★★★
		自动变速器超速行星轮机构装配	★★★
	汽车电器部分总成部件的检修	搭接风机调速电路	★★★
		搭接前照灯电路	★★★
		汽车空调制冷系统压力检查	★★★

鉴定要求分析

本章内容涉及汽车修理的专业技能，其考核的主要内容包括汽车发动机、底盘和电器部分总成部件的检修，在考核中，主要考核考生对相关总成部件的拆装、检测和修理能力，其中重点考核汽车总成部件拆装及检测方法，而对汽车总成部件的修理方法要求能口述。因此学生在复习备考的过程中，最好能结合职业技能鉴定国家题库——汽车维修工中级操作技能考核评分记录表（见附录）的相关考核内容及要求进行有针对性的复习。

知识点阐述

第一节 检修凸轮轴

凸轮轴的损伤形式有：凸轮工作表面磨损、擦伤和点蚀，支承轴颈磨损，凸轮轴弯曲变形及裂纹等。

1. 裂纹的检修

检测前，先将凸轮轴用汽油清洗干净后吹干。可用磁力探伤仪进行检测，出现裂纹时应更换新件。

2. 凸轮工作表面损伤的检修

用标准凸轮轮廓线制成的样板置于凸轮尖顶轮廓外，如产生缝隙超过规定值，则为磨损，也可用外径千分尺测量凸轮全高，如图 8-1 所示。若小于规定值，则为磨损。若凸轮表面损伤为擦伤和疲劳剥落，应更换凸轮轴。若只出现磨损，则根据凸轮升高度减小值而定，若高度减小量在 0.5mm 以内，可直接磨削修复；如超过此限，先堆焊，然后按标准尺寸加工。

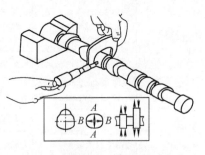

图 8-1 检查凸轮和轴颈的磨损量

3. 凸轮轴轴颈磨损的检修

测量轴颈的圆度和圆柱度误差，如图 8-1 所示，如超过规定值，用修理尺寸法进行修理，配用相应修理尺寸的凸轮轴轴承。若超过最后一级修理尺寸，可用堆焊方法修复，再磨削至标准尺寸。

4. 凸轮轴弯曲的检验修复

凸轮轴弯曲检验如图 8-2 所示，以两端轴颈为基准，若凸轮轴转一周后中间轴颈对两端轴颈的径向圆跳动大于 0.1mm，应进行校正或更换。

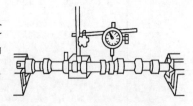

图 8-2 凸轮轴弯曲检验

第二节 拆装与检查正时带

下面以丰田 5A-FE 发动机为例介绍正时带的拆装和检查方法。

1. 正时带的拆卸

1）拧松发电机三颗螺钉。

注意：先拧松发电机活动轨道上的锁紧螺钉，再拧松发电机上端固定螺钉，最后拧松发电机位置调整螺钉。

2）取下发电机传动带。

注意：如果手上有油污，应先擦净油污再去取下传动带。

3）断开通风阀总成。

4）拆下四根分缸高压线。

注意：拆下四根分缸高压线后应在四个孔内塞上干净的布或纸，以防止异物进入火花塞上部。

5）拆下水泵带轮。

注意：不要用手直接抓水泵带轮，要用拆下的发电机传动带卡住水泵带轮，然后把螺钉拆下。

6）拆下气门室盖分总成(四个带帽檐的小螺母、四个密封垫片)。

7）拆下 2 号正时带罩(四个螺栓)。

8）拆下曲轴齿轮或带轮罩分总成(两个螺栓)。

9）将一号气缸设定在压缩上止点位置。

① 转动曲轴带轮，将带轮槽口对准 1 号正时传动带罩上的正时标记"0"。

② 检查凸轮轴正时带轮的"K"标记与轴承盖的正时标记对准。否则，转动曲轴一周(360°)。

10）拆下曲轴带轮。

注意：专用工具的用法(这里采用 3 爪)。

11）拆下正时带罩总成(三个螺栓)。

12）拆下正时带张紧轮。

注意：方向。

13）拆下张紧轮张紧弹簧。

① 旋松张紧轮安装螺栓。

② 拆下张紧弹簧。

14）拆下正时带。

注意：如果重复使用正时带，在传动带上画一个方向箭头(按发动机旋转的方向)，并在带轮和传动带上做出定位标记。

15）拆下螺栓和 1 号正时带张紧轮分总成。

2. 正时带的检查

1）检查正时带有无破裂，轮齿有无过度磨损、机油附着等。检查时，如果传动带有硬度降低、磨蚀、纤维断裂、发毛或者裂纹、裂缝的现象，表明传动带已破损，不可以继续使用。

2）检查张紧轮，应转动灵活，且不能有明显的间隙。

3）检查张紧弹簧。

① 测量张紧弹簧的自由长度，自由长度应为 36.9mm。

② 测量在标准安装长度下的张力，在弹簧 43.6mm 长度下，张力应为 34~38N。

3. 正时带的安装

1）安装 1 号正时带张紧轮分总成。

2）安装张紧轮张紧弹簧。

3）将一号气缸定位在压缩行程上止点。

① 转动凸轮轴六角部分，将凸轮轴正时带轮的"K"标记与轴承盖的正时标记对正。

② 转动曲轴并对准曲轴正时带轮和机油泵的正时标记。

4）安装正时带。

① 安装正时带，检查曲轴和凸轮轴正时带的张力。

注意：如果重新使用正时带，对准拆下时做的标记，并且将箭头方向指向发动机旋转方向。

② 检查配气正时。

a）松开张紧轮螺栓。

b）从上止点位置慢慢转两圈再回到上止点位置。

注意：只能顺时针转动曲轴。

c）检查每个带轮的对准标记，如果没有对准正时标记，则应拆下正时传动带重新安装。

d）紧固 1 号正时带张紧轮。

e）拆下曲轴带轮安装螺栓。

5）检查正时带挠度。

① 在装好的正时带没有惰轮的一侧中部检查正时带的挠度。

② 传动带挠度为 5~6mm，如果挠度不合适，应调节张紧轮。

6）安装正时带导向垫片（面朝内安装）。

7）安装正时带罩分总成。

8）安装曲轴带轮。

9）安装曲轴齿轮或带轮罩总成。

10）安装 2 号正时传动带罩。

11）安装气门室盖。

12）安装水泵带轮。

13）安装四根分缸高压线。

14）接上通风阀总成。

15）装上发电机。

16）安装传动带并调好传动带的松紧度。

第三节　检测曲轴主轴颈与连杆轴颈

检测前，将曲轴上的油污、积炭和锈迹等彻底清洗干净。曲轴主轴颈和连杆轴颈的主要损伤形式是裂纹和磨损等。

1. 轴颈裂纹的检测

曲轴轴颈裂纹一般出现在应力集中处，如主轴颈或连杆轴颈与曲柄臂相连的过渡圆角处，表现为横向裂纹。也有在轴颈中的油孔附近出现轴向延伸的裂纹。

轴颈裂纹常用的检查方法有磁力探伤仪检查、超声波探伤检查及浸油敲击法检查等。

2. 轴颈磨损的检测

检验曲轴轴颈磨损量，测量主轴颈及连杆轴颈的圆度和圆柱度，可判定曲轴轴颈是否需要磨修及磨修的修理尺寸。

曲轴主轴颈和连杆轴颈的圆度和圆柱度的检验方法如下：用外径

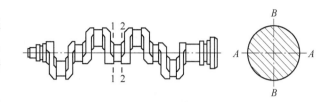

图 8-3 曲轴主轴颈磨损检测的部位

千分尺先在各道主轴颈或连杆轴颈的油孔两侧测量，然后旋转 90°再测量，如图 8-3 所示，同一截面最大直径与最小直径之差的 1/2 为圆度误差，轴颈各部位测得的最大与最小直径差的 1/2 为圆柱度误差。

第四节　检测汽油机喷油器

丰田皇冠 3.0 轿车 2JZ-GE 型汽油发动机喷油器电路如图 8-4 所示。

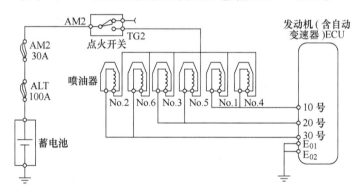

图 8-4　丰田皇冠 3.0 轿车 2JZ-GE 型汽油发动机喷油器电路

1. 喷油器电路电压的检测

当点火开关置于 ON 位置时，发动机 ECU 的端子 10 号、20 号、30 号与端子 E_{01} 间应有 9~12V 电压，测量方法如图 8-5 所示。如无电压，则可按图 8-6 所示程序查找故障。

2. 喷油器工作情况检查

当发动机热车后怠速运转时，用旋具(螺钉 73)或听诊器(触杆式)接触喷油器，通过测听各缸喷油器工作的声音来判断喷油器是否工作。在发动机运转时应能听到喷

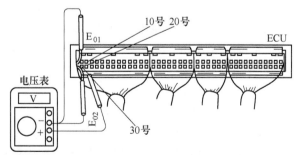

图 8-5　检查喷油器电路的电压

油器有节奏的"嗒嗒"声,这是喷油器在电脉冲作用下喷油的工作声。若各缸喷油器工作声音清脆均匀,则各喷油器工作正常;若某缸喷油器的工作声音很小,则该缸喷油器工作不正常,可能是针阀卡滞,应做进一步检查;若听不见某缸喷油器的工作声音,则该缸喷油器不工作,应检查喷油器及其控制电路。

另外,还可通过检查喷油器的工作声音和发动机转速之间的关系来检查喷油器的工作情况,其具体方法如下:

1)当发动机热机时,按图 8-7 所示电路接好转速表(用蓄电池做转速表的电源,转速表的触杆接检查插接器的 IG 端子)。

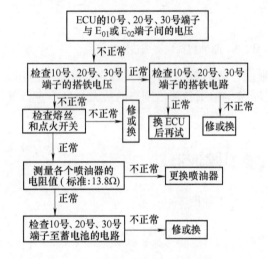

图 8-6 喷油器电路故障检查程序　　图 8-7 转速表电路的连接

2)使发动机转速达 2500r/min 以上,听喷油器的喷油声音(应该有喷油声音)。放开加速踏板后,在短时间内喷油声音应停止,发动机转速随即迅速下降到低于 1400r/min,接着,喷油声音又恢复,转速上升到 1400r/min。

3)如不这样,应检查喷油器或 ECU 的喷油信号。

3. 喷油器电磁线圈电阻的测量

拔下喷油器的导线插接器,用万用表欧姆档测量喷油器上两个接线端子间(电磁线圈)的电阻值,如图 8-8 所示。在 20℃时,高电阻型喷油器的电阻值应为 12~16Ω,低电阻型喷油器的电阻值应为 2~5Ω。如果电阻值不符,应更换喷油器。

4. 喷油器的测试

首先拔下各喷油器的导线插接器,从车上拆下主输油管,再从主输油管上拆下喷油器,按图 8-9 所示连接喷油器、油压调节器、进油管、检查用的软管以及专用的软管接头等。

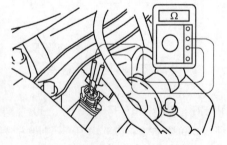

图 8-8 喷油器电磁线圈电阻的测量

(1)喷油量的检查　用连接线连接检查插接器的端子+B 与 FP,并按图 8-10 所示将蓄电池与喷油器连接好;通电 15s,用量筒测出喷油器的喷油量,并观察燃油雾化情况。每个喷油器测试 2~3 次。标准喷油量为 70~80mL(15s),各喷油器间的喷油量公差为 9mL。如果

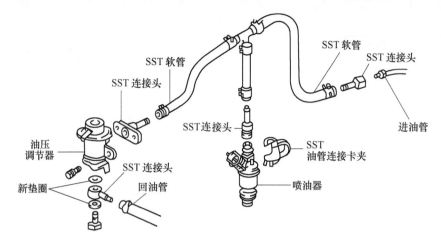

图 8-9 丰田车喷油器测试的油路连接

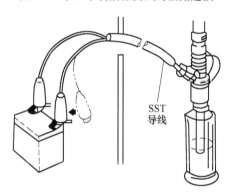

图 8-10 喷油器喷油量的检查

喷油量不合标准,则应清洗或更换喷油器。

(2) 检查漏油情况 在检测喷油量后,脱开蓄电池与喷油器的连接线,检查喷油器喷嘴处有无漏油。要求每分钟漏油不多于 1 滴。

第五节 检测怠速控制装置

怠速进气量的控制对策、方式随车型而有所不同。对电控燃油喷射发动机来讲,目前可分为两种基本类型:一是控制节气门旁通空气道的空气流量,二是直接控制节气门关闭位置的节气门直动式,如图 8-11 所示。两种类型都是通过调节空气通路截面的方法来控制空气流量的,其中节气门旁通式是目前最常见的一种。

1. 节气门直动式怠速控制阀的检测(万用表检测)

大众 AJR 发动机采用节气门直动式怠速控制阀,其电路连接如图 8-12 所示,具体的检测方法如下:

(1) 怠速电动机检测 拔下插接器,用万用表的欧姆档测量端子 1 与 2 之间的电阻,应为 $3\sim200\Omega$。

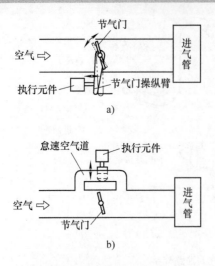

图 8-11 怠速控制的基本类型
a) 节气门直动式 b) 旁通空气式

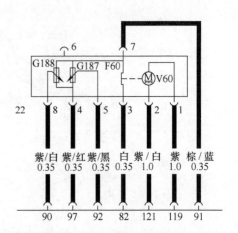

图 8-12 大众 AJR 发动机节气门直动式
怠速控制阀的电路连接

(2) 供电检测 检测插头端子 4 与搭铁之间的电压应为 (5.0±0.5)V，插头端子 7 与搭铁之间的电阻应小于 1.5Ω。

(3) 怠速开关检测 拔下插接器，用万用表的欧姆档测量端子 3 与 7 之间的电阻，节气门全闭时小于 1Ω；缓慢踩下加速踏板，节气门打开时应为无穷大。

(4) 怠速节气门位置传感器检测 插好插接器，发动机正常怠速，测量端子 8 与搭铁之间的信号电压，应为 2.8～3.6V。

(5) 节气门位置传感器检测 插好插接器，使节气门开至 90°，测量端子 5 与搭铁之间的信号电压，应为 4V。

2. 旁通空气式怠速控制阀的检测

旁通空气式怠速控制阀的种类较多，目前主要使用的有步进电动机型和旋转电磁阀型等。

(1) 步进电动机型怠速控制阀的检测（万用表检测） 步进电动机型怠速控制阀的电路连接如图 8-13 所示，其检测方法如下：

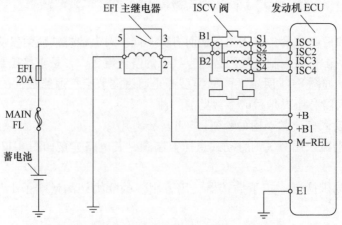

图 8-13 步进电动机型怠速控制阀的电路连接

1）电阻测量。用欧姆表测量 ISCV 阀上各端子间的电阻值，如图 8-14a 所示。其 B1-S1、B1-S3、B2-S2、B2-S4 端子间的标准电阻值均应为 10~30Ω。

2）开闭情况检查。在把 B1、B2 端子与蓄电池正极连接的情况下，如果把 S1、S2、S3、S4 端子按顺序与蓄电池负极连接（搭铁），ISCV 阀应逐渐关闭，如图 8-14b 所示；如果把 S4、S3、S2、S1 端子按顺序与蓄电池负极连接（搭铁），ISCV 阀应逐渐开启，如图 8-14c 所示。

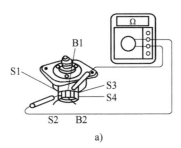

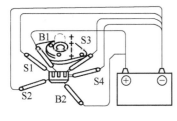 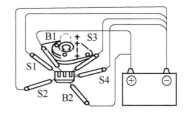

b) (S1、S2、S3、S4)　　　　　　c) (S4、S3、S2、S1)

图 8-14　2JZ-GE 型发动机步进电动机式怠速控制阀测量图
a) 电阻测量　b) 关闭情况检查　c) 开启情况检查

3）电源电压测量。拆下怠速控制阀线束插接器，检测 B1 和 B2 与搭铁间的电压，应为蓄电池电压。

（2）旋转电磁阀型怠速控制阀的检测（万用表检测）　图 8-15 所示为丰田公司的旋转电磁阀型怠速控制阀电路。其检测方法如下。

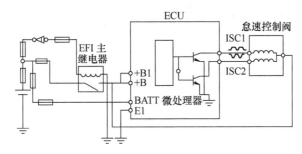

图 8-15　丰田公司的旋转电磁阀型怠速控制阀电路

1）拆开怠速控制阀线束插接器，将点火开关转至 ON 位置但不起动发动机，在线束侧测量+B 电源端子与搭铁之间的电压，应为蓄电池电压（9~14V），否则说明该怠速控制阀电源电路有故障。

2）当发动机达到正常工作温度，变速器处于空档位置时，使发动机维持怠速运转，用专用短接线短接故障诊断座上的 TE1 端子与 E1 端子，发动机转速应保持在 1000～1200r/min，5s 后转速下降约 200r/min。若不符合上述要求，应进一步检查怠速控制阀电路、ECU 和怠速控制阀。

3）拆开怠速控制阀上的三端子线束插接器，在控制阀侧分别测量中间端子（+B 端子）与两侧端子（ISC1 端子和 ISC2 端子）之间的电阻值（图 8-16），正常值应为 18.8～22.8Ω，否则应更换该怠速控制阀。

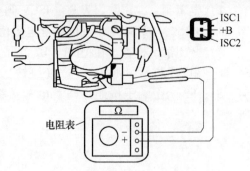

图 8-16　检查旋转电磁阀型怠速控制执行机构的电阻

第六节　检测空气流量传感器

空气流量传感器的功用是检测发动机进气量大小，并将进气量信息转换成电信号输入 ECU，以供计算确定喷油量。

空气流量传感器的类型有叶片式、卡门旋涡式、热线式和热膜式四种，下面主要以热膜式和卡门旋涡式空气流量传感器为例介绍其检测方法。

1. 热膜式空气流量传感器的检测（万用表检测）

桑塔纳 AJR 发动机采用热膜式空气流量传感器，其插接器及电路连接如图 8-17 所示。

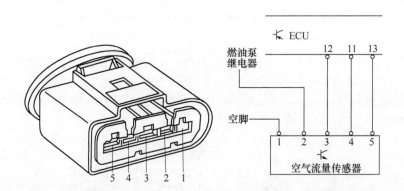

图 8-17　桑塔纳 AJR 发动机热膜式空气流量传感器插接器及其电路连接
1—空脚　2—12V 电压　3—ECU 内搭铁　4—5V 参考电压　5—传感器信号

（1）检测电源线　拔下插接器，起动发动机，测量插头端子 2 与搭铁间的电压，应为 12V；插头端子 4 与搭铁间的电压，应为 5V。

（2）检测搭铁线　拔下插接器，将点火开关置于 OFF 位置，测量插头端子 3 与搭铁间的电阻，应小于 1Ω。

（3）检测信号线　插好插接器，起动发动机，测量插头端子 5 与搭铁间的电压，怠速时，应为 1.5V，并随进气流量的增大而增大。

2. 卡门旋涡式空气流量传感器的检测（万用表检测）

丰田凌志 LS400 汽车发动机采用卡门旋涡式空气流量传感器,其控制电路如图 8-18 所示。

(1) 检测电源线　拔下插接器,将点火开关置于 ON 位置,测量插头端子 V_C 与搭铁间的电压,应为 5V。

(2) 检测搭铁线　拔下插接器,将点火开关置于 OFF 位置,测量插头端子 E_2 与搭铁间的电阻,应为 0。

(3) 检测信号线　插好插接器,将点火开关置于 ON 位置,测量端子 KS 与 E_2 间的电压,发动机不起动时应为 4.5~5.5V;发动机运转时应为 2~4V,并随进气流量的增大而增大。

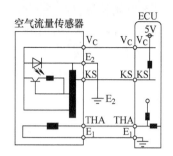

图 8-18　凌志 LS400 汽车卡门旋涡式空气流量传感器的控制电路

第七节　检测进气温度传感器

进气温度传感器通常安装在空气滤清器之后的进气软管上或空气流量传感器上,还有的在空气流量传感器和谐振腔上各装一个,以提高喷油量的控制精度。进气温度传感器内部是一个具有负温度系数的热敏电阻,外部用环氧树脂密封。进气温度传感器与 ECU 的连接电路如图 8-19 所示。

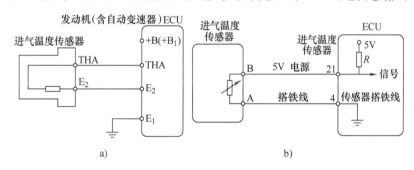

图 8-19　进气温度传感器与 ECU 的连接电路
a) 皇冠 3.0 轿车　b) 北京切诺基车

1. 进气温度传感器的电阻检测

当单件检查时,将点火开关置于 OFF 位置,拔下进气温度传感器导线插接器,并将进气温度传感器拆下,如图 8-20 所示,用电热吹风器、红外线灯或热水加热进气温度传感器,

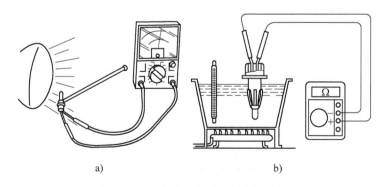

图 8-20　进气温度传感器的电阻检测

用万用表欧姆档测量在不同温度下两端子间的电阻值,将测得的电阻值与标准数值进行比较。如果与标准值不符,则应更换。

2. 进气温度传感器的输出信号电压值检测

当点火开关置于 ON 位置时,检测 ECU 的 THA 端子与 E_2 端子之间的信号电压,其电压值在 20℃时应为 0.5~3.4V。

第八节　检测节气门位置传感器

节气门由驾驶人通过加速踏板来操纵,以改变发动机的进气量,从而控制发动机的运转。不同的节气门开度标志着发动机的不同运转工况。为了使喷油量满足不同工况的要求,电子控制汽油喷射系统在节气门体上装有节气门位置传感器。它可以将节气门的开度转换成电信号输送给 ECU,作为 ECU 判定发动机运转工况的依据。节气门位置传感器主要有触点开关式和复合式两种。

1. 触点开关式节气门位置传感器的检测

触点开关式节气门位置传感器的结构及其连接电路如图 8-21 所示。

(1) 测量 ECU 提供给触点的信号参考电压和搭铁线的搭铁情况　拆下节气门位置传感器的插接器,接通点火开关,用万用表测线束侧插接器中 IDL 端子、PSW 端子与车身搭铁之间的电压,都应为 4.5~5.5V(也有少数车为 12V)。

(2) 测量搭铁线的搭铁情况　用万用表测线束侧插接器中搭铁端子与车身搭铁之间的电阻,应小于 1Ω。

(3) 测量节气门位置传感器触点情况　用万用表测传感器插接器中 IDL 端子、PSW 端子与搭铁端子(E)之间的电阻,测量结果见表 8-1,否则,维修或更换传感器。

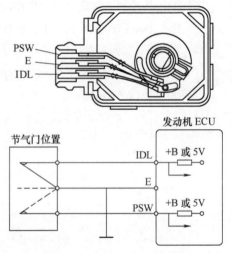

图 8-21　触点开关式节气门位置传感器的结构及其连接电路

说明:不同车型的节气门位置传感器中,各触点的通断情况可能有所不同。

表 8-1　触点开关式节气门位置传感器各端子之间的电阻值

测量条件	测量端子	测量结果/Ω
节气门关闭	IDL-E	∞
	PSW-E	小于 1
节气门中等开度	IDL-E	小于 1
	PSW-E	小于 1
节气门接近全开	IDL-E	小于 1
	PSW-E	∞

2. 复合式节气门位置传感器的检测(以皇冠 3.0 为例)

皇冠 3.0 节气门位置传感器插接器及电路如图 8-22 所示。

(1) 测量 ECU 提供给节气门位置传感器的电源电压、怠速触点的信号参考电压　拆下节气门位置传感器的插接器,接通点火开关,用万用表测量线束插接器中 V_C 端子、IDL 端子与车身搭铁之间的电压,都应为 4.5~5.5V。

(2) 测量搭铁线的搭铁情况　用万用表测量线束侧插接器中搭铁端子(E_2)与车身搭铁之间的电阻,阻值应小于 1Ω。

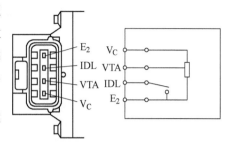

图 8-22　皇冠 3.0 节气门位置传感器插接器及电路

(3) 测量节气门位置传感器中 IDL 触点情况　在节气门限位螺钉和限位杆之间插入适当厚度的塞尺,用万用表测量节气门位置传感器插接器中 IDL 端子与搭铁端子(E_2)之间的电阻。

1) 当节气门关闭时(限位螺钉和限位杆之间间隙小于 0.45mm)应小于 0.5Ω。

2) 当节气门打开时(限位螺钉和限位杆之间间隙大于 0.55mm)应为 ∞ 。

(4) 测量节气门位置传感器中滑线电阻器的情况　用万用表测量节气门位置传感器插接器中 VTA 端子与 E_2 端子之间的电阻,阻值应随节气门开度的变化而连续变化,变化时不能有跳动或间断,否则说明滑动触点有接触不良现象,应更换该传感器。

当节气门关闭时(限位螺钉和限位杆之间间隙为 0),电阻值应为 0.34~6.3kΩ;当节气门全开时,电阻值应为 2.4~11.2kΩ,否则,更换该传感器。

用万用表测量传感器插接器中 V_C 端子与 E_2 端子之间的电阻,阻值应为 3.1~7.2kΩ,否则更换该传感器。

第九节　检测调整气门间隙(垫片调整式)

对于预留有气门间隙的配气机构,由于在使用中存在磨损、冲击等现象,因此气门间隙会随着使用时间的增长而改变,所以使用一定时间后,要对每一个气门进行检查与调整。

1. 垫片调整式气门间隙的调整

1) 检查气门间隙。

① 转动曲轴将一号气缸转到 TDC(上止点)/压缩位置。

② 将曲轴带轮正时标记和正时链条盖正时标记对准,这时一缸的进气门和排气门同时处于关闭状态。

③ 当气门关闭时,在凸轮和挺杆之间的间隙中插入塞尺测量(图 8-23),塞尺以较小的阻力被径直拉出时,该塞尺上的厚度值即为气门间隙。注意将塞尺插入间隙时,用力过大可能导致塞尺弯折损坏。

2) 转动曲轴一周,然后测量其他气门的间隙。

2. 调整气门间隙的流程

气门间隙的调整方法因发动机类型的不同而异。内垫片类型和要求更换挺杆的类型,必

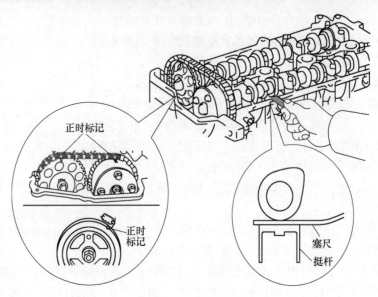

图 8-23 检查气门间隙

须拆卸凸轮轴,以便于调整垫片的更换,如图 8-24a 所示。外垫片类型则不需要通过拆卸凸轮轴来更换调整垫片,如图 8-24b 所示。

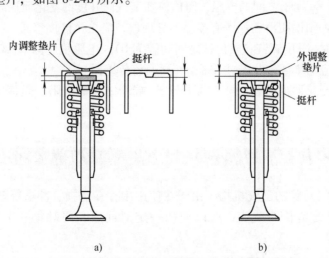

图 8-24 用垫片方式调整气门间隙
a) 内垫片式　b) 外垫片式

用调整垫片(挺杆)检查调整气门间隙的更换流程,如图 8-25 所示。

(1) 调整垫片(挺杆)的更换

1) 外调整垫片(挺杆)的更换。当气门间隙不符合规定值的范围时,首先要记录测量值,然后用专业工具固定凸轮轴,用撬棒压下气门挺杆,取下气门挺杆上的调整垫片,测量并计算垫片的厚度,换上符合规定气门调整垫片,如图 8-26a 所示,再次复查气门间隙。

2) 内调整垫片(挺杆)的更换。当气门间隙不符合规定值的范围时,首先要记录测量值,然后拆下凸轮轴,取下气门挺杆,测量并计算挺杆及垫片的厚度,换上符合规定值的气门调整垫片和挺杆,如图 8-26b 所示,装复凸轮轴后,再次复查气门间隙。

第八章 汽车修理技能鉴定

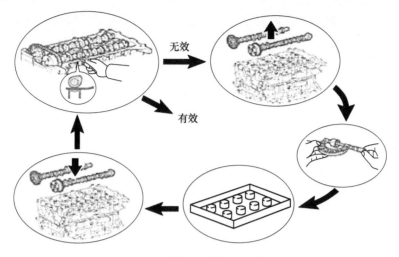

图 8-25 调整垫片(挺杆)的更换流程

（2）测量调整垫片(挺杆)的厚度　使用外径千分尺测量各调整垫片(挺杆)的厚度，如图 8-27 所示。

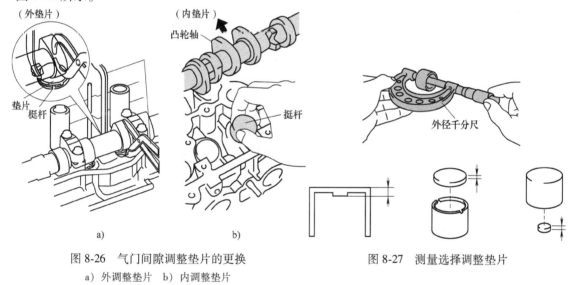

图 8-26 气门间隙调整垫片的更换
a) 外调整垫片　b) 内调整垫片

图 8-27 测量选择调整垫片

（3）选择调整垫片(挺杆)

1) 用测量的气门间隙和使用调整垫片(挺杆)的厚度计算，选择新调整垫片(挺杆)的厚度。

2) 安装选择好的调整垫片(挺杆)。

3) 再次测量气门间隙。如果气门间隙未达到规定值，必须再次进行调整。

新调整垫片厚度(挺杆)＝旧调整垫片厚度(挺杆)＋(测量的气门间隙－气门标准间隙值)

第十节　检测自动变速器油压

自动变速器控制油压正常与否，对自动变速器的工作影响很大。油压过高，会造成自动变速器换档时冲击过大，液压系统也容易损坏；油压过低，会使离合器、制动器等换档执行元件打滑，影响自动变速器的正常工作，且加速了离合器和制动器摩擦片的磨损，严重时会导致摩擦片烧坏。

检测自动变速器的油压，可以判断油泵、阀、离合器和制动器工作性能的好坏。

1. 油压检测前的准备

1）行驶汽车，使发动机及自动变速器达到正常工作温度。

2）将汽车停放在水平路面上，检查发动机怠速和自动变速器液压油的油面高度。如不正常，应进行调整。

3）准备一个量程为 2MPa 的压力表。

4）找出自动变速器各个油路测压孔的位置。通常在自动变速器外壳上有几个用方头螺塞堵住的用于测量不同油路油压的测压孔。如果没有资料确定各油路的测压孔时，可用举升器将汽车升起，在发动机运转时分别将各个测压孔螺塞松开少许，观察各测压孔在操纵手柄位于不同档位时是否有液压油流出，以此判断各油路测压孔的位置。

2. 油压检测步骤

以丰田自动变速器主油路油压测试为例说明油压检测步骤。

（1）前进档主油路油压的测试

1）拆下自动变速器壳体上主油路测压孔或前进档油路测压孔螺塞，接上油压表。起动发动机，将操纵手柄拨至前进档位置，读出发动机怠速运转时的油压。该油压即为怠速工况下的前进档主油路油压。

2）用左脚踩紧制动踏板，同时用右脚将加速踏板完全踩下，在失速工况下读取油压。该油压即为失速工况下的前进档主油路油压。

3）将操纵手柄拨至空档或停车档，让发动机怠速运转 1min 以上。待操纵手柄拨至各个前进低档位置，重复上述步骤，读出各个前进低档在怠速工况和失速工况下的主油路油压。

（2）倒档主油路油压的测试

1）拆下自动变速器壳体上主油路测压孔或倒档油路测压孔螺塞，接上油压表。起动发动机，将操纵手柄拨至倒档位置，读出发动机怠速运转时的油压。该油压即为怠速工况下的倒档主油路油压。

2）左脚踩紧制动踏板，同时用右脚将加速踏板完全踩下，在失速工况下读取油压，该油压即为失速工况下的倒档主油路油压。

3）将操纵手柄拨至空档或停车档，让发动机怠速运转 1min 以上，将测得的主油路油压与标准值进行比较。

4）不同车型自动变速器的主油路油压不完全相同。若主油路油压不正常，说明油泵控制系统有故障。

第十一节　检修万向传动装置

下面以桑塔纳 2000 轿车为例介绍万向传动装置的拆装和检修方法，桑塔纳 2000 轿车万向传动装置采用球笼式万向节，其结构如图 8-28 所示。

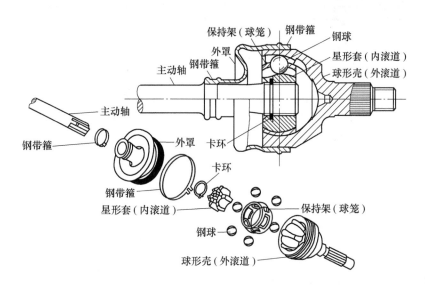

图 8-28 球笼式万向节的结构

1. 万向传动装置的拆装

(1) 传动轴的拆卸

1) 在车轮着地的情况下，用梅花套筒拆下传动轴与轮毂的联接紧固螺母。

2) 旋下传动轴凸缘上的紧固螺栓，将传动轴与凸缘分开。

3) 用专用拉拔器从车轮轴承壳内拉出传动轴。

在拆卸传动轴时应注意绝对不能加热轮毂，以防轮毂变形和损坏里边的车轮轴承。其次，拆掉传动轴后，应装一根连接轴来代替传动轴，以防止损坏轴承总成。

(2) 万向节的分解

1) 用钢锯锯开原装卡箍，拆下防尘罩，如图 8-29 所示。

2) 万向节内、外圈解体。先拆弹簧卡圈，如图 8-30 所示。再用木槌敲打外万向节使之从传动轴上卸下，然后用专用工具压出内万向节，如图 8-31 所示。

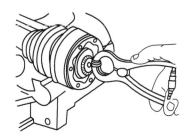

图 8-29 拆卸卡箍和防尘罩　　　　　图 8-30 拆卸弹簧卡圈

3) 外等速万向节解体。分解前，在钢球球笼和球形壳上标出星形套位置，然后转动星形套与球笼，依次取出钢球，如图 8-32 所示。用力转动球笼使两个方孔与球形壳对上，如图 8-33 箭头所示，将星形套和球笼一起拆下。将星形套上扇形齿旋入球笼的方孔，然后从球笼中取出星形套，如图 8-34 所示。

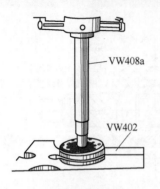

图 8-31 用专用工具压出内万向节

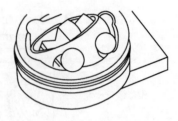

图 8-32 取出钢球

图 8-33 拆下球笼

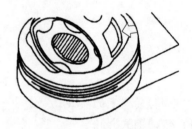

图 8-34 取出星形套

4）内等速万向节解体。转动球笼和星形套，按垂直向前的方向压出球笼里的钢球，如图 8-35 所示。从球槽上面取出球笼里的星形套。

注意：因星形套与球形壳体是选配的，拆卸时注意将星形套与壳体成对放置，不允许互换。

(3) 万向节的装配

1）外等速万向节的装配。用汽油清洗各部件，将 G6 润滑脂总量的一半（45g）注入万向节内，将球笼连同星形套一起装入球形壳体。对角交替地压入钢球，必须保持星形套在球笼及球形壳的原先位置。将弹簧挡圈装入星形套，并将剩余的润滑脂压入万向节。

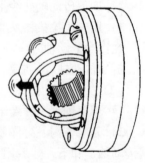

图 8-35 压出钢球

2）内等速万向节的装配。对准凹槽，将星形套嵌入球笼，再将钢球压入球笼，并注入 G6 润滑脂 90g。将带钢球的球笼垂直装入球形壳，如图 8-36 所示。装配时，注意球形壳上的宽间隙 a 应对准星形套上的窄间隙 b，转动球笼，以便嵌入到位；转动星形套，星形套就能转出球笼，如图 8-37 所示。安装时应保证球形壳体中的球槽有足够间隙。用力按压球笼，如图 8-38 箭头所示，使装有钢球的球笼完全转入球形壳。最后检查如果用手能将星形套在轴向范围内来回灵活推动，则表明装配正确。

3）碟形座圈的安装。将碟形座圈装在传动轴带齿端配合位置上，其安装位置如图 8-39 所示。

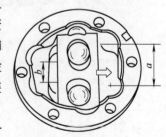

图 8-36 将球笼垂直装入球形壳

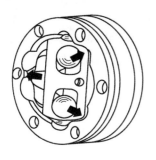

图 8-37 将星形套转出球笼

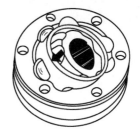

图 8-38 使球笼完全转入球形壳

4) 压入内万向节。安装弹簧卡圈。装上外万向节。

5) 安装防尘罩。万向节防尘罩受到挤压后内部将产生真空，所以安装防尘罩小口径后，要稍微充点气，使其压力平衡，不起皱。

（4）万向传动装置的总装

1) 在万向节的花键上涂上一层 5mm 的 D6 防护剂，然后装上传动轴花键套（注意：涂上 D6 防护剂的传动轴在装车 1h 后方可使用）。

2) 将球销接头重新装配在原位置，并以 50N·m 的力矩拧紧螺母。安装时应注意不能损坏万向节的防尘套。

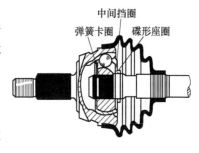

图 8-39 碟形座圈和弹簧卡圈的安装位置

3) 必要时还应检查前轮定位是否变动。

4) 最后将车轮落地，以 230N·m 的力矩拧紧轮毂的固定螺母。

2. 万向传动装置的检修

（1）万向节的检修　万向节球毂、球笼、球壳及钢球严重磨损，表面出现疲劳剥落或裂纹，出现转动卡滞现象，以及万向节球毂花键磨损松旷时，均应更换万向节总成，万向节不得拼凑使用及单件更换。

（2）防尘罩的检修　防尘罩老化破裂，应予更换，以防灰尘进入万向节，加剧其磨损。

（3）传动轴的检修

1) 传动轴出现裂纹或轴端花键磨损严重，应予以更换。

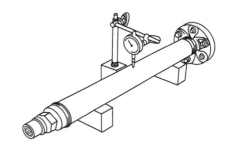

图 8-40 用百分表检查传动轴中部的径向圆跳动量

2) 用百分表检查传动轴中部的径向圆跳动量，若大于 1.0mm，则应予以更换，如图 8-40 所示。

第十二节　检 修 前 轴

汽车前轴的结构因车型不同而有所差异，下面主要以 CA1091 汽车前轴为例介绍其检修的方法。前轴的检修主要包括变形、裂纹和其他部位损伤。

1. 前轴变形的检修

(1) 前轴变形的检测方法　前轴变形的主要形式是弯曲和扭曲，前轴变形的检测实际上是检测前轴的弯扭变形。前轴变形的检测方法主要有两种，检测前首先检查作为定位基准的两个主销孔和钢板弹簧座平面，是否有失圆或平面不平，应先修好再做定位基准。

1) 用拉线法检验。如图 8-41 所示，在主销孔上平面中心拉一细线，用钢直尺测量两钢板座与拉线之间的距离，若不相等，说明前轴上下弯曲变形。

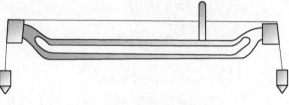

图 8-41　用拉线法检验

为确定方向可用新前轴测量比较，哪端的高度与新前轴的高度不一致，说明哪一端发生了弯曲。再观察拉线是否通过两钢板座中心，来判断前轴两端有无在水平面上发生扭曲，拉线通过中心端无扭曲，没通过中心线的发生扭曲。

2) 采用试棒和角尺配合进行检验。首先将试棒插入主销孔，然后在两钢板弹簧座上各放一标准垫块。在垫块上放一检验角尺，检验时使角尺边缘尽量贴靠试棒，从角尺与试棒的贴靠情况可判断出前轴的变形情况，如图 8-42 所示。若上端有间隙，说明前轴向下弯曲，反之为前轴向上弯曲。此项检验，两端分别进行。

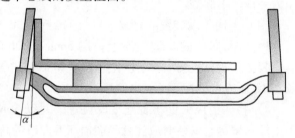

图 8-42　用试棒和角尺检验

(2) 前轴变形的修理　当前轴的弯曲和扭曲变形超过规定时，应进行校正。前轴校正有冷校和热校两种方法。

1) 热校是将前轴变形部位局部加热至 500~600℃ 后进行校正。这种方法要求严格控制温度，防止加热部分金相组织改变和防止前轴强度降低。校正过程中是凭经验手工操作，劳动强度大，修理质量难以保证，所以对于一些汽车前轴为铸铁件的不采用热校而采用冷校。

2) 冷校一般是在专用的液压校正器上进行的，液压校正器上同时装有检验装置，可以在同一工位上进行前轴的校正和检验工作。

2. 前轴裂纹的检修

(1) 检查方法　前轴的裂纹多发生在钢板弹簧座内侧 250mm 处断面凸缘两侧和主销孔至钢板座之间。当外观检查时，将前轴清洗干净后，借助放装有柴油或煤油溶液的大容器内 0.3~0.5h 后洗擦干净，在前轴的表面涂有石墨粉，用木槌轻敲前轴，看有无油迹出现，若有则说明此处发生了裂纹。

(2) 修理方法　前轴经检验不得有任何性质的裂纹，当前轴检验发现裂纹不大而且深度不大于断面的 1/4 时，可采用焊条电弧焊修复。焊修时，应正确选择焊接规范，采用直流反板法（工件接负极）焊接，焊缝凸出基体高度不超过 2mm；当前轴经检验发现裂纹较大且深度大于断面的 1/4 或发生横向裂纹时，应予报废。

3. 前轴其他部位损伤的检修

(1) 检修前轴主销孔的磨损情况　前轴主销孔内侧经常受到主销挤压，产生喇叭口或椭圆状(即上下口最大,中部小)。当前轴主销孔与主销的配合间隙大于原厂规定时,需对其进行修理。当前轴主销孔磨损与主销配合间隙超过规定值(0.03~0.05mm),但孔径磨损尚未达到最后一级修理尺寸时,可采用修理尺寸法将孔扩大后换用加大尺寸主销。

(2) 前轴拳形部位上、下端面磨损的修理 当前轴主销孔处上、下平面磨损不大时,应锉平后在装配时加装调整垫片,以保证万向节与前轴主销孔上端面的间隙符合要求。CA1091型载货汽车在此处的间隙不大于0.25mm。当前轴主销孔上、下平面处磨损较大时,可在钻床上用带导向尾的锪钻将上端面修平,为保证修理质量在镗削修理主销孔时,在一次装卡中同时修整主销孔下端面,主销端面磨损修理后,要求其厚度减小量不超过2mm,必要时,端面应用电弧堆焊后再加工至标准尺寸。

第十三节　检修鼓式车轮制动器

桑塔纳2000型轿车后轮制动器采用鼓式车轮制动器,其分解图如图8-43所示。下面以桑塔纳2000型轿车后轮制动器为例介绍鼓式车轮制动器的拆装及检修方法。

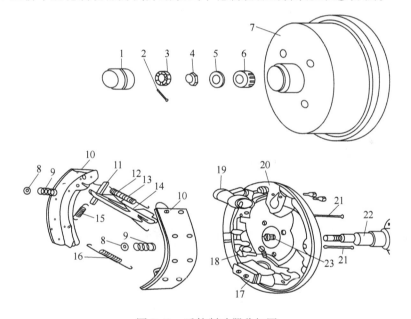

图8-43　后轮制动器分解图

1—轮毂盖　2—开口销　3—开槽垫圈　4—调整螺母　5—止推垫圈　6—轴承　7—制动鼓　8—弹簧座　9—弹簧　10—制动蹄　11—楔形件　12—回位弹簧　13—上回位弹簧　14—压力杆　15—用于楔形件回位弹簧　16—下回位弹簧　17—固定板　18—螺栓(拧紧力矩为60N·m)　19—后制动轮缸　20—制动底板　21—定位销　22—后桥车轮支承短轴　23—观察孔橡胶塞

(1) 制动鼓和制动蹄的拆卸

1) 拧松车轮螺栓、螺母(拧紧力矩为110N·m),取下车轮。

2) 用专用工具VW637/2卸下轮毂盖,如图8-44所示。

3) 取下开口销,旋下后车轮轴承上的六角螺母,取出止推垫圈。

4) 用螺钉旋具通过制动鼓螺孔向上拨动楔形块(图8-45),使制动蹄与制动鼓放松。

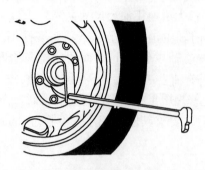
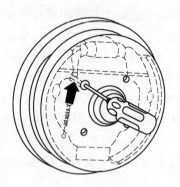

图 8-44　卸下轮毂盖　　　　　图 8-45　拨动楔形块

5）用鲤鱼钳拆下压簧座圈。用手从下面的支架上提起制动蹄，取出下回位弹簧。

6）取下制动杆上的驻车制动拉索。用鲤鱼钳取下楔形件的回位弹簧和上回位弹簧。

7）卸下制动蹄，如图 8-46 所示。

8）把带压力杆的制动蹄卡紧在台虎钳上，拆下定位弹簧，取下制动蹄，如图 8-47 所示。

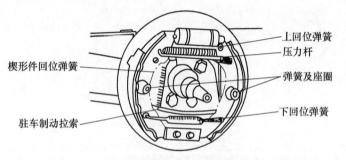
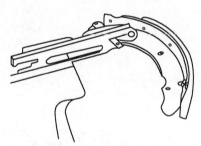

图 8-46　卸下制动蹄　　　　　图 8-47　拆卸制动蹄定位弹簧

9）如有必要，拆下制动轮缸并解体，如图 8-48 所示。

（2）制动鼓和制动蹄的安装

1）装上回位弹簧，将制动蹄装在压力杆上。

2）装上楔形件，凸块朝制动器底板。

3）将带有传动臂的制动蹄装在压力杆上，如图 8-49 所示。

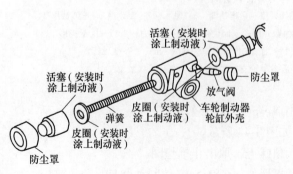
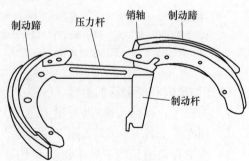

图 8-48　制动轮缸的解体　　　　　图 8-49　将制动蹄装在压力杆上

4)装入上回位弹簧,在传动臂上套上驻车制动拉索。

5)把制动蹄装在车轮制动轮缸的活塞外槽上。

6)装入了回位弹簧,并把制动蹄提起,装到下面的支座上。

7)装楔形件的回位弹簧。装压簧和弹簧座圈。

8)装上制动鼓及后轮轴承,然后调整轮毂轴承的间隙。

9)用力踩一下制动踏板,使后车轮制动蹄片正确就位,摩擦片与制动毂的间隙得到自动调整。

第十四节　手动变速器档位动力传递路线

手动变速器包括变速传动机构和操纵机构两大部分。变速传动机构是变速器的主体,其主要作用是改变转矩和转速的数值和方向;操纵机构的作用是实现变速器传动比的变换——换档。

变速传动机构是变速器的主体,按轴的数量可分为二轴式变速器和三轴式变速器。

1. 二轴式变速器

二轴式变速器用于发动机前置前轮驱动的汽车,一般与驱动桥(前桥)合称为手动变速驱动桥。前置发动机有纵向布置和横向布置两种形式,与其配用的二轴式变速器也有两种不同的结构形式。当发动机纵置时,主减速器为一对圆锥齿轮,如奥迪100、桑塔纳2000轿车等;当发动机横置时,主减速器采用一对圆柱齿轮,如夏利、别克凯越、捷达和丰田卡罗拉轿车等。

(1)发动机纵向布置二轴式变速器　图8-50和图8-51所示分别为桑塔纳2000型轿车二轴式五档手动变速器变速传动机构的结构图和示意图。

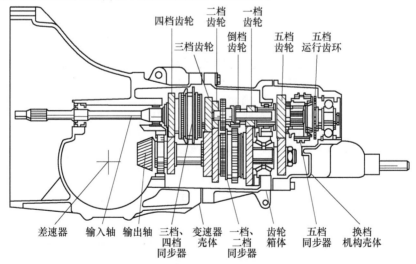

图8-50　桑塔纳2000型轿车二轴式五档手动变速器变速传动机构的结构图

该变速器的变速传动机构有输入轴和输出轴,两轴平行布置,输入轴同时是离合器的从动轴,输出轴是主减速器的主动锥齿轮轴。该变速器具有五个前进档(一档~三档为降速档,四档为直接档,五档为超速档)和一个倒档,全部采用锁环式惯性同步器换档。

变速器的输入轴前端通过轴承支承在发动机曲轴后端的中心孔内。输入轴上有一档~五档主动齿轮和倒档齿轮以及三档~五档同步器。各机件的安装位置从前往后依次为四档主动齿轮，三档、四档同步器，三档主动齿轮，二档主动齿轮，倒档主动齿轮，一档主动齿轮，五档主动齿轮，五档同步器等。其中，二档主动齿轮、倒档主动齿轮、一档主动齿轮与轴制成一体，三档~五档主动齿轮及五档同步器都通过轴承支承在输入轴上，三档、四档同步器和五档齿圈都通过花键固定在输入轴上。

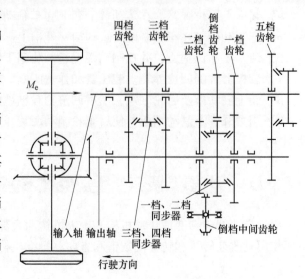

图 8-51　桑塔纳 2000 型轿车二轴式五档手动变速器变速传动机构的示意图

输出轴与主减速器的主动锥齿轮制成一体，其上相应地有主减速器主动锥齿轮、一档~五档从动齿轮和一档、二档同步器。各机件的安装位置从前往后依次为主减速器主动锥齿轮，四档从动齿轮，三档从动齿轮，二档从动齿轮，一档、二档同步器，一档从动齿轮，五档从动齿轮等。其中，三档~五档从动齿轮及一档、二档同步器与输出轴制成一体，一档、二档从动齿轮通过轴承支承在输出轴上。

桑塔纳 2000 型轿车变速器动力传动路线见表 8-2。

（2）发动机横向布置二轴式变速器　图 8-52 所示为别克凯越轿车二轴式五档手动变速器的结构图。

表 8-2　桑塔纳 2000 型轿车变速器动力传动路线

档位	动力传递路线
一档	变速器操纵杆从空档向左、向前移动 实现：动力—输入轴—输入轴一档齿轮—输出轴上一档、二档同步器—输出轴—动力输出
二档	变速器操纵杆从空档向左、向后移动 实现：动力—输入轴—输入轴二档齿轮—输出轴二档齿轮—输出轴上一档、二档同步器—输出轴—动力输出
三档	变速器操纵杆从空档向前移动 实现：动力—输入轴—输入轴三档、四档同步器—输入轴三档齿轮—输出轴三档齿轮—输出轴—动力输出
四档	变速器操纵杆从空档向后移动 实现：动力—输入轴—输入轴三档、四档同步器—输入轴四档齿轮—输出轴四档齿轮—输出轴—动力输出
五档	变速器操纵杆从空档向右、向前移动 实现：动力—输入轴—输入轴五档同步器—输入轴五档齿轮—输出轴五档齿轮—输出轴—动力输出
倒档	变速器操纵杆从空档向右、向后移动 实现：动力—输入轴—输入轴倒档齿轮—倒档轴倒档齿轮—输出轴倒档齿轮—输出轴—动力反向输出

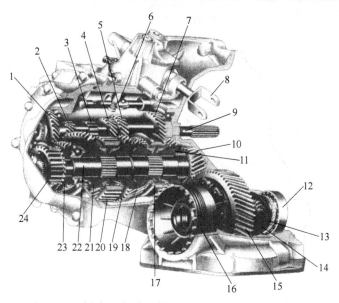

图 8-52　别克凯越轿车二轴式五档手动变速器的结构图

1—主动轴五档齿轮　2—主动轴一档齿轮　3—主动轴倒档齿轮　4—主动轴二档齿轮　5—主动轴三档齿轮　6—换档内杆　7—主动轴四档齿轮　8—换档连杆　9—主动轴　10—主减速器主动齿轮　11—从动轴四档齿轮　12—差速器轴承　13—车速里程表驱动齿轮　14—差速器　15—主减速器从动齿轮　16—轴承调整螺母　17—三档、四档同步器　18—从动轴三档齿轮　19—从动轴二档齿轮　20—一档、二档同步器　21—从动轴一档齿轮　22—从动轴　23—从动轴五档齿轮　24—五档同步器

各档动力传动路线如下：

1) 一档。如图 8-53 所示，变速器操纵杆从空档向左、向前移动，实现：动力—主动轴—主动轴一档齿轮—从动轴一档齿轮—从动轴一档、二档同步器—从动轴—动力输出。

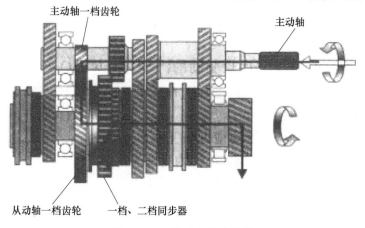

图 8-53　一档动力传动路线

2) 二档。如图 8-54 所示，变速器操纵杆从空档向左、向后移动，实现：动力—主动轴—主动轴二档齿轮—从动轴二档齿轮—从动轴一档、二档同步器—从动轴—动力输出。

3) 三档。如图 8-55 所示，变速器操纵杆从空档向前移动，实现：动力—主动轴—主动轴三档齿轮—从动轴三档齿轮—从动轴三档、四档同步器—从动轴—动力输出。

4) 四档。如图 8-56 所示，变速器操纵杆从空档向后移动，实现：动力—主动轴—主动轴四档齿轮—从动轴四档齿轮—从动轴三档、四档同步器—从动轴—动力输出。

5) 五档。如图 8-57 所示，变速器操纵杆从空档向右、向前移动，实现：动力—主动轴—

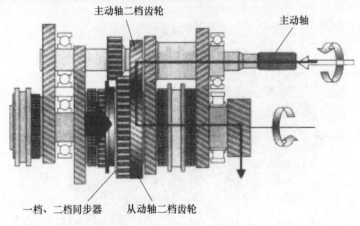

图 8-54 二档动力传动路线

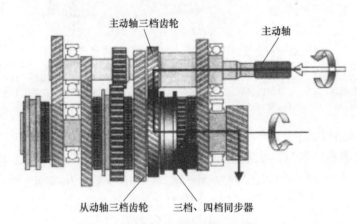

图 8-55 三档动力传动路线

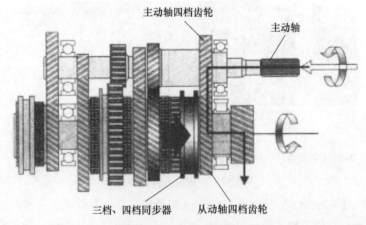

图 8-56 四档动力传动路线

主动轴五档齿轮—从动轴五档齿轮—从动轴五档同步器—从动轴—动力输出。

6) 倒档。如图 8-58 所示,变速器操纵杆从空档向左、向前移动,实现:动力—主动轴—主动轴倒档齿轮—倒档惰轮—倒档从动齿轮(一档、二档同步器)—从动轴—动力反向输出。

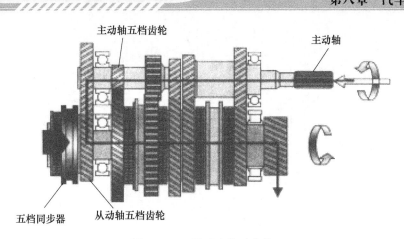

图 8-57 五档动力传动路线

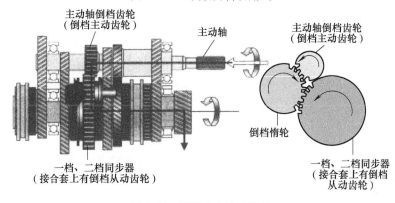

图 8-58 倒档动力传动路线

2．三轴式变速器

三轴式变速器用于发动机前置后轮驱动的汽车。东风 EQ1092 中型载货汽车的三轴式变速器结构简图如图 8-59 所示。该变速器有一轴、二轴和中间轴三根主要的传动轴，所以称为三轴式变速器，另外还有倒档轴。

该变速器为五档变速器，各档传动情况如下：

1）空档。二轴上的各接合套、传动齿轮均处于中间空转的位置，动力不传给第二轴。

2）一档。前移一档、倒档直齿滑动齿轮与中间轴一档齿轮啮合。动力经一轴齿轮，中间轴常啮合齿轮，中间轴齿轮，二轴一档、倒档齿轮传到第二轴，使其顺时针旋转（与第一轴同向）。

3）二档。后移接合套 9 与二轴二档齿轮的接合齿圈啮合。动力经一轴齿轮、中间轴常啮合齿轮、中间轴二轴齿轮、二轴二档齿轮、二档齿轮接合齿圈、接合套 9、花键毂 24 传到第二轴，使其顺时针旋转。

4）三档。前移接合套 9 与二轴三档齿轮的接合齿圈啮合。动力经一轴齿轮、中间轴常啮合齿轮、中间轴三轴齿轮、二轴三档齿轮、三档齿轮接合齿圈、接合套 9、花键毂 24 传到第二轴，使其顺时针旋转。

5）四档。后移接合套 4 与二轴四档齿轮的接合齿圈啮合。动力经一轴齿轮、中间轴常啮合齿轮、中间轴四档齿轮、二轴四档齿轮、四档齿轮接合齿圈、接合套 4、花键毂 25 传

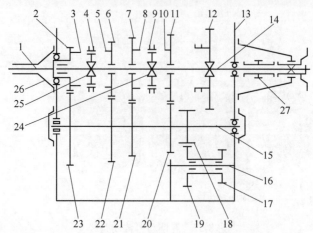

图 8-59　东风 EQ1092 中型载货汽车的三轴式变速器结构简图
1——轴　2——轴常啮合齿轮　3——轴常啮合齿轮接合齿圈　4、9—接合套
5—四档齿轮接合齿圈　6—二轴四档齿轮　7—二轴三档齿轮　8—三档齿轮接合齿圈
10—二档齿轮接合齿圈　11—二轴二档齿轮　12—二轴一档、倒档直齿滑动齿轮　13—变速器壳体
14—二轴　15—中间轴　16—倒档轴　17、19—倒档中间齿轮　18—中间轴一档、倒档齿轮
20—中间轴二档齿轮　21—中间轴三档齿轮　22—中间轴四档齿轮　23—中间轴常啮合齿轮
24、25—花键毂　26——轴轴承盖　27—回油螺纹

到第二轴，使其顺时针旋转。

6）五档。前移接合套 4 与一轴常啮合齿轮的接合齿圈啮合。动力直接由一轴、一轴常啮合齿轮、一轴常啮合齿轮接合齿圈、接合套 4、花键毂 25 传到第二轴，传动比为 1。由于二轴的转速与一轴相同，故此档称为直接档。

7）倒档。后移二轴上的一档、倒档直齿滑动齿轮与倒档中间齿轮 17 啮合。动力经一轴常啮合齿轮，中间轴常啮合齿轮，中间轴一档、倒档齿轮，倒档中间齿轮 19 和 17，二轴一档、倒档直齿滑动齿轮传给第二轴，使其逆时针旋转，汽车倒向行驶。倒档传动路线与其他档位相比较，由于多了倒档中间齿轮的传动，所以改变了二轴的旋转方向。

第十五节　自动变速器超速行星轮机构装配

辛普森式自动变速器主要工作部件的构造

1. 超速排 B_0 制动器的检验和装配

（1）制动器的检验

1）对于片式制动器，检验的方式与离合器大致相似，检查制动器的摩擦片，如有烧焦，表面粉末冶金层脱落或翘曲变形，应更换。许多自动变速器的摩擦片表面上印有符号，若这些符号已被磨去，说明摩擦片已磨损至极限，应更换。也可以测量摩擦片的厚度，若小于极限厚度，则应更换。检查钢片，如有磨损或翘曲变形，应更换。

A341E 和 A342E 自动变速器分解图如图 8-60 所示，自动变速器超速排实物图如图 8-61 所示。

2）对于带式制动器，检查制动带表面，如有烧焦，表面粉末冶金层脱落或表面符号已被磨去，应更换，如图 8-62 所示。检查制动器伺机构件有无磨损和划痕，检查制动器的活

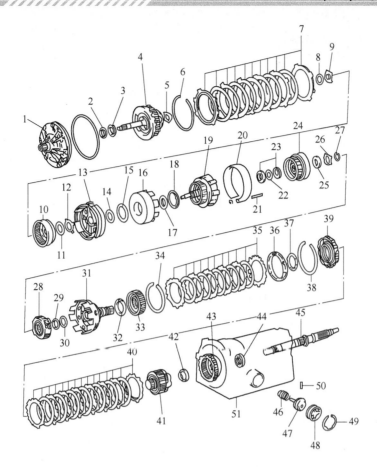

图 8-60　A341E 和 A342E 自动变速器分解图

1—油泵　2、5、9、11、14、23、26、29—止推垫片　3、8、12、17、22、25、30、42、44—止推轴承　4—超速行星架和直接离合器组件　6、27、34、38、49—卡环　7—超速制动器钢片和摩擦片　10—超速齿圈　13—超速制动鼓　15、18、32、37—尼龙止推垫圈　16—倒档及高档离合器组件　19—前进离合器组件　20—二档强制制动器带　21—制动带销轴　24—前齿圈　28—前行星架　31—前后太阳轮组件　33—二档单向超越离合器　35—二档制动器摩擦片和钢片　36—活塞衬套　39—二档制动鼓　40—低档及倒档制动器摩擦片和钢片　41—后行星架和行星轮组件　43—后齿圈　45—输出轴　46—弹簧　47—二档强制制动带活塞　48—二档强制制动带液压缸缸盖　50—超速制动鼓进油孔油封　51—变速器壳体

塞，其表面应无磨损或拉毛，其液压缸内表面应无损伤或拉毛，如有异常，应更换新件。

3）检查挡圈的摩擦面，如有磨损，应更换。

4）测量活塞回位弹簧的自由长度。若弹簧自由长度过小或有变形，应更换新弹簧。

图 8-61　自动变速器超速排实物图

5）更换所有制动器液压缸活塞上的 O 形密封圈及轴颈上的密封环，新的密封圈或密封环应涂上少许传动液后装入。

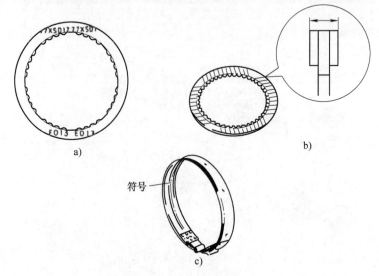

图 8-62　摩擦片和制动带的检查

（2）制动器的装配　在装配制动器之前，应将所有零件用清洁的煤油清洗干净，油道、单向阀孔等处要用压缩空气吹净，不能被赃物堵住。

按照与分解相反的次序装配制动器。在装配时应注意以下几点：

1) 装配前应在所有配合零件表面上涂少许传动液。

2) 当更换摩擦片时，应将新的摩擦片放在干净的传动液中浸泡 30min 后安装。

3) 安装回位弹簧座圈的卡环时要到位，应确认卡环已落在弹簧座上的凸爪内。

4) 每个制动器装配后，都应检查活塞的工作是否正常。可按照分解时的方法，向油道内吹入压缩空气，检查活塞能否移动，将钢片和摩擦片压紧。对于带式制动器，则看制动鼓是否能把制动带包紧。若吹入压缩空气后活塞不能移动，应检查漏气的部位，分解修复后再重新安装。

5) 用塞尺测量制动器的自由间隙，若自由间隙不符合标准（表 8-3），可采用更换不同厚度挡圈的方法来进行调整。

表 8-3　A341E 和 A342E 自动变速器制动器的检修标准

制动器的名称	代号	弹簧自由长度标准/mm	自由间隙/mm
超速制动器	B_0	17.23	1.75~2.05

2. 行星排和单向离合器的检验与装配

1) 检查太阳轮、行星轮、齿圈的齿面，如有磨损或疲劳剥落，应更换整个行星排。

2) 检查行星轮与行星架之间的间隙，如图 8-63 所示，其标准间隙为 0.2~0.6mm，最大不得超过 1.0mm，否则应更换止推垫片、行星架和行星轮组件。

3) 检查太阳轮、行星架和齿圈等零件的轴颈或滑动轴承处有无磨损，如有异常，应更换新件。

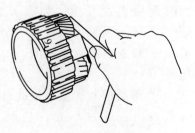

图 8-63　行星轮与行星架之间的间隙检查

4）检查单向离合器，如滚柱破损、滚柱保持架断裂或内外圈滚道磨损起槽，应更换新件。

5）行星排、单向离合器的装配。

① 将行星排和单向离合器的所有零件清洗干净，涂上少许传动液，按分解相反的顺序进行装配。

② 装好单向离合器后，应再次检查，保证其锁止方向正确，在自由转动方向上转动灵活。

3. 自动变速器超速行星轮机构装配顺序

1）输入轴与行星架连接在一起，在行星架上装有单向离合器 F_0；太阳轮和离合器 C_1 相连，装配在输入轴上。

2）装配制动器 B_0 活塞总成。

3）装配超速排齿圈以及摩擦片总成。

4）将行星架太阳轮总成装入壳体。

5）最后，将前传动轴与离合器 C_1 通过输出轴花键毂与齿圈进行连接。

第十六节　搭接风机调速电路

鼓风机电路的电流流向为：电源正极→熔断器→点火开关（IG）→熔丝→鼓风机电动机，随后因鼓风机开关置于不同位置，电路分为以下四种情况：

1）当鼓风机开关置于 0 位（即空档位置）时，鼓风机电路不通，鼓风机不转动。

2）当鼓风机开关置于一档时，电流经鼓风机变速电阻的全部后搭铁。因电流通过全部变速电阻，鼓风机电动机以最低转速运转。

3）当鼓风机开关置于二档时，电流只流过变速电阻的一半后便搭铁，因此转速提高。

4）当鼓风机开关置于三档时，电流不流经变速电阻便直接搭铁，此时转速最高。

第十七节　搭接前照灯电路

目前汽车前照灯的灯泡有充气灯泡、卤钨灯泡和高强度（气体）放电灯泡（HID 灯泡），充气灯泡与卤钨灯泡有单灯丝与双灯丝之分。

充气灯泡内充满了惰性气体，在灯泡工作时，能提高灯丝（钨丝）的温变增强发光效率。但这种灯泡不能阻止钨的蒸发，使用日久后易引起钨蒸发而沉积到玻璃壳表面，在玻璃壳上造成"黑化"现象。

封闭式前照灯结构示意图如图 8-64 所示，HID 灯泡示意图如图 8-65 所示。

卤钨灯泡内充入的惰性气体中掺入碘、溴等卤族元素，灯泡工作时，其内部可形成卤钨再生循环反应，即从灯丝上蒸发出来的气体钨与卤素反应，生成挥发性较强的卤化钨，它扩散到灯丝附近的高温区又受热分解，使钨重新回到灯丝上，被释放的卤素继续扩散参与下一轮循环反应，如此周而复始，防止了钨的蒸发和灯泡的"黑化"现象，卤钨灯泡尺寸小，发光效率高，使用寿命长。

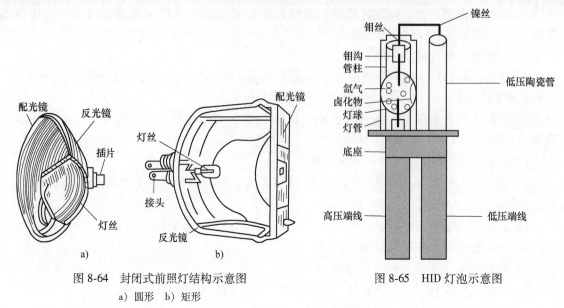

图 8-64　封闭式前照灯结构示意图
a) 圆形　b) 矩形

图 8-65　HID 灯泡示意图

HID 灯泡其工作原理与日光节能灯、霓虹灯相类似，需要有很高的电压把灯泡中两极之间击穿，同时把灯泡内灌满了氙气及少许稀有金属的小玻璃球中的工作介质激活，刺激它们进行反应而发出高达 4000K 色温的光芒，这不但是卤素灯所难以望其项背的光度，也是最接近正午日光的色温，是最能让人眼感觉舒服的光度，所以有"人造太阳"之美称。

照明灯电路工作原理图如图 8-66 所示。

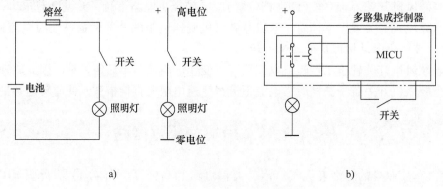

图 8-66　照明灯电路工作原理图

第十八节　汽车空调制冷系统压力检查

汽车空调系统的工作环境比较恶劣，制冷系统容易造成部件、管道损坏，接头松动，使制冷剂发生泄漏。

（1）汽车空调制冷系统要进行检漏　汽车空调制冷系统进行检漏可以采用卤素灯、电子检测仪、肥皂泡、燃料、真空和外观等方式。

（2）通过压力表检测各部件工作是否正常　把表座软管接在压缩机上，排除软管内的空气，起动汽车，拧动怠速螺钉，调整发动机转速至 1250r/min；开动空调器，将有关控制器调至最凉位置；按需要使发动机温度正常后，进行检测和维修作业。

1）压力表读数，高低压均低，说明制冷剂不足，如果是工作一段时间出现此现象，可能系统内某处出现泄漏，必须找出泄漏点并加以排除。

2）压力表读数，高低压均高，可能是制冷剂过多引起的。

3）压力表读数，低压侧偏高，高压侧偏低，如果增加发动机转速，高低压变化都不大，这种情况一般是压缩机工作不良造成的，应该检查机内阀片是否损坏，活塞环是否磨损，并予以排除。

第九章 汽车故障诊断与排除技能鉴定

理论鉴定要素细目表

考核内容		考核要点	重要程度
汽车故障诊断与排除	汽车发动机故障诊断与排除	诊断与排除发动机怠速不稳的故障	★★★
		诊断与排除发动机加速时回火的故障	★★★
		诊断与排除汽油发动机无法起动的故障	★★★
		诊断与排除发动机缺火的故障	★★★
		诊断与排除发动机动力不足的故障	★★★
	汽车底盘故障诊断与排除	诊断与排除汽车转向沉重的故障	★★★
	汽车电器设备故障诊断与排除	诊断与排除液压操纵式离合器分离不彻底的故障	★★★
		诊断与排除起动机转动无力的故障	★★★
		诊断与排除高压无火的故障	★★★

鉴定要求分析

本章内容涉及汽车故障诊断与排除的专业技能,其考核的主要内容包括汽车发动机、底盘和电器设备故障的诊断与排除。在考核中,主要考核考生对汽车故障的故障想象、故障原因和故障的诊断及排除方法的掌握程度,其中重点考核的是学生对汽车某一故障的故障现象和故障原因的掌握程度,考核的形式主要以口述为主,因此,学生在复习备考的过程中,最好能结合职业技能鉴定国家题库——汽车维修工中级操作技能考核评分记录表的相关考核内容及要求,进行有针对性的复习。

知识点阐述

第一节　诊断与排除发动机怠速不稳的故障

发动机怠速不稳是汽车使用中常见的故障之一，尽管现在大多数的轿车都有故障自诊断系统，但也会出现汽车有故障自诊断系统却显示正常代码或显示与故障无关代码的情况，这通常是由不受 ECU 直接控制的执行装置发生故障或传统机械故障造成的。发动机怠速控制系统如图 9-1 所示，发动机怠速不稳产生的主要原因和各自的诊断及排除方法如下：

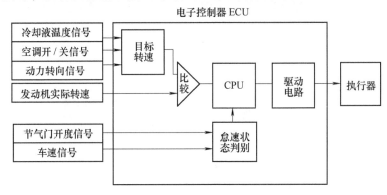

图 9-1　发动机怠速控制系统

（1）怠速开关不闭合

1）诊断方法。怠速时打开空调，转动转向盘，发动机转速不升高，可证明是此故障。

2）故障排除。对节气门位置传感器进行检查、调整或更换。

（2）怠速控制阀故障

1）诊断方法。当发动机怠速运转时，检查怠速控制阀的动作声音，若无动作声音，则说明怠速控制阀出现故障。

2）故障排除。清洗或更换怠速控制阀，并用专用解码器对怠速转速进行基本设定。

（3）进气管路漏气

1）诊断方法。若听见进气管有泄漏的"咻咻"声，则证明进气系统漏气。

2）故障排除。查找泄漏处，重新进行密封或更换相应的部件。

（4）配气相位错误

1）诊断方法。检查气缸压缩压力、进气管的真空度和正时标记，若缸压不在标准值范围内，或进气管真空度超出标准，并且正时标记不正确，即可判断发生此故障。

2）故障排除。检查正时标记，按照标准重新调整配气相位。

（5）喷油器滴漏或堵塞

1）诊断方法。用听诊器检查喷油器是否发出"咔叽咔叽"动作声音或测量喷油器的喷油量，若喷油器无动作声音或喷油量超出标准，说明喷油器有故障。

2）故障排除。清洗喷油器，检查每个喷油器的喷油量，并确认无堵塞、滴漏现象。

（6）排气系统堵塞

1)诊断方法。利用真空表对进气管真空度进行检测,若进气管真空度较低且加速时伴有发闷的现象,可确定为此故障。

2)故障排除。更换三元催化转化器。

(7)怠速工况废气再循环阀开启

1)诊断方法。拆下废气再循环阀,把废气再循环通道堵死,故障现象消失即为此故障。

2)故障排除。此故障大多是由于废气再循环阀被积炭卡死在常开位置所造成的。可消除废气再循环阀上的积炭或更换废气再循环阀。

第二节 诊断与排除发动机加速时回火的故障

1. 故障现象

当发动机加速时,混合气在进气歧管内燃烧,燃气从进气口喷出,通常会在进气歧管处听到"嘭嘭"的响声,发动机进气系统如图9-2所示。

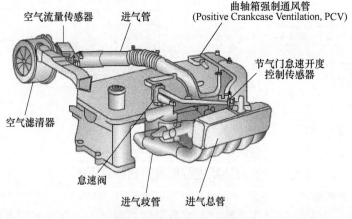

图9-2 发动机进气系统

2. 故障原因

(1)混合气过稀故障 混合气过稀的原因可能是油路或进气系统出现故障。油路故障主要是由于喷油器喷油过少所致,造成喷油器喷油过少的原因主要是:油压过低;喷油器堵塞,影响喷油控制的传感器故障(空气流量传感器、进气温度传感器故障)。进气系统故障主要是由于进气量过多,如进气管漏气等。

(2)点火系统故障 点火系统故障主要是点火能量不足(高压线电阻过大、点火线圈损坏、电源电压不够)或火花塞故障,点火顺序错乱。

(3)点火提前角过小 点火提前角过小的原因主要有曲轴位置传感器间隙不合适、松动,温度传感器损坏,ECU损坏。

(4)配气正时故障 配气正时故障如气门间隙过小,进气门关闭不严(气门烧蚀、气门座圈脱落、积炭严重)。

3. 故障诊断与排除

1)进行故障自诊断,检查有无故障码。空气流量传感器、节气门位置传感器等故障都会影响发动机的加速性能。有专用诊断仪的还需要观察动态数据流,按故障码和动态数据查找。

2) 检查点火正时。怠速时通常为 10°~15°,或按维修手册规定。如不正确,应调整发动机的初始点火提前角。加速时点火提前角应能自动加大到 20°~30°。如有异常,应检查点火控制系统。

3) 测量各缸高压线电阻并拆检各缸火花塞。若大于 25kΩ,或高压线外表面有漏电痕迹,应更换。观察火花塞间隙和颜色,调整间隙或更换火花塞。必要时用点火示波器检查点火波形,确认有无故障。

4) 检查进气系统有无漏气。用真空表测量,并结合在进气歧管附近喷清洗剂的方法检查是否漏气。

5) 检查燃油压力。怠速时燃油压力应为 250kPa 左右或符合原厂规定,加速时应上升至 300kPa 左右或符合原厂规定。如油压过低,需检查油压调节器、汽油滤清器和汽油泵等。

6) 用示波器检查空气流量传感器、节气门位置传感器的输出电压波形,如有异常,应更换。

7) 拆卸、清洗各喷油器。检查喷油器在加速工况下的喷油量。如有异常,应更换喷油器。

8) 检查废气再循环系统的工作情况。

9) 检查排气管是否有堵塞现象。

第三节　诊断与排除汽油发动机无法起动的故障

发动机不能起动的现象主要有以下几种:起动机带不动发动机运转,或能带动,但转动缓慢;起动机能带动发动机正常转动,但不能起动,且无着车征兆;有着车征兆,但发动机不能起动。

造成发动机不能起动的原因很多,有起动系统、点火系统、汽油喷射系统故障及发动机机械故障等。其中因起动系统故障而造成的发动机不能起动不在电控系统检查范围内。发动机机械故障应在排除汽油喷射系统和点火系统的故障后再做进一步的检查。发动机燃油供给系统如图 9-3 所示。

1. 发动机不能起动,且无着车征兆

(1) 故障现象　当接通起动开关时,起动机能带动发动机正常转动,但发动机不能起动,且无着车征兆。

(2) 故障原因

1) 油箱中无油。

2) 起动时节气门全开。

3) 电动汽油泵不工作。

4) 喷油器不工作。

5) 油路压力过低。

6) 点火系统故障。

7) 发动机气缸压缩机压力过低。

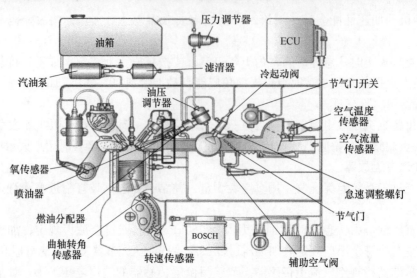

图 9-3 发动机燃油供给系统

（3）故障诊断与排除　电子控制燃油喷射式发动机在设计上具有很好的起动性能。汽车喷射系统的一般故障通常不会导致发动机不能起动。如果出现了不能起动且无着车征兆的故障，其原因一定是发动机的点火系统、燃油系统或控制系统三者之中的一个或一个以上的系统完全丧失了功能。因此，不能起动的故障诊断与排除应重点集中在上述三个系统中。

1）对于不能起动的故障，应先检查油箱存油情况。打开点火开关，若汽油表指针不动或油量警告灯亮，则说明箱内无油，应加满油后再起动。

2）应采取正确的起动操作方法。通常电子控制燃油喷射式发动机的起动控制系统要求在起动时不踩加速踏板。如果在起动时将加速踏板完全踩下或反复踩加速踏板，以求增加供油量，会使控制系统的溢油消除功能起作用，从而导致喷油器不喷油，造成不能起动。

3）检查点火系统。导致发动机不能起动的最常见原因是点火系统不能点火。因此，在做进一步的检查之前，应先排除点火系统的故障。在检查电子控制燃油喷射式发动机的电子点火系统有无高压火花时应采用正确的方法，不可沿用检查传统触点式点火系统高压火花的做法，以防损坏点火系统中的电子元件。

正确的检查方法是：从分电器上拔下高压总线，让高压总线末端距离缸体5~6mm，或从缸体上拔下高压分线，将一个火花塞接在高压线上；将火花塞搭铁；接通起动开关，用起动机带动发动机转动，同时观察高压总线末端或火花塞电极处有无强烈的蓝色高压火花。

如果没有高压火花或火花很弱，说明点火系统有故障。在查找故障部位之前，可先进行发动机故障自诊断，检查有无故障码。现代电控燃油喷射式发动机的故障自诊断系统通常能检测出点火系统中的曲轴位置传感器（点火信号发生器）及点火器的故障。如有故障码，则可按显示的故障码查找故障部位；如无故障码，则应分别检查点火系统中的高压线、分电器盖、高压线圈、点火器、分电器、曲轴位置传感器及点火控制系统。点火系统最容易损坏的零件是点火器，应重点检查。

4）检查电动汽油泵是否工作正常。电动汽油泵不工作也是造成发动机不能起动的最常见原因之一。用一根导线将电动汽油泵的两个检测插孔短接，然后打开点火开关，此时应能从油箱口处听到汽油泵运转的声音；或用手捏住进油管时能感觉到进油管的油压脉动，或拆下油压调节器上的回油管，应有汽油流出。

如果电动汽油泵不工作，应检查熔断器、继电器及电动汽油泵控制电路等。如果电路正常，则说明电动汽油泵有故障，应更换。

如果在检查中电动汽油泵有工作，可试一下在这种状态下发动机能否起动。若可以起动，说明是电动汽油泵控制电路有故障，使汽油泵在发动机起动时不工作。对此，应检查电动汽油泵控制电路。

5）检查喷油器是否喷油。如果点火系统和电动汽油泵工作均正常，则应进一步检查喷油控制系统。在起动发动机时，检查各喷油器有无工作的声音。如果喷油器不工作，可用一个大阻抗的试灯接在喷油器的线束插头上。如果在起动发动机时试灯能闪亮，说明喷油器控制系统工作正常，喷油器有故障，应更换。

如果试灯不闪亮，则说明喷油器控制系统或控制电路有故障。对此，应检查喷油器电源熔断器有无烧坏，喷油器降压电阻有无烧坏，喷油器与电源之间的接线是否良好，喷油器与ECU之间的接线是否良好，ECU的电源继电器与ECU之间的接线是否良好。如果外部电路均正常，则可能是ECU内部有故障，可用ECU故障诊断仪或采用测量ECU各接脚电压的方法来检测ECU有无故障；也可用一个好的ECU换上试一下，如能起动，可确定为ECU故障。对此，必须更换。

6）检查燃油系统压力。燃油系统油压过低会造成喷油量太少，也会导致不能起动。在电动汽油泵运转时检查燃油系统油压。在发动机运转的状态下正常燃油压力应达300kPa左右。如果燃油压力过低，可用钳子包上软布，将油压调节器的回油管夹住，阻断回油通路。此时，若燃油压力迅速上升，说明是油压调节器漏油，造成油压过低，应更换油压调节器；若燃油压力上升缓慢或基本不上升，则说明油路堵塞或电动汽油泵有故障。对此，应先拆检汽油滤清器。如有堵塞，应更换；如滤清器良好，则应更换电动汽油泵。

7）检查气缸压缩压力。若上述检查均为正常，则应进一步检查发动机气缸压缩压力。若气缸压缩压力低于0.8MPa，则说明发动机机械部分有故障，应进一步拆检发动机本体。

2. 有着车征兆，但发动机不能起动

（1）故障现象　当起动发动机时，起动机能带动发动机正常转动，有轻微着车征兆，但不能起动。

（2）故障原因

1）气管有漏气。

2）点火提前角不正确。

3）高压火花太弱。

4）冷起动喷油器不工作。

5）燃油压力太低。

6）冷却液温度传感器有故障。

7）空气滤清器堵塞。

8）空气流量传感器有故障。

9）喷油器漏油。

10）喷油控制系统有故障。

11）气缸压力太低。

(3) 故障诊断与排除　有着车征兆而不能起动，说明点火系统、燃油喷射系统和控制系统虽然工作失常，但并没有完全丧失功能。这种不能起动故障的原因不外乎是高压火花太弱或点火正时不正确、混合气太稀、混合气太浓和气缸压力太低等。一般先检查点火系统，然后再检查进气系统、燃油系统、控制系统，最后检查发动机气缸压缩压力。

1）先进行故障诊断，检查有无故障码。如有故障码，则可按显示的故障码查找相应的故障原因。必须指出的是，所显示出的故障码不一定都与发动机不能起动有关：有些故障码是发动机在以往的运行过程中偶发性故障所留下的，有些故障码所表示的故障则不会影响发动机的起动性能。会影响起动性能的部件有曲轴位置传感器、冷却液温度传感器和空气流量传感器等。

2）检查高压火花。除了检查分电器电压总线上的高压火花是否正常外，还要进一步检查各缸高压分线上的高压火花是否正常。若总线火花太弱，应更换高压线圈；若总线火花正常而分线火花较弱或断火，说明分电器盖或分火头漏电，应更换。

3）检查空气滤清器。如果滤芯过脏堵塞，可拆掉滤芯后再起动发动机。如能正常起动，则应更换滤芯。

4）检查进气系统有无漏气。采用空气流量传感器测量进气量的燃油喷射系统，只要在空气流量传感器之后的进气管道有漏气就会影响进气量计量的准确性，从而使混合气变稀。严重的漏气会导致发动机不能起动。检查中应仔细查看空气流量传感器之后的进气软管有无破裂，各处接头卡箍有无松脱，谐振腔有无破裂，曲轴箱通风软管是否接好。

此外，燃油蒸发吸附系统和排气再循环系统在起动及怠速运转中是不工作的。如因某种原因而使它们在起动时就进入工作状态，也会影响起动性能。将燃油蒸发吸附软管或排气再循环管路堵塞住，再起动发动机。如在这种状态下发动机能正常起动，说明该系统有故障，应认真检查。

5）检查火花塞。火花塞间隙太大也会影响起动性能。火花塞正常间隙一般为0.8mm，有些高能量的电子点火系统火花塞间隙较大，可达1.2mm。如火花塞间隙太大，应按车型维修手册所示标准值进行调整。

6）如果火花塞表面只有少量潮湿的汽油，说明喷油器喷油量太少。对此，应先检查起动时电动汽油泵有无工作。可用一根导线将电动汽油泵的两个检测插孔短接，再起动发动机。如果能起动，则说明电动汽油泵在起动时不工作，应检查控制电路。如果电动汽油泵有工作而不能起动，应进一步检查燃油压力，如果燃油压力太低，应检查汽油滤清器、油压调节器及汽油泵有无故障。

7）如果火花塞表面有大量潮湿汽油，说明气缸中已出现"呛油"现象，这也会造成发动机不能起动。对此，可拆下所有火花塞，将其烤干，再让气缸中的汽油全部挥发掉，然后装上火花塞重新起动。如果仍会出现"呛油"现象，应拆卸喷油器，检查喷油器有无漏油。

第四节　诊断与排除发动机缺火的故障

1. 故障现象

1）发动机抖动。

2）车辆行驶中发动机喘振。

3）有时发动机故障指示灯点亮。

2. 故障原因

1）点火系统故障。

2）燃油系统故障。

3）进排气系统故障。

4）机械故障。

3. 故障诊断与排除

1）进行故障自诊断，检查有无故障码。有专用诊断仪的还需要观察动态数据流，按故障码和动态数据查找故障原因。若无异常，应进行如下的检查。

2）检查火花塞。

① 检查火花塞型号、间隙是否正常。

② 检查火花塞陶瓷部分是否开裂。

③ 检查火花塞陶瓷部分是否有漏电痕迹，若有更换火花塞和点火线圈或高压线。

④ 检查火花塞电极颜色是否正常。如有异常，检查润滑系统、燃油系统和冷却系统是否有故障。

⑤ 如果火花塞外观检查不到明显故障，则和其他缸做互换试验。

3）检查点火线圈。

① 检查点火线圈的外观是否有开裂损坏现象。

② 检查点火线圈初级线圈和次级线圈的电阻值是否在规定值内。

③ 检查点火线圈至ECM的控制电路有无短路、断路现象。

④ 如果检查不出明显故障，可做点火线圈互换试验。

4）检查喷油器。

① 检查喷油器的喷油状态，若雾化不良、堵塞、密封不良、各缸喷油不均匀，应清洗或更换。

② 检查喷油器的电阻值是否在规定值内。各缸喷油器电阻值偏差是否符合规定。

③ 检查各缸喷油器到汽车发动机控制模块（Engine Gintrol Module, ECM）的控制电路是否短路或断路。

5）检查燃油系统压力是否在规定值内，若不在，应检查汽油泵、燃油管路、喷油器、汽油泵滤网和汽油滤清器。

6）检查汽油是否受到了污染。

7）检测气缸压力是否正常，各气缸压力压差是否在规定值内。可能的故障原因包括气门密封不严、缸筒和活塞间隙过大、活塞环间隙过大等。

8）检查发动机进气歧管是否有泄漏，如真空管路泄漏、密封垫密封不严。

9）检查排气系统是否阻塞。

第五节　诊断与排除发动机动力不足的故障

1. 故障现象

发动机无负荷运转时基本正常，但带负荷运转时加速缓慢，上坡无力，加速踏板踩到底时仍感到动力不足,转速提不高,达不到最高车速。

2. 故障原因

1) 节气门调整不当,不能全开。
2) 空气滤清器堵塞。
3) 燃油压力过低。
4) 气缸缺火。
5) 点火正时不当或高压火花弱。
6) 空气流量传感器或进气歧管绝对压力传感器、冷却液温度传感器、节气门位置传感器故障。
7) 喷油器堵塞或雾化不良。
8) 废气再循环装置工作不良。
9) 气缸压缩压力过低或配气正时失准。
10) 排气受阻,在发动机加载时,进气歧管真空度明显偏低。

3. 故障检查的一般步骤

1) 进行故障自诊断,检查有无故障码出现。如果有条件,需用专用诊断仪读取动态数据流,或用万用表检查数据。影响动力性的传感器和执行器有冷却液温度传感器、空气流量传感器或进气歧管绝对压力传感器、节气门位置传感器、点火器和喷油器等。按所显示的故障码或数据流分析故障,查找故障原因。

2) 将加速踏板踩到底,检查节气门能否全开。如不能全开,应调整节气门拉索或踏板。

3) 检查空气滤清器有无堵塞。如有堵塞,应清洁或更换。

4) 用点火正时灯检查点火正时。在热车后的怠速运转中检查点火提前角,应为10°~15°或符合原厂规定,加速时点火提前角应能自动提前至20°~30°。如怠速时点火提前角不正确,应调整初始点火提前角;如果加速时点火提前角不正确,应检查点火提前控制电路及曲轴位置传感器、点火器等。

5) 检查有无明显缺缸。可做单缸断火、断油试验。

6) 检查所有火花塞、高压线和点火线圈。如有异常,应更换。可用点火示波器观察点火波形后确认。

7) 检查燃油压力。如压力过低,应进一步检查电动汽油泵、油压调节器和汽油滤清器等。

8) 拆卸喷油器,检查喷油量是否正常。如喷油量不正常或喷油雾化不良,应清洗或更换喷油器。

9) 检测空气流量传感器、节气门位置传感器、曲轴位置传感器、凸轮轴位置传感器、冷却液温度传感器、氧传感器和爆燃传感器信号。

10) 检查废气再循环装置工作是否正常。

11) 检查配气相位、气门间隙是否正确。

12) 检查进气增压装置、可变配气正时及气门升程装置的工作情况。

13) 检查排气是否畅通、三元催化转化器是否堵塞。用真空表与排气背压表检查,或拆检。

14）测量气缸压缩压力，检查气门积炭，拆检发动机等。如气缸压力过低、气门弹簧过软、配气凸轮磨损等都可导致动力下降。

第六节　诊断与排除汽车转向沉重的故障

1. 故障现象

当汽车行驶时，左右转动转向盘，感到沉重费力。

2. 故障原因

汽车转向沉重主要原因可分为两个部分，一部分是转向系统各部件运动间隙过小，部件变形，缺少润滑，运动部件损坏、卡滞导致的；另一部分是动力转向系统故障导致的。

3. 故障的诊断与排除

维修时要先判断出故障的大致范围，再进一步维修排除。

1）先用举升器举升车辆，使车辆四轮离地，转动转向盘，如果转向灵活、轻便，说明故障在行驶系统，应检查轮胎胎压是否过低，四轮定位数值是否失准，转向轴承是否过紧等。

2）如果仍感到转向沉重，可断开转向器与转动传动机构的连接，再转动转向盘，如果转向灵活，说明故障在转向传动机构，应检查横拉杆、转向臂等部件是否弯曲变形。如果转向仍沉重，说明故障在动力转向系统，应检查转向液压油的油位是否过低，油质是否变质。若油位过低，先检查有无渗漏的地方，再将液压油添至标准高度。

3）若油质变质，必须更换。更换时要注意排净动力转向系统内的空气，否则会严重影响助力的效果。可用动力转向系统油压表测量系统油压，来判断转向泵的好坏。如果转向仍沉重，需要拆解、检查转向器，查看是否有缺机油、锈蚀和齿条弯曲等情况，如有，需要进行必要的维修或更换部件来排除故障。

凌志 LS400 轿车电控液压助力转向系统示意图如图 9-4 所示。

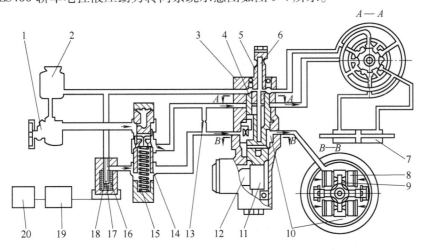

图 9-4　凌志 LS400 轿车电控液压助力转向系统示意图

1—转向液压泵　2—储油罐　3—转向器壳体　4—转阀阀体　5—转阀阀芯　6—扭杆　7—转向动力缸　8—液压反力活塞　9—控制杆　10—液压反力腔　11—转向器齿轮　12—转向器齿条　13—节流孔　14—液流分配阀柱塞　15—液流分配阀弹簧　16—电磁阀线圈　17—电磁阀滑阀　18—电磁阀弹簧　19—动力转向 ECU　20—车速传感器

第七节　诊断与排除液压操纵式离合器分离不彻底的故障

1. 故障现象

当汽车起步时，将离合器踏板(图9-5)踩到底仍感挂档困难或虽然强行挂上档，但不抬踏板汽车就前移或造成发动机熄火。变速时挂档困难，并伴有变速器齿轮撞击声。

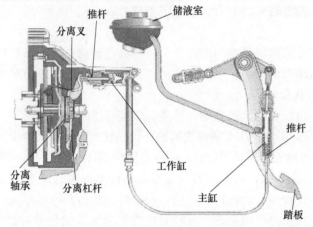

图9-5　液压操纵式离合器踏板

2. 故障原因

1) 离合器踏板自由行程过大。
2) 分离杠杆(或膜片弹簧分离指)内端不在同一平面上。
3) 双片离合器中间压盘限位螺钉调整不当。
4) 从动盘翘曲、铆钉松脱或新更换的摩擦片过厚。
5) 从动盘正反面装反。
6) 飞轮或压盘工作面翘曲变形。
7) 压紧弹簧弹力不一致、个别折断或膜片弹簧变形损坏。
8) 从动盘花键孔与变速器输入轴花键齿锈蚀或有油污使从动盘移动困难。
9) 液压操纵离合器操纵系统漏油或有空气。

3. 故障诊断与排除

1) 检查并调整离合器踏板的自由行程。
2) 若踏板自由行程符合要求，应拆下离合器底盖，检查分离杠杆内端高度是否一致。
3) 对于双片离合器，应检查限位螺钉与中间压盘的间隙。
4) 对于膜片弹簧式离合器，应检查膜片弹簧分离杠杆是否过软、磨损过多或折断。
5) 若是新换摩擦片过厚，可在离合器盖与飞轮间增加适当厚度的垫片予以调整，但各垫片厚度应一致。
6) 若经上述检查调整后仍无效，应将离合器拆下，检查从动盘是否装反。
7) 检查从动盘在变速器输入轴花键齿上移动是否灵活。
8) 经上述检查调整后仍无效，应分解检查离合器总成。
9) 对于液压操纵式离合器，经检查调整后仍分离不彻底，应检查操纵系统有无漏油现象，并排除操纵系统内的空气。

第八节　诊断与排除起动机转动无力的故障

1. 故障现象

点火开关旋至起动档或起动按钮接通，起动机转动缓慢或转动不连续，使发动机无法起动。

2. 故障原因

1）蓄电池亏电或有故障。

2）蓄电池极桩氧化或桩头、导线连接松动。

3）电磁开关故障，如接触盘和主接线柱烧蚀等造成接触不良。

4）直流电动机故障，如换向器脏污或烧蚀，电刷磨损严重，电枢绕组或磁场绕组部分短路等。

3. 故障诊断与排除

1）检查蓄电池的技术状况是否良好。

2）检查蓄电池极桩和起动机主电路导线连接是否正常。

3）如果蓄电池技术状况和主电路连接正常，起动机转动无力，表明起动机有故障。用螺钉旋具直接将起动机两主接线柱短接，如果起动机运转正常，说明故障在电磁开关；如果起动机仍然转动无力，说明直流电动机有故障。

第九节　诊断与排除高压无火的故障

1. 故障现象

发动机不能起动且无任何着车征兆，无高压火花。

2. 故障原因

有分电器的微机控制点火系统的电路连接如图9-6所示，产生高压无火的故障原因主要包括以下几个方面：

1）点火线圈、点火控制模块损坏。

2）点火控制模块与发动机控制模块之间的电路连接不良。

3）曲轴位置传感器故障。

4）曲轴位置传感器与点火控制ECU之间的电路连接不良。

5）点火控制模块的供电电路有故障。

6）点火控制ECU本身故障。

3. 故障诊断与排除

1）直观诊断。首先应对与故障现象相关的部位、部件及其连接导线进行外观检查，检查各个插接器是否有污损、插接不到位而引起的接触不良，检查电线是否断开，是否有因磨损而引起线间或对搭铁短路烧坏的地方，检查各个传感器和执行器是否有零件松动、丢失、变形和卡死等机械故障。

2）利用自诊断系统调取储存在ECU内的故障码，若有，可根据故障码及其含义对电控

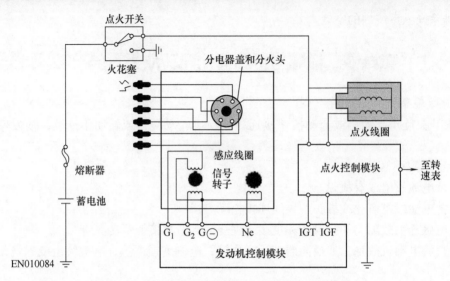

图 9-6 有分电器的微机控制点火系统的电路连接

自身故障的范围做出初步判断并进一步排除故障；若无，则进行下一步检查。

3）从分电器上拔出中央高压线对缸体做跳火试验，若有火花，检查分电器至各气缸的分火装置及高压线、火花塞等有无故障。

4）若无火花，应检查点火线圈"+"接柱的电源电压及点火控制模块的电源电压和搭铁情况。

5）若上述检查正常，应检查从发动机控制模块输出的 IGT 信号，若正常，则为点火控制模块或点火线圈及其电路连接不良，而曲轴位置传感器基本正常；若不正常，应检查曲轴位置传感器及与发动机控制模块之间的电路是否正常，若正常，故障应在发动机控制模块。

6）更换发动机控制模块后再确认故障是否排除。

附 录

附录 A 技能操作考核评分记录表(部分)

职业技能鉴定国家题库

汽车维修工中级操作技能考核评分记录表

考件编号：_____ 姓名：_____ 准考证号：_____ 单位：_____

试题 1. 汽车维护——更换活塞环

序号	作业项目	考核内容及要求	配分	评分标准(各项评分扣完为止)	扣分	得分
1	劳动用品穿戴	劳动用品穿戴齐全	5	穿戴不全不得分		
2	正确选用工具、量具、材料	选用工具、量具、材料齐全准确	5	缺一件扣1分，选错一件扣1分		
3	准备	检测前准备	5	准备不充分一次扣2.5分		
				准备失误扣5分		
4	拆卸	从气缸中拆下活塞连杆组	10	拆卸方法不正确扣5分		
				拆卸时没有核对记号扣5分		
		从活塞中拆下活塞环	10	拆卸方法不正确扣5分，不会测量不得分		
				拆卸时折断活塞环每次扣5分		
5	安装	检查活塞环间隙	10	活塞环间隙检查一处不正确扣5分		
		将活塞环安装到活塞上	15	活塞环安装方向不正确扣5分		
				活塞环开口方向不正确扣5分		
				安装时折断活塞环扣5分		
		将活塞连杆组装入气缸	15	安装方法不正确扣5分		
				活塞连杆方向安装不正确扣5分		
				连杆螺栓拧紧力矩不合要求扣5分		
6	正确使用工具、用具	工具、用具使用正确	10	一种工具、用具使用不正确扣2分		
				损坏、丢失一件工具、用具不得分		

(续)

序号	作业项目	考核内容及要求	配分	评分标准（各项评分扣完为止）	扣分	得分
7	操作规程	操作规程执行情况	10	违反操作规程不得分		
8	清理现场	清理、擦洗并回收工具、用具	5	少收一件工具、用具扣1分		
9		分数总计	100			
				否定项说明：出现重大安全事故不得分		

考评员签名：

年　　月　　日

职业技能鉴定国家题库

汽车维修工中级操作技能考核评分记录表

考件编号：＿＿＿＿＿＿　姓名：＿＿＿＿＿＿　准考证号：＿＿＿＿＿＿　单位：＿＿＿＿＿＿

试题1. 汽车维护——检测进气管真空度

序号	作业项目	考核内容及要求	配分	评分标准（各项评分扣完为止）	扣分	得分
1	劳动用品穿戴	劳动用品穿戴齐全	5	穿戴不全不得分		
2	正确选用工具、量具、材料	选用工具、量具、材料齐全准确	5	缺一件扣1分，选错一件扣1分		
3	准备	检测前准备	5	准备不充分一次扣2.5分		
				准备失误扣5分		
4	检测	起动发动机并使其怠速运转	10	操作方法不正确扣5分		
				操作不熟练扣5分		
		连接真空表	10	连接方法不正确扣10分		
		测量真空度	20	测量方法不正确扣10分，不会测量不得分		
				测量结果不正确不得分		
5	分析	查阅维修手册，对读取的数值进行分析	20	分析不正确扣10分		
				不会分析扣20分		
6	正确使用工具、用具	工具、用具使用正确	10	一种工具、用具使用不正确扣2分		
				损坏、丢失一件工具、用具不得分		
7	操作规程	操作规程执行情况	10	违反操作规程不得分		
8	清理现场	清理、擦洗并回收工具、用具	5	少收一件工具、用具扣1分		
9		分数总计	100			
				否定项说明：出现重大安全事故不得分		

考评员签名：

年　　月　　日

职业技能鉴定国家题库

汽车维修工中级操作技能考核评分记录表

考件编号：_____ 姓名：_____ 准考证号：_____ 单位：_____

试题 1. 汽车维护——检测气缸压缩压力

序号	作业项目	考核内容及要求	配分	评分标准（各项评分扣完为止）	扣分	得分
1	劳动用品穿戴	劳动用品穿戴齐全	5	穿戴不全不得分		
2	正确选用工具、量具、材料	选用工具、量具、材料齐全准确	5	缺一件扣1分，选错一件扣1分		
3	准备	检测前准备	5	准备不充分一次扣2.5分		
				准备失误扣5分		
4	检测	拆除全部火花塞及空气滤清器	10	操作方法不正确扣5分		
				操作不熟练扣5分		
		检验气缸压力表	10	检验方法不正确扣10分		
		逐缸测量气缸压力	20	检测方法不正确扣10分，不会测试不得分		
				每漏测一个扣5分		
				测量结果不正确扣10分		
5	复检	测完一次后，再复检一次，取平均值	10	检测方法不正确扣5分		
				每漏测一个扣2.5分		
				测量结果不正确扣10分		
6	判断结果	查阅维修手册，判断气缸压缩压力是否符合技术标准	10	判断不正确扣5分		
				不会判断扣10分		
7	正确使用工具、用具	工具、用具使用正确	10	一种工具、用具使用不正确扣2分		
				损坏、丢失一件工具、用具不得分		
8	操作规程	操作规程执行情况	10	违反操作规程不得分		
9	清理现场	清理、擦洗并回收工具、用具	5	少收一件工具、用具扣1分		
10		分数总计	100			

否定项说明：出现重大安全事故不得分

考评员签名：

年　　月　　日

职业技能鉴定国家题库

汽车维修工中级操作技能考核评分记录表

考件编号：_____ 姓名：_____ 准考证号：_____ 单位：_____

试题 1. 汽车维护——检测汽油机燃油压力

序号	作业项目	考核内容及要求	配分	评分标准（各项评分扣完为止）	扣分	得分
1	劳动用品穿戴	劳动用品穿戴齐全	5	穿戴不全不得分		
2	正确选用工具、量具、材料	选用工具、量具、材料齐全准确	5	缺一件扣1分，选错一件扣1分		
3	准备	检测前准备	5	准备不充分一次扣2.5分		
				准备失误扣5分		
4	检测	按规定泄压	10	操作方法不正确扣5分		
				操作不熟练扣5分		
		连接燃油压力表	10	连接方法不正确扣10分		
		测量燃油压力	20	测量方法不正确扣10分，不会测量不得分		
				测量结果不正确扣10分		
5	分析	查阅维修手册，对读取的数值进行分析	20	分析不正确扣10分		
				不会分析扣20分		
6	正确使用工具、用具	工具、用具使用正确	10	一种工具、用具使用不正确扣2分		
				损坏、丢失一件工具、用具不得分		
7	操作规程	操作规程执行情况	10	违反操作规程不得分		
8	清理现场	清理、擦洗并回收工具、用具	5	少收一件工具、用具扣1分		
9		分数总计	100			

否定项说明：出现重大安全事故不得分

考评员签名：

年　　月　　日

职业技能鉴定国家题库

汽车维修工中级操作技能考核评分记录表

考件编号：_____ 姓名：_____ 准考证号：_____ 单位：_____

试题 1. 汽车维护——检查连杆轴承间隙

序号	作业项目	考核内容及要求	配分	评分标准（各项评分扣完为止）	扣分	得分
1	劳动用品穿戴	劳动用品穿戴齐全	5	穿戴不全不得分		
2	正确选用工具、量具、材料	选用工具、量具、材料齐全准确	5	缺一件扣1分，选错一件扣1分		
3	准备	检测前准备	5	准备不充分一次扣2.5分		
				准备失误扣5分		
4	检查	安装塑料塞尺	10	操作方法不正确扣5分		
				安装位置不正确扣5分		
		检查间隙	30	检查方法不正确扣20分		
				检查结果不正确扣10分		
5	分析	查阅维修手册，对读取的数值进行分析	20	操作方法不正确扣2分		
				分析不正确扣10分		
				不会分析扣20分		
6	正确使用工具、用具	工具、用具使用正确	10	一种工具、用具使用不正确扣2分		
				损坏、丢失一件工具、用具不得分		
7	操作规程	操作规程执行情况	10	违反操作规程不得分		
8	清理现场	清理、擦洗并回收工具、用具	5	少收一件工具、用具扣1分		
9		分数总计	100			

否定项说明：出现重大安全事故不得分

考评员签名：

年　　月　　日

职业技能鉴定国家题库

汽车维修工中级操作技能考核评分记录表

考件编号：_____ 姓名：_____ 准考证号：_____ 单位：_____

试题 1. 汽车维护——检查与调整前轮侧滑量

序号	作业项目	考核内容及要求	配分	评分标准（各项评分扣完为止）	扣分	得分
1	劳动用品穿戴	劳动用品穿戴齐全	5	穿戴不全不得分		
2	正确选用工具、量具、材料	选用工具、量具、材料齐全准确	5	缺一件扣1分，选错一件扣1分		

375

(续)

序号	作业项目	考核内容及要求	配分	评分标准（各项评分扣完为止）	扣分	得分
3	准备	检测前准备	5	准备不充分一次扣2.5分		
				准备失误扣5分		
4	检查	检查轮胎气压及轮胎的表面状况	10	检查方法不正确扣10分		
		将汽车以规定的速度驶过侧滑试验台，并读取前轮侧滑量	20	测量方法不正确扣10分		
				测量结果不正确扣10分		
5	调整	调整前轮侧滑量	20	操作方法不正确扣20分		
		调整完毕，再次检查前轮侧滑量	10	操作方法不正确扣5分		
				检查结果不正确扣5分		
6	正确使用工具、用具	工具、用具使用正确	10	一种工具、用具使用不正确扣2分		
				损坏、丢失一件工具、用具不得分		
7	操作规程	操作规程执行情况	10	违反操作规程不得分		
8	清理现场	清理、擦洗并回收工具、用具	5	少收一件工具、用具扣1分		
9		分数总计	100			
		否定项说明：出现重大安全事故不得分				

考评员签名：

　　　　　　　　　　　　　　　　　　　　　　　　　年　　月　　日

职业技能鉴定国家题库

汽车维修工中级操作技能考核评分记录表

考件编号：_____　姓名：_____　准考证号：_____　单位：_____

试题1. 汽车维护——空调制冷系统检查与制冷剂的补充

序号	作业项目	考核内容及要求	配分	评分标准（各项评分扣完为止）	扣分	得分
1	劳动用品穿戴	劳动用品穿戴齐全	5	穿戴不全不得分		
2	正确选用工具、量具、材料	选用工具、量具、材料齐全准确	5	缺一件扣1分，选错一件扣1分		
3	准备	检测前准备	5	准备不充分一次扣2.5分		
				准备失误扣5分		
4	检查	起动发动机并稳定在2000r/min，压缩机运转5min	5	操作方法不正确扣5分		
		擦干净干燥器上的观察窗，从观察窗中初步判定制冷剂量	10	操作方法不正确扣5分		
				测量结果不正确扣5分		
		用压力表检测系统压力	20	操作方法不正确扣10分		
				测量结果不正确扣10分		

(续)

序号	作业项目	考核内容及要求	配分	评分标准(各项评分扣完为止)	扣分	得分
5	补充制冷剂	若系统压力不符合规定，进行补充	25	操作方法不正确扣25分		
6	正确使用工具、用具	工具、用具使用正确	10	一种工具、用具使用不正确扣2分		
				损坏、丢失一件工具、用具不得分		
7	操作规程	操作规程执行情况	10	违反操作规程不得分		
8	清理现场	清理、擦洗并回收工具、用具	5	少收一件工具、用具扣1分		
9	分数总计		100			
	否定项说明：出现重大安全事故不得分					

考评员签名：

年　　月　　日

职业技能鉴定国家题库

汽车维修工中级操作技能考核评分记录表

考件编号：_____ 姓名：_____ 准考证号：_____ 单位：_____

试题 2. 汽车修理——检修气缸盖（装配与调整）

序号	作业项目	考核内容及要求	配分	评分标准(各项评分扣完为止)	扣分	得分
1	劳动用品穿戴	劳动用品穿戴齐全	5	穿戴不全不得分		
2	正确选用工具、量具、材料	选用工具、量具、材料齐全准确	5	缺一件扣1分，选错一件扣1分		
3	准备	检测前准备	5	准备不充分一次扣2.5分		
				准备失误扣5分		
4	检验气缸盖的变形	检验气缸盖下平面的平面度	10	检验方法不正确扣5分		
				检验结果不正确扣5分		
5	修理气缸盖接合面（口述）	检验气缸盖侧平面的平面度	10	检验方法不正确扣5分		
				检验结果不正确扣5分		
		下平面及侧平面的修理方法和技术要求	10	修理方法不正确扣5分		
				技术要求叙述不正确扣5分		
6	检查、调整燃烧室容积	燃烧室容积的检查（只需检查一个）	20	检验方法不正确扣10分		
				检验结果不正确扣10分		
		燃烧室容积的调整（口述）	10	调整方法不正确扣5分		
				技术要求叙述不正确扣5分		
7	正确使用工具、用具	工具、用具使用正确	10	一种工具、用具使用不正确扣2分		
				损坏、丢失一件工具、用具不得分		
8	操作规程	操作规程执行情况	10	违反操作规程不得分		

(续)

序号	作业项目	考核内容及要求	配分	评分标准(各项评分扣完为止)	扣分	得分
9	清理现场	清理、擦洗并回收工具、用具	5	少收一件工具、用具扣1分		
10		分数总计	100			
				否定项说明：出现重大安全事故不得分		

考评员签名：　　　　　　　　　　　　　　　　　　　　　　　　年　　月　　日

职业技能鉴定国家题库

汽车维修工中级操作技能考核评分记录表

考件编号：_____　姓名：_____　准考证号：_____　单位：_____

试题 2. 汽车修理——检修气缸体

序号	作业项目	考核内容及要求	配分	评分标准(各项评分扣完为止)	扣分	得分
1	劳动用品穿戴	劳动用品穿戴齐全	5	穿戴不全不得分		
2	正确选用工具、量具、材料	选用工具、量具、材料齐全准确	5	缺一件扣1分，选错一件扣1分		
3	准备	检测前准备	5	准备不充分一次扣2.5分		
				准备失误扣5分		
4	检验气缸体的裂纹	检验气缸体的裂纹	10	检验方法不正确扣5分		
				检验结果不正确扣5分		
5	修理气缸体的裂纹（口述）	气缸体裂纹的技术要求及修理方法	10	修理方法不正确扣5分		
				技术要求叙述不正确扣5分		
6	检验气缸体的变形	检验气缸体上平面的平面度	10	检验方法不正确扣5分		
				检验结果不正确扣5分		
7	修理气缸体上平面（口述）	气缸体上平面的修理方法和技术要求	10	修理方法不正确扣5分		
				技术要求叙述不正确扣5分		
8	气缸磨损的检修	气缸磨损的检查	10	检验方法不正确扣5分		
				检验结果不正确扣5分		
		气缸磨损的修理（口述）	10	修理方法不正确扣5分		
				技术要求叙述不正确扣5分		
9	正确使用工具、用具	工具、用具使用正确	10	一种工具、用具使用不正确扣2分		
				损坏、丢失一件工具、用具不得分		
10	操作规程	操作规程执行情况	10	违反操作规程不得分		
11	清理现场	清理、擦洗并回收工具、用具	5	少收一件工具、用具扣1分		
12		分数总计	100			
				否定项说明：出现重大安全事故不得分		

考评员签名：　　　　　　　　　　　　　　　　　　　　　　　　年　　月　　日

职业技能鉴定国家题库

汽车维修工中级操作技能考核评分记录表

考件编号：_____ 姓名：_____ 准考证号：_____ 单位：_____

试题 2. 汽车修理——检修凸轮轴

序号	作业项目	考核内容及要求	配分	评分标准（各项评分扣完为止）	扣分	得分
1	劳动用品穿戴	劳动用品穿戴齐全	5	穿戴不全不得分		
2	正确选用工具、量具、材料	选用工具、量具、材料齐全准确	5	缺一件扣1分，选错一件扣1分		
3	准备	检测前准备	5	准备不充分一次扣2.5分		
				准备失误扣5分		
4	凸轮轴裂纹的检查	凸轮轴裂纹的检查	10	检验方法不正确扣5分		
				检验结果不正确扣5分		
5	凸轮轴裂纹的修理（口述）	凸轮轴裂纹的技术要求及修理方法	5	修理方法不正确扣3分		
				技术要求叙述不正确扣2分		
6	凸轮轴变形的检查	凸轮轴弯曲度的检查	10	检验方法不正确扣5分		
				检验结果不正确扣5分		
7	凸轮轴变形的修理（口述）	凸轮轴变形度的技术要求及修理方法	5	修理方法不正确扣3分		
				技术要求叙述不正确扣2分		
8	凸轮磨损的检查	凸轮高度或凸轮升程的检查	10	检验方法不正确扣5分		
				检验结果不正确扣5分		
9	凸轮磨损的修理（口述）	凸轮磨损的技术要求及修理方法	5	修理方法不正确扣3分		
				技术要求叙述不正确扣2分		
10	轴颈磨损的检查	轴颈磨损的检查	10	检验方法不正确扣5分		
				检验结果不正确扣5分		
11	轴颈磨损的修理（口述）	轴颈磨损的技术要求及修理方法	5	修理方法不正确扣3分		
				技术要求叙述不正确扣2分		
12	正确使用工具、用具	工具、用具使用正确	10	一种工具、用具使用不正确扣2分		
				损坏、丢失一件工具、用具不得分		
13	操作规程	操作规程执行情况	10	违反操作规程不得分		
14	清理现场	清理、擦洗并回收工具、用具	5	少收一件工具、用具扣1分		
15		分数总计	100			

否定项说明：出现重大安全事故不得分

考评员签名：

年　　月　　日

职业技能鉴定国家题库

汽车维修工中级操作技能考核评分记录表

考件编号：_____ 姓名：_____ 准考证号：_____ 单位：_____

试题 2. 汽车修理——拆装与检查正时传动带

序号	作业项目	考核内容及要求	配分	评分标准（各项评分扣完为止）	扣分	得分
1	劳动用品穿戴	劳动用品穿戴齐全	5	穿戴不全不得分		
2	正确选用工具、量具、材料	选用工具、量具、材料齐全准确	5	缺一件扣1分，选错一件扣1分		
3	正时带的拆卸	正时带的拆卸	20	拆卸时每出现一次错误扣1分		
				拆卸时未对准正时标记扣5分		
4	检查	正时带的检查	10	检验方法不正确扣5分		
				技术要求叙述不正确扣5分		
		张紧轮的检查	10	检验方法不正确扣3分		
				技术要求叙述不正确扣5分		
		张紧弹簧的检查	10	检验方法不正确扣3分		
				技术要求叙述不正确扣5分		
5	安装和调整	装配工艺和质量	15	装配错误扣3分		
				装配时未对准正时标记扣3分		
				装配时未调整正时传动带预紧度扣3分		
				正时传动带预紧度调整不符合要求扣3分		
				正时传动带预紧度技术要求叙述不正确扣3分		
6	正确使用工具、用具	工具、用具使用正确	10	一种工具、用具使用不正确扣2分		
				损坏、丢失一件工具、用具不得分		
7	操作规程	操作规程执行情况	10	违反操作规程不得分		
8	清理现场	清理、擦洗并回收工具、用具	5	少收一件工具、用具扣1分		
9		分数总计	100			

否定项说明：出现重大安全事故不得分

考评员签名：

年　　月　　日

职业技能鉴定国家题库

汽车维修工中级操作技能考核评分记录表

考件编号：_____ 姓名：_____ 准考证号：_____ 单位：_____

试题 2. 汽车修理——检测曲轴主轴颈和连杆轴颈

序号	作业项目	考核内容及要求	配分	评分标准（各项评分扣完为止）	扣分	得分
1	劳动用品穿戴	劳动用品穿戴齐全	5	穿戴不全不得分		
2	正确选用工具、量具、材料	选用工具、量具、材料齐全准确	5	缺一件扣1分，选错一件扣1分		
3	准备	检测前准备	5	准备不充分一次扣2.5分		
				准备失误扣5分		
4	检验曲轴主轴颈	裂纹的检查	10	检验方法不正确扣5分		
				检验结果不正确扣5分		
		轴颈磨损的检验	20	检验方法不正确扣5分		
				检验结果不正确扣5分		
5	检验曲轴连杆轴颈	裂纹的检查	10	检验方法不正确扣10分		
				检验结果不正确扣10分		
		轴颈磨损的检验	20	检验方法不正确扣10分		
				检验结果不正确扣10分		
6	正确使用工具、用具	工具、用具使用正确	10	一种工具、用具使用不正确扣2分		
				损坏、丢失一件工具、用具不得分		
7	操作规程	操作规程执行情况	10	违反操作规程不得分		
8	清理现场	清理、擦洗并回收工具、用具	5	少收一件工具、用具扣1分		
9	分数总计		100			

否定项说明：出现重大安全事故不得分

考评员签名：

年　　月　　日

职业技能鉴定国家题库

汽车维修工中级操作技能考核评分记录表

考件编号：_____ 姓名：_____ 准考证号：_____ 单位：_____

试题 2. 汽车修理——检测电动汽油泵

序号	作业项目	考核内容及要求	配分	评分标准（各项评分扣完为止）	扣分	得分
1	劳动用品穿戴	劳动用品穿戴齐全	5	穿戴不全不得分		
2	正确选用工具、量具、材料	选用工具、量具、材料齐全准确	5	缺一件扣1分，选错一件扣1分		

(续)

序号	作业项目	考核内容及要求	配分	评分标准(各项评分扣完为止)	扣分	得分
3	准备	检测前准备	5	准备不充分一次扣2.5分		
				准备失误扣5分		
4	检测电路电压	检测电动汽油泵供油电压	15	检验方法不正确扣10分		
				结果判断不正确扣5分		
5	检测电阻	检测电动汽油泵电阻	15	检验方法不正确扣10分		
				技术要求叙述不正确扣5分		
6	检测电动汽油泵继电器	检测电动汽油泵继电器	15	检验方法不正确扣10分		
				结果判断不正确扣5分		
7	检测电动汽油泵的泵油量	检测电动汽油泵的泵油量	15	检验方法不正确扣10分		
				技术要求叙述不正确扣5分		
8	正确使用工具、用具	工具、用具使用正确	10	一种工具、用具使用不正确扣2分		
				损坏、丢失一件工具、用具不得分		
9	操作规程	操作规程执行情况	10	违反操作规程不得分		
10	清理现场	清理、擦洗并回收工具、用具	5	少收一件工具、用具扣1分		
11		分数总计	100			

否定项说明:出现重大安全事故不得分

考评员签名:

年　　月　　日

职业技能鉴定国家题库

汽车维修工中级操作技能考核评分记录表

考件编号:_____ 姓名:_____ 准考证号:_____ 单位:_____

试题2. 汽车修理——检测汽油机喷油器

序号	作业项目	考核内容及要求	配分	评分标准(各项评分扣完为止)	扣分	得分
1	劳动用品穿戴	劳动用品穿戴齐全	5	穿戴不全不得分		
2	正确选用工具、量具、材料	选用工具、量具、材料齐全准确	5	缺一件扣1分,选错一件扣1分		
3	准备	检测前准备	5	准备不充分一次扣2.5分		
				准备失误扣5分		
4	检测喷油器电路电压	检测喷油器电路电压	15	检测方法不正确扣10分		
				测量结果不正确扣5分		
5	检测喷油器工作情况	检测喷油器工作情况	15	检测方法不正确扣10分		
				结果判断不正确扣5分		

(续)

序号	作业项目	考核内容及要求	配分	评分标准(各项评分扣完为止)	扣分	得分
6	检测喷油器电磁线圈电阻	检测喷油器电磁线圈电阻	10	检测方法不正确扣10分		
				技术规范叙述不正确扣10分		
7	喷油器的测试	喷油量的检查	10	检测方法不正确扣5分		
				技术规范叙述不正确扣5分		
		检查漏油情况	10	检测方法不正确扣5分		
				技术规范叙述不正确扣5分		
8	正确使用工具、用具	工具、用具使用正确	10	一种工具、用具使用不正确扣2分		
				损坏、丢失一件工具、用具不得分		
9	操作规程	操作规程执行情况	10	违反操作规程不得分		
10	清理现场	清理、擦洗并回收工具、用具	5	少收一件工具、用具扣1分		
11	分数总计		100			
	否定项说明:出现重大安全事故不得分					

考评员签名:　　　　　　　　　　　　　　　　　　年　　月　　日

职业技能鉴定国家题库

汽车维修工中级操作技能考核评分记录表

考件编号:＿＿＿＿＿＿姓名:＿＿＿＿＿＿准考证号:＿＿＿＿＿＿单位:＿＿＿＿＿

试题 2. 汽车修理——检测怠速控制装置

序号	作业项目	考核内容及要求	配分	评分标准(各项评分扣完为止)	扣分	得分
1	劳动用品穿戴	劳动用品穿戴齐全	5	穿戴不全不得分		
2	正确选用工具、量具、材料	选用工具、量具、材料齐全准确	5	缺一件扣1分,选错一件扣1分		
3	准备	检测前准备	5	准备不充分一次扣2.5分		
				准备失误扣5分		
4	检测电路	检测电源电压	15	检验方法不正确扣10分		
				结果判断不正确扣5分		
5	检测开闭情况	检测开闭情况	15	检验方法不正确扣10分		
				结果判断不正确扣5分		
6	检测电阻	检测电阻	15	检验方法不正确扣10分		
				技术规范叙述不正确扣5分		
7	检验外观	检验外观	15	检验方法不正确扣10分		
				技术规范叙述不正确扣5分		

(续)

序号	作业项目	考核内容及要求	配分	评分标准(各项评分扣完为止)	扣分	得分
8	正确使用工具、用具	工具、用具使用正确	10	一种工具、用具使用不正确扣2分		
				损坏、丢失一件工具、用具不得分		
9	操作规程	操作规程执行情况	10	违反操作规程不得分		
10	清理现场	清理、擦洗并回收工具、用具	5	少收一件工具、用具扣1分		
11		分数总计	100			

否定项说明:出现重大安全事故不得分

考评员签名:
年　　月　　日

职业技能鉴定国家题库

汽车维修工中级操作技能考核评分记录表

考件编号:＿＿＿＿＿　姓名:＿＿＿＿＿　准考证号:＿＿＿＿＿　单位:＿＿＿＿＿

试题2. 汽车修理——检测空气流量传感器

序号	作业项目	考核内容及要求	配分	评分标准(各项评分扣完为止)	扣分	得分
1	劳动用品穿戴	劳动用品穿戴齐全	5	穿戴不全不得分		
2	正确选用工具、量具、材料	选用工具、量具、材料齐全准确	5	缺一件扣1分,选错一件扣1分		
3	准备	检测前准备	5	准备不充分一次扣2.5分		
				准备失误扣5分		
4	检测电路	检测驱动电路	30	检验方法不正确扣10分		
				检验结果不正确扣10分		
5	检测电阻	检测信号电压	20	检验方法不正确扣10分		
				检验结果不正确扣5分		
6	检验外观	检验外观	10	检验方法不正确扣10分		
				技术规范叙述不正确扣10分		
7	正确使用工具、用具	工具、用具使用正确	10	一种工具、用具使用不正确扣2分		
				损坏、丢失一件工具、用具不得分		
8	操作规程	操作规程执行情况	10	违反操作规程不得分		
9	清理现场	清理、擦洗并回收工具、用具	5	少收一件工具、用具扣1分		
10		分数总计	100			

否定项说明:出现重大安全事故不得分

考评员签名:
年　　月　　日

职业技能鉴定国家题库

汽车维修工中级操作技能考核评分记录表

考件编号：_____ 姓名：_____ 准考证号：_____ 单位：_____

试题 2. 汽车修理——检测进气温度传感器

序号	作业项目	考核内容及要求	配分	评分标准（各项评分扣完为止）	扣分	得分
1	劳动用品穿戴	劳动用品穿戴齐全	5	穿戴不全不得分		
2	正确选用工具、量具、材料	选用工具、量具、材料齐全准确	5	缺一件扣1分，选错一件扣1分		
3	准备	检测前准备	5	准备不充分一次扣2.5分		
				准备失误扣5分		
4	检测电路	检测输出信号电压	30	检验方法不正确扣10分		
				检验结果不正确扣10分		
5	检测电阻	检测电阻	20	检验方法不正确扣10分		
				检验结果不正确扣5分		
6	检验外观	检验外观	10	检验方法不正确扣10分		
				技术规范叙述不正确扣10分		
7	正确使用工具、用具	工具、用具使用正确	10	一种工具、用具使用不正确扣2分		
				损坏、丢失一件工具、用具不得分		
8	操作规程	操作规程执行情况	10	违反操作规程不得分		
9	清理现场	清理、擦洗并回收工具、用具	5	少收一件工具、用具扣1分		
10		分数总计	100			
		否定项说明：出现重大安全事故不得分				

考评员签名：

年　　月　　日

职业技能鉴定国家题库

汽车维修工中级操作技能考核评分记录表

考件编号：_____ 姓名：_____ 准考证号：_____ 单位：_____

试题 2. 汽车修理——检测节气门位置传感器

序号	作业项目	考核内容及要求	配分	评分标准（各项评分扣完为止）	扣分	得分
1	劳动用品穿戴	劳动用品穿戴齐全	5	穿戴不全不得分		
2	正确选用工具、量具、材料	选用工具、量具、材料齐全准确	5	缺一件扣1分，选错一件扣1分		
3	准备	检测前准备	5	准备不充分一次扣2.5分		
				准备失误扣5分		
4	检测电路	检测驱动电路及信号电压	30	检测方法不正确扣10分		
				检验结果不正确扣10分		

(续)

序号	作业项目	考核内容及要求	配分	评分标准(各项评分扣完为止)	扣分	得分
5	检测电阻	检测电阻	20	检测方法不正确扣10分		
				检验结果不正确扣5分		
6	检验外观	检验外观	10	检测方法不正确扣10分		
				技术规范叙述不正确扣10分		
7	正确使用工具、用具	工具、用具使用正确	10	一种工具、用具使用不正确扣2分		
				损坏、丢失一件工具、用具不得分		
8	操作规程	操作规程执行情况	10	违反操作规程不得分		
9	清理现场	清理、擦洗并回收工具、用具	5	少收一件工具、用具扣1分		
10		分数总计	100			
				否定项说明：出现重大安全事故不得分		

考评员签名：　　　　　　　　　　　　　　　　　　　　　　　　　　年　　月　　日

职业技能鉴定国家题库

汽车维修工中级操作技能考核评分记录表

考件编号：_____　姓名：_____　准考证号：_____　单位：_____

试题2. 汽车修理——检测自动变速器油压

序号	作业项目	考核内容及要求	配分	评分标准(各项评分扣完为止)	扣分	得分
1	劳动用品穿戴	劳动用品穿戴齐全	5	穿戴不全不得分		
2	正确选用工具、量具、材料	选用工具、量具、材料齐全准确	5	缺一件扣1分，选错一件扣1分		
3	准备	检测前准备	5	准备不充分一次扣2.5分		
				准备失误扣5分		
4	检测前进档主油路油压	检测前进档主油路油压	30	检验方法不正确扣10分		
				技术要求叙述不正确扣5分		
				不会判断结果扣5分		
5	检测倒档主油路油压	检测倒档主油路油压	30	检验方法不正确扣20分		
				技术要求叙述不正确扣5分		
				不会判断结果扣5分		
6	正确使用工具、用具	工具、用具使用正确	10	一种工具、用具使用不正确扣2分		
				损坏、丢失一件工具、用具不得分		
7	操作规程	操作规程执行情况	10	违反操作规程不得分		
8	清理现场	清理、擦洗并回收工具、用具	5	少收一件工具、用具扣1分		
9		分数总计	100			
				否定项说明：出现重大安全事故不得分		

考评员签名：　　　　　　　　　　　　　　　　　　　　　　　　　　年　　月　　日

职业技能鉴定国家题库

汽车维修工中级操作技能考核评分记录表

考件编号：_____ 姓名：_____ 准考证号：_____ 单位：_____

试题 2. 汽车修理——检修离合器

序号	作业项目	考核内容及要求	配分	评分标准（各项评分扣完为止）	扣分	得分
1	劳动用品穿戴	劳动用品穿戴齐全	5	穿戴不全不得分		
2	正确选用工具、量具、材料	选用工具、量具、材料齐全准确	5	缺一件扣1分，选错一件扣1分		
3	准备	检测前准备	5	准备不充分一次扣2.5分		
				准备失误扣5分		
4	解体	拆下离合器总成	10	每出现一次错误扣1分		
5	主要机件的检修	从动盘的检修	10	检验方法不正确扣3分		
				检验结果不正确扣5分		
				修复方法不正确扣2分		
		压盘的检修	10	检验方法不正确扣3分		
				检验结果不正确扣5分		
				修复方法不正确扣2分		
		离合器盖的检修	10	检验方法不正确扣3分		
				检验结果不正确扣5分		
				修复方法不正确扣2分		
		膜片弹簧的检修	10	检验方法不正确扣3分		
				检验结果不正确扣5分		
				修复方法不正确扣2分		
6	装配和调整	装配工艺和质量	10	装配错误扣5分		
				离合器踏板自由行程不符合要求扣5分		
7	正确使用工具、用具	工具、用具使用正确	10	一种工具、用具使用不正确扣2分		
				损坏、丢失一件工具、用具不得分		
8	操作规程	操作规程执行情况	10	违反操作规程不得分		
9	清理现场	清理、擦洗并回收工具、用具	5	少收一件工具、用具扣1分		
10		分数总计	100			

否定项说明：出现重大安全事故不得分

考评员签名：

年　　月　　日

职业技能鉴定国家题库

汽车维修工中级操作技能考核评分记录表

考件编号：_____ 姓名：_____ 准考证号：_____ 单位：_____

试题 2. 汽车修理——拆变速器一、二轴组件

序号	作业项目	考核内容及要求	配分	评分标准（各项评分扣完为止）	扣分	得分
1	劳动用品穿戴	劳动用品穿戴齐全	5	穿戴不全不得分		
2	正确选用工具、量具、材料	选用工具、量具、材料齐全准确	5	缺一件扣1分，选错一件扣1分		
3	准备	检测前准备	5	准备不充分一次扣2.5分		
				准备失误扣5分		
4	拆卸	拆卸变速器盖等机件	5	每出现一次操作错误扣1分		
		拆卸第一轴、第二轴组件	5	每出现一次操作错误扣1分		
		第一轴、第二轴组件的解体	5	每出现一次操作错误扣1分		
5	变速器第一轴、第二轴组件的检验	齿轮的检验	10	检验方法不正确扣5分		
				检验结果不正确扣5分		
		轴及轴承的检验	10	检验方法不正确扣5分		
				检验结果不正确扣5分		
		同步器的检验	10	检验方法不正确扣5分		
				检验结果不正确扣5分		
6	变速器的安装	组装第一轴、第二轴组件	5	齿轮方向装错扣2分		
				同步器方向装错扣3分		
				出现其他错误每处扣1分		
		将第一轴、第二轴组件装入壳体	5	每出现一次操作错误扣1分		
		安装变速器盖等机件	5	每出现一次操作错误扣1分		
7	正确使用工具、用具	工具、用具使用正确	10	一种工具、用具使用不正确扣2分		
				损坏、丢失一件工具、用具不得分		
8	操作规程	操作规程执行情况	10	违反操作规程不得分		
9	清理现场	清理、擦洗并回收工具、用具	5	少收一件工具、用具扣1分		
10		分数总计	100			

否定项说明：出现重大安全事故不得分

考评员签名：

年　　月　　日

职业技能鉴定国家题库

汽车维修工中级操作技能考核评分记录表

考件编号：_____ 姓名：_____ 准考证号：_____ 单位：_____

试题 2. 汽车修理——检修万向传动装置

序号	作业项目	考核内容及要求	配分	评分标准（各项评分扣完为止）	扣分	得分
1	劳动用品穿戴	劳动用品穿戴齐全	5	穿戴不全不得分		
2	正确选用工具、量具、材料	选用工具、量具、材料齐全准确	5	缺一件扣1分，选错一件扣1分		
3	准备	检测前准备	5	准备不充分一次扣2.5分		
				准备失误扣5分		
4	解体	拆卸万向节	10	每出现一次操作错误扣1分		
5	主要机件的检修	传动轴的检修	20	检验方法不正确扣10分		
				检验结果不正确扣5分		
				修复方法不正确扣5分		
		万向节的检修	20	检验方法不正确扣10分		
				检验结果不正确扣5分		
				修复方法不正确扣5分		
6	组装	装配工艺和质量	10	安装方向不正确扣2分		
				未按装配记号装配扣5分		
				出现其他错误扣3分		
7	正确使用工具、用具	工具、用具使用正确	10	一种工具、用具使用不正确扣2分		
				损坏、丢失一件工具、用具不得分		
8	操作规程	操作规程执行情况	10	违反操作规程不得分		
9	清理现场	清理、擦洗并回收工具、用具	5	少收一件工具、用具扣1分		
10		分数总计	100			

否定项说明：出现重大安全事故不得分

考评员签名：

年　　月　　日

职业技能鉴定国家题库

汽车维修工中级操作技能考核评分记录表

考件编号：_____ 姓名：_____ 准考证号：_____ 单位：_____

试题 2. 汽车修理——检修与调整转向器

序号	作业项目	考核内容及要求	配分	评分标准（各项评分扣完为止）	扣分	得分
1	劳动用品穿戴	劳动用品穿戴齐全	5	穿戴不全不得分		
2	正确选用工具、量具、材料	选用工具、量具、材料齐全准确	5	缺一件扣1分，选错一件扣1分		
3	准备	检测前准备	5	准备不充分一次扣2.5分		
				准备失误扣5分		
4	解体	拆卸转向器	10	每出现一次操作错误扣1分		
5	主要机件的检修	转向器壳体的检修	10	检验方法不正确扣3分		
				检验结果不正确扣5分		
				修复方法不正确扣2分		
		螺杆、螺母的检修	10	检验方法不正确扣3分		
				检验结果不正确扣5分		
				修复方法不正确扣2分		
		摇臂轴的检修	10	检验方法不正确扣3分		
				检验结果不正确扣5分		
				修复方法不正确扣2分		
		其他机件的检修	10	检验方法不正确扣3分		
				检验结果不正确扣5分		
				修复方法不正确扣2分		
6	组装	装配工艺和质量	10	安装方向不正确扣2分		
				未按装配记号装配扣5分		
				出现其他错误扣3分		
7	正确使用工具、用具	工具、用具使用正确	10	一种工具、用具使用不正确扣2分		
				损坏、丢失一件工具、用具不得分		
8	操作规程	操作规程执行情况	10	违反操作规程不得分		
9	清理现场	清理、擦洗并回收工具、用具	5	少收一件工具、用具扣1分		
10		分数总计	100			

否定项说明：出现重大安全事故不得分

考评员签名：

年　　月　　日

职业技能鉴定国家题库

汽车维修工中级操作技能考核评分记录表

考件编号：_____ 姓名：_____ 准考证号：_____ 单位：_____

试题 2. 汽车修理——检修前轴

序号	作业项目	考核内容及要求	配分	评分标准（各项评分扣完为止）	扣分	得分
1	劳动用品穿戴	劳动用品穿戴齐全	5	穿戴不全不得分		
2	正确选用工具、量具、材料	选用工具、量具、材料齐全准确	5	缺一件扣1分，选错一件扣1分		
3	准备	检测前准备	5	准备不充分一次扣2.5分		
				准备失误扣5分		
4	前轴常见损伤的检验	前轴变形的检验	10	检验方法不正确扣3分		
				检验结果不正确扣5分		
		前轴裂纹的检验	10	检验方法不正确扣3分		
				检验结果不正确扣5分		
		其他损伤的检验	10	检验方法不正确扣3分		
				检验结果不正确扣5分		
5	修理	前轴变形的修理	10	修理方法错误扣2分		
				技术要求错误扣2分		
		前轴裂纹的修理	10	修理方法错误扣2分		
				技术要求错误扣2分		
		其他损伤的修理	10	修理方法错误扣2分		
				技术要求错误扣2分		
6	正确使用工具、用具	工具、用具使用正确	10	一种工具、用具使用不正确扣2分		
				损坏、丢失一件工具、用具不得分		
7	操作规程	操作规程执行情况	10	违反操作规程不得分		
8	清理现场	清理、擦洗并回收工具、用具	5	少收一件工具、用具扣1分		
9		分数总计	100			

否定项说明：出现重大安全事故不得分

考评员签名：

年　　月　　日

职业技能鉴定国家题库

汽车维修工中级操作技能考核评分记录表

考件编号：_____ 姓名：_____ 准考证号：_____ 单位：_____

试题 2. 汽车修理——检修鼓式车轮制动器

序号	作业项目	考核内容及要求	配分	评分标准（各项评分扣完为止）	扣分	得分
1	劳动用品穿戴	劳动用品穿戴齐全	5	穿戴不全不得分		
2	正确选用工具、量具、材料	选用工具、量具、材料齐全准确	5	缺一件扣1分，选错一件扣1分		
3	准备	检测前准备	5	准备不充分一次扣2.5分		
				准备失误扣5分		
4	解体	拆下车轮及制动鼓	10	每出现一次错误扣1分		
5	主要机件的检修	制动鼓的检修	10	检验方法不正确扣3分		
				检验结果不正确扣5分		
				修复方法不正确扣2分		
		制动蹄的检修	10	检验方法不正确扣3分		
				检验结果不正确扣5分		
				修复方法不正确扣2分		
		制动蹄张开装置的检修	10	检验方法不正确扣3分		
				检验结果不正确扣5分		
				修复方法不正确扣2分		
		其他机件的检修	10	检验方法不正确扣3分		
				检验结果不正确扣5分		
				修复方法不正确扣2分		
6	装配和调整	装配工艺和质量	10	装配错误每处扣2分		
				轮毂轴承预紧度调整不符合要求扣5分		
				间隙调整不符合要求扣5分		
7	正确使用工具、用具	工具、用具使用正确	10	一种工具、用具使用不正确扣2分		
				损坏、丢失一件工具、用具不得分		
8	操作规程	操作规程执行情况	10	违反操作规程不得分		
9	清理现场	清理、擦洗并回收工具、用具	5	少收一件工具、用具扣1分		
10		分数总计	100			

否定项说明：出现重大安全事故不得分

考评员签名：

年　　月　　日

职业技能鉴定国家题库

汽车维修工中级操作技能考核评分记录表

考件编号：_____ 姓名：_____ 准考证号：_____ 单位：_____

试题 2. 汽车修理——检修盘式车轮制动器

序号	作业项目	考核内容及要求	配分	评分标准（各项评分扣完为止）	扣分	得分
1	劳动用品穿戴	劳动用品穿戴齐全	5	穿戴不全不得分		
2	正确选用工具、量具、材料	选用工具、量具、材料齐全准确	5	缺一件扣1分，选错一件扣1分		
3	准备	检测前准备	5	准备不充分一次扣2.5分		
				准备失误扣5分		
4	解体	拆下车轮及制动钳	10	每出现一次操作错误扣1分		
5	主要机件的检修	制动盘的检修	10	检验方法不正确扣3分		
				检验结果不正确扣5分		
				修复方法不正确扣2分		
		制动钳的检修	10	检验方法不正确扣3分		
				检验结果不正确扣5分		
				修复方法不正确扣2分		
		摩擦片的检修	10	检验方法不正确扣3分		
				检验结果不正确扣5分		
				修复方法不正确扣2分		
		其他机件的检修	10	检验方法不正确扣3分		
				检验结果不正确扣5分		
				修复方法不正确扣2分		
6	装配	组装工艺和质量	10	装配错误每处扣2分		
7	正确使用工具、用具	工具、用具使用正确	10	一种工具、用具使用不正确扣2分		
				损坏、丢失一件工具、用具不得分		
8	操作规程	操作规程执行情况	10	违反操作规程不得分		
9	清理现场	清理、擦洗并回收工具、用具	5	少收一件工具、用具扣1分		
10		分数总计	100			

否定项说明：出现重大安全事故不得分

考评员签名：

年　　月　　日

职业技能鉴定国家题库

汽车维修工中级操作技能考核评分记录表

考件编号：_____ 姓名：_____ 准考证号：_____ 单位：_____

试题 2. 汽车修理——检修液压制动主缸

序号	作业项目	考核内容及要求	配分	评分标准（各项评分扣完为止）	扣分	得分
1	劳动用品穿戴	劳动用品穿戴齐全	5	穿戴不全不得分		
2	正确选用工具、量具、材料	选用工具、量具、材料齐全准确	5	缺一件扣1分，选错一件扣1分		
3	准备	检测前准备	5	准备不充分一次扣2.5分		
				准备失误扣5分		
4	解体与清洗	解体与清洗	10	每出现一次错误扣1分		
5	主要机件的检修（修复方法可口述）	缸筒的检修	10	检验方法不正确扣3分		
				检验结果不正确扣5分		
				修复方法不正确扣2分		
		活塞的检修	10	检验方法不正确扣3分		
				检验结果不正确扣5分		
				修复方法不正确扣2分		
		密封圈的检修	10	检验方法不正确扣3分		
				检验结果不正确扣5分		
				修复方法不正确扣2分		
		弹簧的检修	10	检验方法不正确扣3分		
				检验结果不正确扣5分		
				修复方法不正确扣2分		
6	装配	装配工艺和质量	10	装配错误每处扣2分		
7	正确使用工具、用具	工具、用具使用正确	10	一种工具、用具使用不正确扣2分		
				损坏、丢失一件工具、用具不得分		
8	操作规程	操作规程执行情况	10	违反操作规程不得分		
9	清理现场	清理、擦洗并回收工具、用具	5	少收一件工具、用具扣1分		
10		分数总计	100			

否定项说明：出现重大安全事故不得分

考评员签名：

年　　月　　日

职业技能鉴定国家题库

汽车维修工中级操作技能考核评分记录表

考件编号：_____ 姓名：_____ 准考证号：_____ 单位：_____

试题 2. 汽车修理——检修起动机

序号	作业项目	考核内容及要求	配分	评分标准（各项评分扣完为止）	扣分	得分
1	劳动用品穿戴	劳动用品穿戴齐全	5	穿戴不全不得分		
2	正确选用工具、量具、材料	选用工具、量具、材料齐全准确	5	缺一件扣1分，选错一件扣1分		
3	准备	检测前准备	5	准备不充分一次扣2.5分		
				准备失误扣5分		
4	解体	拆卸起动机	20	每出现一次错误扣1分		
5	主要零件的检修（修复方法可口述）	电枢总成的检修	6	检验方法不正确扣2分		
				检验结果不正确扣2分		
				修复方法不正确扣2分		
		励磁绕组的检修	6	检验方法不正确扣2分		
				检验结果不正确扣2分		
				修复方法不正确扣2分		
		电刷总成的检修	6	检验方法不正确扣2分		
				检验结果不正确扣2分		
				修复方法不正确扣2分		
		单向离合器的检修	6	检验方法不正确扣2分		
				检验结果不正确扣2分		
				修复方法不正确扣2分		
		电磁开关的检修	6	检验方法不正确扣2分		
				检验结果不正确扣2分		
				修复方法不正确扣2分		
6	组装	组装工艺和方法	10	装配错误每处扣2分		
7	正确使用工具、用具	工具、用具使用正确	10	一种工具、用具使用不正确扣2分		
				损坏、丢失一件工具、用具不得分		
8	操作规程	操作规程执行情况	10	违反操作规程不得分		
9	清理现场	清理、擦洗并回收工具、用具	5	少收一件工具、用具扣1分		
10		分数总计	100			

否定项说明：出现重大安全事故不得分

考评员签名：

年　　月　　日

职业技能鉴定国家题库

汽车维修工中级操作技能考核评分记录表

考件编号：_____ 姓名：_____ 准考证号：_____ 单位：_____

试题 2. 汽车修理——检修发电机

序号	作业项目	考核内容及要求	配分	评分标准（各项评分扣完为止）	扣分	得分
1	劳动用品穿戴	劳动用品穿戴齐全	5	穿戴不全不得分		
2	正确选用工具、量具、材料	选用工具、量具、材料齐全准确	5	缺一件扣1分，选错一件扣1分		
3	准备	检测前准备	5	准备不充分一次扣2.5分		
				准备失误扣5分		
4	解体	拆卸发动机	20	每出现一次错误扣1分		
5	主要零件的检修（修复方法可口述）	转子总成的检修	6	检验方法不正确扣2分		
				检验结果不正确扣2分		
				修复方法不正确扣2分		
		定子绕组的检修	8	检验方法不正确扣2分		
				检验结果不正确扣2分		
				修复方法不正确扣4分		
		电刷总成的检修	6	检验方法不正确扣2分		
				检验结果不正确扣2分		
				修复方法不正确扣2分		
		整流板的检修	10	检验方法不正确扣4分		
				检验结果不正确扣4分		
				修复方法不正确扣2分		
6	组装	组装工艺和方法	10	装配错误每处扣2分		
7	正确使用工具、用具	工具、用具使用正确	10	一种工具、用具使用不正确扣2分		
				损坏、丢失一件工具、用具不得分		
8	操作规程	操作规程执行情况	10	违反操作规程不得分		
9	清理现场	清理、擦洗并回收工具、用具	5	少收一件工具、用具扣1分		
10		分数总计	100			

否定项说明：出现重大安全事故不得分

考评员签名：

年　　月　　日

职业技能鉴定国家题库

汽车维修工中级操作技能考核评分记录表

考件编号：_____ 姓名：_____ 准考证号：_____ 单位：_____

试题 3. 汽车故障诊断与排除

1) 诊断与排除发动机怠速不稳的故障。
2) 诊断与排除发动机加速时回火的故障。
3) 诊断与排除汽油发动机无法起动的故障。
4) 诊断与排除发动机缺火的故障。
5) 诊断与排除发动机动力不足的故障。
6) 诊断与排除离合器异响的故障。
7) 诊断与排除汽车转向沉重的故障。
8) 诊断与排除液压操纵式离合器分离不彻底的故障。
9) 诊断与排除起动机转动无力的故障。
10) 诊断与排除高压无火的故障。

序号	作业项目	考核内容及要求	配分	评分标准（各项评分扣完为止）	扣分	得分
1	劳动用品穿戴	劳动用品穿戴齐全	5	穿戴不全不得分		
2	正确选用工具、量具、材料	选用工具、量具、材料齐全准确	5	缺一件扣1分，选错一件扣1分		
3	根据故障现象分析故障原因	运用正确方法确认故障，分析故障产生的原因，说出至少三种原因	20	故障确认不准确扣5~10分，分析原因不相关扣4~15分，每少说1项扣5分		
4	诊断故障	用正确的方法诊断故障	20	诊断方法错误扣5~10分，诊断步骤每错一步扣5~10分，诊断结果错误不得分		
5	排除故障	运用正确的方法排除故障	20	不能排除扣10分 自制一处故障扣5分		
6	验证排除效果	按照要求验证排除效果	5	验证方法不当扣1~5分，不进行验证扣5分		
7	正确使用工具、用具	工具、用具使用正确	10	一种工具、用具使用不正确扣2分 损坏、丢失一件工具、用具不得分		
8	操作规程	操作规程执行情况	10	违反操作规程不得分		
9	清理现场	清理、擦洗并回收工具、用具	5	少收一件工具、用具扣1分		
10	分数总计		100			

否定项说明：出现重大安全事故不得分

考评员签名：

年　月　日

附录 B　各章模拟试题参考答案

第一章　职业道德模拟试题参考答案

一、判断题

1. √　2. ×　3. ×　4. √　5. ×　6. √　7. ×　8. √　9. ×
10. √　11. ×　12. √　13. √　14. √　15. ×　16. √　17. √　18. ×
19. ×　20. ×　21. √　22. ×　23. √

二、选择题

1. D　2. D　3. C　4. D　5. A　6. C　7. D　8. A　9. B
10. C　11. C　12. A　13. A　14. C　15. B　16. D　17. B　18. A
19. C　20. B　21. B　22. B　23. A　24. C　25. C　26. B　27. D
28. B　29. A　30. D　31. A　32. C　33. D　34. B　35. A　36. C
37. D　38. D

第二章　相关法律法规模拟试题参考答案

一、判断题

1. √　2. √　3. ×　4. √　5. ×　6. √　7. √　8. √　9. √
10. √　11. √　12. ×　13. √　14. ×　15. √　16. ×　17. ×　18. ×

二、选择题

1. B　2. C　3. C　4. B　5. B　6. B　7. B　8. C　9. A
10. B　11. D　12. C　13. C　14. D　15. D　16. B　17. C　18. A
19. B　20. A　21. A　22. B　23. C　24. D　25. A　26. A　27. C
28. C　29. B　30. B　31. B　32. B　33. D　34. B　35. B　36. B
37. B　38. A　39. A　40. C　41. C　42. D　43. D　44. A　45. D
46. D　47. A　48. B　49. D　50. B　51. C　52. D　53. C　54. B
55. B　56. D　57. A　58. D　59. D　60. C　61. B　62. A　63. B
64. D　65. B　66. D　67. A　68. B　69. C

第三章　相关理论知识模拟试题参考答案

（一）钳工基本知识模拟试题参考答案

一、判断题

1. √　2. ×　3. √　4. √　5. √　6. √　7. ×　8. ×　9. √
10. √　11. ×　12. ×　13. √　14. ×　15. √　16. ×　17. √　18. ×
19. ×　20. ×

二、选择题

1. D	2. B	3. A	4. C	5. B	6. B	7. D	8. C	9. C
10. A	11. C	12. A	13. C	14. B	15. D	16. B	17. D	18. D
19. A	20. D	21. B	22. A	23. A	24. A	25. A	26. A	27. A
28. A	29. A	30. D	31. A	32. B	33. D	34. C	35. C	36. A
37. B	38. C	39. D	40. A	41. D	42. A	43. A	44. A	45. B
46. A	47. D	48. B	49. B	50. A	51. A	52. A	53. A	54. B
55. B	56. B	57. A	58. C	59. B	60. B	61. C	62. A	63. B
64. D	65. A	66. A	67. B	68. A	69. B	70. D	71. C	72. B
73. B	74. C	75. B	76. C	77. B	78. C	79. A	80. D	81. B
82. C	83. A	84. A	85. D	86. B	87. B	88. D	89. B	90. D
91. B	92. A	93. C	94. D	95. B	96. C	97. D	98. B	99. C
100. B	101. C	102. C	103. D	104. C	105. B	106. B	107. A	

（二）金属材料基本知识模拟试题参考答案

一、判断题

1. √	2. √	3. √	4. ×	5. ×	6. ×	7. ×	8. √	9. √
10. √	11. √	12. ×	13. √	14. ×	15. √	16. √	17. ×	

二、选择题

1. C	2. B	3. B	4. C	5. B	6. C	7. B	8. A	9. B
10. C	11. C	12. D	13. C	14. C	15. C	16. A	17. D	18. B
19. A	20. D	21. C	22. A	23. C	24. C	25. C	26. A	27. C
28. C	29. D	30. C	31. A	32. A	33. A	34. D	35. B	36. A
37. D	38. B	39. C	40. A	41. C	42. A	43. D	44. A	45. D
46. C	47. D	48. C	49. C	50. D				

（三）机械制图知识模拟试题参考答案

一、判断题

1. ×	2. ×	3. ×	4. ×	5. √	6. √	7. ×	8. √	9. ×
10. √	11. √	12. ×	13. ×	14. ×	15. √	16. √	17. √	18. √
19. √	20. ×	21. ×	22. ×	23. √	24. √			

二、选择题

1. A	2. D	3. C	4. C	5. A	6. B	7. A	8. B	9. B
10. C	11. B	12. D	13. D	14. A	15. B	16. B	17. A	18. B
19. B	20. A	21. A	22. B	23. B	24. D	25. A	26. B	27. A
28. A	29. B	30. C	31. A	32. D	33. A	34. A	35. A	36. B
37. A	38. B	39. A	40. B	41. A	42. D	43. C	44. C	45. D
46. A	47. B	48. B	49. A	50. A	51. A	52. D	53. B	54. A
55. B	56. B	57. A	58. B	59. A	60. B	61. A	62. A	63. A
64. B	65. B	66. A	67. C	68. B	69. A	70. C	71. B	72. A
73. A	74. A	75. B	76. B	77. C	78. D	79. C	80. B	81. B

（四）电工电子基本知识模拟试题参考答案

一、判断题

1. √ 2. √ 3. √ 4. √ 5. √ 6. × 7. √ 8. √ 9. √
10. √ 11. × 12. × 13. √ 14. √ 15. × 16. × 17. √ 18. √
19. √ 20. √ 21. × 22. × 23. √ 24. × 25. √ 26. √ 27. ×
28. × 29. √ 30. √

二、选择题

1. A 2. B 3. A 4. A 5. D 6. B 7. C 8. C 9. A
10. D 11. B 12. B 13. B 14. A 15. A 16. D 17. B 18. A
19. A 20. C 21. C 22. A 23. D 24. A 25. C 26. B 27. A
28. C 29. D 30. A 31. A 32. B 33. A 34. B 35. B 36. A
37. C 38. B 39. B 40. D 41. A 42. A 43. C 44. A 45. C
46. A 47. A 48. C 49. A 50. B 51. A 52. C 53. D 54. A
55. D 56. D 57. A 58. B 59. B 60. D 61. A 62. B 63. B
64. D 65. D 66. B 67. C 68. B 69. A 70. D 71. A 72. C
73. D 74. D 75. C 76. B 77. D 78. D 79. C 80. C 81. B

（五）液压传动基本知识模拟试题参考答案

一、判断题

1. × 2. × 3. √ 4. × 5. × 6. × 7. × 8. × 9. √

二、选择题

1. C 2. D 3. A 4. A 5. A 6. B 7. B 8. B 9. B
10. D 11. C 12. C 13. B 14. A

第四章 汽车维修专业基础模拟试题参考答案

一、判断题

1. √ 2. × 3. √ 4. × 5. √ 6. √ 7. √ 8. × 9. √
10. √ 11. √ 12. √ 13. × 14. √ 15. √ 16. √ 17. √ 18. √
19. × 20. √ 21. √ 22. √ 23. √ 24. √ 25. × 26. √ 27. ×
28. × 29. √ 30. √ 31. √ 32. √ 33. √ 34. √ 35. √ 36. √
37. √ 38. √ 39. √ 40. × 41. √ 42. √ 43. × 44. × 45. √
46. × 47. √ 48. √ 49. √ 50. √ 51. √ 52. √ 53. × 54. √
55. × 56. × 57. √ 58. √ 59. √ 60. √ 61. × 62. √ 63. √
64. √ 65. × 66. √ 67. √ 68. √ 69. × 70. √ 71. × 72. √
73. √ 74. √ 75. √ 76. × 77. √ 78. √ 79. × 80. √ 81. √
82. √ 83. √ 84. √ 85. √ 86. √ 87. √ 88. √ 89. × 90. √
91. √ 92. × 93. √ 94. √ 95. √ 96. × 97. √ 98. √ 99. √
100. √ 101. × 102. √ 103. √ 104. √ 105. √ 106. × 107. √ 108. √
109. √ 110. √ 111. √ 112. √ 113. √ 114. √ 115. √ 116. √ 117. ×
118. √ 119. × 120. × 121. × 122. √ 123. × 124. √ 125. √ 126. ×

127. ✓	128. ✓	129. ✗	130. ✗	131. ✓	132. ✗	133. ✓	134. ✓	135. ✓	
136. ✓	137. ✓	138. ✗	139. ✗	140. ✗	141. ✓	142. ✓	143. ✗	144. ✗	
145. ✗	146. ✓	147. ✗	148. ✓	149. ✗	150. ✓	151. ✗	152. ✓	153. ✗	
154. ✗	155. ✓	156. ✗	157. ✗	158. ✓	159. ✗	160. ✗	161. ✓	162. ✗	
163. ✓	164. ✓	165. ✓	166. ✗	167. ✓	168. ✗	169. ✗	170. ✓	171. ✗	
172. ✓	173. ✗	174. ✓	175. ✗	176. ✗	177. ✓	178. ✓	179. ✓	180. ✓	
181. ✗	182. ✓	183. ✗	184. ✓	185. ✗	186. ✓	187. ✗	188. ✓	189. ✓	
190. ✗	191. ✓	192. ✗	193. ✓	194. ✗	195. ✓	196. ✓	197. ✗	198. ✓	
199. ✗	200. ✓	201. ✗	202. ✓	203. ✗	204. ✓	205. ✗	206. ✓	207. ✗	
208. ✗	209. ✓	210. ✗	211. ✗	212. ✓	213. ✓	214. ✓	215. ✓	216. ✓	
217. ✗	218. ✗	219. ✗	220. ✓	221. ✓	222. ✓	223. ✓	224. ✗	225. ✗	
226. ✓	227. ✗	228. ✓	229. ✗	230. ✗	231. ✓	232. ✗	233. ✓	234. ✗	
235. ✓	236. ✗								

二、选择题

1. B	2. A	3. A	4. A	5. B	6. A	7. B	8. A	9. C	
10. A	11. B	12. A	13. D	14. A	15. D	16. B	17. C	18. B	
19. C	20. C	21. A	22. B	23. D	24. C	25. A	26. D	27. C	
28. A	29. D	30. C	31. B	32. A	33. C	34. B	35. C	36. B	
37. A	38. B	39. B	40. C	41. A	42. D	43. C	44. A	45. D	
46. D	47. B	48. A	49. B	50. B	51. A	52. C	53. C	54. B	
55. A	56. A	57. D	58. B	59. C	60. A	61. A	62. A	63. C	
64. B	65. A	66. C	67. C	68. A	69. A	70. B	71. C	72. A	
73. C	74. C	75. B	76. A	77. A	78. B	79. B	80. A	81. C	
82. A	83. C	84. B	85. A	86. C	87. D	88. D	89. B	90. D	
91. C	92. C	93. C	94. A	95. A	96. D	97. B	98. A	99. C	
100. A	101. A	102. C	103. B	104. C	105. A	106. C	107. B	108. C	
109. B	110. B	111. A	112. B	113. D	114. B	115. B	116. C	117. A	
118. B	119. D	120. C	121. A	122. A	123. B	124. D	125. A	126. C	
127. D	128. B	129. D	130. D	131. A	132. C	133. B	134. A	135. C	
136. C	137. B	138. B	139. B	140. B	141. B	142. B	143. A	144. C	
145. D	146. A	147. C	148. B	149. C	150. C	151. B	152. B	153. A	
154. A	155. C	156. D	157. C	158. B	159. C	160. D	161. B	162. D	
163. C	164. B	165. D	166. B	167. B	168. B	169. C	170. C	171. A	
172. A	173. D	174. C	175. A	176. C	177. C	178. A	179. B	180. C	
181. B	182. C	183. A	184. C	185. D	186. C	187. B	188. C	189. C	
190. D	191. C	192. C	193. B	194. A	195. A	196. A	197. A	198. C	
199. D	200. B	201. C	202. A	203. C	204. A	205. B	206. C	207. A	
208. A	209. A	210. B	211. B	212. A	213. A	214. D	215. B	216. C	
217. C	218. C	219. C	220. B	221. B	222. A	223. A	224. D	225. C	

226. B	227. B	228. C	229. D	230. C	231. C	232. D	233. C	234. B
235. A	236. A	237. C	238. B	239. A	240. D	241. A	242. B	243. C
244. C	245. A	246. C	247. A	248. B	249. C	250. B	251. C	252. C
253. C	254. D	255. B	256. A	257. A	258. A	259. C	260. B	261. C
262. D	263. D	264. B	265. A	266. C	267. C	268. B	269. C	270. C
271. A	272. C	273. B	274. D	275. C	276. D	277. D	278. A	279. B
280. C	281. B	282. B	283. C	284. B	285. A	286. C	287. B	288. D
289. B	290. B	291. A	292. B	293. D	294. C	295. A	296. B	297. A
298. C	299. B	300. D	301. D	302. C	303. C	304. C	305. C	306. B
307. A	308. A	309. C	310. A	311. A	312. B	313. D	314. C	315. A
316. B	317. C	318. B	319. B	320. B	321. C	322. C	323. B	324. B
325. A	326. A	327. B	328. B	329. C	330. A	331. B	332. A	333. B
334. A	335. C	336. C	337. D	338. C	339. C	340. A	341. D	342. B
343. A	344. C	345. D	346. A	347. D	348. B	349. C	350. C	351. D
352. A	353. D	354. D	355. B	356. A	357. B	358. D	359. C	360. B
361. D	362. B	363. B	364. C	365. D	366. B	367. B	368. D	369. C
370. A	371. B	372. D	373. D	374. B	375. B	376. C	377. B	378. C
379. B	380. B	381. D	382. B	383. B	384. C	385. C	386. C	387. D
388. A	389. C	390. A	391. D	392. C	393. D	394. B	395. D	396. C
397. C	398. B	399. A	400. C	401. A	402. B	403. B	404. C	405. D
406. B	407. A	408. B	409. B	410. D	411. D	412. A	413. B	414. B
415. C	416. A	417. D	418. C	419. B	420. D	421. C	422. B	423. A
424. A	425. C	426. B	427. B	428. C	429. B	430. B	431. A	432. D
433. C	434. A	435. C	436. C	437. A	438. B	439. B	440. B	441. C
442. A	443. B	444. C	445. A	446. B	447. A			

第五章 汽车维护模拟试题参考答案

一、判断题

1. ×	2. √	3. ×	4. ×	5. √	6. ×	7. √	8. √	9. ×
10. ×	11. ×							

二、选择题

1. A	2. C	3. B	4. B	5. C	6. A	7. B	8. C	9. A
10. A	11. A	12. A	13. C					

第六章 汽车修理模拟试题参考答案

一、判断题

1. √	2. √	3. √	4. ×	5. √	6. ×	7. √	8. ×	9. √
10. ×	11. √	12. √	13. √	14. √	15. √	16. √	17. √	18. √
19. √	20. √	21. ×	22. √	23. √	24. ×	25. √	26. ×	27. √

28. ✓	29. ✓	30. ✓	31. ✓	32. ✓	33. ✓	34. ✓	35. ✓	36. ✓
37. ✓	38. ×	39. ✓	40. ✓	41. ✓	42. ✓	43. ✓	44. ✓	45. ✓
46. ×	47. ×	48. ✓	49. ✓	50. ✓	51. ✓	52. ✓	53. ×	54. ×
55. ×	56. ×	57. ×	58. ×	59. ×	60. ✓	61. ✓	62. ✓	63. ×
64. ✓	65. ×	66. ✓	67. ✓	68. ✓	69. ×	70. ×	71. ×	72. ✓
73. ×	74. ✓	75. ✓	76. ✓	77. ×	78. ✓	79. ✓	80. ✓	81. ×
82. ✓	83. ✓	84. ✓	85. ×	86. ✓	87. ✓	88. ✓	89. ×	90. ✓
91. ✓	92. ✓	93. ✓	94. ✓	95. ✓	96. ✓	97. ×	98. ✓	99. ✓
100. ✓	101. ✓	102. ✓	103. ×	104. ✓	105. ✓	106. ×	107. ✓	108. ×
109. ✓	110. ✓	111. ×	112. ✓	113. ✓	114. ✓	115. ×	116. ×	117. ✓
118. ✓	119. ✓	120. ×	121. ×	122. ✓	123. ✓	124. ×	125. ✓	126. ✓
127. ×	128. ✓	129. ✓	130. ✓	131. ✓	132. ×	133. ×	134. ✓	135. ×
136. ×	137. ✓	138. ×	139. ✓	140. ✓	141. ✓	142. ✓		

二、选择题

1. B	2. C	3. C	4. B	5. A	6. B	7. D	8. C	9. B
10. A	11. C	12. D	13. A	14. C	15. A	16. C	17. A	18. B
19. B	20. D	21. B	22. B	23. A	24. D	25. C	26. C	27. D
28. A	29. D	30. A	31. B	32. A	33. B	34. D	35. B	36. B
37. A	38. B	39. B	40. D	41. C	42. D	43. A	44. B	45. B
46. D	47. D	48. B	49. A	50. C	51. C	52. C	53. C	54. C
55. C	56. A	57. C	58. C	59. C	60. C	61. A	62. A	63. B
64. C	65. B	66. C	67. B	68. D	69. B	70. A	71. C	72. C
73. A	74. C	75. A	76. C	77. B	78. D	79. D	80. C	81. C
82. B	83. C	84. B	85. A	86. D	87. A	88. B	89. A	90. A
91. B	92. A	93. B	94. A	95. C	96. D	97. C	98. D	99. C
100. D	101. D	102. B	103. D	104. C	105. C	106. B	107. C	108. A
109. B	110. A	111. B	112. C	113. A	114. B	115. D	116. B	117. B
118. A	119. B	120. D	121. B	122. B	123. D	124. D	125. D	126. B
127. B	128. A	129. B	130. C	131. C	132. D	133. C	134. A	135. A
136. D	137. C	138. A	139. C	140. B	141. D	142. C	143. C	144. A
145. A	146. A	147. C	148. B	149. A	150. B	151. A	152. B	153. D
154. A	155. B	156. D	157. C	158. C	159. B	160. A	161. A	162. D
163. D	164. A	165. A	166. B	167. B	168. B	169. A	170. B	171. D
172. B	173. B	174. C	175. D	176. C	177. A	178. A	179. B	180. C
181. B	182. A	183. A	184. C	185. B	186. B	187. D	188. D	189. D
190. C	191. D	192. B	193. A	194. D	195. C	196. B	197. A	198. A
199. B	200. A	201. C	202. B	203. B	204. B	205. C	206. D	207. B
208. B	209. A	210. C	211. D	212. D	213. A	214. C	215. A	216. C
217. A	218. C	219. A	220. A	221. B	222. C	223. A	224. A	225. A

226. A	227. A	228. A	229. A	230. A	231. C	232. B	233. A	234. A
235. B	236. B	237. B	238. C	239. C	240. A	241. B	242. A	243. A
244. C	245. C	246. C	247. A	248. A	249. B	250. B	251. D	252. A
253. C	254. A	255. A	256. C	257. B	258. D	259. B	260. C	261. A
262. D	263. C	264. B	265. A	266. C	267. B	268. A	269. C	270. A
271. B	272. D	273. A	274. C	275. A	276. B	277. C	278. B	279. A
280. D	281. D	282. B	283. B	284. C	285. D	286. D	287. D	288. C
289. C	290. C	291. B	292. D	293. B	294. A	295. C	296. C	297. B
298. B	299. A	300. C	301. C	302. A	303. A	304. D	305. C	306. C
307. A	308. B	309. C	310. B	311. B	312. C	313. C	314. D	315. D
316. B	317. C	318. C	319. B	320. B	321. B	322. B	323. D	324. C
325. A	326. A	327. C	328. C	329. B	330. C	331. B	332. A	333. B
334. B	335. D	336. D	337. A	338. B	339. A	340. C	341. C	342. A
343. D	344. A	345. D	346. B	347. C	348. A	349. A	350. B	